U0362503

SITUATED LEARNING
IN KEY COMPETENCY PERCEPTIONS

卫洪光◎ 主编

素养导向的情境教学

华东师范大学出版社
·上海·

图书在版编目(CIP)数据

素养导向的情境教学/卫洪光主编. —上海：华
东师范大学出版社,2024. —ISBN 978-7-5760-5480-4

Ⅰ. G420

中国国家版本馆 CIP 数据核字第 2024FN9274 号

素养导向的情境教学

主　　编　卫洪光
责任编辑　李恒平
责任校对　江小华
装帧设计　卢晓红

出版发行　华东师范大学出版社
社　　址　上海市中山北路 3663 号　邮编 200062
网　　址　www.ecnupress.com.cn
电　　话　021-60821666　行政传真 021-62572105
客服电话　021-62865537　门市(邮购)电话 021-62869887
地　　址　上海市中山北路 3663 号华东师范大学校内先锋路口
网　　店　http://hdsdcbs.tmall.com

印 刷 者　上海展强印刷有限公司
开　　本　787 毫米×1092 毫米　1/16
印　　张　22.75
字　　数　458 千字
版　　次　2024 年 11 月第 1 版
印　　次　2025 年 5 月第 3 次
书　　号　ISBN 978-7-5760-5480-4
定　　价　79.00 元

出 版 人　王　焰

(如发现本版图书有印订质量问题,请寄回本社客服中心调换或电话 021-62865537 联系)

前言

在这个充满变革的时代,教育正站在新的起点上。我们深知,教育不仅仅是知识的传授,更是灵魂的塑造,是未来的奠基。"世界在变,教育必须随之改变。"这是时代的呼声,也是我们每一位教育工作者必须面对的挑战。教育的初心是什么? 是培养有思想、善思考、会做事、好习惯的学生。教育的使命是什么? 是为学生的全面发展奠定基础,为他们的未来插上翅膀。

我们的课堂,作为教育的主阵地,正经历着一场深刻的转型。从"知识本位"走向"素养本位",从"老师的课堂"走向"学生的课堂",从"以教为主"走向"以学为主"。这场转型,不仅仅是教学内容的更新,更是教学理念的革新。

情境教学,作为课堂转型的重要抓手,正引领着我们走向一个全新的教育境界。它通过创设生动的教学情境,激发学生的学习兴趣,培养他们的探究精神和实践能力。在情境中学习,学生不再是被动的接受者,而是主动的探索者。

以上海市梅陇中学为例,这所历史悠久的学校,秉承着"乐学·厚德 自主·通识"的教育精神,探索着培育"梅之君品"新时代少年办学特色,丰富课程群设计,不断深化素质教育,促进学生全面发展。梅陇中学的教学改革,始终围绕着课程建设展开,从情境教学模式的探索,到"情境—问题"教学模式的深化,再到指向素养的情境教学的实践,每一步都凝聚着教师的智慧和汗水。

绿色评价理念的引入,为我们的教学改革提供了新的评价导向。它强调立足教学过程,促进学生的全面发展。在这样的评价体系下,学生的每一次尝试、每一次探索都被赋予了价值,他们的每一次进步、每一次成长都被认可和鼓励。

2022年版义务教育课程方案的实施,为我们的情境教学赋予了全新的使命。它要求我们在真实情境中培养学生的核心素养,让学生在解决真实任务的过程中,获得对事物的认识,形成和发展概念。

素养导向的情境教学,需要我们系统化地落地实施。这不仅仅是对教师的挑战,更是对整个教育系统的挑战。我们需要建立良好的校本研修机制,引领每一位教师克服畏难情绪,迎难而上,在现实基础上学习把握住新课程标准的基本精神。

素养导向的情境教学要从"点状"的试点突破到"面上"的普遍推广,这是一场持久战。我们需要建立更好的学科教学研讨制度,引领每一位教师都成为改革的参与者,让素养落地不只是作为口号,而是真正落实到每一节课中的每一个活动上去。

素养导向下的教学如何实现课堂转型? 这是我们一直在思考和探索的问题,也成为学校教育实践层面的核心任务。在新一轮课程改革的背景下,我们需要进一步加强学科课程群和校本综合学习课程的创新探索。因为我们深知,加强学科课程群和校本综合学习课程的创新探索,可以让每一个学生都能得到充分的关注和发展。而且,课程的落实在课堂。课堂肩负着培育学生掌握"21世纪型能力"的现代教育使命,换言之,课堂是导向核心素养——"必备品格""关键能力"以及"正确的价值观念"的"人的现代化"教育的关键所在。

课堂转型,要实现"学生的课堂""以学为中心的教学"的转型。第一,要坚持对"传统课堂"的批判继承,深刻认识"应试教育"所形成的"授受式教学"的教育问题,主动转变"被动学习"常态产生的"主体能动缺失"的教育局面,同时还要谨防进入"知识基础"与"能力发展"分离、对立的新误区。第二,融入时代的发展适应世界新变局,社会多元化势必要求"和而不同";知识爆炸时代必然另辟"学会学习"新径;全面发展的教育一定要兼顾"个性特长发展"的需求。学校教育诸多变数尽显课堂,课堂转型就是跟上社会发展、融入社会变革主流。第三,推进课堂转型重在"纲举目张",指向素养的情境教学是"学习整体架构"与"情境—问题"科学认知方法的涵盖,牵动能动学习——"合作学习""真实学习""融合学习""深度学习",可以作为"课堂转型—教学方式转变"的课堂教学改革的总纲。

素养导向的情境教学,意在如何?

一是,问题导向直指课堂教学忽视"核心素养"之症。"中国学生发展核心素养"分为文化基础、自主发展、社会参与三个方面,综合表现为人文底蕴、科学精神、学会学习、健康生活、责任担当、实践创新六大素养,具体细化为国家认同等十八个基本要点。然而,传统课堂的应试教育,存在偏重知识积累、淡漠人的主体发展之要义。应试教育的"授受式教学",存在偏重结果的学习、缺少学习的认知过程等。上述传统之弊,是不完整的教育,是缺乏知行合一的学习,是缺乏质疑与反思的学习,尤其是缺乏实践与创新的学习。这与人的现代化教育相脱离。诚然,素养导向的情境教学就是承载"核心知识"与"关键能力"的平台,以"真实学习"为逻辑起点开展能动学习,以此破解"被动学习"的课堂教学时弊。

二是,揭示育人成才规律,回归教学本真。以学科素养为基础支撑核心素养,不同学科凸显特定的素养侧重,多元有机融合方成"核心素养"。素养导向的情境教学,围绕核心素养并基于学科特点,创设单元学习(教学)的"大情境":(1)依学科本源创设单元学习的文化意境,蕴含学科基本观念与主要思想;(2)协调学科情境与学习情境,促成学习共同体,引发共同兴趣,激励一道学习;(3)融通学习经历,联系社会与自然,开展单元情境创新,过往与环境处处有真意,唱响"大情境"主旋律;(4)科学运用过程评价融入素养导向的情境教学。

三是,学习科学指导素养导向的情境教学。单元教学也称为大单元教学,虽学习内容涵盖较广但这不是"大"的深意,"大"在围绕"一个主题"、建构"学习板块"、探求"认知主路径",全而不散称其为"大"。另,究其认知而言是有规可循的,探究认知科学(学习的科学)与素养导向的情境教学交融,进而导向具身学习的实践。

梅陇中学的教学改革经过多年的探索,始终围绕着课程建设展开。十年前,学校基于教师有效教学行为研究坚实的基础,开启"绿色评价指标"研究工作,申报并获立项上海市一般课题"体现绿色评价理念的'情境—问题'教学模式的创建与实施",积极探索促进学生问题解决能力和高阶思维提升的课堂转型实践,并在 2018 年课题结题后,持续深化"情境—问题"教学模式研究。2021 年,学校获批立项区一般课题"以适合情境提升学生核心素养的实践研究",同时与上海市嘉定区南翔中学结对立项了普陀区推广课题"体现绿色评价理念的'情境—问题'教学模式的推广与应用研究",持续挖掘深度,拓展宽度。2023年,结合核心素养培育和新课程落地的校本行动,又申报了上海市课程领导力项目之自选项目"素养本位的单元情境的设置与实施研究"并获立项。十年耕耘,迭代深化,如今学校开启了以探索教学方式与育人模式为重点的创新。借助"整体建构的学习"和"情境教学之真实学习"的杠杆,以"素养导向的情境教学"作为支点,尝试着撬动课堂教学改革。立足"课堂教学"实践探索层面,厘清"情境教学"与"大单元教学"的逻辑,理顺"单元情境设计"与"分课时教学或学历案"的内在关系,呈现多元活泼的课堂教学,回归"能动学习"之课堂本真,不断达成"学生的课堂"和"以学为中心的教学"。我们可以把上述探索总结为三个阶段。第一阶段,学校在上海市二期课改的推动下,积极探索并实施了情境教学模式,通过调适科学探究活动量与课堂教学时间的关系,设计符合学生身心规律的活动单,有效激发了学生的探究兴趣和合作意识。第二阶段,在绿色评价理念的指导下,学校进一步推进了"情境—问题"教学模式,通过创设情境、提出问题、解决问题和评价反思四个环节,形成了相对稳定、循环、开放的课堂教学模式,探索培养学生的高阶思维能力和问题解决能力。第三阶段,学校注重情境创设与核心素养的关联,深化了对单元情境的研究,致力于形成具有推广价值的单元情境设置策略,结合核心素养目标,学校着力打造德育课程群和学科课程群的综合体系。

上述以课程建设为中心的课堂转型探索不仅仅是一个简单的教育变革过程,它更是对教育理念、教学方法和学生学习方式的改进革新。我们深知,每一个课堂都是独特的,每一位教师和每一位学生都是独一无二的。因此,课堂转型中指向素养的情境教学的实践需要因地制宜、因人而异。

在此基础上,本书的核心理念是构建以学习者为中心的课堂,强调以学生的需求和兴趣为出发点,围绕学生的学习过程设计教学活动。通过真实情境的创设,旨在帮助学生在更加自然、贴近现实的环境中进行学习,从而加强学生对知识的理解和记忆,培养学生的批判性思维、解决问题的能力以及创新精神。

本书在编写过程中,既注重理论引领,又注重实践探索。前半部分为理论探究,从课堂中的情境教学出发,深入探讨了真实情境在教育中的重要价值与内涵,着力于结合不同学科的教学实践,探讨真实情境创设的有效路径,归纳出一个素养导向的情境创设与教—学—评一致整合框架(详见第四章)。后半部分为课例与作业设计,通过研究和分析一线教师的丰富课例,详细呈现了如何在教学设计中融入真实情境的元素,以及如何将这些情境与学科知识紧密结合,让学习内容变得生动、可感。本书第一章介绍了情境认知与学习理论,着重阐释了情境素养与发展的关系,对国内外课堂中的情境教学的探索进路进行了梳理,为读者了解情境教学奠定基础。第二章分析了真实情境对于培养学生核心素养的重要性,阐释了基于核心素养的真实情境的内涵,进一步搭建了基于核心素养的真实情境的框架,从如何将核心素养融入真实情境中的角度,为读者提供了理论参考。第三章从学科角度详细阐述了学科真实问题情境要素与框架、情境创设的类型与评价。第四章重点讨论如何进行真实情境教学,构建以学习者中心的课堂,从情境创设的准备、建构、应用、评价等方面进行了探索。第五章和第六章为读者提供了各学科一线教师的课堂实践探索,包含教学课例和作业设计。第七章回顾了学校在素养导向的情境教学过程中的探索路径和遇到的困惑与反思。总的来说,本书旨在为教师、教育工作者以及对教育创新感兴趣的读者提供一份全面而深入的参考资料,引发读者对情境教学的思考,并在实践中取得成效,真正实现以学生为中心的课堂,最终为学习者创造更加丰富多彩、意义深远的学习体验。

本书各章撰稿作者如下:第一章李恒平;第二章雷浩;第三章李学书、李恒平;第四章雷浩、李恒平;第五章由翁方波、王潇、张星璐等统筹(各学科课例执笔人详见书中注释说明);第六章由翁方波、王潇、刘笑池等统筹(各学科执笔人详见书中注释说明);第七章卫洪光、翁方波。全书由卫洪光统改定稿。本书在撰著过程中借鉴和吸收了国内外学术界的有关研究成果。华东师范大学出版社编辑团队对本书出版付出了辛勤的劳动,值此付梓之际,一并谨致谢忱。

未来,我们将继续携手并进,以更加开放的心态和更加坚定的步伐,在集团学校以及新教材落地课堂中,继续迎接课堂转型带来的挑战和机遇。教育的改革是一个漫长的过程,它需要我们每一个人的共同努力。愿每一位教师都能以教育的情怀,以学术的严谨,以改革的勇气,共同开创教育的新篇章。

卫洪光

2024 年 9 月

目 录

第七章

素养导向的情境教学：历程审视与策略探寻

第一章　课堂中的情境教学

第一节 情境与情境教学

在教育领域中,我们的课堂正经历着深刻变革——从"知识本位"迈向"素养本位",这不仅是对教学内容的深度重塑,更是对教学理念的根本革新。课堂的角色从"教师的独角戏"华丽转身为"学生的舞台",教学重心实现了从"教"到"学"的跨越性飞跃。在这场转型的浪潮中,情境教学以其独特的魅力脱颖而出,成为推动变革的关键力量。通过构建真实而生动的学习情境,情境教学不仅极大地激发了学生的学习兴趣,更促进了他们探究精神与实践能力的双重提升。在这样的学习环境中,学生不再是被动接受知识的容器,而是化身为知识的主动探索者和建构者,这一转变不仅优化了学生的学习成效,更为学生自主学习能力和创新思维的培养奠定了坚实的基础,为教育的持续发展与繁荣开辟了前所未有的新天地。

在此背景下,当代教学论亦在不断探索与演进,其核心议题聚焦于如何在教学认知活动中实现主体能动性与唯物主义认识论的和谐统一,以揭示社会历史认知向个体认知转化的内在机制与外部条件。换言之,我们需深入教与学的独特认知范式,揭开学生个体认识发生发展的机制,加速认知主体的形成与发展①。因此,实践领域的研究者与教育工作者纷纷将目光投向情境构建,视其为连接理论与实践、抽象与具体的桥梁。

杜威认为,情境应该具有引起思维的性质,当然就是说它应该提出一件既非常规又非任意的事去做。换言之,做一件全新的(因而也是不确定的或有问题的)事情,它和现有的习惯有足够联系,足以引起有效的反应。一个有效的反应就是能完成一个可以看到的结果的反应。这种活动不同于纯粹偶然的活动,把活动结果和所做的事在思想上联系起来。因此,有关提出来引起学习的任何情境或经验的最重要的问题,就是这个情境或经验所包含的问题属于什么性质。他特别指出②:

我所要引出的教育上的教训是,思想、观念不可能以观念的形式从一个人传给另

---

① 裴娣娜. 情境教学与现代教学论研究[J]. 课程·教材·教法,1999(01):5—8.
② 约翰·杜威. 民主主义与教育[M]. 王承绪,译. 北京:人民教育出版社,2001.

一个人。当一个人把观念告诉别人时,对听到的人来说,不再是观念,而是另一个已知的事实。这种思想的交流也许能刺激别人,使他认清问题所在,提出一个类似的观念;也可能使听到的人窒息他理智的兴趣,压制他开始思维的努力。但是,他直接得到的总不能是一个观念。只有当他亲身考虑问题的种种条件,寻求解决问题的方法时,才算真正在思维。

杜威的智慧启示我们,有效的情境应激发思维,提出既非常规亦非随意的挑战,让学生在新颖与熟悉之间找到思考的平衡点,通过实际行动导向明确的学习成果,形成深度反思与理解。最终,在创设学习情境时,关键在于辨识并把握问题本质,让情境成为驱动学习、深化认知的强大引擎。

一、 情境认知与学习理论

(一) 情境

"情境"(situation)是日常教学中经常出现的一个术语。在不少教师的表述中,"情境"和"情景"两个词常常混淆或者混用。从通常的语用和语义场的所指来看,"情境"是指一个人在进行某种行动时所处的社会环境,是人们社会行为产生的具体条件,而"情景"则是指情况和光景。二者所指有相当大的重合,而"情境"比"情景"所指的语义场更为宽泛。

在英语文献中,不同的研究者所讲的"情境"有不同的说法,"situation"和"context"常常译为"情境"或"情景"。此外还有一些类似的词汇,如 situatedness/contextualization(情境化),situativity(情境性),situated cognition(情境认知),situated learning(情境学习)和 situated cognition and learning(情境认知与学习)。context① 强调上下文、语境,contextualization 也被很多学者用来指代情境化教学。

情境可以有多种分类方式,可以是观念的、想象的、情意的、问题的,又可以是物理的;既可以是虚拟的,又可以是真实的;既可以是基于学校与课堂的功能性的,又可以是基于社会的、自然的、日常生活中的②。现代心理学认为,知识、学习、思维和问题解决都是在特定情境中产生和发展的。学生的发生与认知发展紧密相关,认知是指个体获取、处理和应用信息的过程,包括知觉、记忆、思维、解决问题和语言运用等方面。在教学过程中,认知发展是指学生在学习中逐渐掌握新的知识和技能,提高对信息的处理能力和思维能力

---

① 在《英汉大词典》中"context"主要有两种含义:第一,语言学中,"context"的含义是"上下文,语境,文脉";第二,是指"(人、事、物存在于其中的)各种有关情况来龙去脉,背景,环境"。
② 王文静. 基于情境认知与学习的教学模式研究[D]. 上海:华东师范大学,2002.

的过程。这包括了从简单的知觉到更复杂的分析和综合的发展过程。最近热门的具身认知教学就强调将学习与身体感知和动作相结合。它将学习者视为整体，强调通过身体活动来促进认知的发展。具身认知教学通常通过模拟实际情境、使用实物、动手操作等方式，让学生通过身体感知和动作参与学习过程，从而更深入地理解和应用所学内容。这种教学方法能够促进学生的情境认知能力，提高他们在各种情境下的问题解决和决策能力。因此，情境认知是指个体在特定环境下感知、理解和应对情境的能力。它涉及个体对周围环境的敏感度，以及在这种环境中运用知识、技能和策略来解决问题和达成目标的能力。情境认知不仅包括个体对环境的感知和理解，还包括他们如何在特定情境下应用这些认知来指导行为和决策。如果简化归纳的话，可以将情境认知看成是发展了的、不同于信息加工理论的另一种学习理论。

1929 年，阿尔佛雷德·诺斯·怀特海（Alfred North Whitehead）在其著作《教育目的》（*The aims of Education*）中认为，学生在学校中学习的知识的方式导致了"惰性知识"（inert knowledge）的产生，学生在学校中所学习的知识仅仅是为了考试做准备，而不能解决实际中的问题。在无背景的情境下获得的知识，经常是惰性的和不具备实践作用的。这可以看作对情境认知与学习理论最早的，相对具体的论述。

20 世纪 80 年代以来，建构主义及其密切相关的情境认知与学习理论、社会文化认知、生态认知、日常认知以及分布式认知等学习理论的迅速发展，标志着一个学习理论新时代的到来。

特别在 20 世纪 90 年代，情境认知与学习理论逐步兴起，并成为学习理论领域研究的主流。这一理论整合了教育心理学和人类学的研究，强调了互动（interaction）的交互（reciprocal）特性，强调个体、认知和意义是在互动中被社会性和文化性地建构的。这一观点不仅拓展了建构主义的早期思想，即认为主观世界是被建构的东西（因而忽略了对个体建构者"身份"的建构），而且拓展了早期的情境性理论研究，即认为在情境中建构出来的是所学内容的意义而不是从事学习的个人身份的理念。这一观点超越了二元论的方法，意在强调个体和环境的互动，把个体和环境看作是相互建构的，希望建立一个学习的生态系统。情境认知与学习理论不仅更新了人们对学习的理解，而且推动了学校教育的变革，为基于情境认知与学习的教学模式研究奠定了理论基础[①]。

从认知特点来看，情境认知体现在真实性、互动性、主动性、文化性、整合性等几个方面。第一，真实性。情境认知强调学习应在真实或接近真实的情境中进行。真实情境中的学习能够更好地体验式模拟现实生活，使学习者更深刻地理解知识的应用和价值。第

① 王文静. 基于情境认知与学习的教学模式研究[D]. 上海：华东师范大学，2002.

二,互动性。在情境认知中,学习者与学习环境、学习任务以及其他学习者之间的交互作用至关重要。这种交互能够促进知识的构建和深化,帮助学习者形成更加丰富的认知图式。第三,主动性。情境认知鼓励学习者在学习过程中发挥主动性,积极参与知识的构建和应用。学习者需要自主探索、发现和创新,而不仅仅是被动接受知识。第四,文化性。情境认知强调学习是在社会文化背景中发生的,因此需要考虑不同文化背景下的学习差异。在不同的文化背景下,学习者可能需要采用不同的学习策略和方法来适应环境并完成任务。第五,整合性。情境认知认为,知识是跨学科的、整合的。在真实情境中,学习者需要运用多种学科的知识和技能来解决问题,因此,情境认知强调知识的跨学科整合和综合运用。然而,从学科视角来看,心理学和人类学对情境认知与学习的研究又体现出截然不同的范式。

二、 情境教学与素养发展

素质教育的推进,当前我国基础教育课程与教学改革的实践需求,以及教学模式理论与实践研究的自身发展,成为基于情境认知与学习的教学模式研究之原动力。

自 1986 年《中华人民共和国义务教育法》的颁布,我国基础教育领域不断改革深化,迎来了很多具有划时代意义的课程与教学改革探索,进而构建了当前的基础教育课程体系。审视这一改革历程,主要体现在四个关键方面:首先,课程管理政策从过去的国家集中管理转向国家和地方两级管理,提升了地方在课程管理上的自主性。其次,课程结构不再局限于传统的"学科课"和"必修课",增加了"选修课"和"活动课",使课程结构更加多元化。再次,教材政策强调在统一基本要求下实现教材的多样化,促进了教材的丰富性和创新性。最后,教学实践中涌现出诸多重视学生主动参与、注重成功与发展的教育理念,为教育实践注入了新的活力。这些成就为构建面向 21 世纪的基础教育课程体系奠定了坚实的基础。

1993 年,中共中央、国务院发布的《中国教育改革和发展纲要》明确提出全面提高学生素质的要求。1998 年,教育部经过深入调研和广泛征求意见,制定了《面向 21 世纪教育振兴行动计划》,并于 1999 年公布实施。该行动计划强调了"跨世纪素质教育工程"的重要性,并明确指出课程体系的调整与改革是实施素质教育的核心环节。因此,面向素质教育的课程与教学改革显得尤为重要,是我国素质教育实施的必然要求。

1999 年,党中央、国务院召开的第三次全国教育工作会议,以及随后发布的《面向 21 世纪教育振兴行动计划》,均提出了对基础教育课程体系进行改革的任务,旨在构建面向新世纪的基础教育课程教材体系。2001 年 6 月,全国基础教育工作会议召开,《国务院关于基础教育改革与发展的决定》颁布,《基础教育课程改革纲要(试行)》出台,标志着新课改全面启动。《基础教育课程改革纲要(试行)》,在课程功能、结构、内容和管理政策等方面进行了全面改革,将"面向学生、面向生活、面向社会"作为核心理念。2001 年,教育部颁布了《全日制义务教育课程标准(实验稿)》,其中,综合实践活动作为必修课被引入基础教育课程体系,成为改革的一大亮点。综合实践活动是一门基于学生直接经验、紧密联系学生生活与社会的实践性课程,具有实践性、开放性、自主性和生成性等特点。综合实践活动旨在加强学生与生活的联系,促进学生对自然、社会和自我的整体认识与体验,发展学生的创新、实践和个性品质。其内容涵盖研究性学习、社区服务与社会实践、劳动与技术教育、信息技术教育等。

在研究性学习的实施过程中,教育部发布了《普通高中"研究性学习"实施指南(试行)》,鼓励各地学校积极开展研究性学习活动。由于研究性学习更适合高中阶段学生的特点,因此其推广首先从高中阶段开始。自 20 世纪 80 年代起,上海等地的学校就进行了类似研究性学习的实践探索,为后来的研究性学习课程提供了宝贵的经验。至今,全国各地纷纷进入研究性学习的实践探索阶段,为基础教育课程改革注入了新的活力。上海市基于过往研究的深厚积累,精心编制了《上海市中小学研究型课程指南》,为该类课程的实施提供了坚实的理论支撑,并根据学校特色形成了一系列稳定且成功的开发模式。2004 年,全国普通高中新课改在广东、海南、宁夏、山东四省份率先开始,同时颁布高中各个学科课程标准。同年,王策三在《北京大学教育评论》发表《认真对待"轻视知识"的教育思潮》一文,和钟启泉在新课改方向上进行了知识观、理论方向和理论基础三个方面的争鸣,这些讨论也深化了对知识与素养关系的研究。2006 年,全国范围内所有小学和初中一年级学生都进入新课程,新课改进入全面推广阶段。到 2007 年秋季,全国共有 16 个省份实施高中新课程,2010 年在全国全面推开。2011 年,又对课程标准进行了修订和完善,发布了《义务教育课程标准(2011 年版)》。2017 年《普通高中课程标准(2017 年版)》正式颁布,强调了核心素养的培养。2022 年颁布了《义务教育课程方案和课程标准(2022 年版)》,进一步深化了课程改革。该方案和标准细化育人要求,各门课程基于培养目标,将党的教育方针具体细化为学生核心素养发展要求,明确本课程应着力培养的正确价值观、必备品格和关键能力。同时,优化了课程设置,九年一体化设计,注重幼小衔接、小学初中衔接,独立设置劳动课程。在课程内容上与时俱进,更新课程内容,改进课程内容组织与呈现形式,注重学科内知识关联、学科间关联。结合课程内容,依据核心素养发展水平,提出学业质量标准,引导和帮助教师把握教学深度与广度,以及增加学业要求、教学提示、评价案例等,增强了指导性。

《义务教育课程方案和课程标准(2022 年版)》明确了要以培养学生核心素养为导向。这意味着整个义务教育阶段的课程设计、教学实施、评价等都围绕着促进学生核心素养的发展展开,使教育目标更加聚焦和清晰。通过对不同学科课程标准的修订,构建了更加有利于培养核心素养的课程体系。例如,强调跨学科学习、综合性实践活动等,这些都有助于学生在不同领域和情境中运用知识和技能,提升综合素养。为了适应核心素养的培养要求,教学内容进行了相应调整。新的课程方案和课程标准更加注重知识的实用性、情境性和关联性,让学生在学习过程中不仅掌握知识本身,更能培养解决问题、创新思维等核心素养相关的能力;强调建立与核心素养培养相适应的评价体系,不再仅仅关注学生对知识的记忆,而是更加注重对学生综合素养的全面评价,包括思维能力、创新能力和实践能力等。

对以上改革探索的回顾,我们可以看到,课程改革一以贯之的是以学生为中心,提倡情境认知与学习的教学模式,其核心在于构建一个以学习者为中心的学习环境。这种环境依托于真实、复杂的社会和生活情境,强调学习者意义与身份形成的社会属性,以及社会文化和社会历史背景的重要性。它鼓励基于情境的、问题的、项目的、案例的探究式和开放性学习,旨在推动学习者的意义建构,促进认知与个性的全面发展。

但是从实践层面看,我国中小学探索与研究的情境教学模式在新的课程标准下仍然有许多需要继续深入研究的问题。例如,大单元是否一定要把教材中的某些单元整合起来,或者打破原来教材单元的结构进行重构? 如何创设单元情境? 大单元教学有复杂的核心任务,有的还有子任务,这些任务如何体现与生活情境的联结? 情境创设后原来的课时还够吗,不够怎么办? 单元教学中如何面对学生的差异,有些学生回答不出核心问题,有些学生完不成核心任务,怎么办? 如果设计的核心任务无法包含单元的全部知识,那么游离在任务之外的孤立知识点该怎么办?

研究团队对这些问题进行了探索,本书也尝试做了一些回答,但还有待在实践中进一步完善。

第二节 课堂中情境教学的探索进路

一、国外课堂中情境教学的探索

对于国外课堂中情境教学的探索,学者们进行了不同方向的归类。例如:有的认为在情境认知理论指导下形成了三种教学模式,即抛锚式教学模式、随机进入教学模式和认知学徒制教学模式[①];也有的研究归纳出十余种模式。这里主要简要分析三类比较有影响

---

① 刘义,高芳.情境认知学习理论与情境认知教学模式简析[J].教育探索,2010(06):88—89.

的实践:以历险视频创设情境——抛锚式教学,以动手操作或展示具身思辨的情境——认知学徒与具身认知,以及任务单或探究课题中的情境——素养导向教学。

(一) 以历险视频创设情境——抛锚式教学

抛锚式教学模式(anchored instruction)是以现代技术为支撑,基于情境认知与学习理论的重要教学模式之一。它是由温特比尔特认知与技术小组(以下简称 CTGV)在约翰·布朗斯福特(John Bransford)的领导下开发的利用视频影像作为"锚"的导入教学模式①。CTGV② 为教与学提供了两组可以导入的视频情境,"Young Sherlock and Olive"结合了"夏洛克"(Sherlock)这一经典侦探角色和他的搭档奥立佛(Olive)一起解决各种谜团。例如:不同的学生可有选择地对与作为"锚"的夏洛克和奥立佛的故事相关的各种课题进行探索,如视频中提及的埃及文化、维多利亚时代英格兰学校教育的本质和儿童的权利等;"Jasper Woodbury Solving Series"以贾斯帕(Jasper Woodbury)为主角的数学问题解决系列,其中 Jasper adventures 被设计为针对五年级及以上的学生,每个冒险视频大约 17 分钟,该系列旨在通过故事和冒险的形式教授数学问题解决、推理、沟通以及与其他领域(如科学、社会科学、文学和历史)的联系③。其中贾斯帕系列引起很多研究者的关注和兴趣,该系列以跟科学、历史、社会研究以及文学相关的数学问题的解答为主,是以情境教学为目的精心设计的一系列共有 4 类 12 段历险故事(见表 1-1)。例如,其中一例为"雪松河

表 1-1　贾斯帕问题解决系列

贾斯帕数学问题解决系列		
4 个类别	**12 段历险故事**	
复杂的旅行计划制定	雪松河之旅(Journey to Cedar Creek)	邦尼牧场的援救(Rescue at Boone's Meadow)	争取选票(Get Out the Vote)
统计学与商业策划	巨大轰动(The Big Splash)	跨越断层(Bridging the Gap)	一个好主意(A Capital Idea)
几何	成功蓝图(Blueprint for Success)	直角(The Right Angle)	大圆圈比赛(The Great Circle Race)
代数	聪明地工作(Working Smart)	科米的赛车(Kim's Komet)	将军的失踪(The General is Missing)

① 高文,王海燕.抛锚式教学模式(一)[J].外国教育资料,1998(03):68—71.

② The Cognition and Technology Group at Vanderbilt,简称 CTGV,后更名为学习技术中心(The Learning Technology Center 简称 LTC)。

③ 高文,王海燕.抛锚式教学模式(二)[J].外国教育资料,1998(04):31—35,78.

之旅",它要求学生确定,贾斯帕买的旧船是否有可能使船在未耗尽汽油的情况下,于日落前返航。另一例则要求学生帮助寻找一条最佳途径,把一只受伤的鹰,从汽车不能抵达的区域拯救出来①。风靡美国的典范案例贾斯帕系列是抛锚式教学模式克服学校中"惰性知识"的尝试。另外,由银行街(Bank Street)教育学院开发的"咪咪航海记"(The Voyage of the Mimi),主要讲述的是一名接受特殊命令对玛雅文明进行研究的考古学家和咪咪到墨西哥尤卡坦半岛的冬季航行历险,也是较为成功的案例之一。

抛锚式教学是教师为学生创设富有真实性的学习情境,使教学建立在生动真实的事件或问题的基础上,并引导学生亲身体验从识别、提出到实现目标的全过程。所谓"锚",指的是支撑课程与教学实施的支撑物,它通常是一个故事、一段历险,或者是学生感兴趣的,包括一系列问题的情境。在抛锚式教学模式的课堂教学实践中,我们要关注"锚"的功能,教师的作用,以及学生学习的资源、问题解决的所有信息与数据是如何镶嵌在故事中的,教师又是如何逐步引导学生进行主动学习的。在整个教学过程中,为了"宏情境"(锚)中复杂的数学问题的解决,教师不仅运用技术间的交互作用,创设了一个信息丰富的、逼真的功能性数学学习情境,而且还在引导学生解决问题的过程中创设了一系列巧妙的问题情境。例如上述贾斯帕视频所有这些情境的创设不仅使学生易于在一个逼真的数学学习情境中形成丰富的心理模型,而且促进了学生在有意义情境中的主动学习。抛锚式教学的提出是以建构主义理论、情境认知理论及抛锚主义理论作为基础,具有真实性、互助性、无序性、情境性等特点②。抛锚式教学模式的一个十分重要的挑战是:教学能在何种程度上使学生通过学习为未来做好准备。支撑物可以为学生敏感的、形成性的评价奠定基础,这将有助于保证所有的学生尽自己的可能学到最多的知识。

抛锚式教学模式与基于问题的教学模式非常类似,二者的最大差别是,基于问题的教学模式是使学习者在真实世界中、在真实的问题情境中发现、获得真实问题,进而解决问题。而在抛锚教学中,利用技术呈现给学习者丰富而逼真的"宏情境",使学生在一个编好的问题故事中,运用镶嵌在故事中、与解决问题密切相关的各种信息,发现问题、解决问题。在国内,一些主要学科教师(如语文、数学、英语等)都认为,抛锚式教学模式虽然教学效果好,但难以在课堂教学中经常运用,一是抛锚式教学模式花费时间较多,教学计划难以按时完成,二是因为教师没有充分的时间去做教学准备,特别是"锚"的设计相当复杂,一般的学校不具备专门拍摄专题视频的条件。但也有一些教师在简化制作视频之"锚"的

① 乔连全,高文.基于问题的抛锚式教学——中美案例的比较研究[J].福建师范大学学报(哲学社会科学版),2008(03):152—160.

② 吴玉平,张伟平.试论抛锚式教学的内涵、理论基础及特点[J].教育导刊,2014(12):65—68.

基础上做出了一些探索。例如：

在一节地理课上，教师选择"城市规划"作为抛锚的主题。教师首先展示一段关于某个城市在发展过程中面临交通拥堵、资源分配不均等问题的视频，这就抛下了"锚"。然后提出问题：如果你是城市规划师，你会如何解决这些问题来改善城市的发展？

学生们开始分组进行讨论和研究。他们通过查阅资料、分析不同城市的规划案例等方式，来寻找解决问题的思路和方法。有的小组提出可以优化交通线路，增加公共交通设施；有的小组建议合理规划商业区、住宅区和工业区的布局；还有的小组关注到了城市绿化和环境保护的重要性。

在这个过程中，教师会适时地给予指导和建议，引导学生从地理的角度去思考问题，比如考虑地形、气候、人口密度等因素对城市规划的影响。

最后，每个小组展示他们的规划方案，并进行交流和点评。通过这样的学习过程，学生们不仅深入理解了城市规划中的地理知识，还提高了自主学习能力、团队合作能力和解决实际问题的能力。他们仿佛真的成为了城市规划师，在真实的情境中去探索和学习。

（二）以动手操作或展示具身思辨的情境——认知学徒与具身认知

1. 人类学取向的认知学徒模式

认知学徒模式（cognitive apprenticeship）是一种在学校教育中继承和发展传统学徒制的核心技术，以培养学生动手能力和高阶思维能力的新教学形式。

20 世纪 80 年代末至 90 年代初，柯林斯和布朗等学者首次提出认知学徒制的概念①，他们认为学生在动手操作的实际活动中，通过与经验丰富的个体（如老师或同伴）合作，能够更有效地学习和发展认知技能。在其后十余年中认知学徒制受到广泛关注，并逐渐在教育领域付诸实践和深入研究。学者们探讨了其在不同学科和教育阶段的应用，并提出了相应的教学策略和模式。随着信息技术的发展，在线学习环境中和基于 AI 智能技术的认知学徒制也成为研究热点之一。例如，在不同的学科学习中，在**建模阶段**，教师或专家利用计算机技术对某一学科或领域中多学科交叉的前沿问题的解决过程、执行策略进行建模。这一步骤将专家解决问题的思维方式、策略选择等关键元素显性化，使学习者能够观察和模仿。到了**训练阶段**，在教师的引导下，学生置身于模拟或真实的实践环境中，观察和参与专家的工作流程。通过观察和参与，学生开始理解并尝试模仿专家的思考方式和技能运用。教师利用虚拟仿真技术设计与现实工程问题高度相关的情景化活动，使学

---

① COLLINS A, BROWN J. S, HOLUM A. Cognitive apprenticeship: making thinking visible [J]. American educator, 1991:15(3),6－11,38－46.

生能够在有意义的学习情境中学习和实践。教师、团队中的"老手"或专家为学生提供指导，帮助他们逐步解决复杂性和综合化的问题。在这个过程中，教师提供脚手架，引导学生逐步深入学习和实践。在**反思阶段**，学生通过交流、汇报、组会等形式阐述解决问题的思路、方法和设计方案。这一步骤鼓励学生表达他们的理解和实践，同时也是教师评估学生学习情况的机会。学生、教师和专家共同参与，对个人和团队在问题求解过程中的思维方式、知识和技能的运用进行分析和评价。这种反思和评价有助于学生了解自己的学习状态，识别问题所在，并制定改进策略。接下来是**探究阶段**，在反思的基础上，学生开始独立或合作地探索新的解决方案和策略。他们运用所学的知识和技能，尝试解决新的问题或挑战。教师和专家继续提供指导和支持，帮助学生克服困难和挑战，逐步提高他们的问题解决能力和技能水平。最后是**隐退阶段**，当学生初步掌握教师解决问题的思维方式和实践技能时，脚手架逐渐隐退。学生开始独立地面对和解决问题，逐步成为该领域的专家或熟练工作者。

由安南伯格基金会（Annenberg）与公共广播公司（CPB）合作制作的《学习课堂》（*The Learning Classroom*）系列是一个在教育实践中应用认知学徒模式的典型。该系列包括13个视频和详尽的教学指南及补充材料。这些资源开发于 1990 年代，其主要目标是为跨学科教育工作者提供专业发展资源，将有效的教学策略整合到他们的课堂中，特别是关注学生深刻理解和批判性思维的培养。

认知学徒模式将学习者置于真实的或模拟的专家实践环境中，使学习者能够亲身体验和感受专家的工作方式和思维方式。学习者不再是被动接受知识的对象，而是主动参与到学习过程中，通过实践来掌握知识和技能，同时，学习者需要对自己的学习过程进行反思和总结，以便更好地理解和掌握所学知识。认知学徒模式重视知识的迁移和应用，不仅关注学习者对知识的掌握程度，还重视学习者将所学知识迁移到新的情境中并应用于实际问题解决的能力。

如果教师认为知识的掌握是在推理和描述的过程中发生的，那么学习理解将是在个体头脑中的内化和处理。莱夫和温格对什么是学习和什么是理解做了更深入的讨论，认为学习发生在参与的框架中，而不是发生在个体头脑中，进而阐明学习是"合法的边缘性参与"这一新理念。莱夫和温格在其合著的《情境学习：合法的边缘性参与》中，选取了五个典型案例，在日常生活的实践共同体中，对认知学徒模式进行研究，进而分析了他们的"合法的边缘性参与"式的学习。这些研究提出了一系列的问题：学习和教育学的关系；实践中的知识地位；在给定的背景下学习潜力获取的重要性；在实践中学习时语言的运用；以及在实践共同体中，对学习者来说，在完全参与的身份中，使所掌握的知识体现价值的方法；等等。在研究中，他们提供了特定历史及文化背景中的五个案例，它们分别是：助产士、水手、舵手、屠夫、戒酒的酗酒者。作者对这五个案例的研究目的非常明确,强调学习的情境性本质,强调学习与工作实践的不可分性,以及在"合法的边缘性参与"这一框架下阐明:在每个学徒模式案例中,学习是否能够发生以及是如何发生的①。

也就是说,情境学习理论对于"人类如何学习,学习如何发生"的疑问有了新的回应:学习发生在情境之中,是一个合法参与实践共同体的过程。研究者通过分析"认知学徒制""实践共同体""合法的边缘性参与"这三个核心概念,剖析情境学习理论的内在机理,继而诠释情境学习理论对学习的认识——学习是一个参与情境的过程,并指出有利于学习发生的情境是一种真实的社会情境、实践情境和文化情境②。

研究者认为职业教育更易于运用认知学徒制的一些方法与原则,如建模、指导、情境化学习和合作学习等;而在学生的学业知识和高级认知技能的获得中,对认知学徒制的运用较弱。例如,在医学教育中,学生可以通过参与临床实习来实践认知学徒模式。学生在医院中跟随医生进行临床诊断和治疗,通过观察、参与和反思等过程,学习医生的思维模式、诊断方法和治疗策略。学生可以在专家医生的指导下,参与实际的手术过程,学习手术技巧和决策过程。这种实践方式有助于学生更好地理解和掌握医学知识,提高临床实践能力。又如,信息技术课程的学习(以及软件技术专业学习),可以将"认知学徒制"运用到日常教学中,像办公软件使用、AI工具运用、软件编程、软件设计、软件技术服务等技术要求高、操作性较强的课程,有必要结合社会产业发展现状,设立与实践操作环境相统一的教学环境,弥补传统讲授式教学模式的不足。

总之,传统的学徒制实践往往侧重于实际的和可见的活动,但大多数学校教育是指向概念性的学习成果,这些成果通常不是实际的和可见的——比如数学公式或物理理论。因此,新的认知学徒制研究意在通向抽象或概念性知识的学徒制,涉及支架式教学、元认知反思、基于问题的学习以及情境化的社会实践。有效的实践常常在过程中会有错误的产出性成果,即学习者最初形成的可能是错误的解决方案,但可以被有效地引导到概念正确的答案上来③。

2. 心理学取向的具身认知

具身认知是在哲学现象学、发展心理学等相关理论基础上发展而来的。笛卡儿明确界定了理性、非物质且隐秘的心智与感性、物质且外显的身体,将主体心智与客体身体进

① LAVE J, WENGER E. Situated learning: legitimate peripheral participation [M]. Cambridge: Cambridge University Press, 1991:1-79.
② 崔允漷,王中男. 学习如何发生:情境学习理论的诠释[J]. 教育科学研究,2012(07):28—32.
③ COLLINS A, KAPUR M. Cognitive apprenticeship [M]//KEITH SAWYER. The cambridge handbook of the learning sciences. Cambridge: Cambridge University Press, 2022:156-174.

行了区分。尼采率先提出了身体解放的呼声,强调身体的重要性。胡塞尔的现象学则深化了对意义的理解,认为意义源于主体与客体间的交互对话,而非单纯的主观臆断或自我封闭。而海德格尔的"此在"概念,则颠覆了表征主义的框架。"此在"指的是正在形成中、未完成的状态,它代表了不断生成、不断自我超越的个体。海德格尔进一步指出,笛卡儿并未深入探究存在的本质,他认为存在的本质在于追问者自身,正是追问者的存在定义了存在的本质这一问题①。海德格尔的"存在"观点强调了人与世界的相互关联性,认为人是通过身体与世界互动来认识世界的。梅洛-庞蒂(Merleau-Ponty)进一步将其具身认知思想发展为知觉现象学,推动了哲学视角系统化的具身认知理论体系的形成。梅洛-庞蒂主张感知客观存在的主体是具体的身体,而身体则存在于生长于客观世界之中,就像心脏存在于生长于身体之中一样,主体的感知、身体存在与客观世界的存在是统一的、不可分离的②。梅洛-庞蒂的"具身主体性"观点则进一步强调了身体在认知过程中的主体地位。拉考夫(G. Lakoff)与约翰逊(M. Johnson)批判了在传统的认识论中把理性、推理和概念的形成过程视为离身的、抽象的观点,从而完整地提出了具身认知理论的三个核心观点:"(1)心智是具身的;(2)思维大多是无意识的、非符号性的;(3)抽象概念主要是隐喻的,而隐喻归根结底来源于身体和身体的感觉运动图式。"③

　　传统的认知科学侧重于有机体内部的过程,即不可观察的(通过直接手段)且可运算的过程,通过这些过程,符号编码的刺激被转化为符号编码的指令,从而产生智能行为。换言之,认知主义者试图探索"黑匣子"的内部运作,行为主义者认为"黑匣子"是实验研究无法穿透的。1966年,意大利帕尔玛大学神经科学中心的研究者在灵长类动物恒河猴的大脑皮层中发现了镜像神经元,当猴子观察到同类的身体活动时这些镜像神经元就被激活,这与传统认知理论认为身体不参与信息加工的观点不一致。该研究假设主体曾经做过某个动作,并理解动作的目的,等它看到其他个体做出相同动作时,镜像神经元就被激活,因为正是对动作的目的进行反应而激活了镜像神经元,这就是镜像系统假说④。尽管存在争议,但我们相信,模仿,也许是由镜像神经元活动驱动的,会影响人类的具身体验。以此推论,个人可以通过自身的动作知识来推测他人的动作意图,即人通过自己的身体体验理解并认知他人。最新的一些研究也表明镜像神经元是一组运动神经元,在观察另一

① 海德格尔. 演讲与论文集[M]. 孙周兴,译. 北京:生活·读书·新知三联书店,2011:68—81.
② 莫里斯·梅洛-庞蒂. 知觉现象学[M]. 姜志辉,译. 北京:商务印书馆,2005:1—106. 另见,范文翔,赵瑞斌. 具身认知的知识观、学习观与教学观[J]. 电化教育研究,2020,41(07):21—27,34.
③ LAKOFF G, JOHNSON M. Philosophy in the flesh: The embodied mind and its challenge to Western thought [M]. Basic Books, 1999.
④ RIZZOLATTI G, CRAIGHERO L. The mirror-neuron system [J]. AnnuRev neurosci, 2004(27):169–192.

个人执行某些行为时被激活①。具身认知(embodied cognition)在 1990 年代迎来一波研究热潮②,相关概念还有很多,例如,"具身教育""具身学习""具身视角"或"具身感知"。具身认知的中心观点是:认知、思维、记忆、学习、情感和态度等是身体作用于环境的活动塑造出来的③。

具身认知标志着传统认知科学的转变。具身认知理论的先驱埃丝特·塞伦(Esther Thelen)也挑战了认知科学的传统观点,将具身认知视为认知④:

> ……这源于身体与世界的互动……认知取决于拥有具有特定感知和运动能力的身体所产生的各种体验,这些体验是不可分割地联系在一起的,它们共同构成了推理、记忆、情感、语言和精神生活所有其他方面都交织在一起的矩阵。

具身认知理论认为认知不仅是具身的,也是情境的,情境是具身的一种延展,不仅心身一体,认知过程中心身与环境也是一体的。"心智在大脑中,大脑在身体中,身体在环境中"⑤。具身学习是一种"学习中行动—行动中反思—反思中实践—实践中建构"的螺旋式上升过程。学习者在特定思想、观念的引导下展开对世界和人自身的多方面作用,即"学习中行动"。其间不断对思想观念、行动本身及其成效进行思考和自省,即"行动中反思"。在此基础上,将反思的结果转化为现实的行动,即"反思中实践"。最终,在实践中建构出更实质、更综合的知识框架和行动经验,即"实践中建构"⑥。具身认知理论将情境性、生成、动力系统等概念融入具身认知的思想之中,成为理解具身认知理论的基本解释学范畴。在具身认知理论形成中,"情境性(situatedness)""生成(enaction)""动力系

---

① Fu Y, Franz E A. Viewer perspective in the mirroring of actions [J]. Experimental brain research, 2014, 232 (11):3665 – 3674.

② 具身认知理论最初是一种哲学上的思辨,主要探讨身心关系的本质。随着认知科学的发展,具身认知理论逐渐从哲学思辨向实证研究转变。认知主义者普遍不赞同笛卡儿的身心二元论,因为根据笛卡儿二元论,心灵是非物质的,主体与客体分别存在;但认知主义者却坚持一种身心二元论,即只要心理过程是可运算的,就可以在不考虑实现它们的"硬件"的情况下对其进行研究。早期研究中美国机能主义心理学家詹姆斯(W. James)提出了身心一元论的具身认知。具身认知研究领域中,生物学家、神经科学家瓦雷拉(Varela),哲学家汤普森(Thompson),认知科学家罗施(Rosch)于 1991 年出版的《具身心智:认知科学和人类经验》是经典之作。另参见:Merleau-Ponty M. Phenomenology of perception [M]. London: Routledge & Kegan Paul, 1962;殷明,刘电芝.身心融合学习:具身认知及其教育意蕴[J].课程·教材·教法,2015,35(07):57 65;陈玉明.具身认知研究述评[J].心理学探新,2014,34(6):483—487;王辞晓.具身认知的理论落地:技术支持下的情境交互[J].电化教育研究,2018,39(07):20—26.

③ 叶浩生.身体与学习:具身认知及其对传统教育观的挑战[J].教育研究,2015,36(04):104—114.

④ Thelen E, Schoner G, Scheier C, Smith L. The dynamics of embodiment: a field theory of infant perseverative reaching [J]. Behavioral and brain sciences, 2001, 24(1):1 – 86.

⑤ 叶浩生.身体与学习:具身认知及其对传统教育观念的挑战[J].教育研究,2015,36(04):104—114.

⑥ 郑旭东,王美倩,饶景阳.论具身学习及其设计:基于具身认知的视角[J].电化教育研究,2019,40(01):25—32.

统(dynamic system)"等概念也先后被引入其中,进一步完善了具身认知理论的内涵①。

一个有趣的出发点是流行的教学观念,即认为应当首先精通特定学科的知识(这是形式主义对学习的首要观点),随后才能将其应用于实践②。然而,这种观点备受质疑,因为它倾向于强化一种形式主义的学习和教学思维方式,这种思维方式深深植根于二元论的知识观中。这种观念错误地将智力活动等同于"思想",将实际操作等同于"身体",而这正是具身认知理论所驳斥的界限。在课堂上,影响学生学习过程并且左右教学效果的一个重要因素就是情境。教师能否引发学生的具身效应,学生在学习过程中是否能产生具身体验,都取决于教学情境的生动性与逼真性,情境越生动、越逼真就越能引发个体的身体体验。特别是在学习抽象概念时或者学生缺乏已有感性经验时,情境的再造与渲染就至为重要。根据不同类型的具身效应,在实感具身不具备时,可创设实境具身与离线具身的情境教学。实境具身的情境,包括视频再现情境、实物演示情境、表演模仿情境、音乐渲染情境;离线具身的情境,包括语言描绘唤起情境、心理模拟情境等。在教学过程中应该不局限或拘泥于某种具体的情境教学手段,最为理想的方式是多种具身类型有机结合,同时伴以语言描绘更容易激发具身体验。尤其在虚拟情境出现时,教师若能伴以语言描绘,更能同时强化实境具身和离线具身效应③。

阿谢尔的"全身全反应"教学法与具身认知理念非常类似,可以看作是较早期的课堂教学实践。1988年,美国圣何塞州立大学(San Jose State University)的心理学教授詹姆斯·阿谢尔(James J. Ashe)提出了"全身全反应"(Total Physical Response,TPR)教学法④。该方法在教学中,教师首先将教学内容转化为一系列可执行的行为指令,并通过语言发出这些指令。学生在接收到指令后,以身体动作的形式进行回应。此方法旨在通过将抽象的知识概念转化为具体的身体动作,增强学习者的理解和接受度,从而优化学习效果。在对具身认知和学习的日益增长的研究中,研究学者发现身体动作对数学、科学和语言的学习成果有积极影响。以假设的课堂场景为例。一位科学老师想第一次向他的班级介绍一种不熟悉的仪器,例如两个可以在单轴上独立旋转的自行车轮(类似于陀螺仪轮,但有两个轮子)。从教师可用的一系列可能选项中,他可以:(1)描述仪器的特性,强调其形状、声音、颜色等细节;(2)播放视频,演示仪器的物理特性及其使用方法;(3)带学生到科学实验室观察仪器正在进行的实验,同时提供自己使用仪器进行实验的机会。当然,还

---

① 焦彩珍.具身认知理论的教学论意义[J].西北师大学报(社会科学版),2020,57(04):36—44.

② Nathan M. Rethinking formalisms in formal education [J]. Educational psychologist,47(2):125–148.

③ 殷明,刘电芝.身心融合学习:具身认知及其教育意蕴[J].课程·教材·教法,2015,35(07):57—65.

④ Asher J J. Learning another language through actions: the complete teacher's guidebook [M]. 4th Ed. Los Gatos, CA: Sky Oaks Productions,1993:35.

有其他可能的方法来教授物理学中的扭矩和角动量的概念①。国外具身认知的课堂实践目前正在兴起中,典型课例还有待进一步发掘。

具身认知教学的特点显著且多样,主要涵盖以下三个方面:(1)注重实际体验与模拟行为。它鼓励学生通过亲身参与物理活动和模拟行为,如角色扮演或模型搭建,来深化对概念的理解,使学习更加直观和生动。(2)强调情境化学习。具身认知教学主张在真实或模拟的特定情境中展开学习,将知识内容与实际应用紧密结合,以此增强知识的实用性和迁移能力。(3)促进动手操作与互动。它鼓励学生通过动手操作和与他人的互动交流来推动认知发展,让学生在实践中学习和成长。

在课堂上,具身认知理论在多个学科中得到了广泛的应用与探索。其中,数学教育尤为突出,通过引入数字化工具模型(VR/AR)和动手操作,帮助学生直观理解抽象的数学概念,如几何形状和数学运算;在科学实验中,学生能够通过亲自动手进行科学实验和观察,从而深入探索科学现象,而非仅仅依赖课堂讲解;在语言学习中,身体动作、角色扮演或教育戏剧成为辅助学习的有效手段,帮助学生更好地理解和运用语言。

总之,具身认知强调身体在认知的实现中发挥着关键作用。其中心含义包括:(1)认知过程的进行方式和步骤实际上是被身体的物理属性所决定的;(2)认知的内容是身体提供的;(3)认知、身体、环境是一体的,认知存在于大脑,大脑存在于身体,身体存在于环境②。具身认知的理论思想对于当代教学认识论来说是一个全新的视角,借鉴具身认知理论的思想,具身性、情境性、生成性、主体经验性、情感体验、隐喻映射、生命意义的关怀等概念在教学认识论的话语体系中会进一步得到凸显③。具身教育则视身体为学习的主体,主张把身体活动融入课堂教学,倡导"身体活跃的课程"。身体活跃的课程不认为身体活动是学习的障碍。相反,它赞同杜威"从做中学"的教学原则,主张把各种强度的身体活动融入课堂教学,把需要学习的内容与学生的身体活动相结合,让学生"动起来",通过身体活动体验概念和术语的含义,加深对课程内容的理解④。

(三) 任务单或探究课题中的情境——素养导向教学

"核心素养"的概念最初由经济合作与发展组织(OECD,简称"经合组织")和欧盟理事会的研究报告引入。2006 年 12 月,欧洲议会与欧盟理事会通过了名为《以核心素养促

---

① Shapiro L, Stolz S A. Embodied cognition and its significance for education [J]. Theory and research in education,2019,17(1):19-39.

② 叶浩生. 具身认知:认知心理学的新取向[J]. 心理科学进展,2010,18(05):705—710.

③ 焦彩珍. 具身认知理论的教学论意义[J]. 西北师大学报(社会科学版),2020,57(04):36—44.

④ 叶浩生. 具身心智与具身的教育[J]. 教育研究,2023,44(03):32—41.

进终身学习》(Key Competences for Lifelong Learning)的提案,确立了八大核心素养领域:母语交流、外语交流、数学素养与科技素养、信息素养、学会学习、社会与公民素养、创业精神和艺术素养。这些核心素养被视作欧盟教育和培训系统的核心目标体系,旨在帮助所有欧盟公民获取终身学习的能力,从而在全球化与知识经济的挑战中达成个人成就并推动社会经济发展。该体系的显著特点是整合了个人成长、社会参与和经济发展三方面的目标。在个人层面,核心素养支持人们追求个人生活目标,激发对兴趣、梦想和终身学习的追求;在社会层面,它有助于公民身份的构建、权利的行使和积极的社会融入;在经济层面,它赋予个人在劳动力市场中找到合适工作的能力,强化了欧盟在全球知识经济中的竞争力[1]。2002年,美国联邦教育部和众多企业与研究机构发起倡导成立了"21世纪素养合作组织(P21)",该组织制定了《21世纪素养框架》,并在2007年发布了更新版本。新加坡和日本在此影响下,也开展了相关探索。新加坡教育部于2010年3月推出了"21世

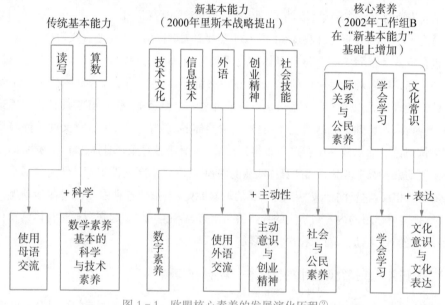

图1-1 欧盟核心素养的发展演化历程[2]

---

① 裴新宁,刘新阳. 为21世纪重建教育——欧盟"核心素养"框架的确立[J]. 全球教育展望,2013,42(12):89—102. 另参见: The European Parliament and the Council of the European Union. Recommendation of the European parliament and of the council of 18 december 2006 on key competences for lifelong learning [EB/OL]. (2006 - 12 - 30)[2024 - 06 - 01]. http://eur-lex.europa.eu/LexUriServ/LexUriServ.do? uri = OJ: L:2006:394:0010:0018:en: PDF.
② 裴新宁,刘新阳. 为21世纪重建教育——欧盟"核心素养"框架的确立[J]. 全球教育展望,2013,42(12):89—102.

素养",而日本国立教育政策研究所则在 2013 年 3 月发布了《培养适应社会变化的素质与能力的教育课程编制的基本原理》报告,提出了日本的"21 世纪能力",其中强调了创新、创造力、信息素养、国际视野、沟通与合作、社会参与及贡献、自我规划与管理等素养的重要性[①]。2013 年,联合国教科文组织和美国智库机构布鲁金斯学会联合发布了"学习指标专项任务"(LMTF)的 1 号研究报告——《向普及学习迈进——每个孩子应该学什么》。该研究从身体健康、社会情绪、文化艺术、文字沟通、学习方法与认知、数字与数学、科学与技术这七个维度,建构了基础教育阶段学生应该达成的学习目标体系。该体系特别突出了基础教育阶段学生思维能力和工作方式的培养,非常重视学生社会性能的发展,强调知识与实践的紧密结合,重视信息技术能力的培养,凸显了性教育的社会内涵,并根据不同年龄段学生发展的特征明确了不同的学习重点[②]。

学习和创新	数字素养	职业和生活技能
批判性思维和问题解决	信息素养	灵活性和适应性
创造力和创新	媒体素养	主动性与进取心
交流能力	信息科技素养	跨文化社交能力
合作能力		生产力和可靠性
		领导力和责任感

图 1-2 美国 21 世纪素养

"核心素养"旨在勾画新时代新型人才的形象,规范学校教育活动的方向、内容与方法。核心素养教育目标的实现要凭借课程,是集课程目标内容结构、课程标准、课程(教材)建设、教学质量评价等于一体的教育变革。基于核心素养的课程发展意味着,无论是课程开发者抑或一线教师都需要在课堂上落实,课堂上比较常见的情境创设是学习任务单或探究课题。

学习任务单又有"知—问—学"(KWL)图表工具、思维可视化工具和任务纸(ditto)等多种形式。"知—问—学"(KWL 或 KWHL)图表是一种图形结构表达工具,可用于激活

① 褚宏启. 核心素养的概念与本质[J]. 华东师范大学学报(教育科学版),2016,34(01):1—13.
② 滕珺,朱晓玲. 学生应该学什么?——联合国教科文组织最新基础教育学习指标体系述评[J]. 比较教育研究,2013,35(07):103—109. 另参见:Force, Learning Metrics Task. Toward Universal Learning: A Global Framework for Measuring Learning. 2013.

KWL CHART

Name:

Topic: Romeo and Juliet by William Shakespeare

WHAT I KNOW	WHAT I WONDER	WHAT I LEARNED
• Romeo and Juliet is a classic tragedy. • Both of the main characters died at the end of the story. • It was written some time in the 1500's.	• Shakespeare's inspiration for writing the tragic play. • If the play had a different ending.	• Romeo and Juliet is really tragic. They both died at the end. • Shakespeare wrote the play between 1591 and 1596. • Romeo and Juliet was based on "The Tragic History of Romeo and Juliet", a long narrative poem by Arthur Brooke which was written in 1562. • So far, there has been no rumors of a different ending for Romeo and Juliet.

图 1-3　国外 KWL 图表工具示例

先验知识,促进高阶提问,并参与学生的元认知。KWL 最早是作为一种指导阅读的策略提出的①。K 代指"What I know",即经由合作学习小组讨论、引导学生获取对某个主题

---

① Ogle D M. K-W-L: a teaching model that develops active reading of expository text [J]. The reading teacher, 1986,39(6):564-570.

的已有知识,并从同伴的说法中增进自己的知识;W 代指"What I want to know",即引导学生利用问题,在分享各个问题之后提问心中所渴望知道的知识,问题便成为学生阅读或学习的目的;L 代指"What I learned",即学生通过学习或阅读,尝试从文章或文本找出上述问题的答案,并总结自己在已有文本中学到的新知识。教师通常在课堂开始时引入 KWL 图表。首先,通过展示一个空白的 KWL 图表在黑板或屏幕上,并以某个为主题为例,向学生展示如何填写这个图表,例如,教师要确保每位学生都有一份图表的副本,然后鼓励学生独立完成"知道"部分,让学生独立填写"想要知道"部分,并随后在班级中分享和讨论他们的答案,以促进集体思考和知识分享。这一环节旨在帮助学生从集体经验中受益,揭示可能存在的误解,并激发他们的先前知识。教师可要求学生在填写过程中表达思考过程(可以出声),完成"知道"和"想要知道"这两部分后,再阅读教材或补充资源,随后引导学生根据阅读内容完成"学到的"部分,并鼓励他们分享阐述自己的思维过程。KWL图表不仅可以作为课程的简短介绍来激发学生的先前知识,还可以在研究论文或项目的初期阶段使用。这有助于学生挑战自己的舒适区,学习新的内容。

为了进一步扩展学生的思维(thinking),可以考虑在 KWL 图表中添加一个"H"列,用于记录"如何找到"所需信息的方法。与学生讨论不同学科领域的信息来源,这可能引发关于文本偏见等更深层次的讨论。此外,鼓励学生将"学到的"部分中的信息进行分类,并为每个类别命名,以便在写作或讨论时能够系统地引用这些信息。KWL 图表在多个学科领域中都有应用价值。在阅读和英语课程中,它可以帮助学生在阅读前后整理和反思他们的知识。在写作中,它可以作为反思和梳理思路的工具。在数学课程中,它可以帮助学生概述已掌握和待学习的内容,并跟踪他们在解决问题过程中的学习进展。在社会科学和科学课程中,它可以帮助学生组织研究信息,并促进对复杂主题的理解。最后,KWL图表还可以作为教学评估的非正式工具。在课程开始前和结束后,让学生填写图表的相应部分,以了解他们是否达到了课程目标。

国外课堂的情境化教学大多数的时候教师都会发给学生每人一张或多张任务纸。在这些纸上,大多并没有什么标注,仅仅只是一些文字,有的则是有标注的。有的纸标为"worksheet"(任务单),有的标为"handouts"(分发给学生的材料),有的标为"chart"(图表),有的标为"activity supporting materials"(课堂活动辅助材料),有的标为"resource sheet"(资源表),有的标为"unit study guide"(单元学习指引)。标着"resource sheet"的纸大多数是学习材料,而标为"worksheet"的则大多是学生学习活动的设计与要求①。

素养导向教学中第二大的实践是探究课题中的情境——研究性学习。研究性学习

---

① 李海林.学习任务单:"一张纸"的文本特征与教学功能(上)[J].上海教育,2013(06):40—41.

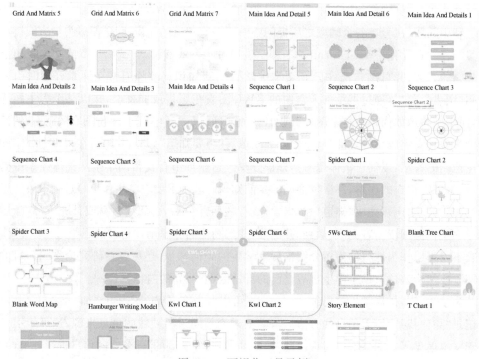

图 1-4　可视化工具示例

(research-based learning,简称 RBL,其他英文表述如 inquiry-based learning/investigative learning)是一种综合性的方法,旨在融合多样化的学习和教学策略,从而有效地将研究活动与教学过程相结合。研究性学习是以学生为主体,通过自主探究、实践体验来获取知识、培养能力和发展素养的学习方式。它强调学生积极主动地参与学习过程,面对真实的问题情境,运用多种学科知识和方法进行探究和解决问题。学生在学习过程中具有高度的自主性,能够自主选择研究课题、制定研究计划等。在过程中,学生以探究为核心,深入挖掘问题,寻求答案和解决方案,而学习内容和过程则具有开放性,往往涉及多个学科领域的知识和技能的综合运用,且不受传统教材和教学模式以及固定答案的限制。比如在科学课程中,学生可以选择一个关于当地生态环境的研究课题,通过实地考察、收集数据、分析和讨论等过程,深入了解生态系统的运行规律,并提出保护生态环境的建议和措施。在历史课程中,学生可以对某一历史事件进行深入研究,通过查阅文献、采访相关人士等方式,还原历史真相,培养历史思维能力。

　　国外研究性学习呈关注情境和多样化趋势,从美、法、日三国的研究性学习实施情况来看,美国的基于问题的学习(problem-based learning)和基于项目的学习(project-based learning)、法国的"多样化途径"(parcours diversifies)和"适度发挥学生创造力"(简称TIPE)课程、日本的综合性学习等,其特点是或围绕着问题等的提出和解决来进行学习活动,或使研究性课程呈现出多层面的开放性,或更注重学生的感受和体验过程①。

在新西兰的中学科学课程中,每学期都有两周共 10 节课的时间,供学生进行专题学习活动。案例时间是 1988 年 7 月临近期末之时,新西兰汉密尔顿(Hamilton)市一所普通公立中学的初三班。活动开始之前,教师只是简单地交代,下来的两周是专题学习时间,请全班学生共同做一个探究,做什么、怎么做都由学生们决定,只要与科学有关系,又有条件能做好就行了。教师建议,学生们可先分组设想有什么可以做的课题,然后再一起讨论决定研究课题。按照教师的建议,第一、二节课,全班学生(28 人)分成 8 组提设想,大家海阔天空地想了 20 多个题目,然后再分为 4 组进行讨论,每组选定一个自认为最合适的课题,最后由每组选出一名代表报告他们的课题和设想,全班同学一起比较、评议,再投票决定选择哪一课题。在这两节课中,教师在各个组巡回,主要是听学生的讨论,有时向学生提出一些实际问题,启发学生思考课题的实际可行性,如:做你们建议的课题需要些什么器材? 要多长时间? 花多少钱? 有没有安全问题? 一组学生想分析橄榄球运动员在比赛过程中的碰撞问题,请老师帮忙出主意。教师就要他们想想物体的碰撞有多少种情况,橄榄球运动员的碰撞应属于什么情况,碰撞有什么规律,到什么书上可以找到有关的资料,等等。

经过这样的讨论和投票,学生们决定做"市场上哪个牌子的洗衣粉洗涤效果最好"这一课题。该案例接下来的两节课,学生们分组讨论探究的方案,在许多问题上都发生了激烈的争论,如:市场上最常见的洗衣粉有哪些,要用什么规格的洗衣机进行洗涤,用什么样的洗涤程序,水温多少,洗衣粉应放多少,用什么样的布作为洗涤对象,等等。各小组讨论的问题不尽相同,也不全面,但全班的问题合在一起,就把有可能发生的情况都考虑到了。如:在讨论洗什么的问题时,开始有人提议洗校服,但校服有新旧、大小,不行,被否决了;后来又有人提议用一般衣服、用几块不同的旧布,等等,以上提议均又由于难以控制实验条件而被否决了,不过,同学们也觉得用布比用衣服更容易保证实验条件相同,因此决定用布,并不断补充控制条件:如,布要都是新的,颜色相同,大小一样,再弄得一样脏;但都用浅色布也不行,不能全面说明洗涤效果。最后,他们买了五块颜色和深浅不同的布,裁成同样大小,弄得同样脏,然后用相同型号的洗衣机在同样的水量、温度、程序、洗衣粉量之下洗涤。又如,在比较洗涤效果时,应把布一起放在光线相同的地方,相互比较,再与一小块没有弄脏过的同颜色新布作比较,等等。

---

① 叶纪林. 国外研究性学习的现状、特点及启示[J]. 天津师范大学学报(基础教育版),2008(02):53—56.

根据超级市场提供的资料,学生们选了4种销量最高的洗衣粉进行比较。因为学校里没有4台相同的洗衣机,就让几位同学带回家中去洗,还派了监督人,保证洗的方法程序符合预先计划安排。第一次洗出来的结果怎样也看不出差别,有的同学就打算下结论。这时,教师就提醒大家注意,是否这样一次实验就可以下结论了,全班又进行讨论。大多数同学认为只做一次实验,洗衣粉的用量只有一种,下结论太早了。于是决定逐步减少洗衣粉的量,再重复做实验。前几次结果都看不出差别,直至第四次才看出差别。

然后,教师要求每个小组写一份研究报告,要写明研究的问题,为什么要做这一研究,做的方法和过程,对比的方法和过程,得到什么结论。报告是集体讨论写出来的,全部张贴在教室里,让学生们比较,哪一份有什么优点,选出最好的一份,并让这个小组把别人的优点都吸收过来,得出一份代表全班的报告。利用教师周会的时间,该小组的三名学生向全校教师做了一次很生动的报告。一个月后,新学期开始了,教师提醒学生看看上学期的活动有没有影响。怎样做教师并没有说,同学们经过讨论,决定对老师们进行调查。他们在校门口给教师发调查表内容是"你最近有没有买洗衣粉?如果买了,买的是什么牌子?"结果,买洗衣粉的老师中有80%买了他们证明洗涤效果最好的那种①。

二、 国内课堂中情境教学的探索

情境教育是我国基础教育改革的一颗璀璨明珠,它兴起于新时期,发展于新世纪,深化于新时代。李吉林从古典文论"意境说"中汲取理论精华,历经四十余年的不懈奋斗,构建蕴含本土气息与创新精神的情境教育体系,为创建具有中国特色的教育学派提供了一个成功范例②。

在综合性情境探索方面,于伟的率性教学与率性教育、刘良华的兴发教学和张人利的后"茶馆式"教学都分别在东北、华南和华东区域形成了一定的影响和全国辐射。

(一)李吉林的情境教学与情境教育

在教育改革的浪潮中,李吉林作为情境教育探索实践的杰出代表为我们提供了宝贵的经验和启示。李吉林在江苏省南通师范学校第二附属小学从教师成长为校长,进行了40多年的情境教学的探索。从1978年开始,她就开始了情境教学的实验,最初只是针对小学语文的教学,后来逐渐推广到其他学科。她认为,情境是学生学习的重要条

---

① 高凌飚,张春燕.探究性学习的特点——一个国外案例的分析[J].课程·教材·教法,2002(05):16—21.
② 王灿明.情境教育四十年的回顾与前瞻[J].南通大学学报(社会科学版),2020,36(02):132—140.

件,通过创设具体、生动的情境,可以激发学生的学习兴趣,提高学习效果。情境教学从最初"外语情景教学法"的尝试移植,到吸纳民族文化经典,创造性地运用于作文教学,走出具有中国特色的道路。情境教学又借鉴运用图画、音乐、戏剧等艺术手段,让阅读教学美了起来,逐步形成了今天促进儿童快乐、高效学习的情境教学。在探索的过程中,情境教学吸收其他教学法的长处,优化语文教学结构;同时汲取我国当代语文专家的思想,在不断地反思、追问中构建起情境教学、情境教育以及情境课程的理论框架和操作体系①。情境教育的基本模式是从拓宽教育空间、缩短心理距离、利用角色效应和加强应用操作等方面,为儿童提供一个宽阔而又贴近生活的最适宜的成长环境,促使其个性得到全面发展②。

　　情境教学的探索经历了四个阶段:创设情境,进行片段语言训练;带入情境,提供作文题材;运用情境,进行审美教育,以及凭借情境,促进整体发展。在理论建构上,情境教学形成了"形真""情切""意远""理寓其中"四个基本特点和以促进学生全面发展、素质整体提高为目的的教学活动的"五要素",即:以培养兴趣为前提,诱发主动性;以指导观察为基础,强化感受性;以发展思维为重点,着眼发展性;以情感因素为动因,渗透教育性;以训练语言为手段,贯穿实践性。在实践操作上,通过不断探索、总结、筛选,逐步形成了以"美"为突破口、以"情"为纽带、以"思"为核心、以"练"为手段、以"周围世界"为源泉的情境教学操作模式,使情境教学的基本主张在识字、阅读、作文教学过程中皆可转化为一种可以操作的具体行为。情境教学以思维为核心,以情感为纽带,通过各种符合学生学习心理特点和接近生活实际的语言情境的创设,巧妙地把学生的认知活动和情感活动结合起来,解决了长期以来因重认知轻情感而带来的逻辑思维与形象思维不能协调发展的问题,提高了学生的思维品质。不仅如此,情境教学将情境贯穿教学过程的始终,强调凭借情境促进整体发展,从而将字词句篇、听说读写的训练统一在具体生动的语言情境中,让学生通过主动参与体验到学习的快乐和成功的喜悦,使他们不仅掌握了语言知识,而且发展了语言能力③。

　　如何促进儿童智能及心理品质的发展,是心理学尤其是发展与教育心理学关注的一个重要理论问题,情境教学正是试图通过教学实践来解决这个问题。情境教学的出现,冲击了传统的"填鸭式"教学,让学生在情景交融中获得发展,随着素质教育的深入人心,情境教学获得了教育学界和心理学界的广泛认可,越来越多的处于教学第一线的教师成为

---

① 李吉林. 为儿童快乐学习的情境教学[J]. 课程·教材·教法,2013,33(02):3—8,28.
② 李吉林. "情境教育"的探索与思考[J]. 教育研究,1994(01):51—58.
③ 田慧生. 情境教学—情境教育的时代特征与意义[J]. 课程·教材·教法,1999(07):18—21.

情境教学的实践者。李吉林提出的"带入情境、优化情境、运用情境、拓宽情境"的思想自成一派,即通过生活展现、实物演示、图画再现、音乐渲染、表演体会、语言描绘等手段来带入情境;根据学生的特点和所教内容来优化情境;运用情境缩短学生心理距离,提高学生动机,引导学生积极对知识进行建构;通过拓宽情境,促进学生智能及心理品质的全面发展[1]。

由情境教学发展到涵盖儿童成长诸领域的情境教育,并落实到情境课程,形成了独特的情境教育理论体系与操作体系。情境教育顺应儿童天性,突出"真、美、情、思"四大元素,以"儿童—知识—社会"三个维度作为内核,构筑了具有独特优势的课程范式。情境教育还从脑科学最新成果中找到理论支撑,即:儿童的脑是敏感的,需要一个丰富的环境;儿童的脑具有极强的可塑性,需要不断提高神经元联结的频率;儿童的脑优先接受情绪性信号,积极情感伴随的学习活动可获高效。情境教育正是将儿童认知活动与情感活动结合起来,找到了一条全面提高儿童素质的有效途径[2]。在李吉林看来,情境的本质是"人为优化的环境"。情境是富有教育内涵的生活空间和多维互动的心理场,也是情景交融的教育场域和理寓其中的靶向情境,具有主体性、建构性、系列性和开放性等特征。情境建构应遵循忠实性原则、生长性原则和审美性原则。其中,忠实性原则强调忠实于教材,着重解决情境建构的目标与内容问题;生长性原则注重植根儿童的真实经验,着眼解决情境建构的路径与方式问题;而审美性原则关注艺术的滋养,着力解决情境建构的形式与功能问题[3]。

2017年11月,全球最大的科学出版机构斯普林格出版集团举行首发式,李吉林的"儿童情境学习丛书"英文版(共三卷,包括《儿童母语情境学习的理论与应用》《儿童情境学习课程体系及操作》和《儿童情境学习范式建构的历程》)面向全球发行,成为西方国家出版的我国中小学教师的第一套著作,引起国际学术界的热切关注。

(二) 综合性情境探索

1. 于伟的率性教学与率性教育

东北师范大学附属小学原校长提出了"率性教育"的办学理念,强调遵循儿童的身心发展规律与特点办教育,强调**保护儿童的天性、尊重儿童的个性、培养儿童的社会性**。在课程与教学改革领域,于伟强调"率性教学",即遵循知识经验、能力和智慧发生规律,遵循

---

[1] 林崇德,罗良. 情境教学的心理学诠释——评李吉林教育思想[J]. 教育研究,2007(02):72—76,82.

[2] 李吉林. 情境教育的独特优势及其建构[J]. 教育研究,2009,30(03):52—59.

[3] 王灿明. 情境:意涵、特征与建构——李吉林的情境观探析[J]. 教育研究,2020,41(09):81—89.

儿童成长发展规律与阶段特点，促进儿童在共同体中成长。率性教学指向经验与知识教育，指向抽象能力、想象能力培养，指向智慧教育。率性教学的提出是基于学校改革发展的新挑战。

东北师范大学附属小学作为东北师范大学的实验基地，一直走在教育改革的前沿，有着根据不同时期国家教育改革新要求创造性地进行改革的基因。学校首任校长王祝辰先生提出了"动的教学法"研究，20世纪60年代学校即开始进行"6岁入学教学体制改革试验""教育同生产劳动相结合实验"及"九年一贯制"学制实验。1994年东师附小开始进行"小主人教育试验"，2001年探索实施"开放式"教育实验，2014年起探索"率性教育"。

王祝辰曾这样阐释儿童的天性特点："我们知道儿童天性是活泼的、快乐的、向前进取的……儿童有'动'的本能，活泼好动是儿童天性。所以，我们在学校里常看到数十千百儿童，绝无一刻静止的时候。那么，我辈从事教育者，便应当顺应或利用儿童这种固有的自动力，使之动而不宜使之静。"

20世纪五六十年代，学校改革探索的重心是教育体制改革，教师与东北师范大学教育系师生进行"因材施教，培养特长生"的实验。这时期，学校开展学制改革，进行劳动教育、品德教育实验，研究成果参加了教育部举办的教育成果展览会，学校还被评为吉林省及全国教育系统先进单位。改革开放到新世纪初，学校以单科单项的课堂教学改革为突破口，着力进行学校整体改革实验探索。如语文学科"讲一读三写一"实验研究、数学学科"彩色木条实验研究"、音乐学科"乐器进课堂实验研究"等，这些单项课题研究，有效提高了学科教学的质量和效益，增强了教师的科研意识和研究能力。1989年，学校实施"全面提高小学生素质综合改革实验研究"，该项实验将提高小学生素质作为学校整体改革的基本目标，使学校课题研究向教育教学的纵深领域扩展。1994年，学校在总结前两轮整体改革经验的基础上，进行"小主人教育整体改革实验"，将"发挥学生的主动性、创造性，培养学生的主体意识、主人翁责任感以及适应能力、自我教育、自我管理能力"作为改革目标进行深入探索和研究。2001年，伴随我国新一轮基础教育课程改革全面启动，学校进入"开放式学校"构建时期，挑战"封闭、单一、固化、被动"的传统学校特征，关注"开放、多元、弹性、自主"的教育要素，进行开放式教育的探索。开放式教育的理论与实践研究、校本课程开发与实践、综合实践活动课程的开发与实践，带来了学校课程体系的结构性突破，为开放式办学理念提供了本土化的实践路径。

2014年8月，于伟到东北师范大学附属小学工作，他带领附小团队立足附小的办学传统和经验，从中国文教传统中汲取养分，创造性地提出了"率性教育"办学理念。伴随率性教育研究的推进，改革发展进入新常态，需要在新的历史时间节点重新梳理、反思当前学校课堂教学中存在的问题，学校逐渐明晰课堂教学改革的方向，提出了"率性教学"这一重要的实践路径,率性教学是率性教育办学理念扎根课堂的实践智慧。从 2014 年起,"率性教育"办学理念的提出进一步推动了学校的改革探索。基于对小学阶段儿童学习与成长规律的挖掘,按照"边研究、边实践、边反思、边提升"的策略,在教学改革中着力探索"有过程的归纳教学",在德育中倡导"有过程、有尊重、有道理",通过班队会活动、主题教育活动、年间大型活动、养成教育活动等培养率性学生。

《中庸》有言:"天命之谓性、率性之谓道、修道之谓教。"于伟吸取其中的教育智慧,将办学理念创造性转化为"率性教育",即倡导遵循儿童身心发展规律办教育,同时在教学方面进行"有过程的归纳教学"理论与实践探索,力图解决教学过于重视结果而忽视过程、过于重视演绎思维而忽视归纳思维的问题。"率性教育"改革探索和"有过程的归纳教学"研究均获得基础教育国家级教学成果奖。

率性教学是遵循知识经验、能力和智慧发生规律、儿童成长发展规律与阶段性特点,促进儿童在共同体中成长的教学。首先,率性教学的设计是从了解学生学习的起点、创设恰当的学习情境、情境要有还原性、围绕核心问题展开学习、选择适切的教学模式、优化学习组织形式、提供丰富的学习素材、让学习过程可视化这几个方面展开的。其次,率性教学尊重儿童认知规律,倡导"有根源、有过程、有个性"。关注学生的学习规律,让教学有据可依。在教学内容上,注重挖掘知识的来龙去脉,追溯知识的本源;在教学对象上,依循儿童学习的规律和特点,针对不同层次的学生设计不同的教学任务;在教学方法上,准确把握"教"的规律,采用恰当的方式、方法,针对学生的"真问题""真难点"选择行之有效的教学策略和方法。只有深谙知识的来龙去脉、准确了解学生的准备状态、深入把握教学本质规律,教师的教学才能做到高屋建瓴、游刃有余。再次,关注学生的学习和成长过程,引导学生对知识产生的环境、原初状态进行还原,经历人类知识再发现的过程。教学是引导学生的认识从个别到一般的过程,人类认识世界的过程也是从个别到一般的过程,归纳的过程与儿童认识世界的过程具有天然的相似性。以数学学科"分一分与除法"为例,学生在生活中已经积累了一定的平均分的经验,但是如何将丰富的生活经验数学化、抽象化,在教学过程中教师要通过不同情境中的例子引导学生体会什么是平均分,进而抽象出平均分的概念。最后,关注学生的差异性,根据学生学习起点、学习速度、学习兴趣、学习适应性等方面的差异设计教学,让不同学生在同一个课堂得到富有个性的、多元的成长和发展。这样的教学,是允许学生出错、充分等待学生成长的教学;是满足学生不同需求、支持学生获得个性化发展的教学;是尊重学生个性,不搞"一刀切"、不追求完美的教学。

率性德育尊重学生成长规律,倡导"有过程、有尊重、有道理",强调德育要关注儿童成长过程中的变化,尊重儿童的个性特征,使儿童在知理、明理中学会做人、做事,使儿童成为有理想、懂道德、明事理的合格公民。一方面,注重加强制度与环境建设,致力为学生营建良好的德育生态环境,使学生在开放、多元、尊重的环境中,在显性的参与和体验中、在隐性的文化熏陶和感染中获得道德发展。另一方面,关注德育活动设计。率性德育对学生认知活动、体验活动、实践活动进行整合,强调在模拟现实的情境中促进学生道德认知发展,强调让学生通过实践活动获得经验,丰富体悟。如,学生的日常文明习惯养成教育注重劳动实践,主题教育活动突出强调情感体验,志愿者活动关注公益服务体验,大型活动凸显学生的主体参与实践。

在东北师范大学附属小学,"有过程的归纳教学"这句话时常被老师们挂在嘴边。演绎教学是从一般到个别的过程,而归纳教学是从个别到一般的过程,有过程的归纳教学其重要目标是促进儿童思维能力和推理能力的发展。归纳的过程是发现问题、解决问题的过程,要创建适合学生发现问题、解决问题的情境。凸显趣味性、还原性、真实性。让孩子们能快乐学习,让实现快乐学习不再是一件困难的事。

于伟特别鼓励教师做研究,2024年学校有博士、在读博士40人左右。熟知未必是真知,教育教学作为中小学校日常最基本的工作,对于校长、教师来说是最熟悉的但也可能是最陌生的。由熟知走向真知,离不开研究。因此,中小学校需要通过开展教育研究探寻课堂教学及学生学习的本质和规律,包括儿童的学习兴趣、知识的获得规律、学习的过程与方法、学生成长的情感体验等。例如:学校教师在执教《古诗中的儿童》一课时,发现学生对儿童轶事的理解仅停留在儿童行为的"拙"而无法体会审美层面的"趣",面对学生一边倒的认知,教师没有当即订正,而是将"拙"字写在黑板上,并通过提供施肩吾的《幼女词》,引导学生寻找自身理解与作者创作初衷的矛盾点,进而提升学生对诗词意象的理解和认识。教师通过对这一原生态课堂的研究分析,提炼并强化知识建构理论下的教学模式及策略,同时将此段教学实录作为改进儿童学习评价的支撑性材料并进行相关研究探索。聚焦课堂、深描课堂、回归课堂,基于课堂开展教育研究,是打通课改前500米(即原生态课堂)和最后500米(即教师践行改革理念、演绎成果模式的实践空间)的关键。再如:为保证"双减"政策真正落地见效,东北师范大学附属小学通过探索实施作业及评价改革,充分发挥作业的育人作用和教育评价的导向功能,切实在教育教学的质量上做加法,对繁重机械的学习任务做减法。如经研究,教师在二年级数学《方位》一课后留的作业是"晚饭后和爸爸妈妈走1000米,观察自己家的东西南北都有什么建筑物",引导学生在生活中理解方位及数量,促进学生对知识的深化和应用。另外,该校近两年以"游考"为形式载体对主题式跨学科综合评价进行探索研究,通过环境布置、情境创设、任务设计及教师语言渲染等方式引导学生在真实情境中解决问题,以此考查学生的相关知识和能力。

于伟认为,中小学校长、教师的工作总是忙碌的,时间总是紧迫的。有研究表明,老师每天要进行不下1 000次人际互动①。因此,对于一线校长、教师而言,在开展教育研究伊始便要在策略和方法层面作出择优的判断②。教师开展研究应聚焦四个关键词:原生态、生活史、大数据、小微研究③,做接地气、讲方法、有思想的研究者和行动者。其中,原生态和大数据是指教师基于自己积累的丰富的教育教学原始数据,如教案、学生作业、考试试卷、教学笔记、读书笔记等进行研究;生活史是指教育研究要紧密联系教师与学生的生活成长史,要关注师生的成长发展。例如:学校一位资深班主任用60余万字记录了6年里学生在班级里发生的大大小小的事件,后基于此在学校的支持资助下出版了《41个美丽世界》一书。教师通过对最原始材料的收集研究分析,能够呈现出一线实践的真实样态与超越书本描述的陌生风景。在具体的策略方法层面,于伟建议校长、教师做行动研究和叙事研究。前者是基于教学改进,为了解决具体的、细节的问题所进行的研究,是从解决问题出发,而不是从大理论、从文献出发;后者关注的是教学情境中到底发生了什么,强调原生态的深描④。东北师范大学附属小学编辑出版的《率性教育研究》中收录了学校教师的论文及研究报告,老师们运用的研究方法主要是行动研究和叙事研究,这既是一种应然的研究取向,也是教师的一种实然选择。

2. 刘良华的兴发教学

从2019年12月起,华东师范大学课程与教学研究所刘良华教授在广州市海珠区第二实验小学集团进行课程与教学改革行动研究,并实践他提出的兴发教学。兴发教学即兴起和引发学生主动学习,其内涵在实践中不断深化,从最初的具体包括情志教学、有主见的自学和整体体验教学,进一步发展为注重课堂回音与学思行,导向个别化学习。情志教学重视学生的生活情趣、职业志向和人格尊严;有主见的自学旨在推动学生问题解决式的学习;整体体验教学重视学生亲身体验、整体感知⑤。围绕"学生主体"这个大方向,该集团校的教师探索实践并发动学生以学思行的方式展开自主学习。首先是激发学生自主地"学、思、行"。古典意义上的"学"主要指阅读,而真正的有效的阅读包含"学问"两个环节。不仅阅读,而且要提出问题或困惑。不提出问题的阅读是虚假的阅读。学生主体不仅意味着学生自主地学问,而且在学问之后,学生必须针对自己的困惑提出假设,并围绕

① 菲利普・W. 杰克逊. 课堂生活[M]. 丁道勇,译. 北京:北京师范大学出版社,2021:12.
② 马丁・登斯库姆. 怎样做好一项研究——小规模社会研究指南[M]. 陶保平,译. 上海:上海教育出版社,2011:2.
③ 于伟. 让教师有做研究的"功夫"[J]. 中小学管理,2022(01):59.
④ 于伟. 让教师有做研究的"功夫"[J]. 中小学管理,2022(01):59.
⑤ 刘良华. 论"兴发教学"[J]. 上海教育科研,2014(03):27—31.

自己的假设与他人展开讨论。真正有效的"思"包含"思""辨"两个环节。有效的"思"不止于提问,而是提出问题或产生困惑之后,针对自己的假设或困惑,尝试性地提出解决问题的方案。课堂教学中的"行"包括复述、模仿、练习、实践等行为和行动。有效的课堂教学不仅学问,也不仅思辨,最后必须落实为"笃行"。在学生展开学思行的过程中,教师的重要作用不是讲课,而且以课堂回音的方式兴起和引发学生自学。课堂回音是指采用"提问—回应—评价"的课堂话语结构(简称 IRE 结构)的对话教学、互动教学(或课堂互动)。学生的学思行和教师的课堂回音,一起构成兴发教学。

兴发教学课堂回音主要包括三种课堂非正式形成性评价以及相关的回应:一是教师的提问(initiative)。提问是回应的基本前提,提问也是回应的基本要素。二是学生对教师提问的回应(response);三是教师对学生回应的再回应。教师的回应一般显示为教师对学生回应的评价(evaluation)。广义上的课堂回音几乎就是课堂对话。课堂对话的话语结构也就是广义上的课堂回音的结构,一般称之为 IRE 课堂话语模式。但是,按照 IRE 结构展开的课堂对话很可能沦为教师控制与教师中心,很难给学生发出自己的声音留出真正自由的空间。如果学生回应之后,教师的再回应不只是做出评价而是保持开放的对话或继续推进对话,那么,IRE 模式就会转换为 IRF 模式。IRF 模式中的 F 即跟进(follow-up)或反馈(feedback)。IRF 模式不仅改变了教师对学生回应做出的评价方式,而且改变了教师发起对话的提问形态。一般而言,IRF 模式的基本前提是教师改变自己的提问方式,由一般意义上的封闭式、标准答案式的提问转向开放式、没有标准答案式的提问。与 IRE 相比,IRF 强化了教师的反馈,这是一个进步。问题在于,教师如何反馈? 仍然悬而未决。为了解决这个问题,课堂话语研究者倾向于将 IRF 进一步改造为 IRRv。IRRv 就是将"反馈"转换为"回音"(revoice)。这就是课堂回音(IRRv)的由来①。

课堂回音对教师的课堂掌控和教学机智提出了要求,其要点在于重复或归纳、追问或征询、点评或补充。需要特别注意的是,重复的另一种方式是提升或扩展(expanding)。与提升或拓展相关的话语策略包括解读(translating)、重构(reformulation)、加工(elaboration)。比较典型的解读或加工是将学生发言中的某个观点进行抽象,将学生的具体思维提升到更高一级的高阶思维。比如,学生说:"我的旅游路线选择从广州出发,我喜欢广州。"老师在回音中对学生的观点进行加工:"哦,你是从你的经验和喜好来选择出发的地方。"还有学生说:"我也选择广州,因为人们就是喜欢长时间地坐火车观光。"老师在回音中对学生的观点进行加工:"哦,你是从人类行为做出的选择。"有学生说,"我统计了大家的选择,大半部分的人都选择了广州。"老师在回音中对学生的观点进行加工:"哦,

---

① 肖思汉. 听说:探索课堂互动的研究谱系[M]. 上海:华东师范大学出版社,2017:1—53.

你是根据统计得出的结论。"①

但是,更有深度的提升或扩展是教师对学生发言中提到的某些观点进行提升或升华,是教师对学生提出的某个闪现的灵感、对学生的只言片语或混乱不清的观点进行重新整理。它是教师对学生发言中出现的碎片化观点进行重构。这是教师从学生发言的一团乱麻中理出头绪,使碎片化一团乱麻的观点转化为逻辑化的结构清晰的新知识。

追问(question)或推进(promote)是对发言学生某个观点的继续询问,让发言的学生继续发言。征询是围绕某个学生的发言,征求其他同学的意见,让其他同学继续讨论。就对话教学的对话性质而言,追问比征询更具有对话的精神。但是,在班级教学中,如果某个同学的发言已经占用了比较多的时间,征询就比追问更具有课堂对话的精神。比较典型的征询是,学生发言结束之后,教师面对全班同学提问:"张飞提出了一个重要的观点,你们听清楚他的观点了吗? 你们赞成他的观点吗?"还有一种介于追问和征询之间的回音:学生发言结束之后,教师面对这个发言的同学说:"所以,你不赞成张飞的观点? 你们两个人说法好像正好相反?"这样的回音既是对发言同学的追问,也是将这个同学的观点与另外同学的观点关联起来,形成一个"共享"话题,推进学生与学生之间的对话。因此,从评价的角度上看,课堂回音可以看作是非正式形成性评价。

学生如何学习,取决于教学如何设计,考虑如何促进每一个学生的发展就需要个别化学习的实践探索。个别化学习是几个或几十个学生在同一个班或同一个组按照自己的节奏展开异步学习,即便老师可能偶尔"讲大课",但更多时间用于学生按照自己的节奏展开个别化学习(异步学习),教师为之提供个别化教学或异步教学。兴发教学并不完全拒绝班级教学的组织形式,同时强调对班级教学的组织形式进行改造,重视以"学生自学,教师辅导"的方式,促成班级教学与个别化教学相结合。

刘良华在广州市海珠区第二实验小学教育集团的实践中,教学改革分步骤持续推进:第一步,通过集体讨论形成教学改革共识;第二步,基于学科兴发教学评价表的课例设计;第三步,基于课堂回音和学思行的课例研究;第四步,基于视频图像和"用钢笔录像"的叙事评课。兴发教学的探索要求集团校的每一位教师都应有课程改革的意识,各学科组研发修订《基于学科核心素养的兴发教学评价表》,再根据学科评价表转化为可实施的教学设计,然后通过课堂回音实施学思行的兴发教学,把学科核心素养的要求扎扎实实地落实到每一节课中。从学生主体出发,教学改革让学生由旁观者或旁听者式的"上课认真听讲,不做小动作"转换为学生主体式的"学、思、行"。课堂教学中的学思行包括课堂阅读、

---

① 肖思汉. 听说:探索课堂互动的研究谱系[M]. 上海:华东师范大学出版社,2017:52—53. 参考了刘良华对原文所作的微调。

课堂讨论和课堂行动。兴发教学意味着教师的首要责任是课堂里的"守望者"而不再是课堂里的"讲师"①。

以五年级上册第一课《白鹭》为例，教师设计了三个环节的教学：环节一，阅读与回音（情境激趣，让学生先阅读文本明确学习目标）；环节二，辩论与回音（指导探究，引导学生自主探究新知识）；环节三，演练与回音（内化反馈，学生学以致用，举一反三）。在这个过程中，鼓励学生从"有阅读的自学"（学）到"有主见的自学"（思），再到"有行动的自学"（行），通过一段时间的引导学生可以真真正正拥有有深度的有效果的自学能力，然后从课堂自学延伸到课外自学，即自主的课外阅读。兴发教学的课堂呈现较高的情境化特点，教师通过情境创设引出有效的课堂回音，以任务驱动引领学生进行紧张的智力活动，学生可以演课本剧，以游戏方式巩固前面的学习，在表现性成果方面有现场口头或笔头创作。

刘良华同时倡导将兴发教育理念应用于班级管理和家庭教育，了解孩子的身心发展规律，并通过爱的教育、意志教育和社会情感教育来培养时代新人的五大人格——这些人格包括德智体美劳情六艺并重。兴发教学的学思行、课堂回音和教研的改革实践路径在华南区域形成了较大的影响，目前仍在进一步发展中。

3. 张人利的后"茶馆式"教学

后"茶馆式"教学是上海市静安区教育学院附属学校（简称静安附校）校长张人利提出的教学思想，是一种关注学生学习获得知识的方法过程，提高学生学习效能的教学方式。后"茶馆式"教学以效能为主导，通过颠覆过去课堂教学按次序、等比计划定时间讲解的方式，而由学生自己阅读概念性、认识性的内容，教师仅对难点等原理性内容进行点拨，从而使课堂教学精致化。后"茶馆式"教学学习形式有点像在茶馆一样，通过"议"，学生在最短的时间内得到最大的收获。教师以学生为主体，学生自己能学会的教师不讲，只需解决学生不懂的问题。把教师的"讲堂"变成学生"学堂"的实践②。

后"茶馆式"教学源于段力佩先生的"茶馆式"教学。段力佩是德高望重的老教育家，上海解放后接管缉椝中学（今市东中学）任校长，1950年任育才中学校长，他提出的"紧扣教材、边讲边练、新旧联系、因材施教"教改经验，在教育界影响很大。20世纪80年代，段校长在上海率先将育才中学高中改为三年制，对改进学制起到了促进作用。在教材问题上，他提出"量少质高"的原则，要求教材具有"系统、联系、主从、反复、感染、普通"六个特性，在教学方法上，他还主张变"授"为"学"，提出"读读、议议、练练、讲讲""有领导的'茶

---

① 刘良华. 立足于学生主体的兴发教学改革[J]. 教育导刊,2022(02):5—10.
② 张人利,龚程玉. 后"茶馆式"教学的发展研究[J]. 上海教育科研,2016(07):33—38.

馆'式"教学,并指出"读读"是基础,"议议"是关键,"练练"是应用,"讲讲"要贯穿始终。由于其关注了学生的"学",强调了教学中"议"的重要作用,在全国产生了很大影响。

1999年,静安附校把握课程改革契机,提出"按学生'最佳发展期'设课,创学生'最近发展区'实施",开始了提高教育的有效性的研究,朝着"轻负担、高质量"方向持续探索。后"茶馆式"教学是其中的重要教学改革研究,它针对性分析了日常课堂教学的弊端:(1)教师总体讲得太多,但绝大部分教师并没有认识到自己讲得太多,常常把自己的讲解作为学生学习的唯一途径。(2)暴露学生学习中问题不够,解决更少,教师仅仅告诉学生什么是正确的,没有关注学生是怎么思考的。(3)教师没有正视学生间的差异,即使有,也只是在学业成绩上,除了布置大量的练习和补课之外,缺少其他办法。(4)许多教师不明白自己每个教学行为的价值取向究竟何在,常常带有盲目性。以上四个弊端,聚焦于课堂教学中如何关注学习主体——学生的核心问题,因此,后"茶馆式"教学提出了六个主要假设:(1)在教师帮助下,学生能够自己学习。(2)教者,可以是教师,也可以是学生,还可以是文本、实验,以及电脑开发的教学资源等。(3)总有一部分内容,因学科、年级、学生不同,能学会的内容有所不同。(4)任何学生在学习任何知识之前,头脑里都不是"空"的,都有他们原有的知识、经历。(5)学生之间差异不仅体现在知识与技能、过程与方法上,还体现在情感、态度与价值观上。学生的差异,有的能分层,有的分不了层。(6)一种方式、方法、手段不能适用于所有的课堂教学,恰当的方式、方法、手段能提高教学效能。

后"茶馆式"教学在以茶馆式教学为代表的基础上发展、创新而形成,核心是关注学生,改变教学的逻辑结构。基于假设,提出以下三个方面发展,形成后"茶馆式"教学的雏形:教学方式更加多元——从"书中学"一种方式,到"书中学""做中学"两种方式并举;教学方法更加灵活——从"读读"开始,到"读、议、听、练"等多种方法选择;教学手段更加现代——教学手段的创设,从讲台之上延伸到讲台之下。

后"茶馆式"教学强调知识与技能,过程与方法,情感、态度与价值观的共同达成,以提高效能为导向,恰当应用方式、方法和手段。首先是组织第一次规范的教学实践探索:由一位教师在两个班各上一节内容相同的物理课,学生学业基础相仿,都没有预习要求。第一个班,以教师认为的学科体系为线索进行讲解。第二个班改变了课堂教学的逻辑结构,遵照后"茶馆式"教学的发展方向,对教学假设进行验证性实践。课后,对学生进行检测。第一个班不如第二个班。授课的老师有所触动:"十余年来,难道我讲了许多不应该讲的话?"但他没有完全信服,用第一种方法再上第三个班。由于检测的题目已经知道,他的讲解更突出了重点和难点。然而,结果使他更加郁闷:第三个班还是不如第二个班。这样,震撼了这位教师,激发了全体物理教师的实践探索。半年之后,不但学生学业成绩提高,而且学生学习物理兴趣增加师生关系改善,补课、辅导减少,学生独立学习、合作学习能力提升。在物理组的探索过程中,产生了用于课堂教学的研究方法——"循环实证"行动研究法。

后"茶馆式"教学遵循学生认知(或学习)规律,由教师帮助,学生自己学习的教学。后"茶馆式"教学的基本特征是:学生自己能学会的,教师不讲。其次,关注"相异构想"的发现与解决。教师只有关注了学生"相异构想"的发现和解决,学生的创新素养才能得到呵护与培育。这两个基本特征是后"茶馆式"教学的核心成果,"学生自己能学会的,教师不讲"是教学论阐释;"关注'相异构想'的发现与解决",是认识论的阐释。凸显基本特征,能保障学生的主体地位,有效克服课堂教学的弊端。同时,基本特征反映了对茶馆式教学的传承、发展和创新,也是形成后"茶馆式"教学策略、方式、手段和方法的依据。

后"茶馆式"从两个维度归纳教学方式。组织方式维度,有独立学习,指在教师的帮助下,学生个体学习;合作学习,指在教师的帮助下,学生群体学习,可以小组合作学习,也可以大班大组学习[①]。后"茶馆式"教学的教学手段也关注"脚手架"创设。其中一个是"脚手架"的创设,它把教师设计的问题、习题、图表、录像等称作"脚手架"。"脚手架"由教师创设,学生自己在学习中使用,是一种学具。但"脚手架"又是一种特定的学具,适合这个班级的"脚手架",并不一定适合另一个班级。"脚手架"是后"茶馆式"教学的核心技术。同时借助信息技术的应用将从教台之上延伸到教台之下,使独立学习中的教学资源更加丰富,在合作学习中,可以跨小组,在评价中可以更快捷、精准。

20世纪80年代"茶馆式"教学仅为一种学生的学习方式——"书中学"。新课程推进之后,使广大中小学教师更清楚地认识到学生的学习方式有两种:一种是"书中学",学生获得的是间接知识;另一种是"做中学",学生获得的是直接知识。其中"做中学"包括研究性、实践性学习等。可以说,把研究性学习引入课堂教学是一件具有划时代意义的大事。不但在校本课程中产生了研究型课程,而且在国家规定的学科类课程也应该引入研究性学习方式。实践证明:有的概念、有的内容、有的方法,如果没有研究性学习的方式,学生是很难掌握的。例如:在数学、科学课中的三个专题:"无理数、无限不循环小数","军舰为什么能浮在海上","人呼出的气体中有氧气吗",学生自己"做数学",用归纳的方法真正感悟了"无限"和"不循环"的概念。"为什么能浮起",一个班中的学生竟会产生十多个"相异构想",学生通过自己做实践,建构起了正确的知识。怎么检测氧气存在,关键是如何收集呼出的气体,也是学生自己做实验,逐步形成"排水法"收集气体的思路。学生不仅掌握了知识,而且研究的过程本身也是一种知识,是一种默会知识,它支撑着创新能力的提升。

---

① 张人利. 班级授课制下的个别化教学[J]. 教育发展研究,2013,33(12):47—51.

后"茶馆式"教学就是变从"书中学"的一种学习方式为"书中学"与"做中学"两种学习方式。

在针对学校教师讲得太多的普遍现象,有的学校甚至制定校规限制教师多讲。这虽有一定意义的,但是持久了难以真正执行。因为年级不同、学科不同、学科中的内容不同,划一的用时规定就会出现问题。张人利认为,先"读"后"讲",对吗?也不一定。一堂课,完全可能是先"练"后"讲"。也可能是不"读"、不"练"、不"议"、不"讲",而是先"做"。因此,后"茶馆式"教学发展成三个"不":(1)不确定"读、练、议、讲、做"五大主要教学方法的教学用时。(2)不拘泥"读、练、议、讲、做"五大主要教学方法的应用完整。(3)不规定"读、练、议、讲、做"五大主要教学方法的教学顺序。后"茶馆式"教学,简单地说就是"读读、练练、议议、讲讲、做做"。那么,这五个教与学的方法内在关系可以概括为图1-5所示的内容。

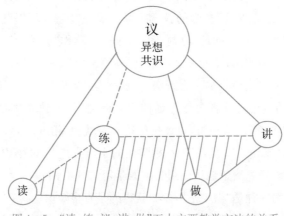

图1-5 "读、练、议、讲、做"五大主要教学方法的关系

后"茶馆式"教学继承了"茶馆式"教学的核心——"议"。"议"的本质是经验与文本的对话。把"读""讲""练""做"作为"议"的支撑。因为,没有"读""讲""练""做"就没有"议"。"读"是学生读文本。可以带着问题读文本,也可以学生读文本之后提出问题。其实在学生读文本的同时已经开始了自己与自己的对话。"做"是增加学生的经验。这种学生的学习经历不仅增加了学生自身的默会知识,而且可以进一步产生经验与文本的对话。"讲",是教师讲学生自己学不懂的,目的还在于引起学生的经验与文本的对话。"练"是学生在文本与经验对话之后的应用,然后,会产生新的异想,从而进一步对话,继续"议"。从以上对后"茶馆式"教学的内在结构解读,可以看出这一种教学的本质是在帮助学生自己建构自身的知识体系。

从 1978 年李吉林进行情境教学法实验迄今，情境教学研究已经取得了丰硕的成果，为推动我国教育事业的发展做出了重要贡献。例如,李吉林在国内率先开发"主题性大单元情境课程"，它是以德育为主导，以语文为龙头，打通各科教学，充分利用课程内容中的"最大公约数"，将其整合起来，围绕主题从不同方面开展教育活动的一种综合课程模式。这些内容在后来的课程标准都有所体现。而于伟的率性教学与率性教育、刘良华的兴发教学和张人利的后"茶馆式"教学也是植根于本土文化资源和本土实践进一步探索的原创教育理论。这些探索都或多或少有一定的共性①。

1. 以"思"为核心

情境教学着重于激发儿童的积极思考,以促进其智力发展。首先,它强调学思结合,通过启发性引导,激发学生的主动学习和思考欲望,同时深信学生的智慧潜能,并以教师的真挚情感激励学生。其次,它注重思维发展,将思维训练融入学科教学中,以提升儿童的解决问题能力。最后,情境教学启迪创造,如在语言类学科中,采用创造性复述、想象性作文、续编故事、创作童话等手段,激发儿童的想象力和创造力。

2. 以"情"为桥梁

情境教学以情感为纽带,搭建起教师、教材与学生之间的桥梁。首先,它追求教师与学生的情感交融,珍视儿童的纯真情感,并为其健康成长倾注真情。其次,通过再现教材中的问题情境,诱发儿童进行科学探究,从而产生心理共鸣。最后,它强调学生之间的合作,通过合作学习,缩短心理距离,培养团队精神。

3. 以"儿童活动"为途径

情境教学倡导通过儿童活动来体验生活、认识世界,从而打破灌输式教学带来的"惰性知识"困境。它提出三个实践方向:一是将知识传授与活动训练相结合,避重知识而轻能力的弊端;二是让学生扮演教材中的角色,使学生在情感体验中学习;三是通过儿童的自主活动,提高其学习的主动性和积极性。

4. 以"周围世界"为资源

周围世界是儿童认知与发展的丰富资源。情境教学强调环境育人的重要性。首先,它倡导儿童逐步认识大自然,通过逐步揭开大自然的神秘面纱,培养儿童对大自然的感情。其次,情境教学鼓励儿童从周围世界中汲取智慧,无论是虫鱼鸟兽还是风雨雷电,都能激发儿童的探究和思考。最后,情境教学强调加强审美与道德教育,利用周围世界中的智力元素、审美元素和道德元素,塑造学生真善美的和谐人格。

① 王灿明.情境教育四十年的回顾与前瞻[J].南通大学学报(社会科学版),2020,36(02):132—140.受该文启发,以下要点主要参考其表述,并做个别调整。

通过对国外情境教学研究的梳理并结合国内情境教学的实践,本章勾勒出蕴含国际视野和本土气息与创新精神的情境教育体系图景。情境教育是国际的、民族的、本土的,也是开放的、发展的,全面深化情境教育成为推进素质教育的"领头雁",围绕情境教育关心的核心问题继续深入研究,仍然是当前基础教育改革和未来发展的迫切课题。

第二章　真实情境的价值、内涵与路径

　　为适应时代发展对人才需求的新变化,2022 年新课程标准提出要聚焦核心素养培养,构建价值观知识、必备品格和关键能力相融合的课程体系。《义务教育课程方案和课程标准(2022 版)》在培养目标、基本原则、教材编写和课程实施等部分都明确提出了在真实情境中培养学生发现问题、解决问题的能力[①]。《普通高中语文课程标准(2017 年版2020 年修订)》中,"真实""情境"等出现频次就分别达到了 12 次和 34 次[②];2019 年颁布的《中国高考评价体系》中也明确指出,"情境"是高考评价体系中的考查载体[③]。可见真实情境在新课程改革中的重要性。基于核心素养的课程改革对课程教学的目标、内容、方式和评价均提出了新要求,要在新课程实践中实现基于核心素养的目标、内容、方式和评价的实质性变化,离不开课程视角下真实情境的创设。因此,本章旨在通过厘清基于核心素养的真实情境的价值和内涵,以真实情境作为学科情境和现实情境的桥梁为逻辑起点,将学科知识与学生生活经验相联系,探索基于核心素养的真实情境的设计路径。

第一节　基于核心素养的真实情境的价值

　　核心素养是当前我国教育改革的重要主题,其旨在培养全面发展的人才,践行社会主义核心价值观。在西方语境下,核心素养被视为学生学习的结果,是对传统学习成果的改进,重点强调为适应未来发展所有人所必需的关键能力。而我国在对国际关键能力框架的借鉴与启示下,有别于西方国家和国际组织的研究思路,我国研制核心素养的逻辑起点

① 中华人民共和国教育部. 义务教育阶段课程方案(2022 年版)[EB/OL]. 参见:http://www. moe. gov. cn/srcsite/A26/s8001/202204/W020220420582343217634. pdf.
② 中华人民共和国教育部. 教育部关于印发普通高中课程方案和语文等学科课程标准(2017 年版 2020 年修订)的通知[EB/OL]. (2020 - 05 - 13)[2023 - 12 - 25]. 参见:http://www. moe. gov. cn/srcsite/A26/s8001/202006/t20200603 _ 462199. html? from ＝ groupmessage&isappinstalled ＝ 0&wd ＝ &eqid ＝ dd2e8afe0039e51f0000000665773d57.
③ 教育部考试中心. 中国高考评价体系[M]. 北京:人民教育出版社,2019.

是培养全面发展的人和贯彻社会主义核心价值观的总体要求,立足于实现育人这一教育本体功能[①]。如何在教育中有效地培养和落实核心素养成为教育工作者高度关注的问题。真实情境的创设是一种有效的支撑手段,是课程实施的重要组成与抓手,是达成核心素养,弥合课程落差的有力途径。基于核心素养的真实情境教学,不仅有助于促进核心素养的形成,支撑其发展,更能够助推核心素养在实践中的有效落实。

一、 真实情境促进核心素养的形成

核心素养是指学生"可以在什么情境下运用什么知识能做什么事(关键能力),是否持续地做事(必备品格),是否正确地做成事(价值观念)"[②]。强调学生在真实情境中培养和发展综合性的能力和品格。不仅是指个体在知识层面的积累,更涵盖了在复杂情境中进行问题解决、团队协作和终身学习的能力。

首先,真实情境对形成学生必备品格和核心价值观具有不可或缺的价值。核心素养是学生在真实情境中解决复杂问题的高级能力与人性能力[③]。当前的核心素养在落实过程中却存在着人本价值缺失的问题[④]。长期以来,品格的形成往往是通过规训、约束、谈话等教育方式进行的,并不能真正有效地提升学生的内在品格[⑤]。而培养学生的必备品格和正确价值观,需要在真实情境中体现。必备品格的培养要关注人作为品格建构的主观能动性,重视学生在真实情境中长期的情感体验和潜移默化的情感建构[⑥]。美国品格教育的经验表明,品格的养成离不开具体的生活情境和真实的体验[⑦]。缺乏真实生活体验的道德思辨,即使能让学生在简单可控的环境中做出符合道德要求的行为,也未必能将其转化为真实生活中的道德能力[⑧]。因此,需要合理地设计真实情境,使学生在与问题情境有效互动中获得真切的情感体验,通过教师的真实参与和分享、师生之间深切的关爱关

---

① 杨惠雯.观照核心素养的人本价值:基于布鲁纳两种思维模式的反思与启示[J].全球教育展望,2023(08):30—44.

② 崔允漷.学科核心素养呼唤大单元教学设计[J].上海教育科研,2020(04):1.

③ 张华.论课程核心素养:走向"新三维目标"[J].教育研究,2023,44(09):76—85.

④ 杨惠雯.观照核心素养的人本价值:基于布鲁纳两种思维模式的反思与启示[J].全球教育展望,2023(08):30—44.

⑤ 靳玉乐,胡月.劳动教育与学生品格的形成[J].教育研究,2021,42(05):58—65.

⑥ 祖丹,孔凡哲.数学必备品格的组成要素分析——基于数学家的视角[J].天津师范大学学报(基础教育版),2020,21(02):59—65.

⑦ 谢狂飞.美国品格教育研究[D].上海:复旦大学,2013.

⑧ 谢狂飞.美国品格教育研究[D].上海:复旦大学,2013.

系、尊重和爱①,引导学生在真实情境的学习体验和实践中树立正确价值观,形成关键品格,促进核心素养的提升。

其次,真实情境有助于核心素养的关键能力的形成。技术进步引发了人类知识图景的遽变。数字化、智能化的知识生成、知识表征、知识形态弱化了知识的确证性,人类从追求知识之普遍性、真理性转而追求其经验性、实践性②。在传统的教育模式中,知识传授往往以抽象、理论化的形式进行。核心素养不是直接由教师教出来的,而是在问题情境中借助问题解决的实践培育起来的③。孤立的知识和事实可能无足轻重,但如果它们与一个整体结构有意义地联系起来,这些知识和事实便会凸显其重要性④。关键能力强调学生在复杂环境中解决问题的能力,是指一个人在特定情境中,通过综合运用各种心理资源(如知识、技能、态度和价值观等)以应对真实世界中复杂问题的能力⑤。核心素养是一种复杂的、高阶的、人性化和社会化的综合表现,其发展具有整体性,不能仅仅依靠单一的知识点或某一节课来实现⑥,整体性方法在更复杂的学习中具有重要意义,尤其是涉及理解以及维持学习兴趣等方面。真实情境中的学习通常涉及复杂、多变的问题,这些问题需要学习者应用综合知识和资源来解决。这种环境不仅帮助学习者掌握具体的知识和技能,还培养了他们的综合分析和解决问题的能力,使他们能够在不同情境中灵活应用所学。

最后,真实情境有助于关键能力、必备品格与核心价值观的整合与融通。核心素养作为新课程改革的纲领性目标,落实立德树人任务的重要依据,其本质具有整合性、实践性和情境性。核心素养是关键能力、必备品格和正确价值观的整合与实践,是对三维目标的整合与提升⑦。真实情境为核心素养的整体性与实践性提供重要平台。核心素养的培养总是表现出整体大于部分之和的特点,既对不同的知识和技能、过程和方法、情感态度和价值观进行协调与综合。之所以整体可以大于部分之和,是因为基于核心素养的学习任务注重真实情境中的知识和技能的整合与协调,注重真实情境中学生的学习经验和实践过程。真实情境能够提供更贴近生活的学习体验,使学生在解决实际问题的过程中发展和内化所需的能力和素养。教师不只是教学生学会读书(知识与技能),还要教学生学会

① GOODSON I & GILL S. R. Narrative pedagogy: life history and learning [M]. New York: Peter Lang, 2011: 118 - 121, 126, 125 - 130, 123.

② 鲁子箫. 智能时代知识变迁中的教学知识变革[J]. 教育研究,2024,45(02):55—66.

③ 钟启泉. 基于核心素养的课程发展:挑战与课题[J]. 全球教育展望,2016(01):3—25.

④ Herne S, Jessel J, Griffiths J. 学会教学[M]. 上海:华东师范大学出版社,2009:5.

⑤ OECD. The Definition and Selection of Key Competencies: Executive Summary.

⑥ 雷浩,李雪. 素养本位的大单元教学设计与实施[J]. 全球教育展望,2022,51(05):49—59.

⑦ 崔允漷,等. 新课程关键词[M]. 北京:教育科学出版社,2023:13.

做事(能力),更要教学生学会做人(素养)①。

二、 真实情境支撑核心素养的发展

核心素养的发展是一个循序渐进、不断深化的过程,需要在不同层次的真实情境中得以巩固和拓展。核心素养是在真实情境中动态的、连续的复杂问题解决能力的发展而不是学校课堂中静态的孤立的知识点的应用。教师应根据学生的认知水平,设计难度递增的真实情境,有意识为学生提供多样的学习机会与路径,提升学生学科核心素养。真实情境作为一种将学习内容与真实或模拟的情境结合的学习过程,能够有效促进学生的主动探究和深度学习,有助于学生核心素养的全面发展。

一方面,真实情境为学生提供了持续的学习和实践机会。这个过程中不断遇到新的挑战和问题,从而促进其知识和技能的深化与扩展。在真实情境中,学生能够主动探索、动手实践,在与环境和他人的互动中构建知识、发展能力。不同的情境涉及不同领域和学科的知识,能够帮助学生拓宽视野、丰富知识体系。在传统教学中,重模仿、轻创造,重结果、轻表现,学生普遍缺乏质疑能力,也不会提出问题,学生的高投入只表现在时间耗费上,并没有真正进入深度学习。真实情境是连接学科世界和现实世界的桥梁。真实情境提供了一个真实的背景,让学生将学科内容应用到真实生活中,从而培养他们的问题解决能力和实践技能。通过真实情境,学生可以更好地理解学科知识的实际应用,同时也能够培养跨学科思维和综合能力。例如,在参与社会调研的过程中,学生需要运用批判性思维分析问题,用创新思维提出解决方案,并通过与他人合作完成任务。这一过程不仅锻炼了学生的认知能力,也培养了学生的责任意识和社会参与度。学生不仅可以学习到社会学、统计学的相关知识,还能锻炼沟通能力和团队协作能力,从而实现核心素养的全面发展。

另一方面,真实情境可以为学生提供多样化的学习体验。早期的学习理论往往试图通过一套有限的普遍法则或机制来解释所有情境下的学习过程。然而,随着研究的深入,学者们逐渐认识到这种方法的局限性。学习的内容和学习情境的重要性开始被强调,领域特定性和情境性成为学习理论的重要领域②。情境认知理论的核心观点在于区分"知识—什么"(know what)和"知识—怎样"(know how)。前者指知识的概念性和理论性,后者指实际运用知识的能力。传统的学习理论往往忽视了"知识—怎样"的重要性,而过于

① 崔允漷. 素养与知识、技能、能力的区别[J]. 基础教育课程,2018(03):16—17.
② VAN OERS B. From context to contextualizing [J]. Learning and instruction, 1998,8(06):473 – 488.

局限于"知识—什么"的传授上。教师的职责是为每个学生提供有意义的经验[①],让知识的产生和应用都需要发生在真实情境中。学习经验是指学习者与他对做出反应的环境中的外部条件之间的相互作用[②],是学生在现实世界中运用知识解决问题时获得的体验和感受。如果教师不能指导学生去经历学习过程,如果教学不能给予学生挑战,不能驱动学生高投入、高认知,学生就无法获得有意义的学习结果,自然不可能内化为素养。因此,真实情境是促进学生核心素养发展的有效途径。

三、 真实情境助推核心素养的落实

　　首先,真实情境能够有效促进"教—学—评"一致性的达成,确保核心素养的落实。学生在真实情境中解决问题,教师基于真实情境和学生共同解决问题,真实情境使得教师的教和学生的学自然融为一体,然后依据真实情境问题解决的过程和表现对学生进行评价,不仅关注学生的知识掌握情况,还包括学生在解决问题过程中的思维方式、合作能力和创新精神,真正落实了基于核心素养的"教—学—评"一致性。真实情境的应用能够有效转变教师的角色,使其成为学生的支持者和合作者。在真实情境中,教师与学生作为平等个体共同参与学习任务的完成,教师不仅可以提供情感和物质支持,也可以参与学生小组,合作解决复杂问题。这不仅帮助学生在真实情境中完成学习任务,还培养了其团队合作和问题解决的能力。通过真实情境,学生能够在解决问题的过程中发展个人观点,而非依赖权威观点[③]。

　　其次,真实情境设计是形成学科核心素养的重要途径。学科核心素养不仅是核心素养落地的抓手,更是学科教育的灵魂[④]。指向核心素养的课程发展要求,需要从指向学生发展的较为抽象的核心素养,到学科或学习领域层面的素养要求,再到教学层面的学习目标,建构起一个完整、一致的体系[⑤]。在学科核心素养的形成过程中,学科内容非常重要,没有学科内容,就不会有学科核心素养。学科内容是学科核心素养形成的基础,但仅有知识点是不够的。真实情境作为学科情境和现实情境的桥梁,学生通过在真实情境中灵活运用学科知识解决复杂问题,实现学科实践,培养学科素养,通过反思将学科知识内化为关键能力和价值观念,这种内化过程是形成学科核心素养的关键。

① 孔凡哲. 基本活动经验的含义、成分与课程教学价值[J]. 课程·教材·教法,2009,29(03):33—38.
② 拉尔夫·泰勒. 课程与教学的基本原理[M]. 施良方,译. 北京:人民教育出版社,1994:49.
③ 戴维·H. 乔纳森,苏珊·M·兰德. 学习环境的理论基础[M]. 上海:华东师范大学出版社,2015:4—5.
④ 余文森. 论学科核心素养的课程论意义[J]. 教育研究,2018,39(03):129—135.
⑤ 崔允漷,邵朝友. 试论核心素养的课程意义[J]. 全球教育展望,2017,46(10):24—33.

最后，真实情境能够有效促进学生的未来发展和实践。培养核心素养的最终目的是学生能够在未来的学习、生活和工作中灵活运用所学知识和技能解决实际问题，实现自身价值。在这一过程中，真实情境成为课堂学习与现实应用之间的"桥梁"，将理论知识与实际操作紧密连接。目前，几乎所有学生的未来发展方向都仅仅指向接受高等教育，这反映出他们对其他教育途径和职业路径的认识或兴趣较为薄弱，同时常见的职业发展信息来源也不够准确，无法满足学生的实际需求①。真实情境设计的来源之一就是社会职业情境。可以通过开展职业体验日、模拟面试等活动，让学生提前了解并适应未来的职业环境，不仅明确了学习目标和方向，还积累了实践经验，为未来的职业生涯打下坚实的基础。此外，真实情境还有助于学生建立正确的价值观和责任感。在实际问题的解决过程中，学生不仅需要考虑技术上的可行性，还需关注社会和环境的影响。例如，在一个环保项目中，学生需要综合考虑经济效益与环境保护的平衡，从而培养其社会责任感和生态意识。真实情境通过这些方式，不仅促进了学生的个人发展，还提升了其社会责任感和对环境的关注，全面实现了核心素养教育的目标。

第二节　基于核心素养的真实情境的内涵

一、真实情境是模拟真实性的情境

首先，真实情境是一种情境，真实作为形容词对情境进行描述和限定。因此真实情境需要在情境的框架内进行讨论，同时必须满足情境的功能与要素。情境指能够引起课程中个体心理状态和行为改变的所有主客观背景、环境和条件等因素的总和，这些因素相互交织，共同作用于教师与学生，影响教师和学生的行为、决策、感知和互动方式。

其次，真实情境是指真实性的情境。根据《现代汉语词典》，"真实"意为与事实相符，"真实感"则是指与实际情况相符的感觉。从学生的角度来看，就是情境的可信度，即真实情境在多大程度上让学生感受到与现实生活一致。"真实性"一词是指反映事物真实情况的程度，也可以称作逼真度（fidelity）。范梅里恩伯尔（van Merriënboer）提出真实性具有三

---

① 袁振国,黄忠敬,王纭,等. 中国青少年社会与情感能力发展水平报告——基于第二轮 SSES 测评数据[J]. 华东师范大学学报(教育科学版),2024,42(05):1—32.

个维度,分别是心理真实性、物理真实性和功能真实性[①]。赫夫曼(Huffman)提出真实性可分为物理真实性(physical fidelity)、概念真实性(conceptual fidelity)和情感真实性(emotional fidelity)[②]。结合两位学者的观点,本文将真实性划分为心理真实性、功能真实性和物理真实性,即指情境在心理机制、认知以及情感体验上与现实情境的一致性。功能真实性指情境在任务中发挥的作用,包括所涵盖的理论、含义、概念和关系与现实情境的一致性,强调情境在解决真实问题时给予的支持与限制。例如,在科学课中模拟建造大桥时需要和现实情境中一样,考虑桥的承重、材质、长度和宽度等因素对桥的功能的影响。物理真实性指情境在外观及感知觉的环境布置上与现实情境的一致性。通过情境处在心理、功能和物理三个维度上与现实情境一致性程度的高低,可以将情境进行分类,见图2-1(向上的箭头↑表述与现实情境一致度高,向下的箭头↓表述与现实情境一致度低)。

组合编号	心理真实性	功能真实性	物理真实性	
1	↑	↑	↑	→ 现实情境
2	↑	↑	↓	
3	↑	↓	↑	
4	↑	↓	↓	真实情境
5	↓	↑	↑	
6	↓	↑	↓	
7	↓	↓	↑	
8	↓	↓	↓	→ 学科情境

图 2-1　现实情境、真实情境、学科情境在真实性的三个维度的表现

　　课程中的情境在三个维度的真实性情况有以上8个组合。组合1在三个维度的真实性均很高,这种情境通常就是现实情境。组合8在各维度的真实性均很低,这种情境与现实情境关联性低,指向专业导向的客观确定性知识,是服务于认知发展的言述的、科学的、想象的社会环境[③],可以用学科情境表述。组合2—组合7处于现实情境与学科情境之间,三个维度的真实性有不同程度的表现,但至少满足其中一个维度的真实性强,与现实情境的一致性程度高,可以称之为真实情境。

① VAN MERRIENBOER J JG, KIRSCHNER P A. Ten steps to complex learning: asyste matic approach to four-component instructional design [M]. Mahwah, NJ: Lawrence Erlbaum, 2007:53 - 64.
② Huffman J L, McNeil G, Bismilla Z, et al. Essentials of scenario building for simulation- based education [M]. Cham: Springer International Publishing, 2016:19 - 29.
③ 车丽娜,徐继存.基于学科实践的教学认识刍议[J].教育研究,2024,45(03):64—73.

最后,真实情境是模拟真实性的情境。真实情境是对真实世界事件的人为再现,也就是模拟真实性的过程,通过体验式学习实现教育目标,为参与者提供学习和实践的机会,以促进他们的发展和提高他们在真实情境中的表现。因此,真实情境是根据学习目标、学科特点、学生身心发展特点以及学生相关知识背景,有选择地从心理、功能和物理三个维度对现实情境进行模拟,使其尽量与现实情境保持一致,并落实到课堂教学中。例如,物理等科学学科相比语文学科需要较高的功能真实性,而小学低年级由于直观性思维特点,与初中生相比需要更多地满足物理真实性,在感知觉的基础上帮助学生从具体形象思维过渡到抽象概括思维。物理真实性由于是对"看得见"和"摸得着"的环境的模拟,例如真空环境下的失重模拟,教师较容易判断学校资源是否支持,因此物理真实性较容易理解和实施。功能真实性强调真实情境与问题的逻辑关系,以及真实情境在解决现实问题时发挥的作用,教师可以根据自身学科知识经验以及从网络上搜索相关资源,通常也能把握与落实。而心理真实性是三个维度中最重要的,同时也是教师在真实情境创设时最难厘清的重点和难点。心理真实性的模拟需要对解决现实情境问题的心理机制和认知过程进行高度概括和抽象,并根据学生心理特点和已有知识经验,将解决现实问题的心理机制与认知过程与学科情境相结合,最后才能设计出满足学生心理真实性的真实情境。这对教师的学科素养和专业教学能力具有较高的要求。教师在设计真实情境时,应注重各维度的平衡,并通过持续的专业发展和培训提升自身的设计能力和教学水平。

二、 真实情境是典型的学科化现实情境

首先,真实情境不是单一的学科情境。学科情境是可控制、有学习目标、一般无现实需求的单一学科知识与技能训练的情境,指向学科逻辑呈现的形式化知识条件,通常以学科语言和符号呈现。这类情境是专门设计出来的结构良好的问题,与书本学习最为接近,着重考查学生的学科知识记忆与训练[1]。具有系统性、标准化、普遍适用等特点,重点解决"知识是什么"的问题。在学科情境中学生往往通过抽象化、机械化的方式学习知识。具体表现为学生只能解决试卷中的同类问题,而难以将学科知识与实际生活中的问题联系起来。这种局限性可能导致以下问题:其一,学生在生活中难以有效应用已学知识,缺乏将学科知识转化为实际能力的桥梁。其二,学生的学习兴趣和动机降低,认为知识学习仅服务于考试,从而对知识的实际价值产生怀疑。其三,学生在离开学校后,缺乏主动学习的动力,欠缺终身学习的观念。

---

[1] 孔燕,吴儒敏,朱晓果,等. 学术情境试题的目标定位与编制策略[J]. 中国考试,2016(09):18—23.

其次,真实情境也不等同于现实情境。现实情境是不可控、无学习目标、基于现实需求的跨学科问题解决情境,具有具体性、多样性、非系统性等特点。(1)现实情境中问题出现是随机的,并不能掌控问题出现的时机、类型与数量。(2)解决现实情境问题没有教育目的,解决现实问题通常依据生活经验进行选择,并不需要有详细的解题过程和要求。(3)现实情境中从现实需求出发解决问题,通常涉及具体的、跨学科的实际操作和真实环境。学生在现实情境获得生活经验的过程往往是基于现实需求的已有经验的运用过程,可以解决"为什么学知识"和"怎么用知识"的问题。

学科知识是培养学科核心素养的基石,但教学过程中不仅需传授知识本身,更应引导学生理解为何学习该知识、如何学习以及如何应用。换言之,学生的学习应经历"情境化—去情境化—再情境化"的过程①。但现有教学实践中,学科情境下的学习往往缺失了情境化和再情境化的过程,存在学科情境与现实情境相分离。一方面,学科情境仅培养了学生对抽象学科知识的掌握,而未能培养其核心素养。另一方面,虽然学生在现实情境中能获得具体生活经验,但由于缺乏去情境化的抽象概括和再情境化的过程,导致学生迁移能力较弱。而且,现实情境中的经验不可控且无目的,难以有意识地培养学生的正确价值观和必备品格。以从学校回到家里选择乘车工具为例,可以发现学生在两种情境中的学习的不同。在现实情境中,学生一般依据"生活经验"解决问题,根据时间、金钱和个人期望等进行快速、大致的判断,没有唯一的正确答案,重点是目的是否达到。而在学科情境中,学生会通过学科知识解决问题,比如通过距离、速度和时间的关系进行计算,根据题目给的条件和要求选择工具,注重解题过程的准确性,有固定的过程和唯一正确的答案。学生在现实情境中学习,缺少"去情境化"的过程,也就是缺少从生活经验到学科知识的抽象过程。而学生在学科情境中学习,只能得到"去情境化"的学科知识,缺少"情境"和"再情境化"的活动体验。真实情境的价值在于其弥合学术情境与现实情境之间的鸿沟。通过在真实情境中进行学习,学生能够将学科知识与生活经验相结合,形成对知识的深刻理解和灵活应用能力(见图 2-2)。

最后,真实情境是典型学科化的现实情境,是对学科情境和现实情境的创造性转化。是具有可控制、有学习目标、基于现实需求的跨学科问题解决的情境。当然,有些学科知识由于其高度抽象性和专业性,难以直接应用于现实生活中,有一些生活现象和经验无法用或者不合适用现有的学科知识进行解释。因此,学科情境与现实情境并不会完全重合,真实情境主要是指可以用学科实践解决典型现实情境生活问题的部分。核心素养强调核心性、关键性和必备性,意味着这种素养在生活中是应对具有典型性和普遍性的现实问

---

① 崔允漷,等.新课程关键词[M].北京:教育科学出版社,2023:107.

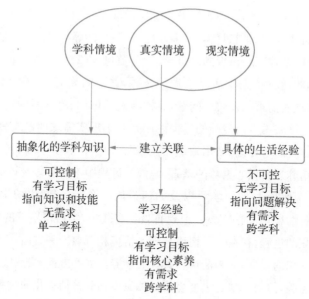

图 2-2 学科情境、现实情境与真实情境的关系

题。因此,教师要从现实情境中筛选出与学科情境有关的典型情境、普遍情境。同时也需要从学科情境中发掘具有学科意蕴的典型实践,运用该学科的概念、思想与工具,整合心理过程与操控技能,解决真实情境中的问题[1]。所以,真实情境就是可以运用典型的学科思维和方式解决真实问题的,普遍的典型的现实情境。

三、 真实情境是真实任务的情境

首先,真实情境是指课程情境中的任务情境,其包括教师在设计指向学科核心素养的学习任务时所引入的所有主客观背景、环境和条件等因素的总和。芬克尔斯坦(Finkelstein)将课程情境系统化为一个理论框架,并分为三个层次(见图 2-3)。

外部层次涵盖了学校课堂学习的外部条件,具体

图 2-3 情境概念的层次[2]

① 崔允漷,张紫红,郭洪瑞. 溯源与解读:学科实践即学习方式变革的新方向[J]. 教育研究,2021,42(12):55—63.

② FINKELSTEIN N. Learning physics in context: a study of student learning about electricity and magnetism [J]. International journal of science education, 2005,27(10):1187-1209.

包括人与社会的情境(每一个参与者先前的经验、当前的习性、兴趣、技能和态度等共同构成社会的情境)、历史的情境(历史事件的影响、序列、课程政策等),以及政治的情境(包括课堂与学校中的社会层级、关系的影响、权威与权力,以及更广泛社会的政治与经济安排)①。中间层次则涉及作为学习环境或课堂情境的背景,要思考如何创建激励性支持课堂,需要考虑课堂中展开的四个主要任务(人际环境包括人际关系和互动的质量,学习环境设计教与学的过程,管理环境包括纪律措施和学生行为规范,与社区的联系涉及包容性和社会正义),尤其要关注每项任务中的社会互动和关系②。最内层是指任务情境,被理解为问题的"故事情节",包括任务的背景信息、条件与要求。所谓真实情境,即指最内层的任务情境,是为了培养学生核心素养,教师在课堂教学和课外练习中为学习问题或任务设置的背景、条件与要求,旨在将特定学科内容应用于真实情境下的问题解决或任务中。

其次,真实情境是指真实任务的情境。真实的学习任务需要解决学生"为什么学"和"学什么"的问题,这些任务整合了知识、技能和态度,旨在通过具体且富有挑战性的任务,培养学生在学科领域内的深厚知识和技能,以及应对复杂问题的能力。第一,真实任务需要满足学生需求,激发他们的主动参与。第二,真实学习任务应体现其对学生的现实价值,即完成任务之后学生可以获得有意义的知识、技能与素养,能够解决现实生活中或未来职业中的具体问题③。第三,真实任务还应包含真实问题,教师和学生需要从实际生活或专业领域中挖掘出具有典型性和实际意义的问题,使学习活动更积极、更吸引人、更合作、更有意义、更真实,并与学生自己的兴趣、先前的学习和经验相联系,从而充分激发学生的内在动机和自主动机④。总的来看,学习任务需要选择被认为是重要的、有趣的、有用的、值得花时间的任务,通过学习任务的设计,向学生传递知识、技能的同时培养学生正确的价值观,什么是值得被学习和模仿。这不仅会影响学生今后对该学科的参与(比如是否愿意继续深入学习),也会影响学生以后的生活选择,包括职业的决定⑤。

最后,真实情境也是真实评价任务的情境。真实的评价任务镶嵌在学习任务中,回答"学到什么程度"的问题。真实评价任务需要反映现实世界的评价过程。古利克(Gulikers)

① ZARET E. The uncertainty principle in curriculum planning [J]. Theory into practice, 1986:46－52.

② SKINNER E A, KINDERMANN T A, Vollet J W, et al. Complex social ecologies and the development of academic motivation [J]. Educational psychology review, 2022,34(4):2129－2165.

③ 崔允漷,等. 新课程关键词[M]. 北京:教育科学出版社,2023:38.

④ SKINNER E A, KINDERMANN T A, Vollet J W, et al. Complex social ecologies and the development of academic motivation [J]. Educational Psychology Review, 2022,34(4):2129－2165.

⑤ 理查德·梅耶,帕特里西娅·亚历山大. 学习与教学:理论研究与实践意蕴(第2版)[M]. 庞维国,等译. 上海:华东师范大学出版社,2022:252.

提出了一个五维度的真实性评估框架,包括真实性任务、物理环境、社会环境、评估结果标准和评估形式。其中评估结果标准包括基于现实生活中的能力、涉及的复杂的专业能力、透明且对被评估者开放的标准,应该与实际工作中的标准尽量一致,确保评估结果能够真实反映学生的能力。评估形式则包括评估的类型和结构。评估的形式应该与实际工作中的评估方式相匹配,例如如果实际工作中主要通过口头报告进行评估,那么在教育评估中也应采用类似的形式①。因此,真实性评价需要尽量与现实情境中尤其是与工作职业相关的评价方式一致。对于学习任务的评价需要通过多元化和动态的评价方式,如项目展示、案例分析、实地调研等,对学生的学习过程和结果进行全面且客观的评估。而真实情境为这些评价任务提供了必要的背景、条件与环境。尤其需要注意的是教师运用表现—定向的教学实践(例如展示最好学生的最好的作业)可能会对学生产生消极影响②,因此在对学习成果进行展示时,需要一视同仁,每一份学习成果都有其独特的价值。

第三节　基于核心素养的真实情境的框架

通过上面的讨论,我们明晰了真实情境对于核心素养的形成、发展和落实的价值,界定了真实情境的内涵是结合了典型的学科情境与现实情境,有意识为培养学生学科核心素养而设计的真实任务情境。学习任务依托真实情境,就是让学生经历从中发现信息、提取信息,并根据所获信息联结已有知识经验,发掘问题所需的学科知识,运用学科知识解决问题。那么在已有单元学习目标或课堂学习目标的情况下如何在学科教学过程中设计并落实真实情境呢?

一、指向核心素养的真实情境的设计框架

真实任务情境是为了培养学生核心素养而设计的学习任务及其所需要的背景、条件与环境。而学习任务需要将知识进行条件化处理,并且这种条件是与学生已有经验相互

---

① GULIKERS J T M, BASTIAENS T J, KIRSCHNER P A. A five-dimensional framework for authentic assessment [J]. Educational technology research and development, 2004, 52(3):67 - 86.

② ELLIOT A J, MCGREGOR H A. A 2 * 2 achievement goal framework [J]. Journal of personality and social psychology, 2001(3):501 - 519.

联系的真实情境①。无论是学习任务还是真实情境,里面都蕴含着学科知识,是有意设计其中,让学生经历从真实情境和学习任务中发现信息、提取信息,并根据所获信息联结已有知识经验,发掘问题所需的学科知识,然后回到真实情境中运用学科知识解决问题,完成学习任务的实践过程。因此,本文认为真实任务情境的核心要素包括学习任务、真实情境和学科知识(见图 2-4)。

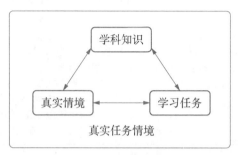

图 2-4　真实任务情境的构成

第一,学习任务。真实情境中的学习任务其实是学生在真实情境中解决问题的活动。具体包含学习任务成果和学习任务评价。学习任务成果要满足学生的需求或体现学习任务的价值,最好运用可视化的具体的表现成果,让学生"看得见、摸得着",比如一份报告、一幅画作或(拍摄)一段视频。同时,这份成果最终的作用也需要做好预设,可以用来展示、与他人交流,满足学生对于关系的需求,比如可以举办美术展或者游园会,或者放到班级公众号上。除此之外,任务成果的表现形式最好是开放式的,即没有固定唯一的成果呈现形式。学习任务评价需要明确任务完成人数要求。同时任务评价还需规定评价人员(谁来评价)和评价标准(任务成果的达成程度要求)(见表 2-1)。

表 2-1　学习任务的设计要点及内容

设计要点	内　容	案　例
任务成果	明确最终任务成果及其用途,满足学生需求或体现价值,运用可视化具体成果,表现形式开放,比如展示、交流,提供多样学习机会,学生可以自主	为学校重新设计运动会 800 米和 1 000 米比赛跑道,最终任务成果可以是设计图纸或模型,任务用途是用于实际运动会场地

① 雷浩.基于核心素养的"教—学—评"一致性探讨[J].课程・教材・教法,2023,43(10):42—49.

续 表

设计要点	内　容	案　例
任务评价	选择学习路径 明确任务完成人数要求,根据任务难度确定小组人数,规定评价人员和评价标准,考虑任务成果的达成程度要求	跑道规划任务需要 2—3 人小组合作,评价人员可以是学校领导、教师或学生,评价标准包括美观、经济、占地面积小等,选取标准明确
设计依据	根据学生身心特点、具体学科特点以及课堂学习目标对学科知识、技能与素养的要求,制定任务成果、难度、呈现方式和评价方式	小学数学课学习任务为设计 800 米比赛跑道起点和终点,任务目标为准确画出起点与终点,成果可以图纸或小组汇报形式展示,评价方式为全班选择最准确的成果;初中综合实践课学习任务为全过程跑道规划,成果为跑道规划投标书,评价方式为公司竞标

第二,真实情境。真实情境主要是为学生完成学习任务所需的背景、条件和环境的总和。真实情境本质上是根据学习任务以及学生如何完成学习任务的路径提供有计划的支持和限制,决定了学习任务的起因、学习方式以及完成任务所需的角色和资源支持。关于设计完成学习任务的角色。角色不仅明确了学生的身份以及思维方式,而且对学生完成学习任务的方式和结果产生影响,有利于学生与情境建立联系,为学生参与任务提供前提[①]。最后,真实情境在满足基本要素和功能之后,还需要检查起因、角色和资源等与现实的一致性,保证其在一定程度上有选择地满足心理真实性、物理真实性和功能真实性,具体见表 2-2。当然真实情境的构成并不是固定不变的,而是在与学习任务、学科知识的相互关联和影响下动态生成的过程。

表 2-2　真实情境的设计要点及内容

设计要点	内　容	案例(以学校跑道设计任务为例)
任务起因	学习任务的起因需要根据学习任务进行动态调整,可以从学习任务发生的时空背景与社会文化背景入手,	初中生设计任务的起因就可以是学校运动会要在六月份举办,但是由于近期雨水较多,学校跑道上的白线模糊不清,所以,学校准备重新规划学校跑道。这就引出了学习任务,但是需要注意这需要和学生所处

---

① 雷浩.基于核心素养的"教—学—评"一致性探讨[J].课程·教材·教法,2023,43(10):42—49.

设计要点	内　容	案例（以学校跑道设计任务为例）
	包括时间、地点以及特定事件	真实的地理环境相匹配，比如南方多雨，北方可以是沙尘暴，要根据学生的生活经历进行设计。而小学数学课跑道设计的起因，可以是为了庆祝六一儿童节，班级自行组织班级运动会，所以需要学生自行去画跑道的终点和起点，由此引出学习任务
角色设计（包括学生和教师在情境中的角色）	其一，当学习任务与学生现实生活密切关联时，学生在其中扮演自己就好	初中的学校跑道设计，学生的角色可以是体育用品公司，想要承包学校跑道设计，也可以是学校教师，通过对学校跑道设计提出具体要求，学生完成一份招标通知，写清楚学校跑道任务的招标要求
	其二，当学习任务指向特定的学科领域，需要结合社会职业进行角色设计	
	其三，理想状态下进行角色设计也应该为教师设计一个角色，这样为教师介入学生任务提供合适的理由和时机，增加学生的心理真实性。同时，教师和学生同处于一个情境中，为师生平等对话和交流创造良好氛围	教师角色可以是学校负责人提出设计要求，也可以是专业投标公司的技术人员为学生写标书提供专业咨询服务
	其四，角色必须与学生的已有生活经验或未来职业规划有联系，才能激发学生兴趣	在人教版普通高中数学必修一《函数的概念与性质》单元的任务情境中，学生是以养殖户的角色出现的，这个角色是否适合学生，需要根据学生的生活经验和当地环境来定。对于所处地理位置和同学中没有一个有养殖场背景的班级来说，这个角色并不"真实"。因此，需要结合本土文化和学生家庭背景进行修改，比如新疆农村地区可以改成牧民角色，新疆城市地区可以变成新疆馕厂的工人角色。这样的角色背景既和学生生活相联系，又为以后的学习活动比如参观馕厂，请学生上台分享牧民生活奠定基础
资源支持	物质资源	物质资源包括教室、书籍资料以及一些设备支持，比如3D打印机。比如学校跑道任务可以提供测量工具
	人力资源	人力资源包括教师和家长的支持。比如学生学习过程中，教师是否进行指导、何时进行指导、指导的程度如何。这需要教师根据学生对于学习任务的熟悉程

设计要点	内　容	案例(以学校跑道设计任务为例)
		度、相关知识储备以及学生完成任务的进度进行灵活安排。当然也包括学生遇到困难向教师求助的情况
	社会资源	当学习任务与社区有联系时,学生可以与社区工作人员沟通交流。又学生如果参与环境保护或者慈善援助等活动,可以和相关社会组织联系,得到社会组织和机构的支持
真实性要素	确保真实情境的心理、物理和功能真实性	与学生生活经验相联系的角色设计可以增加心理真实性 学习任务评价与现实中的评价方式和标准相一致可以增加功能真实性 动态生成的资源支持可以增加物理真实性
测试和调整	检查情境的起因、角色和资源等与现实的一致性;检查真实情境与学习任务、学科知识和学习目标的一致性;检查是否符合学生个性特点,与学生现实生活的一致性	角色设计需符合学生生活经验和未来职业规划 设计资源需根据学习任务的难度、要求以及学生的学习过程动态生成

第三,学科知识。学科知识将真实情境与学习任务紧密联系起来,其首要特点是其学科性,指向具体学科核心知识,主要包括学科知识是什么(knowledge-what)和学科知识如何运用(know-how-to)两种认识论知识。这些知识是学生学习特定学科时需要掌握的核心概念和理论,它们帮助学生理解学科的结构和内在逻辑,从而促进深层次的学习和理解[①]。完成学习任务的过程中学科知识作为工具,帮助学生更好地理解真实情境和学习任务。即使是同一个真实情境,学习目标指向的学科知识不同,思维方式与学习任务也会对应产生变化,这其实也是学科专家思维的体现。比如 17 世纪的英国庄园里,一个苹果落下砸中了一名青年艾萨克·牛顿的头顶,之后牛顿发现了万有引力。面对这一情境,物理学家会关注苹果落下和万有引力;历史学家会关注时间、人物和地点,思考事件是否有证据支持其真实性;农学家则关注苹果掉落是不是因为苹果熟了等。所以,不同的学科思

---

① MCPHAIL G. The search for deep learning: a curriculum coherence model [J]. Journal of curriculum studies, 2020:1‐15.

维方式和视角,会从真实情境中发现不同的信息,然后和自身的学科知识相关联并解释现象。因此在真实任务的设计中,教师对学科知识的预设十分重要。学科知识就是指教师期望学生在真实情境的问题解决过程所涉及并运用的学科知识。通过对真实情境和学习任务的分析,学生将已有的知识经验与学科知识相结合,应用学科知识在真实情境中解决问题的过程就是学科核心素养的发展过程。学生在真实情境中为了解决问题,对真实情境和学习任务中包含的信息进行寻找、辨别、提取和分析,而这些信息就是学科知识在真实情境和学习任务中的呈现方式,包括条件信息和无关信息。现实情境中的问题解决会存在很多干扰信息和无用信息,尤其是在信息时代,教师需要有意识地培养学生处理、筛选和利用信息的核心能力。但需要注意的是,真实情境和学习任务必须含有条件信息,如果都是无关信息,那么说明真实情境和学习任务之间没有关联,那就是背景而不是情境。具体设计要点见表2-3。

表2-3　学科知识的设计要点及内容

设计要点	内　容	案　例
分解课堂学习目标	指向具体学科核心知识,包括学科的,需要先对学习目标进行分解,找出达成学习目标所需的核心学科知识,并用具体化的陈述句描述。拆解得越细致,越便于教师将其隐含于情境与任务之中	初中地理的学习目标之一是"能够初步从系统、动态的角度,简要描述、说明地球自转和公转的特征及其产生的自然现象",那么其中涵盖的学科知识点包括地球自转和公转的概念,以及产生哪些自然现象,哪些是系统作用共同产生的自然现象,哪些是动态导致的自然现象,等等
保证学科知识、学习任务和真实情境三者之间相互关联	设计时必须使学科知识、学习任务和真实情境三者之间相互关联,这种联系可以清晰也可以隐含。同时,注意学生的已有知识可能对某些学科或学科组成部分的某些方面的学习至关重要	真实情境:使学生普遍感受到夏天白天长晚上短,冬天白天短晚上长学习任务可以设计为两人一组探究并解释我们为什么感觉夏天和冬天白天夜晚时长不一致,并说服班级同学认同你们的观点完成学习任务的过程就明显需要对学科知识(公转产生的自然现象)进行了解,并且需要在现实生活中观察、记录和探究,这一过程为发展学生发现事物之间因果关系,培养科学探究精神提供平台
确定学科知识在任务和情境中的呈现形式	条件信息是指与解决真实情境中的问题的相关信息,为解决问题需要满足的特定要求或限制	长方形的长50厘米,宽20厘米,正方形的边长和长方形的宽长度一样,请问正方形的周长是多少?其中长方形、正方形

设计要点	内　容	案　例
	无关信息是指与完成学习任务无关的信息,包括干扰信息和无用信息。无用信息是指明显与问题解决无关,不会对问题解决产生任何影响的信息。而干扰信息则可能对问题解决过程产生负面影响。教师可以通过有目的的设置干扰信息,帮助学生对于学科中辨析容易混淆的知识与概念	以及宽20厘米、正方形的周长就是条件信息。其中正方形的周长公式就是隐含其中的学科知识。长方形和长50厘米就是无关信息

二、 基于核心素养的真实情境的结构框架

　　真实情境、学习任务和学科知识是构成真实任务情境的核心要素,三者之间并非简单的线性关系,而是一个动态复杂的系统。在更大的学校环境与社会环境中互相影响,相互制约,共同作用于学生在真实情境中的实践过程。真实情境、学习任务和学科知识虽然是分开描述的,但在一个有意义的、连贯的学习或表现的真实任务中三者相互依存、融为一体,共同影响学生的学习过程[①]。因此,设计过程需要尤其注意真实情境、学习任务和学科知识的一致性,而一致性的保证前提是共同指向核心素养的形成、发展与落实。在新时代,整个国家课程改革是以核心素养为纲,学科核心素养是核心素养的学科化表述,是学科知识、技能与素养的融会贯通。课堂学习目标是对学科核心素养的进一步具体化、班本化的描述[②],是在真实情境下对学科典型思维方式的运用和实践。真实情境的设计与实施需要基于已有的课堂学习目标,为推进学习目标的实现提供路径支持,为单元学历案的优化提供方向。

　　第一,从学科情境出发,构建学习任务与真实情境。首先,应从学科情境入手,基于学科核心知识构建学习任务和真实情境。当前课堂教学中,学科情境占据较大比重,但存在

① VAN VORST H, DORSCHU A, FECHNER S, et al. Charakterisierung und strukturierung von kontexten im naturwissenschaftlichen unterricht-vorschlag einer theoretischen modellierung [J]. Zeitschrift für didaktik der naturwissenschaften, 2015, 21(1):29–39.

② 雷浩. 基于核心素养的"教—学—评"一致性探讨[J]. 课程・教材・教法, 2023, 43(10):42—49.

知识零散和过于注重基础知识传授而忽视学生素养的问题①。因此,需要将现有学科情境转化为真实情境,在保留学科核心知识目标的前提下,将其与现实生活相联系,使学生能够运用学科核心知识解决真实情境中的问题。设计思路可以从回答"为什么学习知识? 知识与学生现实生活的联系是什么? 知识是什么? 如何在生活中运用知识"等问题入手,从而将学科核心知识情境化与条件化。学科情境回答了"知识是什么"的问题。为了回答其他问题,教师需收集和整理相关资料,例如知识的起源与发展过程、知识在学生生活经验中的出现形式、学生在何种情况下会用到该知识,以及掌握该知识对学生当前或未来生活的价值等。结合学习目标、学生已有知识基础与生活经验,整合相关资料,将学科知识转化为条件信息,并结合现实世界构建学习任务与真实情境。

第二,从现实情境出发,将学习任务与学科知识融入真实情境。根据自我决定理论,人类具有三种基本心理需求:自主性(学生需要感受到学习过程中的选择和决策是自己做出的)、相关性(学生需要感受到与他人的联系以及学习任务与个人兴趣、目标和价值观的相关性)和能力感知(学生需要感受到自己有能力解决问题)②。当这些需求得到满足时,学生会体验到内在动机,从而更积极地参与活动③。儿童与父母、老师和同龄人的关系对学生的学业发展影响重大,这三种关系提供的支持已被证明是支持学生一系列学术功能标志发展的核心,包括学习、学业表现、参与、动机和自我调节学习等④。结合自我决定理论和对学生产生影响的三种重要关系,教师可以通过密切关注学生的学校生活和家庭生活,找到与学生或其密切相关的人有关的话题或现实困扰,满足学生的基本心理需求,使学生感受到学习与自身生活的紧密联系,从而促进学生主动参与。确定学生的现实需求后,可以从"现实情境中发现问题—提出问题—解决问题—验证问题是否解决"的问题解决思路出发,以解决问题为学习任务,融入解决问题所需的学科知识,创设真实问题情境。

第三,真实情境贯穿课前、课中和课后全过程。目前,情境在教学中主要出现在课堂导入环节,主要用于新知识的引入与激发学生兴趣。但这也导致了导入情境过多和去情境化不及时的问题⑤。学生学习知识的过程需要完整经历"情境化—去情境化—再情境

① VAN OERS B. From context to contextualizing [J]. Learning and instruction, 1998,8(6):473-488.
② CHIU T K F. Using self-determination theory (sdt) to explain student stem interest and identity development [J]. Instructional science, 2023.
③ PINTRICH P R. A Motivational science perspective on the role of student motivation in learning and teaching contexts. [J]. Journal of educational psychology, 2003,95(4):667-686.
④ SKINNER E A, RICKERT N P, VOLLET J W, et al. The complex social ecology of academic development: a bioecological framework and illustration examining the collective effects of parents, teachers, and peers on student engagement [J]. Educational psychologist, 2022,57(2):87-113.
⑤ 张阳. 数学情境教学的"失度"与"适度"[J]. 教学与管理,2022(13):45—47.

化"的过程,因此真实情境不仅需要将导入、新授、练习与反思等所有课堂教学环节纳入其中,还需要设计基于真实情境的课前预习和课后复习环节。

在课前预习环节,可以提前布置与真实情境、学习任务和学科知识相关的小调查,让学生带着问题提前观察日常生活,激活已有生活经验。或者提前给学生"透题",让学生自行学习相关学科知识,为课堂教学中的真实情境问题解决做好铺垫。

课堂教学中突出学生主导地位。在真实情境下完成学习任务时,教师应注意在抛出真实任务情境后,尽量让学生主导学习任务的解决与完成,教师则处于参与者、支持者和指导者的位置,在学生需要时进行干预,为课堂学习营造平等宽松的氛围。研究表明,当课堂对话的主导权从教师转移到学生时,学生的学习会有更积极的收获①。各种对话、使用真实的问题和例子以及指导能够促进批判性思维倾向和技能的发展。对话包括批判性对话、辩论、全班和小组讨论。真实的问题和例子被定义为学生解决问题的情境,包括角色扮演。指导的例子包括一对一的师生互动、同伴主导的二人组和实习②。课堂学习者可以根据学习任务分配不同角色,包括完成任务角色和评价任务角色。根据学生兴趣与能力,部分学生可以作为真实任务的完成者与参与者,部分学生则可以作为评价学习任务的角色,即倾听他人并检查和评析学习任务完成情况。评价任务角色也需要参与学习任务全过程,并具备提出问题、质疑他人主张和整合片段性知识的能力。研究表明,对倾听技巧和听众角色的关注,有助于在课堂上围绕学生的科学思维开展富有成效的集体讨论③。

课后复习时,应尽量减少学科情境下的纸上习题,而是将真实情境中的学习任务延伸至课后生活。一方面,如果课上未完成的讨论,可以课后继续搜集资料、小组讨论,并在下节课展示成果;另一方面,可以进行学科知识的再情境化,即以同样的学习目标或其进一步深化,设计与课堂真实情境结构、目的和学习方式类似的真实情境,以促进学生的学习迁移能力。

需要注意的是,真实情境的设计过程并不是固定的从学习任务到真实情境再到学科知识的单向逻辑过程,而是一个网络结构,设计过程中可能会出现一些摇摆不定或是灵光一现的时刻,可以随时在三者之间来回往复。因此,真实任务情境的设计是一个需要不断更新、迭代甚至是推翻的复杂过程。

---

① VAN ZEE E, MINSTRELL J. Using questioning to guide student thinking [J]. The journal of the learning sciences, 1997(06):27-269.
② CARGAS S, WILLIAMS S, ROSENBERG M, An approach to teaching critical thinking across disciplines using performance tasks with a common rubric [J]. Thinking skills and creativity, 2017(26):24-37.
③ HERRENKOHL L, GUERRA M. Participant structures, scientific discourse, and student engagement in fourth grade [J]. Cognition and instruction, 1998(4):431-473.

第三章 真实情境创设的学科实践路径

人类在信息时代面临着人工智能的挑战,教育教学的最终目的是使学生在未来可以成功地解决真实情境中的复杂问题,学习就应该"根植于真实情境"。教育中应该引入真实性问题情境,使之渗透于教学过程,同时确定评价证据以引导素养导向的教与学。比如,一个常举的画苹果的例子,可以让教师思考如何去理解真实情境。

一位老师提着一篮子苹果走进教室:孩子们,你看,这些是什么? 对了,是苹果。大家喜欢不喜欢? 如果喜欢,每人上来拿一个(学生很开心地走上前去各自拿了一个苹果)。大家可以看看苹果的样子,闻闻它的味道,摸摸它的外皮,是不是很可爱? 这些苹果老师都洗干净了,如果喜欢,还可以把它吃掉(五分钟后,一篮苹果被学生吃了个干净)。既然大家都喜爱苹果,我们就把它画下来,回去给爸爸妈妈看看,好不好? 现在,请大家在自己的本子上画一个苹果(学生凭着自己的印象画出自己心中的苹果)。第一次画得可能更像南瓜,第二次画得可能像梨,第三次画得才有点像苹果。

另一位老师拿着红白两支粉笔走进教室:同学们,这一节课我们学习画苹果,请一定要认真观察,仔细模仿。大家先观察我是怎样画的——注意先画一个正方形,注意这个正方形要画得轻一些,因为最后要擦掉。然后找出几个点,连起一个弧形,上面再画一个苹果枝。最后,我们将外面的方形擦掉。好了,老师画完了,大家看像不像苹果? 很好! 现在请大家拿出美术本开始画,注意回忆一下我画的。学生一次就画出了最像的苹果。

第一节 学科真实问题情境要素与框架

一、学科中的真实性问题情境

真实性问题情境和表现性评价中所说的"表现性任务"的内涵是重合的,因为在真实性问题情境设计中,"任务"是一个重要的构成因素,而表现性任务也强调"真实性",突出任务与真实世界的关联。学生的核心素养需要在解决真实情境问题中表现出来。有效创设指向核心素养、落实思维发展的教学情境,是当前新课改背景下教师必备教学素养之一。

2003 年,OECD 在"素养界定与遴选"项目中指出核心素养着力解决的是提高学生面对复杂情境下的问题解决能力,使之能够适应飞速发展的信息时代和复杂多变的未来社会。传统的教学以知识点的掌握为核心,忽视知识学习过程中真实情境的创设和知识应用于真实情境的问题解决能力的培养,不能有效培养学生的核心素养。近年来,教育研究者慢慢地意识到真实情境中问题解决能力的重要性,在 2022 年版义务教育课程标准中,情境创设也成为屡次出现的高频词汇。

《义务教育课程方案(2022 年版)》强调:"加强知识学习与学生经验、现实生活、社会实践之间的联系,注重真实情境的创设,增强学生认识真实世界、解决真实问题的能力。"情境蕴含着事件发生与发展的内在和外在逻辑,它既可以解释事件,也包含了解决事件的内在因素情境,包含着问题,负载着意义,召唤着行动。课程标准中的要求,也要求我们在实践中都需要情境,落实核心素养。其实,真实的情境源于学生的体验。情境的核心是什么,是真实。核心素养要通过做事情,在做事情的过程当中培养出来。

义务教育课程方案强调了知识学习与社会实践之间的联系,以真实情境创设加强学生对世界的认识。传统教学方法教的是知识,较少关注学生的真实体验。教学情境是指在课堂教学过程中,教师根据教学内容与教学目标、学生的认知水平和心理特征,以及客观现实条件所创设的一种引起学生的情感和心理上反应的、对学生的意义建构起帮助和促进作用的特殊的氛围和环境。其实每个人在生活当中都遇到过不一样的情境,环境不一样,会觉得不知道该怎么做了,很多困惑、问题产生了情境。所以,情境包含着问题,也承载着意义,对情境的探索形成我们学生的理解。好情境,能帮助学生理解知识,因此,情境承载着意义。

德国心理学家和教育学家赫尔曼·艾宾浩斯(Hermann Ebbinghaus)在说明知识和

信息的传递需要通过合适的情境和背景才能更好地被接受和消化时,曾提出过一个精辟的比喻:将 5 克盐放在你的面前,你无论如何也难以下咽。但将 5 克盐放入一碗美味可口的汤中,你早就在享用佳肴时将 5 克盐全部吸收了[①]。情境之于知识,犹如汤之于盐。盐需溶入汤中,才能被吸收;知识需要融入情境之中,才能显示出活力和美感。情境创设的根本目的就是激发学生的认知冲突,使学生的思维深度参与到课堂教学中,发展学生的核心素养。教师在日常的教学中要学会根据不同的课堂教学内容创设合适的课堂情境。否则知识不能迁移,学生出了校门就忘了。所以,情境创设的根本目的是激发学生的认识冲动。

如果教学的情境稍稍超出了学生已有的体验,或者说是已有的认知,也就是说,增加一个条件时情境不一样,这个时候最容易启发学生的思考。比如,我们教数学的时候,加了一个条件,或者撤掉一个条件,换了一个问法等。那在日常教学中,要根据不同的教学内容创设情境,要理解情境性知识的重要性。我们可以看不同学科的例子。

例如:一头熊掉到了一个 19.98 米深的洞里,用时 2 秒落到洞底,这只熊的颜色和种类是(　　)

A. 白色,北极熊　　　　　　　　　B. 黑色,黑熊

C. 棕色,棕熊　　　　　　　　　　D. 黑棕色,马来熊

这是 2019 年某地模拟考的一道物理题。这道题表面上看像脑筋急转弯,带点无厘头,但是要真的解决这个问题,需要多种知识的结合。解答过程如下:

这只熊掉到洞里属于自由落体运动,由自由落体公式 $h = \dfrac{1}{2}gt^2$(物理知识),将 $h =$ 19.98 m, $t = 2$ s 代入式中解得重力加速度 $g = 9.99$ m/s²(数学知识),地球上只有两极的重力加速度为 10 m/s²(物理知识, $g \approx 9.8$ m/s²),而南极有企鹅无熊,北极有熊,叫北极熊(地理知识)。所以推测不幸掉洞的熊是北极熊,而北极熊是白色的(生物知识),选 A。

当学生具有理解所读内容的知识概念框架时,就能更好地理解所阅读的内容,反之亦然。好比让上海的学生写小麦的生长,估计写不出来什么,这就是情境式知识,或者背景知识,或者是概念框架。

问题情境可能是明确的、隐晦的、潜在的。明确的问题情境比较容易理解,隐晦的问题情境需要找出隐藏的问题。前例北极熊那个题目就需要找出隐藏的问题。潜在的情境就是迁移到教学上时需要增加一个条件或者创设某种情境。例如,添加一条辅助线。隐晦的问题情境和潜在的情境都需要建构,需要教师提供支架,指导学生去发掘创造。所

① EBBINGHAUS H. Über das gedächtnis: untersuchungen zur experimentellen psychologie (on memory: an investigation into the experimental psychology of the memory). Duncker & Humblot, 1885.

以,**明确的学科(或跨学科)问题情境**不需要刻意挖掘。**隐晦的学科(或跨学科)问题情境**,即存在不明显的问题事件,需要感知、分析情境信息,从不同视角发现和挖掘,如不同地区生物生长情况不同,可挖掘地理环境和生物成长之间关系的情境。**潜在的学科(或跨学科)问题情境**,即情境表面不存在问题,需要建构、创造和发现问题事件,如儿童友好型社区的规划,涉及哪些学科和问题需要自主建构。

表 3-1　不同问题情境下问题生成和解决认知活动①

问题情境	问题 ←	── 认识活动 ──	→ 问题解决
明确的	看出情境中的问题	感知情境(识别)	认识到有现成的解决方案
隐晦的	找出隐藏的问题	分析数据/资料(发现)	寻求解决方案
潜在的	根据情境创造问题	建构问题事件(创造)	产生解决方案

在不同学科中创设真实问题情境主要有以下几点目的。

1. 设计真实生活情境呈现学习过程,提高教学趣味性

只有根植于真实生活情境的学习才能激发学生的好奇心、兴趣和探究欲望。单元教学中的问题解决任务不是纯粹指向知识与技能的机械训练,很可能就是他们日后生活中遇到的真实境遇,这样的学习任务可以为学生有效学习创造有利的心理条件,培养学生知识和技能的迁移能力。例如,统编版语文教材八年级上册第一单元是一个以"新闻"为主题的活动探究单元,其意义是让学生通过学习掌握新闻的重要性和重要特点,学会就身边发生的事情撰写新闻稿,宣传好人好事,推广先进经验,等等。

为此,教师在开学之初完成单元教学后,设计一个真实生活情境:开学初,为了让新同学尽快熟悉学校环境,报道学校丰富多彩的开学生活,请以"欢迎新同学,迎接新学期!"为标题组织学生制作一期墙报,报道开学初学校面貌变化和周围感人事迹,通过消息、通讯、特写、新闻评论等不同体裁,反映学校的真实生活和学生的精神面貌,进而将所学知识运用到问题解决中,借此巩固和拓展所掌握的单元学习内容。假如:教初一的老师开学的时候要做一个新闻——迎接新同学,迎接新学期。要做什么? 学生要怎么去做? 是做一个墙报还是一期报纸? 都需要老师思考。教师组织学生去写、去组织、去发布,这就是让学生去做事,让学生把课堂上学到的东西运用到做事情之中。这就是一种情境,可以鼓励学生将消息、通

---

① 苏小兵,杨向东,潘艳. 真实情境中地理问题生成的学习进阶研究[J]. 全球教育展望,2020,49(08):44—62.

讯、特写、新闻评论等不同载体各种类型的东西都进行尝试，包括绘画美术方面的尝试。

2. 设计虚拟生活情境，提高作业综合性和学生创新能力

真实生活情境侧重呈现现实中的具体任务和场景，但实践中完全应用真实情境开展深入探究不现实，而运用虚拟现实（VR）、增强现实（AR）、教育元宇宙等智能技术营造虚拟生活情境是一个不错的选择，更具有逻辑的真实性，从而克服传统作业多指向零散、割裂、碎片化的知识，以及只停留在记忆水平的认知活动的弊端。一旦嵌入"逼真"的情境中，学生可以借助鲜活、动态、复杂的情境和呈现动态效果，激活目标以外的知识，并通过空间转换更好地拓展思维和思考问题方式，获得不同的体验，促进知识整合与综合学习的开展、激活高阶思维。同时，这既可以考查学生对新情境的感知能力，提高大概念的理解和建构能力，也有助于培养学生面对未曾体验过的事物、任务和情境的想象力与分析能力。例如，发朋友圈对作为数字土著的学生来说，司空见惯，体验深刻，在逻辑上"古人发朋友圈"也是可以的。在教授九年级语文上册第三单元时，教师可以给学生设计作业任务：你认为苏东坡游历赤壁、马致远旅途、徐霞客游黄山、张岱雪夜游亭心湖、欧阳修游览醉翁亭之后，他们各自会如何发朋友圈，上传什么样的图片，撰写什么样的导语和标题，以及和哪些人物交流心境？

3. 设计实践性情境，提高学生问题解决能力

大概念单元作业要求学生在应用所学知识、技能分析问题性质的基础上，识别隐含在真实情境中所要解决问题的条件、策略、工具等并加以选择，必要时还须整合更多知识甚至跨学科的知识，经过"实践—反思"过程，探寻解决问题的办法，从而建构新的知识体系和高阶认知。相反，脱离情境的作业大多是指向客观知识的练习，一般仅涉及孤立的知识和机械的技能，无法形成真实高阶迁移能力，使学生面对真实情境中的问题时束手无策。

完成初中物理"电阻原理"教学后，教师如果将教学设定在电阻原理记忆和欧姆定律公式应用习题操练，学生积极性会不高，获取的只是一些"专家结论"。如果教师设计真实的学习任务：让学生思考、探究如何运用电阻原理调节家中电风扇风力大小，或者让学生动手将普通台灯改装成可以调节灯光明暗程度和闪动的台灯。这样一来，学习活动就能指向生活价值，将学习任务和生活实际建立联系，具有一定的挑战性，学生就可以像专家一样开展创作过程，而不再是简单背诵或机械练习有关物理知识，学生的主体性和创造性可以得到更大程度上的调动。

在设计实践性的情境任务时，要提高问题解决能力。当学生已有的知识不能解决实践性问题时，困惑产生了，就会有一个实践和反思的过程。脱离了真实情境的教学，大多是指向客观知识的练习，一般是些孤立的知识和机械的技能。学习初中物理电阻原理不是只要记住公式，把它背了下来就好，而要学会怎么样运用欧姆公式，把这个公式应用到我们真实的情境当中，解决真实的问题，这就是新课标强调的核心素养。再进一步，老师

设计真实的教学任务,将电阻原理应用到调节家中电风扇风力的大小,学生做完了,但是不怎么好看,没有审美价值,学生就会进行进一步的改造。当学生要考虑审美、使用两个方面的价值时,学习活动就能指向生活价值。

大单元教学中也要有情境视域。不少语文老师说我们的课已经是单元,怎么还要大单元教学啊?教师需要意识到,传统意义上的教材单元是材料单元,传统的单元大多数以知识来连接,而现在的单元是需要根据教材的单元材料来重新设计,以教材为基本,要进行重组。或者说,传统的单元教学是从抽象到抽象,最后再应用。现在的大单元教学要先给学生建构一个整体。

比如,有一个情境到黄山去研学旅游。教师先呈现一张黄山的图片;然后带领学生进行探索,发现黄山当中的一个一个的要素:山峰、奇松、怪石、云海、温泉、冬雪……再通过学习,形成了对黄山的整体印象,最后让学生完成一个制作"黄山之行走的文学地图",或者是"黄山文学文化之旅攻略",利用学生已知的知识去解决问题(例如图3-1的飞机模型)。

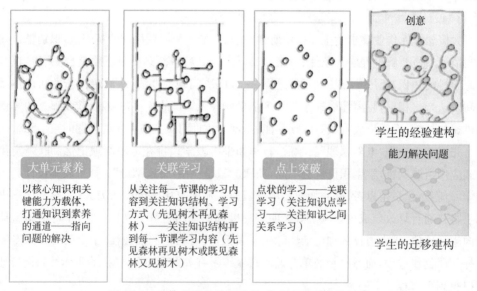

图 3-1 整体关联的单元教学:知识与经验的连接①

不同情境建构的概念是不一样的,我们通过情境1、情境2、情境3……来建构。例

___

① 图来源于 Hugh MacLeod 的将各个点连接起来的符号创意表达,许多教育学者有借用说明,本图参考了房涛的修改。

如,对于"万有引力"概念的理解和建构,地球是有引力的,苹果掉到天上去还是地上去?但是有一个新问题出现了——潮汐,到海洋里去看一看,去钱塘江大潮看一看,只用重力就不能解决问题了,所以出现了一个将它的概念逐步扩大的现象。脱离了地球,地球之外的星体运动就不受重力的影响,教师可以通过向学生介绍这些自然现象让其了解万有引力的概念。重力的概念通过教师呈现的不同的情境,逐步经由概念、核心概念到大概念,呈现一个不断生成意义的过程。

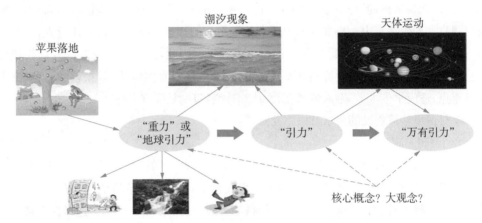

图 3-2 概念性理解是通过反向思维对事物意义不断概念化的过程[①]

二、 学科单元教学中情境创设的原则与功能

(一) 学科情境整体创设的构成特征与原则

核心素养主要是作为贯通各学科的顶端设计来研究的,而发展学生的核心素养必然要在各个学科的教学中去实现,因此,需要将核心素养在各个学科中具体体现。而学科核心素养实际上就是一种把所学的学科知识和技能迁移到真实问题情境的关键能力和必备品格。

要培养这种素养,意味着学生的学习应该是在一个又一个基于真实问题情境的主题或项目中通过体验、探究、发现来建构自己的知识,发展自己的关键能力,养成自己的必备品格。因此情境创设是培养学生核心素养的重要途径。

"激思""激疑"是教学情境的最基本功能,因此教师在教学中要注重情境创设,通过创设情境引发学生"内心深处的认知冲突",激起学生学习的内部动机,在情境问题的解决中培养学生的核心素养。思维型教学理论指导下有效的情境创设必须满足以下六点要求:

---

① 参考杨向东教授于 2023 年讲座内容。

(1)基于生活实际,接近真实情境;(2)紧扣教学内容,突出教学重点;(3)适合学生水平,符合最近发展区要求;(4)能够融入情感,激发内在动机;(5)引起认知冲突,激发积极思维;(6)要有形象性、具体性、探究性和可感知性。[①]

　　要养成这种素养,意味着学生的学习应该是一个又一个基于真实问题情境的主题或项目中的知识,应该让学生去探究、去体验、去质疑、去反思、去批判、去发现、去建构情境,这是一种关键能力,是必备品格。发展学生的素养,绝不只是教会知识。比如学习驾驶技术,学会只能说掌握,但是不等于可以开车上路。因为你学习的是一些抽象的知识,不能迁移到真实的生活当中。再如开车中还有关于生命的知识,珍爱生命,礼让行人,这就不是一般的知识的问题了,要看驾驶员的行为表现了。因此,核心素养要怎么评价表现出来? 就是运用情境创设。情境创设要基于生活实际,接近真实情境,紧扣教学内容,突出教学重点,适应学生水平,融入情感,引发认知冲突,特别是要有目标。

　　学科情境整体创设的要求有以下几点。

1. 目标指向性

　　从组成结构上看,情境包括背景、任务、问题三个部分。其中,以具体情境为背景,教师从中发掘和设计学习任务,学生通过去情境化抽出具体问题;从价值追求角度来看,情境化作业承载了对学科知识、学科素养、学科能力的考查。以人教版化学选择性必修 1 盐类的水解单元教学设计为例,进行列表分析。

表 3-2　教学中情境、任务、问题要素分析

情境	学习任务	基本问题
生活中常见美食油条	制作油条的各种成分的配制方案	油条进入油锅后为什么会突然膨大?

表 3-3　情境教学中学科知识、学科素养、学科能力水平案例分析

学科知识	学科素养	学科能力
掌握盐类的水解原理	宏观辨识与微观探析 变化观念与平衡思想 科学态度与社会责任	应用实践:分析解释 依据盐类的水解原理解释、分析和解决生产、生活中有关实际问题

---

① 胡卫平.思维型教学理论及其应用[J].教育家,2018(48):13—16.

2. 属性的真实性

大概念单元作业情境的创设和嵌入也应该是能够反映真实生活世界对学生学习的要求，是能重复或模拟个体接受"检验"的工作场所或生活情境。这里的"真实"：一是生活中已经存在的事实、事件；二是在逻辑上是成立的、"逼真的"；三是学生能够接受的、建立在学生最近发展区上的、能够引发学生情绪体验的。那种随意简化、牵强附会的作业情境往往是肤浅、刻板、不完整的，无助于作业预期目的的达成。

一个困惑是关于情境的真实性，通常，真实是指生活当中已经存在的事实事件。追求感觉上的真实是不现实的，教学中的真实情境只要在逻辑上是成立的就可以，因为学生能够接受，是建立在最近发展区上的，是促进大概念的迁移的。教师在进行教学设计的时候，需要思考大概念的理解和运用。从学生学的角度上来讲，解决问题的能力是通过做任务。教师要观察学生能不能解决问题，能不能完成任务，能不能借助情境来完成，然后通过师生交流，生成学生的解决办法。

3. 发展迁移性

单元教学设计的情境创设最需要注意的问题是激发和引起学生兴趣。当前的学习是去境脉化的，而情境性是认知活动最根本的属性。去境脉化的学习往往让学生获得一种只适用于学校场景的"惰性知识"（inert knowledge），而惰性知识无法迁移到未来真实问题的解决中，并会阻碍素养的形成。这是因为单纯的知识点既未能激发和保持学生解决问题的动机，也没有让学生经历完整的问题解决过程，更没有建立基于理解的记忆。

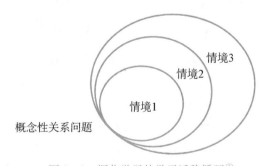

图 3-3 深化学习的学习迁移循环①

首先，教师提出概念之间如何联系的抽象问题，以引起学生对深层结构的注意。其次，学生探索一个特定的情境。例如，一个数学问题、科学实验、历史时刻或概念所发挥的

---

① 以下 3 个图来源于李学书的讲座内容，参考自 Stem（2017）。

主要作用。根据不同的情境,就概念性的关系知识逐步形成学生的认知。以学科大概念为核心,使课程内容结构化,以主题为引领,使课程内容情境化,促进学科核心素养的落实。

以生活中的化学为例,把它抽象为图3-4所示的内容,学科素养、化学式和环境的关系是怎样的? 我们从生活当中传统的蜡染,到实验室化学品泄漏,再到日本核电站核污染水排海,再到生态环境,逐步地从学科知识迁移到学科所培养的核心素养。溶解液、置换、化学持久性和环境是如何相互作用的? 化学品泄漏会带来什么影响? 学生通过分析化学品泄漏,为应对撰写更加复杂内容的情境做准备,而观察学校实验室废物处理可能更接近置换反应和化学反应如何生成产物的课程场景,这就是从相异迁移到相似迁移。

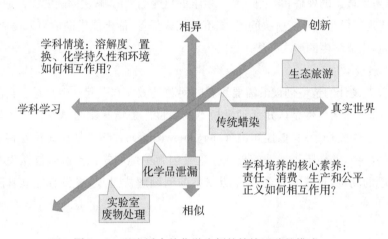

图3-4 以生活中的化学为例的情境迁移的模式

如图3-5,将同心椭圆叠加在坐标系上,可以尝试说明概念性问题如何构建日常不同的、真实世界的学习体验。在这些经验中,学生在学习旅程中多次迁移理解。其实,知识的迁移本身就存在情境。情境不断变化,在不断复杂化的过程当中,学生的认知在不断提高,解决问题的能力和表现出来的素养也越来越好。这要求教师不能只教专家的结论,也要教专家的思维方法。让学生像专家一样来思考问题,解决问题。我们要去想相似的情境、相异的情境是怎么样的,要把课堂里教的东西用到校外去,所以要让他们掌握概念。因为概念可以迁移,而客观的知识不能迁移。素养需要在过程中逐步培养出来。

课堂教学当中所获得的单一的概念性的知识可能是点状的孤岛。点与点连成线就需要大概念,教会学生大概念,然后把这一个个点逐步线条化,再迁移到新情境当中。情境当中产生什么问题,要怎么解决? 解决这个问题,完成这个任务,已有的条件是什么?

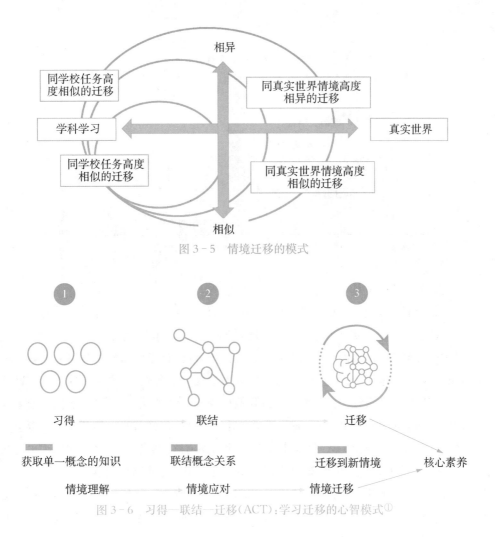

图 3-5　情境迁移的模式

图 3-6　习得—联结—迁移（ACT）：学习迁移的心智模式①

需要的条件是什么？认识之间的差异是什么，怎么去解决这个差异？比如，我们语文学习中，韵律、重复、想象和文字游戏概念对文本有什么影响呢？图 3-7 展示了教师如何有意识使用情境系列引导学生向高通路的迁移行为：抽象的概念问题要求学生理解韵律、重复、意象和文字游戏等概念对文本的影响。从简短诗歌入手，逐渐增加难度，将上述概念迁移到其他类型文本中。然后在这个过程当中，面对这种情境的迁移，最终是要指向核心素养和素养导向、情境创设。

---

① 朱莉·斯特恩，克里斯塔·费拉罗，凯拉·邓肯，特雷福·阿莱奥. 可迁移的学习：为变化的世界设计课程［M］.屠莉娅，等译. 杭州:浙江科学技术出版社,2023.

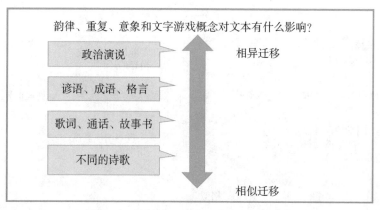

图 3-7　从相似迁移到相异迁移的案例①

4. 框架的整体性

嵌入其中的情境也应该加以整体设计,发挥整体功能。首先,教学前发挥导入作用,同时完成教学过程中不断产生新的情境问题,把学生的思考和探究引向深处。其次,对教学成果进行反思等。情境的设计要有整体设计意识,以译林版牛津初中英语七上第四单元"Finding your way"为例,让学生引导外国人去参观一个名胜,需要做哪些事情? 这就有整体性情境问题的设计考虑。教师设计作业任务为:根据单元学习内容,就陪伴前来我校参观的美国学生 Eddie 和 Hobo 游览风景名胜"方山"故事情节写一篇记叙文。要求以单元教学目标为统领,融入核心素养目标,用一个有始有终的完整情境复习和训练单元知识与技能;随着故事情节的发展,通过完成一系列任务培养学生听、说、读、看、写的语言技能。在这一单元作业设计中整体性语境需要通过一系列情境导入来实现。例如:通过介绍主题情境的大背景,导出人物,开启故事情节;利用故事的发展,培养学生的阅读能力和如何使用语篇进行交际的能力;结合语境,学生通过"读""看""听"和"说"复习巩固问路和指路的词句表达;通过"听"和"读"来理解和掌握不同的语调所蕴含的语用知识;通过"说"来进行恰当的情景交际,综合利用本单元所学语言和语用知识,围绕主题语境,结合所给写作范式写出邀请信等。

也就是说,在素养导向下,需要从现实中去寻找各种现象、事件、场景,依托情境,创设有现实意义的任务。完成这个任务,需要学生用到原来的知识技能,也包括今天倡导的大观念和学科实践。这个任务是复杂、开放、没有固定答案的,需要创造性地整合已有的资

---

① 图示受帕金斯和所罗门研究启发(1988)。

源形成适合这个陌生问题的新方案。不是机械照搬知识技能,而是需要根据具体问题具体分析,灵活重组、创造整合。

例如,情境任务设计让学生制作一期"新学期,你好"报纸,任务整体性就可以体现出来。其中,任务 3 是把通讯改写为消息(请将《一看惊海天……》改写成一则消息),这个消息改得怎么样?消息要注意哪些东西?包括不包括真实性、主要信息?教师的教学评价要不断指向新闻采写方法,学生要完成的任务是选择校园中典型人物或事件,写一封通讯稿。学生如果有强烈的目的跟随教师在课堂上推进,教师教的时候,课堂就会具有整体性。

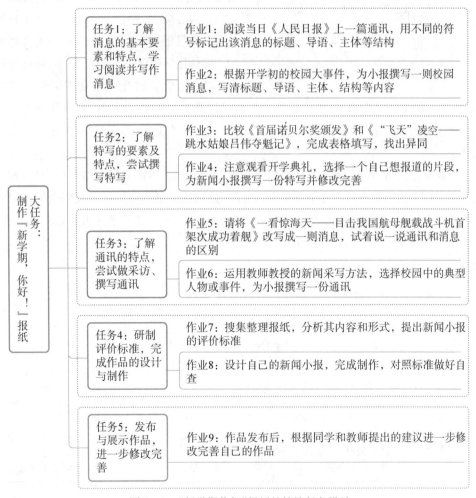

图 3-8　"新学期你好"报纸的情境任务设计

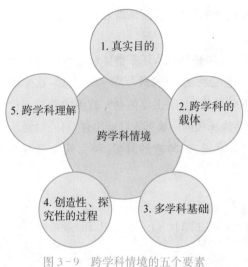

图 3-9　跨学科情境的五个要素

跨学科情境包括五个要素。首先,明确目的预期学生会学会什么,即为什么要选这个情境? 其次,跨学科的载体是什么? 再次,多学科的基础指要综合每一个学科设置情境。接着,还要有创造性、探究性的过程,要做事情。最后形成跨学科的理解。跨学科情境可以促进知识整合,有利于提高相似迁移能力。跨学科的相似迁移在当前教学中是一个新挑战,例如,核心概念,制度平等、可持续性和发展,要靠平时教师去教学生。在教师引导下,让学生认识到制度平等、可持续性和发展,然后再让他与真实生活形成连接,通过与真实生活的联系,进行迁移。相似迁移和相异迁移差不多,只不过是变了一个数量上的变化,引力、重力、万有引力,就是一个相似迁移,那不同的情境就是相异迁移。

聚焦学习生活情境的逆向设计有助于学生习得概念。以图表的度量单位为例,教师先要引出在生活当中有什么相关联的,然后探究数轴这个概念背后用在我们生活当中的情景是这么一个逻辑。预期学生会学到什么,相似迁移、相异迁移学生可以做到哪一步,教师再最后确定教学目标和做教学设计。

表3-4　聚焦学习任务和情境的逆向设计

顺序和结构:设计学生的学习过程				
习得	联结	相似迁移	相异迁移	学生行动
学生习得对锚定概念的理解。每个概念的习得都配合课本上的练习:	情境1:初步探究和验证假设图表的度量单位如何影响数据的解读?新概念:交流学生以小组为单	情境2:迁移和完善图表的度量单位如何影响数据的解读?学生研究两个图表,每个图表描述相同的数据但使用	情境3:迁移和完善图表的度量单位如何影响数据的解读?新概念:环境影响	情境4:新的、真实世界的应用新概念:营养平衡、预算学生研究不同食物来源对环境影响的图表(记住要注意度

续表

顺序和结构：设计学生的学习过程				
习得	联结	相似迁移	相异迁移	学生行动
图表 度量单位 数据	位，收集有关同学的爱好、最喜欢的食物等数据；将结果绘制成图表；协商确定相同的数据应选择了什么度量单位，以及为什么这一度量单位是最适合用来交流他们的发现的	不同的度量单位；他们讨论为什么有人会在尝试阐明数据时选择相应的度量单位（如果想表明_____，我们会选择图表 A，因为……但如果想表示_____我们会选择图表 B，因为……）	学生比较了几个图表，提示环境的影响，如使用电动烘干机来烘干衣服（悬挂晾干），驾驶汽车（公共交通、步行或骑自行车）等。在他们能够有效地进行比较之前，学生必须注意图表度量单位的差异	量单位）以确定哪些食物是最环保的，并基于这些数据，以及他们对营养和预算限制的理解，敲定一个新的学校午餐菜单，并注意环保如减轻对环境的危害等

为了让学生为真实生活情境做好准备，先教"数据""图表""度量单位"等概念，并通过练习进行强化，在情境 2 中讨论不同单位的影响。

表3-5　故事版—相异迁移阶段

稳定而灵活：21 世纪的发展				
习得	联结	相似迁移	相异迁移	学生行动
核心概念：制度平等、可持续性和发展	制度、平等、可持续性和发展之间的关系是什么？			
概念获得自我评估	教育制度如何影响发展？ 思维工具： CLICK 资源：文章一、文章二 多媒体、课题	政府制度如何影响发展中的社会？ 思维工具： CLICK 资源：文章、多媒体	制度将会如何发展以回应当今世界的快速变化？ 思维工具： CLICK 资源：多媒体、文章	学生基于所选择的国家，就为了达成可持续性和发展所需要的制度平衡进行直观展示。面对真实的观众呈现过程中的发现

真实问题情境设计的第一步是确定问题情境的目标，这目标就围绕大单元设计情境，

大概念是目标的概念化。核心素养抽象大概念相对来说起到一个针对核心素养和具体的论文内容之间连接的作用,就是大概念的理解和应用,形成一个概念,理解之后其实就是实现了核心素养。其次,找到问题情境的原型,就是说要找到问题的原型和现实生活中是怎么来的。然后,明确问题情境的类型,不同类型任务的情境的练习、情境的呈现是不一样的。第四,设计问题情境的框架。例如,问题解决的框架有三个维度:情境、人物和任务。问题情境是就是揭示问题情境发生的时间、地点、场景,连接学生的经验,引发学生兴趣,什么都一样,发生什么事,发生什么事件,条件,人物。第五,精致问题情境的呈现,教师需要考虑是否符合目标,是否符合学情,是否可实践。最后,组织问题情境族。现实社会中的问题错综复杂,要围绕问题解决,找到关键的变量①。

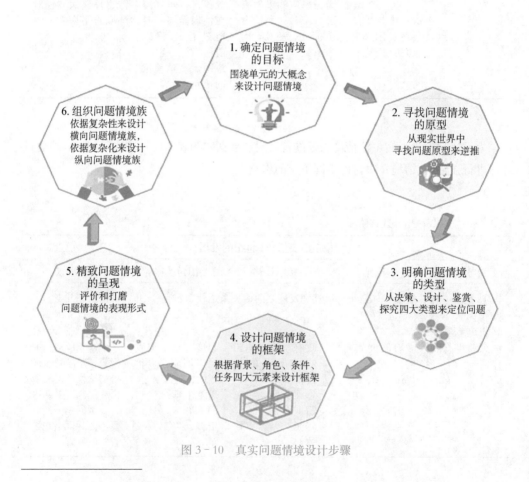

图 3 - 10　真实问题情境设计步骤

---

① 刘徽. 真实性问题情境的设计研究[J]. 全球教育展望,2021,50(11):26—44. 另参见:刘徽. 大概念教学[M]. 北京:教育科学出版社,2022.

（二）学科情境整体创设的功能

情境不仅是学习活动的背景，更是促进学习、互动和情感发展的重要因素。情境在教育教学中的四种主要功能：认知功能、交互功能、学科功能和情感功能。

1. 情境的认知功能

情境的认知功能指的是情境能够帮助学生在特定的学习环境中获取和理解学科知识。这种功能主要体现在以下几个方面：

（1）知识获取。情境教学以其独特的方式，将抽象的学科知识嵌入到具体、生动的情境中，使学生能够在真实的或模拟的环境中学习和理解知识。在这一过程中，学生不仅能够直观地观察到知识现象，还能通过实践操作和亲身体验，深入理解学科概念、事实、原理及规则。例如，在科学实验的情境中，学生不仅能够学到实验操作的方法，还能理解实验背后的科学原理。在化学教学中，通过模拟实验室情境，学生可以亲手操作实验，观察化学反应现象，从而更深刻地理解化学反应的本质和规律。

（2）知识迁移：情境能够促进知识的迁移与应用，使得学生可以将学到的知识应用到不同的情境中。情境可以帮助学生建立起知识与实际问题之间的联系，从而提高知识的应用能力，使学生能够在不同的情境中灵活运用所学知识。

（3）知识融合：在真实情境中，学生可以将所学的知识与具体问题结合起来，从而实现知识的融合和内化。情境提供的背景信息和问题情境有助于学生更深入地理解知识的实际应用。

2. 情境的交互功能

情境的交互功能强调师生互动和生生互动的作用。情境教学强调师生之间的积极互动和学生之间的合作学习。在情境教学中，教师不再是知识的单向传递者，而是学生学习过程的引导者和促进者。通过提问、讨论、引导探究等方式，教师能够及时了解学生的学习需求和困惑，并提供个性化的指导和支持。情境能够营造一种热烈、自由、平等的课堂氛围，使得学生在轻松的环境中更愿意参与讨论和活动。这种氛围有助于减轻学生的紧张情绪，提高学习的积极性。

有效的情境能够营造出一种融洽的课堂氛围，促进师生之间的积极互动。例如，通过情境引导教师可以提出具有挑战性的问题，激发学生的思考，进而促进知识的深入理解。

情境也能够促进学生之间的合作与交流。在合作学习的情境中，学生可以互相分享观点和解决问题，从而共同完成任务。研究表明，生生互动有助于提高学生的社交技能和团队合作能力。学生之间的合作学习也促进了彼此之间的交流与互动，增强了团队协作能力和集体荣誉感。

在历史教学中,教师可以设计一场模拟的历史辩论会或角色扮演活动。学生根据自己的兴趣和特长选择扮演历史人物或参与历史事件讨论。在这个过程中,学生需要通过查阅资料、整理观点、准备发言稿等方式进行准备。在辩论或角色扮演过程中,学生不仅要表达自己的观点和看法,还要听取他人的意见并进行反驳或补充。这种形式的互动不仅加深了学生对历史知识的理解和记忆,还锻炼了他们的表达能力和批判性思维。

3. 情境的学科功能

情境的学科功能指的是情境能够体现学科的特点,并帮助学生认识到学科对社会和个人发展的重要性。

不同学科具有不同的教学特点和目标,情境能够突出这些特点,使学生更好地理解学科的核心内容和方法。例如,在数学教学中,情境可以通过实际问题的设置帮助学生理解数学概念的实际应用。

情境能够培养学生在特定学科中的核心素养,如批判性思维、解决问题的能力和科学探究能力。这些素养对于学生的全面发展具有重要意义[①]。

情境能够帮助学生认识到学科知识对社会和个人发展的重要意义。通过情境中的实践活动和案例分析,学生能够直观地感受到学科知识在现实生活中的应用价值和社会贡献。例如,在生物教学中,通过模拟生态保护项目或探究生物多样性等活动,学生可以深刻认识到保护生态环境和生物多样性对于人类可持续发展的重要性;在物理教学中,通过探究能源问题或解决日常生活中的物理难题等活动,学生可以意识到物理学知识对于提高人类生活质量和推动科技进步的重要作用。地理学科中的情境可以帮助学生理解全球变化对环境和社会的影响,从而增强他们的全球意识。

4. 情境的情感功能

情境的情感功能指的是情境能够激发学生的学习兴趣,促进积极的情感体验,并有助于学生的全面发展。具体表现为以下几个方面。

(1) 学习兴趣。情境能够激发学生对教学内容的兴趣,使得课堂气氛更加活跃。例如,通过引入真实的案例和问题情境,教师可以使学生对学习内容产生更多的好奇心和探索欲望。

(2) 课堂参与。积极的情境能够促使学生更加积极地参与课堂活动和讨论,从而提高学习效果。学生在参与感强的课堂环境中表现更为积极,学习成果也更为显著。

(3) 情感体验。有效的情境可以让学生在课堂中获得积极的情感体验,通过教师的及时评价和反馈,学生能够获得更多的认可和鼓励,从而提升自信心和学习动力。

---

① OECD. The future of education and skills: education 2030[R]. OECD Publishing, 2018.

（4）态度与价值观。情境还能够帮助学生形成正确的科学态度和社会责任感。例如，在环境教育的情境中，学生可以认识到保护环境的重要性，从而培养其科学价值观和社会责任感。

第二节　学科真实问题情境创设的类型与评价

一、情境创设的类型和方法

教学情境的来源有：课本（参考资料）、新闻事件（网络）、日常生活（留心积累信息）、建立资源库（汇集资源）、提炼改造（集体教研）等。教师可以采用多种方法，例如，借助实物和图像、动作（活动、实验）、语言、新旧知识和观念的关系与矛盾创设的教学情境，以及借助"背景"创设的教学情境，或者借助问题（设疑）创设的教学情境。在大概念单元评价任务或作业设计中，常用情境创设方法主要有：通过生活现象创设问题情境、结合试题材料创设问题情境、结合知识应用创设问题情境、结合科学史创设问题情境、结合直观的示意图创设问题情境、通过探究实验创设问题情境、从学生的前概念引出新问题创设问题情境、结合主题知识创设问题情境。

（一）情境创设的类型

典型情境构建要注意：第一，为了保证全面性、系统性、清晰性，要对情境进行分类，情境分类最好是基于多个纬度。以2—3个纬度为佳，构建情境分类表，再按照这个表格筛选每一类情境中的典型情境。此处的维度建议不要考虑情境是否熟悉，是否复杂及性状良好。第二，评价时要构建复杂程度不等或结构性状良好程度不等、熟悉程度或新颖程度不等的情境。

1. 以真实情境来划分的类型

威金斯等人提出真实性问题情境的三个特点：具有现实意义、复杂的脉络、开放的学习环境，根据真实性程度分为以下四类[1]。

---

[1] 格兰特·威金斯，杰伊·麦克泰格. 追求理解的教学设计（第二版）[M]. 闫寒冰，宋雪莲，赖平，译. 上海：华东师范大学出版社，2017.

表 3-6　真实性问题情境的特点

类型	具 体 内 涵
虚假真实	为了某个知识点而人为构造的假问题,情境与现实生活不相符
净化真实	基于真实情境提出的简化的问题,为知识的习得设定、简化了特定的条件
模拟真实	模拟过去、现在或未来的情境中的各种因素和限制条件而提出的问题,提出模拟问题解决的成果,进行模拟检验
现实真实	源于现实世界的问题,在现实情境中可以应用和操作,面对真实的受众,形成可应用于现实世界的设计或方案,并接受来自真实世界的受众或专家的检验

　　需要说明的是,真实性问题可以是对真实世界中问题的修订、改编;也可以从学科出发设计跨学科问题,但不要从低阶的、只需要计算、背诵、默写等认知角度来设计,以便带动不同学科知识和技能的融入,带来多元视角、观点和问题解决路径。

　　根据阅读的目的或作用,PISA 将阅读素养的评价情境分为以下四类[①]。

表 3-7　阅读素养的评价情境分类

	个人的	公共的	职业的	教育的
作用或用途	为了满足个人兴趣,如好奇心,与他人交往、审美方面的好处	为了获取公共信息或参加大型社会活动	为了完成某一工作任务	为了学习新知识
举例(归类仅作参考)	书信、电子邮件、小说、传记、杂志、地图、博客	通告、规划、计划、小册子、报纸、表格	说明书、手册、时间表、备忘录、报告、数据表图表	文章、地图、图表、数据表

---

① PISA 在数学素养测试中根据情境与学生的距离、情境中数学问题的明确程度,将情境分为四类,教师在评价科学类任务或作业设计的时候可以参考:

个人——与学生个人的日常生活直接相关,其核心在于数学问题立刻影响个体的方式以及个体知觉问题背景的方式。类似情境一般需要在问题解决之前进行大量解释。

教育或职业——该类情境出现在学校生活或工作场景,其核心在于学校或工作可能要求学生面对一些需要教学解答的特殊问题。

公共——与所在社区或更大范围的社区相联系,其核心在于了解周围环境各因素之间联系的方式。

科学或数学类——可能涉及一个技术问题、纯理论情境,是高度抽象的情境。

不同学科的真实情境创设可能会有比较大的差异,以下简要作了一个列举。

示例

语文:个人体验、社会生活、学科认知。

数学:现实生活情境、数学情境、科学情境,层次可以分为简单、较为复杂、复杂。

英语:个人的、公共的、教育的、职业的。

历史:原始材料和经过改变的原始材料(未经后人按照主观意图重新建构的材料)、历史叙述的文本(后人具有一定主观性的对史事的叙述)、历史评论的文本(后人对史事的评价)、图形或表格材料(历史史实的特殊呈现方式)

地理:联系生活实际情境、联系生产实际情境、联系地理学者的实地考察与研究案例情境。

政治:政治、经济、文化、社会、生态、自然与科技,再是个体所有的、市场交易的、区域性的和全国性的、全球性的。

生物:图形情境、图表情境、文字情境、数据情境、综合情境等。

化学:生活实际情境、工业生产情境、科学实验情境、资源利用情境、社会热点情境

物理:主要依据情境新颖程度,将情境分为:直接、常规、新颖、全新情境。

情境的复杂程度可根据学生的熟悉情况,选择适当情境。情境的内容越多,问题越深刻,不确定性越大,情境越复杂。情境的来源可以是课本新闻,还有日常生活[1]。

2. 以学科实践来划分的类型

在大概念单元作业设计中重视情境性,要求教师的情境创设以促进学生的全面发展为主旨,符合学生的认知基础、实际需求和相应条件,将促进学生需要解决的问题嵌入其中,丰富学生的情感体验。基于学科实践的思维型教学理论可以有7种不同类型的教学情境及创设的方法[2]。

(1)经验情境。如果教师提出的问题是基于学生已有的经验,那么上述的问题就能解决,学习也就相应地成为学生的主观需求,环境对学生来说就不是格格不入的,反而能够唤起他的学习动机,所以教师应该要会创设经验情境。

如何设置一个情境调动学生的积极性呢? 我们来看一个案例,一位教师一天无意中

---

[1] 情境的复杂程度怎么样去区分? 参考其他专家的经验:根据情景熟悉度、条件隐显度对情境复杂程度进行区分,当然也可以采用更为深入的一些划分。通常,情境的复杂程度或情境结构的不良性,总体上可以从以下几个方面考虑:在其他条件不变的情况下,情境涉及的主体越多,情境越复杂;主体之间的相互作用越强烈,情境越复杂;相互竞争的决策目标越多,情境越复杂;影响决策及其结果的因素越多,情境越复杂;情境的不确定性越大,情境越复杂;观点立场或价值观、利益越多样,且之间的冲突越大,情境越复杂;情境的价值、功能、作用越丰富多样,情境越复杂。

[2] 参考严文法的发言分享,做了调整和修改,并将原来8种改为7种。

在抽屉里找到了一张照片，也许这张照片可以发挥作用。第二天临下课时，她给学生展示了这张照片，照片上是一双双鞋子，这些鞋子是学生在上完体育课后换下来的，堆放在教室的一角，有的脏，有的新，品牌也很多样，有李宁、阿迪达斯、耐克、安踏……于是她又布置这个作业，"照片中的鞋子不仅仅是物品，更是学生们在运动中流下的汗水、努力和成长的见证，你想到哪些与鞋子有关的故事？你想到哪些在亲情陪伴下的足迹？除了鞋子还有哪些日常物品或经历能够成为你们与父母之间情感的纽带？结合本单元所学内容，根据自己的经历、体验和认识写一篇文章，谈谈自己所体会的亲情"。

（2）社会事件情境。通过引入具有时效性，典型的，客观存在的社会事件创设情境更利于学生理解知识。如教师在教授初中政治《遗产继承》这节课的时候，就可以引入今日说法中《谁来继承这30万》这一事件。

又如，在科学教育中引入社会科学议题的讨论，不但可以让学生对于科技争议有所认识了解，更能够引导学生从不同的角度来看待事情的发展。

小德同学对于地球大气层的平均温度和地球上二氧化碳排放之间的关系感兴趣，他在图书馆找到以下两幅图。

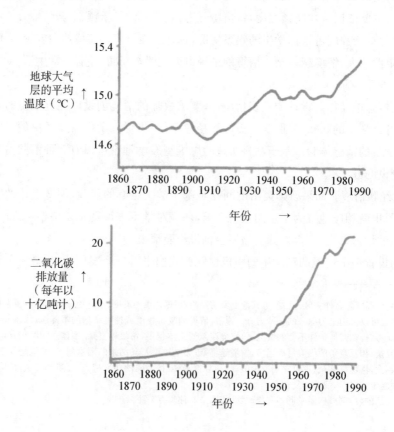

基于如上资料,让学生讨论如下四个问题:

① 根据上图的数据资料,你可以得到什么结论?

② 请说明你得到此结论的证据是什么?

③ 如果存在与你的结论不一致的资料,并且有人想根据此资料反驳你的结论,请猜想并写出他根据此资料提出的反论点可能是什么?

④ 你赞同或是反对该想法的证据和理由是什么?

这道题考验的是学生读图的能力、论证能力、批判性思维能力,还可以让学生从了解二氧化碳的排放量越来越高中培养其社会责任感。

(3) 艺术情境。艺术情境是指借助一定的艺术素材或者手段,如借助图画、音乐、视频所创设出的情境。

(4) 拟真情境或模拟联想情境。拟真情境或模拟联想情境是一种在教学中经常采用的情境教学方式,帮助教师理解和迁移应用。

在学习"重力加速度"的时候,有一个理想的比萨斜塔实验。这个实验在不考虑空气阻力的情况下,伽利略得到一个结论:重的物体和轻的物体下落的速度是一样快的。这是对亚里士多德提出的"重的物体比轻的物体下落速度快"的挑战,这是两个不一致的观点。因此,进行教学的时候,老师可以借助模拟情境,让学生在充分预习及理解的基础之上分别扮演伽利略和亚里士多德,借助对话模拟跨越 2000 年的情境,从而让学生更好地理解重力加速度。

(5) 实验情境。实验情境更适合在小学的科学、初中的化学等科目中创设。基于实验创设的情境是为认知冲突及思维的发生来服务的。

(6) 历史情境。历史情境也叫学科发展史情境。在教学过程中,脱离了历史背景,我们就很有可能达不到我们想要的学习效果。例如《江雪》诗歌讲解中,教师让学生分析诗句的情感,某些学生可能会因为诗句描写了风景,而将诗歌表达的情感认定为对祖国山河的热爱。但实际上诗歌开头每个字"千万孤独"正表现了诗人孤独惆怅的心情。因此,讲解这首诗歌时一定要创设一个历史情境,结合永贞革新失败的背景,诗人的孤独不仅体现在政治的失意,也体现在对生活中亲人相继辞世的失落。

(7) 冲突式问题情境。课堂是动态的、开放的、真实的、生成的,课堂的推进常常会有认知冲突。冲突式的问题情境是最重要的一种情境。问题情境是最好的认知冲突及学生思维的承载方式。

在道德与法治中,教授"社会存在决定社会意识"这一抽象难懂的哲学观点时,如果教师只空洞地讲述理论,学生难以理解,又会觉得枯燥。有教师在讲这一内容时,引用了一个故事:有一员外家有四位女婿,分别是文人、做官的、经商的、种田的。有一天,他们在员

外家同桌饮酒时,天空下起了鹅毛大雪,他们便望雪兴叹对起诗来。身份不同的人作出了不同的诗句。之后,向学生提出问题:

(1)为什么他们对下雪的认识不一样?(2)他们的不同身份,各自表达了什么样的思想感情?(3)社会存在与社会意识哪个决定哪个?

学生通过思考、回答,明白了道理。

又如,《桂林山水甲天下》这节课中,作者用了大量的类比、排比、比喻的修辞手法。先写漓江的水,后写桂林的山,因为写作手法相似,因此授课教师着重讲了漓江的水,将桂林的山留给学生自己思考。在讲漓江的水的时候,教师要求学生们用"漓江的水真静啊,静得像……"造句,绝大多数学生的造句都没有问题,但是最后一个同学的答案让授课老师有所迟疑。

"漓江的水真静啊,静得像静悄悄的夜。"

这句话从修辞的角度来看,可能很多人以为这是通感,但其实并不是这样,水的静指的是静止,是视觉上的感官,夜的静指静谧,是听觉上的感官,这两者没有相似性,因此这既不是通感也不是明喻。在这节课中,学生对于静没有理解,混淆了静的含义,没有把握明喻句的本质特点。其实,学生所暴露的错实际上就是一个生成性情境,教师可以此作为教学的情境,进一步让学生学习一词多义及明喻句的本质特点。

需要特别指出的是,上述的类型分类也可以作为情境创设的方法。

二、 情境创设的评价

图 3-11 教学情境创设有效性评价维度的逻辑关系图

从框架生成的逻辑层面来看,"构成""功能""应用"在评价教学情境创设有效性中承担了不同的角色和地位(见图 3-11)。教学情境的构成为教学情境的功能实现和创设应用提供条件,教学情境的功能指引着教学情境构成和应用的方向,教学情境的应用则是评价实际教学中情境构成特征、教育功能是否有效体现和发挥的关键[①]。

教学情境的构成特征是从有效教学情境的内涵角度进行建构的,它包含了有效教学

[①] 肖杨,严文法,万盈盈.高中化学教学情境创设有效性标准构建的初步研究[J].中学化学教学参考,2022,(13):19—23.表 3-8 说明也参考该文及严文法的有关研究和其他研究。另参见:王伟,王后雄.学科教学情境的评价标准研究:内涵、意义及其生成[J].河北师范大学学报(教育科学版),2018,20(6):107—112.

情境要目标指向清晰、要真实、要内含学科可迁移问题,以及具有整体性的四项基本特征,具体从情境包含的知识与学生已有知识的关系、情境内容与教学主题之间的联系、情境中的问题与学科知识的关系、情境素材的来源、情境的呈现方式等特征。教学有效是能够在课堂成功实施且能实现相应教育功能的前提和基础,教学情境所包括的构成特征越多,说明教学情境与教学内容的联系程度、教学目标的达成度、激发学生的认知参与、促进学生思维发展的关系越密切,也说明教学情境的素材本身是越有效的。

　　情境的功能是情境教学的灵魂,能指引情境的构成特征。表3-8中评价标准的功能特征是从情境能够起到怎样的教学效果进行构建的,包括教学情境对学生认知优化的效果、对学生科学探究等学科核心素养发展的效果、对学生情感态度价值观的影响效果、对师生课堂交互性氛围的效果等。一个情境具有的评价标准中的功能特征越多越好。功能特征越多,说明教学情境越能发挥帮助学生理解、促进学生认知情感的交流互动等教育价值,越能达到有效的教学效果。

　　情境应用维度侧重于评价情境教学的具体实施过程,结合有效教学情境创设的原则确定了情境适切性、发展性、育人性的三个分析指标。理论必须要与实践相连接才能真正发挥价值,所以评价框架需要关注教师是如何通过情境创设,并将情境的四个基本特征融入教学,设计富有生命力、富有教育价值的教学情境,以及关注实施教学情境的过程设置是否合理、是否推动学习迁移教学实施、学科育人价值是否凸显等问题。

表3-8　学科教学情境创设有效性的分析框架①

一级指标	二级指标	指标条目说明
情境的构成特征（原则）	情境的目标指向性	符合学生的认知发展规律,满足不同层次学生的需求;立足于课堂教学内容,为实现教学目标服务
	情境的属性真实性	真实性是指真实或者模拟真实,不一定非要真实发生,但是情境必须是具有真实性的,情境要和学生的真实生活相贴近,和社会生产、科技发展等紧密联系
	情境的发展迁移性	根据教学的需要,创设不同类型的情境,如学科史情境、生活经验情境、社会情境、实验情境、生产情境、模型模拟情境,使情境之间、学科知识之间具有逻辑性和连贯性;以不同的方式将情境新颖

① 参考肖杨,严文法,万盈盈.高中化学教学情境创设有效性标准构建的初步研究[J].中学化学教学参考,2022（13）:19—23.有改动。

一级指标	二级指标	指标条目说明
		自然地呈现出来,如事实讲述、幻灯片展示、视(音)频播放、模型展示、实验、表演等呈现方式同时情境要内含问题,能引发学生的认知冲突,能够激活认知,启发诱导学生,促进学生的思维迁移,能够使学生主动思考情境中与学科相关的问题,培养学生在真实情境下解决问题的能力
	情境的框架整体性	情境应整体设计,发挥整体功能
情境的功能	认知功能	能够让学生在情境中获取学科知识(如概念、事实、原理、规则等),并迁移所学习的内容,能够将知识与情境之间进行融合
	交互功能	有师生互动、生生互动,能够营造融洽、热烈、自由平等的课堂氛围
	学科功能	具有学科特点的教学功能,指向学科所培养的核心素养,能够让学生认识到学科对社会和个人发展的重要意义
	情感功能	激发学生对教学内容的学习兴趣,使得课堂气氛活跃,能够让学生积极参与课堂活动,表达自己的看法,教师给予有效且及时的评价,让学生获得积极的情感体验,培养学生的科学态度与社会责任,形成正确的科学价值观
情境的应用	情境的适切性	教师在情境教学过程中提出问题时机恰当合理,能让学生领悟和感知,情境创设在课堂上便于操作,能够有效进行知识之间的过渡和衔接,有效推动和衔接教学进程
	情境的发展性（迁移性）	情境处于学生的最近发展区之内,适合学生迁移,既便于提出当前教学要解决的问题,又蕴含着与当前问题有关、能引发进一步学习的问题,形成新的情境,激发内在学习动机,从而调动学生的主观能动性,让学生产生继续学习的愿望
	情境的育人性	情境创设要能够体现学科在科技发展、社会进步中所起的重要作用,要包含对学生进行学科精神和态度的教育,让学生获取学科知识的同时,还能增强对学科积极的情感,弘扬科学精神,凸显学科的育人价值

(一)情境创设常见问题

在探索学科核心素养和情境的关系时,所有学科都强调情境的真实性和意义。在目前的学校教育中,学生在学校学习中所"获得"的学科知识或技能,之所以无法迁移到现实生活中去,关键就在于学校学习活动所依存的情境被过于人为简化和抽象,丧失了和现实生活的链接。

1. 情境创设的失真

情境的真实性直接影响着大概念单元作业设计的质量以及学生解决问题的效果。有些学科及其知识体系比较抽象,在现实生活中的应用过于复杂,真实情境的嵌入则可以让学生迅速置身其中,形成良好的认知观感。因此,教师在设计作业的情境时要尽量真实或"逼真",接近学生能够真正应用知识的工作场所、公民生活、个人生活等场景。有些教师在作业设计中所模拟或描述的情境过于虚假,是在生活中不存在或仅极少情况下发生的境况等,这样必然会冲淡主题,喧宾夺主,甚至对问题的解决起负面作用。

2. 情境创设缺乏整体性

单元作业强调整体设计,相应情境素材开发和应用也应该保持连续性,并贯穿于整个作业活动过程中,明确作业任务及其完成的内在逻辑,维系学生学习的连贯性和进阶性,促进深度学习发生。对单元作业而言,问题情境是一种资源,不是"穿靴戴帽",需要整体有序规划和合理使用。

3. 情境创设中缺乏对学生情感的关注

大概念单元作业设计要求联系生产生活情境,但情境本身具有的复杂性必然涉及情境中人的不同境遇。如果考虑不周,创设不当,就有可能在无意间冒犯学生,侵犯学生及其家庭的隐私,由此带来伤害。

4. 情境创设缺乏可发展迁移性

教师在设计情境时如果只是局限于教材内容,缺乏对学生生活经验和实际需求的关注,这种单一化的情境设计就会难以激发学生的学习兴趣和动力,也无法为学生提供多样化的学习体验。此外,单一化的情境还容易导致学生形成思维定式,难以适应新情境的变化和挑战。部分教师在创设情境时,过于注重情境的趣味性和吸引力,而忽视了情境与知识之间的内在联系。这种情境与知识脱节的现象不仅无法促进学生对知识的深入理解和应用,还可能误导学生的学习方向,降低学习成效。在情境教学中,教师往往注重学生在情境中的表现和反馈,而忽视了对学生迁移能力的培养和引导。这种缺乏迁移引导的教学方式容易导致学生只关注当前情境中的问题解决,而忽视了将所学知识应用于新情境的重要性。

情境创设缺乏可发展迁移性会直接影响学生的学习成效。由于学生难以将所学知识灵活应用于新情境中,他们在面对新问题时往往感到无所适从,导致学习成效下降。同时,缺乏迁移能力的学生还容易在考试中因题型变化而失分严重。其次,情境创设缺乏可发展迁移性会限制学生创新思维的发展。由于学生习惯于在固定情境下解决问题,他们难以形成跨越不同领域和情境的创新思维模式和解决方案。再次,情境创设缺乏可发展迁移性会削弱学生的问题解决能力。在面对复杂多变的问题时,学生往往缺乏灵活应对的策略和方法,导致问题解决效率低下甚至失败。最后,从长远来看,情境创设缺乏可发展迁移性还会阻碍学生的个人发展和社会适应。在快速变化的社会环境中,学生只有具备灵活应对新情境和新问题的能力才能立于不败之地。缺乏迁移能力的学生往往难以适应这种变化和挑战,从而影响其个人发展和社会适应能力。

教师应根据教学目标和学生特点设计多元化的情境,包括模拟情境、真实情境、虚拟情境等。通过多样化的情境设计,为学生提供丰富的学习体验和感受,激发其学习兴趣和动力。同时,多元化的情境还有助于培养学生的适应能力和创新思维。

在创设情境时,教师应注重情境与知识之间的内在联系,确保情境能够准确地反映知识的核心概念和原理。通过构建具有逻辑性和连贯性的情境,帮助学生建立知识之间的关联,形成完整的知识体系。此外,教师还可以利用情境中的具体案例和实例,引导学生深入探究知识的本质和规律,从而加深对知识的理解和记忆。元认知能力是指个体对自己认知过程的认知和控制能力。培养学生的元认知能力对于增强其迁移能力具有重要意义。教师可以通过教授学习策略、引导学生进行自我反思和监控等方式,帮助学生发展元认知能力。当学生具备元认知能力时,他们能够更加主动地调节自己的学习过程,选择更加有效的学习策略和方法,从而更好地应对新情境和新问题。

表3-9 可迁移学习的基本转变

转变对象	非迁移中心的课堂	迁移中心的课堂
学生	知识接收者、离散信息的收集者	学习的指导者、认知学徒
教师	知识的教授者、学习的指导者	赋能课堂的设计者、提供思考榜样
课程	碎片化的知识和技能点,可能不与学生的生活相关联	有意识地构建组织图式,尊重学生的先前知识和经验
评价	学生知道了什么和能做什么	学生在构建组织图式方面表现如何?我们教得如何
教学	线性的;学生一次学习一个主题,然后继续后续的学习,直到掌握,继而开始学习新的东西	迭代的;与学生的先前知识相关联,迁移深化了学习,学生不断反思自己的理解
领导者	规则的执行者、成绩单的检查者	致力于学生长期成长的伙伴
家长	学生成绩不好或有不良行为表现时会被召唤的对象	致力于学生长期成长的伙伴
社会	独立于学校运作	作为合作者和供给者为学生提供有价值的和实用的学习路径

　　为了增强学生的迁移能力,教师在情境教学中应加强对学生的迁移引导和训练。首先,教师可以通过提问、讨论等方式,引导学生思考如何将所学知识应用于新情境中。其次,教师可以从非迁移中心的课堂向迁移中心的课堂转变,设计一些具有挑战性的迁移任务,让学生在完成任务的过程中锻炼迁移能力。同时,教师还可以利用反馈和评价机制,及时给予学生关于迁移能力的反馈,帮助他们发现并改进迁移过程中的问题。

　　跨学科整合是增强情境创设可发展迁移性的重要途径。通过跨学科整合,教师可以打破学科壁垒,将不同学科的知识和技能融合在一起,构建更加复杂和真实的情境。这种跨学科的情境有助于学生形成更加全面和深入的理解,提高他们的综合应用能力和创新能力。同时,跨学科整合还有助于培养学生的批判性思维和问题解决能力,使他们能够更好地应对未来社会的挑战。

　　随着信息技术的发展,越来越多的技术工具被应用于教育领域。这些技术工具为增强情境创设可发展迁移性提供了有力支持。例如,虚拟现实(VR)和增强现实(AR)技术可以创建更加逼真和沉浸式的情境体验;在线协作平台可以促进学生之间的交流和合作;智能评估系统可以为学生提供个性化的学习反馈和建议。教师可以充分利用这些技术工具来优化情境创设过程,提高学生的学习成效和迁移能力。

第四章　素养导向的情境创设过程·学习者中心的课堂

我国乃至全球教育正由教师中心向学习者中心转变。这种转变要求教育不再只是传递孤立的知识和技能，而应该转向培养学生的核心素养。然而，判断学生的核心素养是否得到了发展或者发展水平怎么样，这需要通过教学设计及评价来实现。当前，学习者中心教育理念要求教学与评价必须为学生的学习服务，即教学和评价不仅为学生的学习提供反馈，还要为学生的学习提供方向指引①。

教师中心的教学聚焦于内容覆盖和帮助学生建立知识基础或者使用内容来解决问题，或者是这两者兼而有之。实际上，很多教师都认为他们自己的角色就是让教学覆盖所有内容或者给予学生学科相关的知识基础②。然而，随着材料内容的增加，教师就会感觉到覆盖更多材料所带来的压力。一味地强调内容覆盖并不能够帮助学生理解内容、理解为什么他们要学习这些内容，以及今后怎样运用这些内容等。相反，学习中心的教师除了帮助学生建构知识基础之外，还会帮助学生投入内容之中并且运用内容。学习中心的教师帮助学生学习和引导他们理解为什么要学习这些内容，选择合适的和有价值的内容给学生，并且帮助学生学习新内容。教师协助学生学习、思考以及解决学科中的现实问题。内容变成了最终期望的结果和一种实现期望结果的方式，这包括在学科中帮助学生使用内容来解决问题，使用内容来适应新的情境或者用内容来预测未来的事件和结果。

学习者中心尊重学生作为学习情境中的独立个体并关注学生的学习过程体验，学习者中心教学就是教师通过使用多种教学方式来实现以学生为中心。在当前学习者中心的

---

① 本章参考此前的一系列研究为基础进行阐释重构，主要有：雷浩. 为学而教：学习中心教学的研究[M]. 上海：华东师范大学出版社，2021；雷浩，崔允漷. 核心素养评价的质量标准：背景、内容与应用[J]. 中国教育学刊，2020(03)：87—92；雷浩，李雪. 素养本位的大单元教学设计与实施[J]. 全球教育展望，2022，51(05)：49—59；雷浩. 基于核心素养的课程评价：理论基础、内涵与研究方法[J]. 上海师范大学学报(哲学社会科学版)，2020，49(05)：78—85；雷浩. 影响教师教学反思的关键因素及其作用程度分析[J]. 教育发展研究，2015，35(12)：52—58；崔允漷，雷浩，周文叶. School-based curriculum in China: conceptions and practices to Unleash School Vitality [M]. New York: Springer, 2020. 崔允漷，王涛，雷浩. 义务教育课程方案(2022年版)解读[M]. 北京：北京师范大学出版社，2022；肖思汉，雷浩. 基于核心素养的课程建构[M]. 上海：华东师范大学，2018.

② BLUMBERG. Developing learner centered teaching: apractical guide for faculty [M]. San Francisco, CA: Jossey-Bass, 2009.

课堂实践的教育环境中,核心素养的培养需要情境创设作为实现这一目标的重要手段,进而提升学习者的综合能力、培养其创新精神和实践能力。

知识的学习具有情境性和协商性,学习是个体在与情境互动中创生出意义的一个过程。知与行是交互的,知识是情境化的,通过活动不断向前发展,参与实践促进了学习和理解。情境认知理论认为知识和情境活动相联系,将重点放在学习者的积极参与上,并要求学习者在不同情境中进行知识的意义协商。情境认知理论给我们的启示是:学习的设计要以学习者为主体,内容与活动的安排要与人类社会的具体实践相联通,最好在真实的情景中,通过类似人类真实实践的方式来组织教学,同时把知识和获得与学习者的发展、身份建构等统合在一起。例如,在阅读的过程中,情境天然存在,因此挖掘和整理语篇所反映的情境是关键。在情境的整体把握下,阅读者能够更好地理解作者的意图,体会、感悟语言的使用。真实情境的创设让课堂真实、直观、生动,有利于学生深度阅读,从而提高学生的问题解决能力和阅读素养。

第一节　情境创设的准备、建构与应用

情境创设与教学的全流程是互生的关系。一个完整的学校课程规划方案涉及三个方面的主要内容:学校课程规划依据、学年或者学期课程方案以及建议和保障措施。学校课程规划依据课程目标设计指向核心素养,也意味着后面的建议和保障措施中的课程评价是围绕学生核心素养来设计的,但需要注意的是,这些核心素养评价的设计应该参考核心素养评价质量标准的全部内容,在设计指向学生必备品格和价值观念的评价任务的时候尤其需要考虑真实性和认知复杂性。学校课程规划中的课程评价更多的是育人评价方案的设计,这时候的评价应该对核心素养评价质量标准的各项指标都有体现。学期课程规划纲要是教师(个体或团队)对学生在某一学期所要学习的某门课程(语、数、外等国家课程或某门校本课程)的目标、内容、实施与评价进行整体的设计。由这一定义可知,学期课程规划纲要也包括了课程评价的设计,但是与学校课程规划纲要中的课程评价相比较,学期课程纲要中的评价设计更多指向了学科。

情境创设要通过教学设计在学习方案中体现。一个完整的学习方案包括六个要素:学习主题和课时、学习目标、评价任务、学习过程、作业与检测、学后反思。单元/课程方案中的评价任务设计是落实核心素养评价质量标准的重要路径。评价任务依据学习目标的难度、数量、关系和种类等来确定,其包括情境、知识内容、任务,评价任务指向能够引出学

生目标达成的表现证据。评价任务来源于学习目标,学习目标指向核心素养,因此,评价任务设计时还应该考虑纳入核心素养评价的质量标准,以便评价任务能够更好地评出核心素养。

情境创设中的情境是一个比情景更为宽泛的概念,情境的创设大致包括:(1)生活情景再现,包括通过情景模拟、图片、音频、视频、VR、教育戏剧等形式的真实或拟真情景。以生活主题"购物—服务"为例,交易询问、交易回答、出售、购买、交易结束必须出现,属必要(obligatory)成分,还有一些可能不出现的可选(optional)成分。(2)科学实验、试验以及动手操作类探究性任务。(3)问题链引出的与自我相关的场景或思考,即"情景—问题":S-situation(情景) = P-problem(问题)—R-response(解决)反应—E-evaluation 结果(评价)。这个序列可能在顺序上会有所调整,也可能会缺少某个环节,还有可能会出现多个不同层级的"问题—解决、问题—解决"的模式。(4)案例分析。案例分析需要对文本及脚本进行处理,这是一门特定学科中最重要的主题,特别是在导入课的时候,学生常常不能感受所学内容的组织脚本。因此,教师需要对所学内容的组织脚本进行清楚地描述,并且给学生展示,让学生知道他们应该在学习中怎样使用组织脚本①。

还有的研究把情境置于一个更宽广的学习情境之中,指学习被各种因素影响,这包括文化、技术和教学实践,即为了提供一个学习的育人环境,技术和实践必须适合个体学习者。② 我们在这里所讨论的情境主要聚焦于教学实践,即与生活和自我发展相关的各种真实性的情景及其拟真。

情境的创设对教师的教学设计提出了较高的要求,需要教师跳脱日常的规程化的教学套路去思考教学创新问题,如图4-1所示。

情境创设可以采用不同的形式在不同的课时或课型中交叉运用。视频类生活情景是最常在导入阶段运用的手段,而问题链常常是教学设计的关键和亮点所在。例如,英语学科八年级沪教版 8A Unit 5 Reading: Look it up 中的 Dianosaurs 为科普小品文,介绍了恐龙的由来、特点和研究手段。Diogenes 和 Disney, Walt 是两篇典型的人物传记,Diogenes 用人物简介结合小故事的形式突出了人物的思想,而 Disney, Walt 则通过罗列方式体现狄更斯的贡献和成就。将这三篇文章放在一起教学,需要一些巧思。**情境的创设往往需要巧妙运用图表和其他可视化工具**,如思维导图(Mind map)、结构或概念图(smart art)、词云(word clouds)等,例如上例这样的语篇采用表格形式反而与"知—问—学"(KWL)图

---

① BRANSFORD J D, BROWN A L, &COCKING R R. How people learn: brain, mind, experience, and school [M]. National Academy Press, 1999.

② American Psychological Association. Learner-centered psychological principles: guidelines for school redesign and reform [M]. Washington DC: American Psychological Association, 1993.

图 4-1　基于情境创设的小组活动

表工具的运用非常契合①。

表 4-1　"知—问—学"(KWL)图表工具(Look it up)

K (What I Know)	W (What I Want to Know)	L (What I leamed)	S (Specialties: Why we choose them?)
Diogenes He was a man living in a jar.	Who was Diogenes? When and where did he live? What's his thought? How did he feel about his life? What happened then?	a famous thinker Greece, two thousand years ago a way happy threw away his cup	important thought
Dinosaurs Disney, Walt			unusual forms famous creations

　　在上完读前活动和阅读活动后,教师设计的读后活动是真实情境创设,通过本课的输出活动借助 KWL 结构已列举的信息,基于有趣的访谈情景,激发学生的兴趣和发散性思维,并且为狄更斯编写一个开放式结局,在讨论和头脑风暴中激发学生思维,进行互动交谈。

---

① KWL 或 KWHL 图表是一种图形结构表达工具,可用于激活先验知识,促进高阶提问,并参与学生的元认知。另见第一章有关内容,或参见 OGLE D M. K-W-L: A teaching model that develops active reading of expository text [J]. Reading teacher, 1986:39(6),564-570. 参见:https://doi.org/10.1598/RT.39.6.11.

表4－2　"知—问—学"(KWL)互动交谈图表工具(An interview script)

An interview script	
Questions	**Answers**
W(What I Want to Know)	L(What I leamed)
Who	a famous thinker
When and where	Greece，two thousand years ago
What	a way
How	happy
What	threw away his cup

　　情境创设需要整合进日常的教学中。学校要依据国家课程改革政策(课程方案、课程标准与教材)、学校教育哲学(愿景、使命、育人目标)与可获得的资源(SWOT 分析、学生需求评估、师资能力评估)为学生整体规划某个学段的课程。教师要依据学科课程标准、教材、学情、资源等设计每一个学期的课程，撰写学期课程纲要；同时，有些教师还要依据学校教育哲学、学生或社区课程需求编制校本课程纲要；学期课程纲要不是原先的教学进度表，教学进度表只是对教材的教学进度做一安排，而学期课程纲要是教师对本学期课程的整体设计，用提纲的方式呈现一个学期的学习方案。然后，教师依据课程标准、学期课程纲要、学情编制单元或课时的教学方案[①]。鉴于此，我们构建一个整合情景创设与教—学—评体系的简要框架(图 4－2)。

　　依照上述框架，指向核心素养的情境创设可以包括情境准备、情境建构以及情境应用三个阶段。

一、情境准备

　　准备阶段是情境创设的基石，它直接影响到后续情境建构和应用的效果。在准备阶段，教师需要做好以下三个方面的工作。

(一) 教学内容准备

　　教学内容准备是情境创设的起点。教师需要深入研读课程标准，明确学科核心素养

[①] 崔允漷.学校课程发展"中国模式"的建构与实践[J].全球教育展望,2019,48(10):73—84.

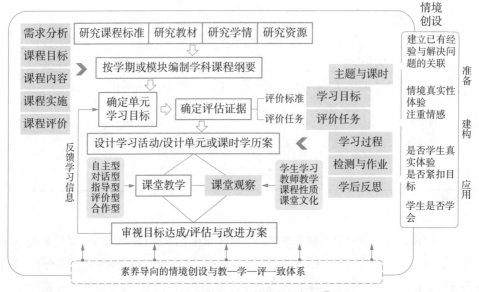

图 4-2　素养导向的情境创设框架①

的培养要求,把握学科知识的内在联系和逻辑结构。同时,教师还需要对教材进行细致地研读,理解教材的编写意图和教学建议,以便更好地利用教材资源。此外,学情分析也是教学内容准备的重要环节。教师需要了解学生的学习基础、兴趣爱好和学习需求,以便根据学生的实际情况制定相应的教学策略。最后,资源分析也是不可忽视的一环。教师需要充分利用各种教学资源,包括教材、教辅资料、网络资源等,为情境创设提供丰富的素材和支撑。

在准备阶段,教师还需要特别关注学生已有经验与解决问题的关联,在情境创设时注重情感教育的渗透,为学生创造一个积极、健康的学习氛围。

教师可以借助表格等工具来梳理对于课程标准、教材、资源等的研读。例如(人教版英语教材七年级下册,单元课题:Unit1 Can you play the guitar? 单元主题:Develop abilities):

本单元围绕"发展能力"这一主题展开,由 Section A、Section B、Grammar focus、Self check 组成。**Section A** (1)听力 1b 语篇,几个学生咨询、了解自己想参加的俱乐部。(2)听力 2a—2b 语篇,Lisa 想通过参加俱乐部学习一门特长;Bob 和 Mary 互相交流,一起参加

---

① 本图参考崔允漷教授提出的国家课程有效实施框架作进一步发展修改,详见:崔允漷. 学校课程发展"中国模式"的建构与实践[J]. 全球教育展望,2019,48(10):73—84.

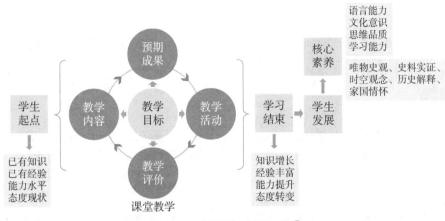

图 4-3　教学评与目标一致①

俱乐部。（3）口语对话 2d，Jane 和 Bob 互相了解彼此才能，谈论参加各自喜欢的俱乐部。**Section B**（1）听力 1d，学校音乐会需要成员，老师了解同学们的音乐才能。补充学习尼克·胡哲的故事。（2）阅读 2a—2b，Peter、Alan、Ma Hua 介绍自己的才能，并用自己能力去帮助他人与社会。补充两篇国内外学校俱乐部的阅读。（3）写作 3a—3b，完成广告，制作海报。

表 4-3　单元语篇、主题及其主题意义

语篇	语篇类型	课时	语篇内容	语篇主题	主题意义
Section A 1a—2d	听说课	课时 1	从俱乐部招募成员入手来谈论自己和别人的特长，选择自己喜欢的俱乐部	多彩、有意义的学校生活；自我管理、自我认识、自我提升	认识自己与他人的爱好与才能，从中找到兴趣和伙伴，积极参加喜欢的俱乐部
Section B 1a—2f	听说课 综合课	课时 2	学校音乐会招募成员，表述自己在音乐方面具备或不具备的能力；学习尼克·胡哲的故事	多彩、有意义的学校生活；自我管理、自我认识、自我提升	能够自信地表达自己的能力，并欣赏他人的能力，培养积极向上的品质

———————————

① 参考王蔷教授的讲座内容，有调整和修改。

续表

语篇	语篇类型	课时	语篇内容	语篇主题	主题意义
Section B 2a—2c	阅读课 综合课	课时 3	介绍 Peter, Alan, Ma Hua 的才能, 找到各自擅长的事情	自我管理、自我认识、自我提升	发挥才能, 用自己擅长的事去帮助人
补充语篇 (国内外学校俱乐部差异介绍 1—2篇)	阅读课 (作业) (评价)	课时 4	了解中外课外活动和俱乐部的差异	多彩、有意义的学校生活; 自我管理、自我认识、自我提升	开阔眼界, 提高兴趣及才能
Section A 3a—3c Section B 3a—3b	语法 写作课 (作业) (评价)	课时 5	为学校某项活动制作招聘广告或海报	多彩、有意义的学校生活; 自我管理、自我认识、自我提升	培养创新能力, 提升自我, 为他人和社会做一份贡献

(二) 确定目标

在确定目标时,教师应将核心素养的培养作为首要任务。结合课程标准和学情分析的结果,教师可以制定具体、明确的教学目标。这些目标不仅应涵盖知识、技能等方面,还应关注对学生情感态度、价值观等层面的培养。同时,教师还应确保目标具有可操作性和可评价性,以便在后续的教学过程中进行有效的监控和评估。

教过了并不等于学会了。在把握教材逻辑起点的基础上,教师根据初步确定的目标估计学生的真实水平,预测可能遇到的学习困难,即根据学生的已知定位当下。以语文《形形色色的人》为例,为保证学习目标的精准度,教师可做如下分析(见表4-4)。

表4-4 习作《形形色色的人》学情分析表

学生的学习 (逻辑)起点	初定的学习目标	可能遇到的困难
◇ 能选取具体事例描写身边人物的特点 ◇ 能选择印象最深的地方描写人物 ◇ 能抓住人物的动作、语言、神态正面描写人物	1. 学会选择能够突出人物特点的典型事例 2. 能根据所选事例把人物特点写具体 3. 能发现周围人物的独特之处, 并乐于表达出来, 与他人分享	◎ 选取的事例不典型, 无法明确怎样的事例为典型事例 ◎ 不能把印象最深的地方写具体 ◎ 不能通过周围人的动作、语言、神态间接表现人物特点

(三) 确定评价任务(评估证据)

评价任务是检验教学目标达成情况的重要手段。在确定评价任务时,教师应根据学生的预期可达成的成果设计相应的评价标准和评价方式。评价任务应具有一定的挑战性和层次性,以激发学生的学习兴趣和探究欲望。同时,教师还应注重评价任务的多样性和灵活性,以适应不同学生的学习风格和需求。通过科学的评价任务设计,教师可以及时了解学生的学习情况,为后续的情境建构和应用提供有力的支持。

基于核心素养的课程评价是一项情境性的活动。从核心素养的概念来看,它绝对不是重复操练的结果,而是通过社会建构实现的。建构核心素养的路径是多种多样的,并且建构路径因人而异。此时的课程评价需要通过过程来反映课程主体观点的多样性和课程框架的多样性。也就是说,基于核心素养的课程评价应对的都是课程现实问题,而这些现实问题都是具有相应情境的。需要指出的是,基于核心素养的课程评价是一项不同主体共同参与的活动,但是只有置于一定情境中的集体共同参与的实践活动才能够被理解。

评价之所以能正确引导教与学,是因为三者共享目标。设计和学习目标匹配的评价任务很关键。评价任务对应学习目标,但又不等同于学习目标。教师要进一步厘清和细化学习目标,形成一定的评价标准,再根据评价标准确定评价任务。

评价任务的形式可从三个角度思考:一是问题链的角度,每个问题相互关联,富有层次;二是学习项目的角度,把学习任务浓缩成一个高度整合的学习项目,例如融合听说读写等语文学习的活动;三是课堂作业的角度,可以设计针对课堂核心内容,有利于学生发展高阶思维的作业,让作业撬动课堂学习。

仍以《形形色色的人》为例,对应学习目标,可以创设参加电视台"年度最具特色人物"评选的交际语境,进而设定学生的评价任务。评价任务即学习任务,学评融为一体(见表4-5)。

表4-5　习作《形形色色的人》学习评价表

评价(学习)任务	评价内容	评价标准	自评	同桌评
参加电视台"年度最具特色人物"评选,完成推荐稿	选择典型事例(填写思维导图)	1. 事例能体现人物特点★		
		2. 事例具有代表性★		
	运用描写人物的基本方法,把特点写具	1. 通过典型动作把人物写具体★		

续表

评价(学习)任务	评价内容	评价标准	自评	同桌评
	体(习作)	2. 通过个性语言把人物写具体★		
		3. 通过他人反应把人物写具体★		
	乐于表达出来,与他人分享(态度)	1. 能主动上台推荐★		
		2. 声音响亮,自信大方★		

结构化的学习路径因文体不同、任务不同、学段不同,体现出一定的差异性和针对性。比如,教学《海的女儿》时,教师为达成目标搭设了三个台阶,推动学生学习。第一,品读海底奇妙,探寻语言奇妙;第二,欣赏人鱼外表,迁移童话语言;第三,感受人鱼内心,丰盈童话主旨。主体环节见图4-4。

学习目标:发现童话语言的奇妙

评估证据:课堂作业、提问、观察与对话
学习活动:
1. 速读浏览,完成《语文作业本》第二小题,记录课文中的奇妙之处
2. 交流海底景物,发现童话语言的奇妙
3. 归纳出语言特点

学习目标:迁移运用童话语言

评估证据:提问、观察与对话、写话作业
学习活动:
1. 朗读描写人鱼公主外表的段落
2. 交流人鱼公主的美丽奇妙
3. 发现语言特点
4. 写话:用连续性比喻让人鱼公主再添一份美丽

学习目标:感受人物真善美形象

评估证据:学生批注、提问、观察与对话、写话作业
学习活动:
1. 找出能体现人鱼公主向往人类世界的句子,批注说明她向往什么
2. 写话:用比喻写出人鱼公主想象中的人类世界
3. 联结原文,小人鱼来到了人类的世界,她都做出了哪些选择
4. 比较:自己的选择和人鱼公主的有什么不同
5. 思辨:这样做值得吗

图4-4 《海的女儿》学习活动推进图

教育研究者所倡导的评价是要求学生基于真实任务开展真实性评价。真实性评价使用简化的真实情境来模拟现实,比如,分析案例研究使用真实数据或者执行真实的实验室实验[①]。

根据课程方案,学业质量水平测试作为评价的最终形式越来越需要基于情境化的角度来设计,例如2018年上海市初中毕业统一学业考试英语阅读B篇试题要求同学们就教

---

① SUSKIE L. Assessing student learning: a common sense guide [M]. San Francisco, CA: John Wiley & Sons, 2010.

师课堂上是否可直接使用相关教材和报纸的复印资料作为教学材料，以讨论群的形式呈现不同观点和理由。该语篇类型为议论文，属"人与社会"主题范畴"社会与文化"主题群中的子主题——公共秩序与法律法规。语篇包括情景、主张和反应三部分，开头由主持人介绍背景和讨论主题，接下来每位的发言都由论点和论据构成；标志词汇有 think、expect、imagine、discussion、opinion、right 等。教师可引导学

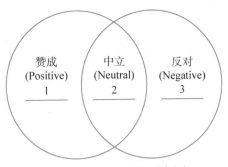

图 4-5　韦恩图呈现不同论点

生通过韦恩图整理和归纳，用证据或数据说明大家的态度（赞成、中立或反对），促进学生思维从低阶到高阶稳步发展，培养批判与创新的思维品质。

在现实中，传统的知识点测试仍然占重要地位，其能够将知识和技能进行解构，进而描述教学、学习和评价的具体类型以及这三者之间的一致性，譬如，知识点传授的教学目标、死记硬背的学习与事实性知识的测试之间的一致性。然而，由于核心素养具有整体性，因此，传统的重视知识和技能分解的评价方法无法全面揭示核心素养的内涵，即传统测试已经严重滞后于核心素养评价。鉴于此，教师除了要关注传统评价的质量标准外，还要注意整合真实性评价、表现性评价等新评价的质量标准，进而建构出核心素养评价的质量标准。

学习过程是基于核心素养的课程评价的内容之一。在学习过程中，有时候有些内容并不是学生主动要学的，有时候学生不能学习他们想学的内容。这表明学生不能学到他们想学的和有价值的内容，但这并不代表学习本身存在问题。在传统的课程评价中，由于没有提前设计这些未预料到的或者未被定义的目标，在评价的时候这些非预设性过程往往被忽视。在传统的评价过程中还会出现这样的情况：比如，教师或者学生根据课程的不同顺序来处理学习内容。这在传统课程评价中被认为是一种失败的实践。然而，在基于核心素养的课程评价中，会把选择好的学习顺序看作是促进进一步探究的动力，并将其作为今后讨论、决策和行动的依据。

情境也是基于核心素养的课程评价的题中之义。在核心素养背景下，课程评价与其说是"谁能做什么"（教师是否能按照计划实施课程，学生是否能达到预期表现），倒不如说是在学习情境中有哪些是"可以做的""可以选择做什么"以及"什么条件下才能够做到"等问题。因此，基于核心素养的课程评价并不是围绕课程有没有实施展开，也不是评判课程实施的好坏或者对错；真正需要关注的是伴随着学习和发展而产生的环境。如果课程是一个演进的过程，评价最关注的是：课程焦点是什么？如何确定、解释和应用这些课程焦点？为什么课程

会以这种方式演进？当然，评价也会考察课程实施的效果是否是学生和教师所期望的、感兴趣的或者能够实现的，还要回答这些效果是如何实现的。只有了解课程情境以及参与者的建构过程，才能对课程做出有效的解释。也就是说，基于核心素养的课程评价不仅关注目标和学习过程，课程情境也是评价的重要内容。

二、 情境建构

情境建构阶段是情境创设的核心环节。在这一阶段，教师需要结合教学内容和目标，精心设计教学情境，为学生营造一个真实、生动的学习环境。

（一）教学设计

教学设计是情境建构的关键。教师在进行教学设计的时候应该着重关注课程目标、教学方式、学习评价之间的一致性，尤其是围绕课程目标来开展教学和学习评价，这样的教学更加具有针对性。教师应根据教学目标和学情分析的结果，选择合适的教学方法和手段，设计具有层次性和连贯性的教学活动。同时，教师还应注重教学情境的创设，通过模拟真实场景、引入生活实例等方式，激发学生的学习兴趣和参与热情。在教学设计过程中，教师还应关注学生的学习过程和方法，引导他们主动探究、合作学习，培养他们的自主学习能力和团队合作精神。

教学设计以学生经验贯穿课程各要素的设计，从而更好地契合了新课程的要求。而指向核心素养的大单元是一个体现课程逻辑和学习立场的完整的学习事件，强调学生不仅要体验学的过程，而且要学会，即在真实情境下用知识解决问题；不仅强调真实情境下的学会，而且鼓励能动地、自主地学会，强化了学生的主体地位。以此为基础，大单元教学从期望学生"学会什么"出发，按学习逻辑对学习目标、任务、情境、活动、评价等要素进行系统整合与设计，学生将在其中历经如何学会的进阶过程。在这个历程中，教学与评价相融合并共享教学目标，学生不仅能明确"学会什么"、了解"怎样学"，而且还能及时通过评价反馈掌握"学到何种程度"的信息。由此可见，大单元教学的出发点、历程和归宿都围绕学生的学习展开的，有利于构建以学生学习为中心的教学关系。

学习目标是整个教学设计的灵魂，引领评价任务、学习过程、作业与检测以及学后反思的设计。学习目标主要回答期望学生学会什么。将学习目标作为单元教学设计的第一要素体现了逆向设计中"结果导向"的特点，打破了依据学习活动和内容预估学习结果的随意性，有利于提升目标设计的系统性和科学性。在宏观层面上，学习目标要对接真实情境下的核心素养，突出其对学生的发展性价值和对知识系统的整合性作用；在微观层面上，学习目标要能够落实到具体的学习过程中,转化成可观察、可测量、可评价的学习结果。

　　新修订的学科课程标准是以学科核心素养为统领建立的学科育人目标体系,包括课程目标、内容标准和学业质量标准。这一目标体系系统描述了素养视域下学生预期达到的学习结果,因而可以成为确立学习目标的主要依据。课程目标是对核心素养的拓展描述;课程内容标准是对实现核心素养的学习内容的描述。也就是说,课程目标和课程内容分别规定了学科育人目标以及素养视域下具体的学习内容,学习(教学)目标的设计可以从中提取或重组与单元主题相契合、与基本学情相匹配的目标维度和内容。学业质量标准根据核心素养发展水平,结合课程内容标准,整体刻画不同学段学生学业成就的具体表现特征,从而引导和帮助教师把握教学深度和广度,为教学实施提供依据。学习目标设计可以将其作为提炼表现性要求、对接单元目标的切入点。具体而言,课程标准规定的主要是学段积累性和递进性的学业要求,可以将这些要求划分为若干个层级,根据层级递进的序列划分至单元目标中。需要注意的是,单元教学目标的设计要兼顾单元整体目标和课时目标。与单元整体目标不同,课时目标应更周详、更具体,展示出更多形成性和表现性的目标,让课时与课时之间的学习建立联结并互为支撑,为单元整体学习的进阶搭建支架。

　　确定学习目标及其来源之后,还需要规范叙写学习目标。为了让学习目标能够更好地体现核心素养的要求,帮助学生清晰地理解并展开学习过程,学习目标的叙写样式和陈述规范需要遵循相应的要求。在学习目标的叙写样式上,可从知识与技能等学习活动的达成度、任务或情境创设及评价、思维情绪情感培养与价值观引导等维度阐明行为主体、行为表现、行为条件和表现程度。对应的规范要求是:行为主体必须是学生,意在帮助和引领学生自主历经学习过程;展示行为表现的动词应尽可能清晰、可操作,便于为后续评价行为做指导;当动词无法全然表示行为表现时,还可以为行为表现附加环境、工具、时间等限定条件用以刻画目标体现的程度或进一步具化行为表现;目标指向的是全体学生而非个体学生,为提高群体适用性,目标的表现程度往往是最低要求而非最高要求[①]。

　　教学设计的一个难点是基于真实情境创设评价任务。评价任务旨在回答如何知道学生在大单元学习中是否达到了预期结果,有哪些证据来判断学生学到何种程度。根据逆向设计的思路,将评价置于教学目标和教学过程之间,正是大单元教学设计专业化的体现:评价紧随目标之后,有利于提升二者之间的黏合度、增强评价与目标的匹配度,同时还可以修正目标中不恰当的部分。将评价置于学习过程之前,一方面可以强化评价对学习过程的引领作用,确保学习过程不偏离预定方向;另一方面能为评价嵌入学习过程提供基

---

① 雷浩,李雪.素养本位的大单元教学设计与实施[J].全球教育展望,2022,51(05):49—59.

础,发挥过程性评价任务的诊断和调节等功能。然而,要发挥评价任务前置所形成的"承上启下"作用,要求评价任务既要确保能激发目标的考察点或者说目标对应的行为表征,同时又能持续嵌入学习过程中,通过及时有效的反馈来改进紧随其后的学习过程。核心素养的形成具有情境性,那么评价任务作为激发学生达成预期素养目标的"引信",也应当以真实情境为载体。评价任务的设计通常根据单元主题或统摄中心确定一个核心任务,然后将其分解为系列子任务,最终形成一个系统的、结构化的、具有挑战性的大任务。

基于真实情境创设评价任务的逻辑包含三个要点:第一,包含真实挑战的评价任务。一方面,连接真实情境的素材有助于挖掘学生依靠现有经验难以完成的挑战性任务,以此激励学生吸收新知识、形成新思维,实现学习进阶;另一方面,真实情境更容易创造复杂的、多样化的挑战性任务,从而帮助学生促进经验的抽象转化,减少从一个具体问题到另一个相似问题的低通路迁移,强化将所学知识技能迁移到多元化情境中的高通路迁移。第二,能促成学生真切实践的评价任务。真实情境更容易与学生建立互动,使学生在任务中真切地参与和体验探究、讨论等学习活动,真实地在任务中"做事",达到知行合一。第三,能展示学生真实表现的评价任务。现实生活中对同一问题的解决方案既不是特定的也不是单一的,要以真实情境还原互动发生的背景,让评价任务不仅能包容超出预设互动结果的生成性表现,而且要重视引出多样化的行为表现。

基于经验、教材和艺术建构情境,这是情境建构的基本思路,不少研究者归纳出了不同的路径。例如,通过多年探索,李吉林归纳了情境建构的六大途径,包括"图画再现情境""音乐渲染情境""表演体会情境""实物演示情境"生活展现情境"和"语言描绘情境"。随着现代教育技术的日益发展,近年来她又提出"游戏建构情境""网络拓展情境",有效拓展了情境创设的路径。

(1)图画再现情境。通过图画呈现相关教学内容,符合儿童直观动作思维和具体形象思维的特点。用图画创设情境,既可以使用传统的挂图、剪贴画、展板,也可以使用多媒体课件、数字化图像。无论使用何种形式,都要重视以"形"激"情"将学生顺利带入教材描述的情境之中。

(2)音乐渲染情境。音乐可以营造那些无法想象的听觉感受,表达无法描述的审美体验。选择那些和文本一致的音乐,只有在旋律、节奏、音调和乐调上和谐统一,才能实现情境渲染目标。如一时没有合适的歌曲,也可由教师即兴演奏、哼唱,或者请学生现场演唱,都是简单易行的办法。

(3)表演体会情境。儿童是天生的演员,既爱上台表演,又爱欣赏表演。可以让学生扮演文本中的某一角色,也可以让学生想象为文本中的某一角色,使他们对文本的理解更具体、更深刻,从而享受到角色表演和深度学习的双重乐趣。

（4）实物演示情境。以实物为主要对象，并创设相应背景，从而展现某一特定情境。首先要优选典型实物。只有寻找和选择典型实物，才能使儿童理解事物的本质属性。其次要呈现实物背景。儿童的感知具有整体性，无论是真实的原型实物，还是模拟的仿真实物，都要以背景突出对象。最后以模拟替代实物。创设形神兼备的模拟情境，同样可以产生真切感受。

（5）生活展现情境。围绕教学目标和内容，从真实的家庭、社会和大自然中优选典型场景作为观察对象，在生活源泉中攫取丰富的素材。首先要优选感知目标。生活场景十分广阔，选取情境应有所取舍，有先后主次之分，使情境具有教学的典型意义和鲜明的感情色彩。其次要有序带入情境。按照从整体到局部再到细节的程序指导学生观察，训练他们的有序观察能力。最后要启发想象和思维。只有将观察与儿童的想象和思维活动结合起来，才能加深他们的情感体验。

（6）游戏建构情境。游戏是儿童的天性，他们全身心地投入其中，在游戏中感受生活，探究世界，享受快乐，迸发出勃勃生气和创造力。然而，但很多人却把游戏仅仅看成一种课间或课后活动，在课堂教学中畏惧甚至排斥游戏。情境教学着眼儿童快乐高效的学习，将游戏建构情境列入情境创设的重要途径。在情境课堂上，以游戏建构情境必须突出游戏的"快乐、智慧、活动"三大特点，进行角色游戏、结构游戏、表演游戏和智力游戏，开展各种形式的游戏比赛，让儿童在游戏中学会交流信息、运用知识，从而达到既给儿童带来快乐，又能增强教学效果，促进儿童身心全面发展的目的。

（7）网络拓展情境。当今社会已进入以互联网为标志的信息时代，丰富的网络资源为儿童提供了宽阔的成长空间。以网络拓展情境，一方面要鼓励儿童积极搜索信息，主动提出问题，开展自主探究，不断提升信息获取、利用与整合能力；另一方面要引导儿童在信息接收过程中学会思考，善于取舍，不断提高信息识别、评价和选择能力，避免在茫茫网海里迷失方向，受到不良信息的伤害。

（8）语言描绘情境。情境与语言本应浑然一体，却因为它们的相互剥离，使学生难以获得丰富的感性认识和强烈的情感共鸣。情境展示必须以执教者生动传神的语言描述相伴，才能促进儿童心智的指向性集中。语言描绘情境对教师的语言素养提出了更高要求，不仅要有主导性和示范性，而且要有启发性和形象性。

在实际教学过程中，教师应灵活选用以上路径，可以单独选用其中一种，也可以综合选用多种路径。无论如何选用，都必须和语言描绘相结合，形成情境建构的多元路径，调动学生的多种感官通道的协调活动，使教学氛围更为活跃，教学成效得到提升①。

---

① 王灿明.情境教育四十年的回顾与前瞻[J].南通大学学报（社会科学版），2020，36（02）：132—140.

(二) 课堂观察

课堂观察是情境建构过程中的重要环节。通过观察学生在课堂上的表现,教师可以了解他们对教学情境的适应程度、对知识的理解和掌握情况。同时,教师还可以通过观察学生的互动和合作情况,评估他们的情感态度和价值观的发展。对课堂观察虽然有不同的理解框架,例如有研究从学习过程、认知过程、合作学习、积极的学科情感和课堂社会关系等方面编制学习中心的课堂观察架构[1]。运用不同的课堂形态(如自主型、对话型、合作型、指导型、评价型等)实施教学,并通过课堂观察,从学生学习、教师教学、课程性质与课堂文化四个维度,可以评估课堂教学的有效性[2]。基于课堂观察的结果,教师可以及时调整教学策略和方法,优化教学情境的设计,以提高教学效果和学生的学习体验。当然,课堂观察的要素与视角共有 20 个视角 68 个观察点,教师可能不能做到那么全面,择其感兴趣点或要点来观察也是比较实际的策略。

表 4-6　课堂观察的要素与视角

要素	视角	观察点举例
学生学习(L)	(1) 准备 (2) 倾听 (3) 互动 (4) 自主 (5) 达成	以"达成"视角为例,有三个观察点: • 学生清楚这节课的学习目标吗? • 预设的目标达成有什么证据(观点/作业/表情/表演/演示)?有多少人达成? • 这堂课生成了什么目标? 效果如何?
教师教学(I)	(1) 环节 (2) 呈示 (3) 对话 (4) 指导 (5) 机智	以"环节"视角为例,有三个观察点: • 由哪些环节构成? 是否围绕教学目标展开? • 这些环节是否面向全体学生? • 不同环节/行为/内容的时间是怎么分配的?
课程性质(C)	(1) 目标 (2) 内容 (3) 实施 (4) 评价 (5) 资源	以"内容"视角为例,有四个观察点: • 教材是如何处理的(增/删/合/立/换)?是否合理? • 课堂中生成了哪些内容? 怎样处理? • 是否凸显了本学科的特点、思想、核心技能以及逻辑关系? • 容量是否适合该班学生? 如何满足不同学生的需求?

---

① 夏雪梅. 学习中心的课堂观察[M]北京:教育科学出版社,2021:6,12.
② 崔允漷. 论课堂观察 LICC 范式:一种专业的听评课[J]. 教育研究,2012,33(05):79—83.

续表

要素	视角	观察点举例
课堂文化(C)	(1) 思考 (2) 民主 (3) 创新 (4) 关爱 (5) 特质	以"民主"视角为例，有三个观察点： • 课堂话语(数量/时间/对象/措辞/插话) 　是怎么样的？ • 学生参与课堂教学活动的人数、时间怎样？ 　课堂气氛怎么样？ • 师生行为(情境设置/叫答机会/座位安排)如何？ 学生间的 　关系如何？

三、 情境应用

情境应用阶段是情境创设的最终目标。在这一阶段，学生需要在真实或模拟的情境中运用所学知识，解决实际问题，实现知识的内化迁移。情境应用阶段包括内化迁移与反思，其中内化迁移指新任务单迁移，学习过程和检测与作业；反思指审视目标达成和评估与改进方案。

(一) 内化迁移

内化迁移是情境应用的核心，包括新任务单迁移，学习过程和检测与作业等内容。教师可以通过设计新任务单迁移活动，让学生在新的情境中运用所学知识，检验自己的学习效果。同时，教师还应关注学生的学习过程和检测与作业情况，及时给予指导和反馈。通过不断地实践和应用，学生可以逐渐将所学知识转化为自己的能力和素质，实现知识的内化和迁移。

以进阶思路构建学习过程。学习过程的构建重在说明学生如何学会，主要关注学习活动的组织和学习任务的嵌入。完整的学习过程包括学习内容的组织和实施路径的选择，其设计必须考虑四个关键问题：学生需要哪些知识(事实、概念、原则)和技能(过程、程序、策略)才能在单元教学中达到预期的学习结果？ 安排哪些学习任务才能使学生具备所需的素养？ 根据预期目标，学生需要哪些指导，教师应该如何更好地提供指导？ 提供怎样的材料和资源最有助于实现这些目标？[①] 具有系统性的大单元学习过程是在大任务、大

---

① WIGGINS G, MCTIGHE J. Understanding by design [M]. Alexandria, VA: Association for Supervision and Curriculum Development, 2005：18 19.

问题、大项目、大概念等驱动下逐渐积累、臻于完善的过程,要实现知识从记忆理解到建构再到迁移应用,需要以进阶的思路来设计学习过程。此外,核心素养包括高阶思维,素养本位的大单元教学必然关注学生高阶思维能力的发展,而高阶思维能力的形成并不是一蹴而就的,这就意味着学生的认知发展必然经历一个从低级到高级循序渐进、螺旋上升的过程,以进阶的思路来构建学习过程符合素养发展的内在机制。所谓进阶,指学生不同阶段的思维能力或者素养是螺旋式发展的,其判断依据是学生的思维或素养水平的高低而非知识量的多少,因此,以进阶的思路来设计学习过程需避免陷入关注知识体量的误区。以进阶思路建构学习过程的路径包括:首先,要在课前、课中、课后不同阶段内加强学习内容之间的连续性和学习任务设置的贯通性。其次,要在某一学习阶段开始前注意预备和激活已有知识经验,上一阶段的学习任务要为下一阶段的学习作铺垫,上一个课时的知识基础要为下一课时的知识学习搭台阶。最后,为学生知能发展的中间水平赋予由低到高、层级递进的思维训练,以循序渐进的方式开展学习活动。需要说明的是,不同水平的进阶应以概念、任务、问题或项目为主线。

以结构化思维设计作业与检测。作业与检测的设计旨在判断学生在一段学习历程中是否真的学会了。大单元教学是一段结构化的学习历程,那么作业与检测作为完整历程中必不可少的要素,也应当体现结构化。具有结构化特征的作业与检测能够对各课时的作业内容、类型、难度等进行统筹规划,提高不同作业的关联性和递进性,减少针对低水平目标或反复操练性作业在单元教学中的机械重复,从而为学生减轻不必要的学习负担。以结构化思维设计作业与检测,可以从以下三方面考虑:第一,以单元主题为线索系统整合作业与练习的内容,既要通过主题关注同一类型作业内容的聚焦,又要强调不同类型作业在同一主题下的关联与互补,借助整合的过程使各环节的作业容量得到精简,整体指向对学生是否达成目标的判断。第二,强化单元内各时段、各环节作业与练习(预习作业、过程/课时作业、课后作业等)的进阶性,从易到难,呈现螺旋式上升,帮助学生实现思维进阶。第三,立足学生群体内的差异性需求,分层、分类设计作业与检测,有意识地设计不同难度、不同类型、适合不同学习风格的作业。同时,围绕主题设计可供学生自由选择的作业,采用更具实践性的作业形态,增强作业的综合性与兼容性。

根据学生认知序列设计学后反思。反思是确保学习活动在深层次发生的基本条件[1],学生只有经过学后反思才有可能实现对迷思概念的顿悟,进而完善自身的认知结构和思维模式,重构经验体系,最终习得具有广泛迁移性的核心素养。换句话说,反思是发

---

[1] 朱立明,冯用军,马云鹏.论深度学习的教学逻辑[J].教育科学,2019(3):14—20.

展核心素养的前提条件,是能力走向素养的关键步骤①。单元教学设计中的反思不是单纯地回顾或重复学习过程,而是由学生主动发起的、对自己的学习过程和结果进行再认识的思维过程,涉及学生对自身参与整段学习历程的活动过程及其行为、策略、资源、信息、结果等的再思考。从认知心理学的角度来讲,反思属于元认知的概念范畴,关系到个体对自身行为的体验、监控和调节,而这些行为的发生很大程度上受学生认知发展水平的影响。同时,反思的策略方式也与学生的认知风格或认知模式密切相关。因此,设计大单元教学中的学后反思需要考虑学生的认知序列:一方面,要搭建符合学生认知水平的反思支架,可以将大单元学习历程中不同阶段的评价反馈作为元认知反思支架,帮助学生进一步认识自我学习的特点。另一方面,要从学生已有的认知基础出发,建构具有进阶性的反思阶段和反思水平,并为各进阶层级的反思匹配与该阶段认知特点相符的反思方法与路径。例如,从复述到关联再到转化就是一个从低级到中级再到高级的反思阶段设计。

(二) 反思提升

反思是情境应用阶段不可或缺的一环,包括审视目标达成和评估与改进方案两方面。教师需要引导学生审视目标的达成情况,分析自己在情境应用过程中的表现和不足。同时,教师还应制定评估与改进方案,根据学生的实际情况调整教学策略和方法。通过反思和改进,教师可以不断完善情境创设的设计和实施过程,提高教学效果和学生的学习质量。

首先是审视学生的学习目标达成情况。一切教与学的活动都旨在实现目标,有效的单元教学需要以目标为出发点,遵循教学评一致性。教学评一致性,就是在课堂教学中,教师的教、学生的学以及学习评价三者之间相互统一,而实现统一的判断标准和依据是学习目标,所以教学评一致性实则蕴含着教师教的活动、学生学的活动、评价任务都与学习目标保持一致。

其次是评估教学设计并反思改进方案。反思教师自己的大单元教学的设计是否体现了学习立场,即教学应呈现出学生学会的历程而非教师教的过程,强调引领学生的自主学习,那么以此为依据展开的课堂教学也应落实"为学而教"的思想。所谓为学而教,即学生的学习成为教学的本体目的与根本指向,一切教的实践都围绕学生"学什么、如何学会"展开,一切教学活动都是促进和服务于学生深度学习的手段或条件,一切学习环境都旨在辅助学生的主体性学习。一个重要的反思点是审视教师是否提供支架,为学生创造自主学

① 崔允漷,邵朝友.试论核心素养的课程意义[J]. 全球教育展望,2017(10):24—33.

习机会。学习是学生的本职任务。然而，由于传统教学从教师视角过于关注自己是如何教的，而缺乏关注学生怎么学，导致课堂中学生学习的主体责任被弱化。素养本位的大单元教学从学生出发，让教学回归学生主体的常识，在实施过程中需要适时搭建学习支架，教师需要反思是否实践好大单元教学设计。比如：帮助学生理解单元主题、目标和任务；指导学生使用学习支架和教材；引导学生通过反馈调整学习策略；等等。此外，也可以反思在课堂学习中，是否充分尊重学生。在教学过程中与学生展开平等、良性的互动，教的行动要与学生学的行动同频共振，引导、示范和支持学生真实情境中的实践，为学生的学习提供及时的反馈和强化，以及反思教师是否沉浸式地参与学生的单元学习历程。在课堂教学中收集学生课堂学习的信息，监控学生课堂学习的方向和质量，并且给予学生及时反馈，以便学生开展自我调节学习。

第二节 指向核心素养的真实情境创设与"教—学—评"一致性

需要特别指出的是，基于核心素养的真实情境创设的教学设计与"教—学—评"是一致的。将"教—学—评"一致性作为切入口，在很大程度上是一个将正式课程转化为学生体验课程的过程。"教—学—评"一致性是指学习目标、学习过程和评价之间的相互配合，这是课程转化的关键。

1. 新课标对"教—学—评"一致性的引领

新课标的核心内容系统地回答了"学习者形象是什么""学什么""怎么学""学到什么程度"等四个问题。这为"教—学—评"一致性的实践提供了重要指导和引领。

新课标以"学习者形象"奠基学习目标形成。新课标中呈现的学习者形象，其主要表现为这门课程要培养具有什么核心素养的学生，以及不同学段学生核心素养有哪些具体表现。学科"学习者形象"是各个层面课程建设的出发点，规定着学生课堂学习目标的类型、范围和进阶层级，是课堂教学要实现的理想目标。课堂学习目标是"教—学—评"一致性的灵魂所在。

新课标以"学什么"指导学习内容选择。新课标主要回答培养理想的"学习者"需要提供哪些内容载体、需要提供什么样的学习经验等问题；也就是说，内容标准是从"学什么"的角度来回答为培养理想的"学习者"应提供哪些支持。新课标中以"学习者为中心"的视角来编制内容标准，这为"教—学—评"一致性中学习内容的呈现方式提供了依据；新课标中以经验结构化的方式来组织内容标准，这为"教—学—评"一致性中学习内容的组织提供了重要参考。

新课标以"怎么学"规范学习方式变革。新课标中的一个重要突破是建立了学生学习活动标准。需要指出的是，这一标准没有内容标准那么明晰，而是以学习理念（包含在课程理念中）、学习活动建议（包含在教学建议中）和学习活动案例等方式呈现。学习理念在方向上指导"教—学—评"一致性中学习方式的选择，学习活动建议规范着"教—学—评"一致性中学习任务的设计，学习活动案例则从案例的角度引领着"教—学—评"一致性中学习过程的展开。

新课标以"学到什么程度"厘清评价要求。学业质量的提出是新课标的一大亮点，它是以课程核心素养（课程目标）为主要维度，结合课程内容，对学生学业成就具体表现特征的整体刻画。同时，学业质量规定了学生"学到什么程度"，为教材编写、教学、评价、考试命题提供依据。

2. 新课标下"教—学—评"一致性的实践走向

新课标从四个方面引领"教—学—评"一致性，这也决定着"教—学—评"一致性的未来走向。

其一，在整体实践中，遵循学习逻辑。新课标从学习的四个方面对"教—学—评"一致性提出了要求，这提示"教—学—评"一致性实践也应该遵从学习逻辑。新课标背景下，学习中心的"教—学—评"一致性实践表征为：学习目标来源于核心素养；学习过程或者教学过程是一种实践，即学生为了达到预期学习目标的参与情况；学习过程是实现目标的重要载体，与目标一致的学习过程是学生达到预期学习目标的核心；核心素养背景下，学习过程更加强调指向学习目标的任务设计，让学生在做事的过程中获得素养提升；评价是收集学生学习证据的系统，能够为判断和改善学生的学习状况提供依据。在实践中，"教—学—评"一致性可以重点关注这四个方面的内容：关注新课标下的素养目标与学习目标之间的转化和关联，以此作为引领教育教学实践转型的核心与关键；以学习的形成性评价引领学习过程；在学习过程中关注学习任务的逻辑性；注重学后反思在学生素养培养中的关键作用。

其二，在学习方式上，突出学科实践。学习的本质是经验在深度或广度上的持续变化，即个体在原有经验的基础上通过自主建构或社会建构形成新经验的过程。对学生而言，经验生成过程就是实践过程。新课标中特别强调：要以深化教学改革为突破，强化学科实践，推进育人方式变革。例如，道德与法治学科中的议题式学习，科学学科中的调查、实验、制作，语文学科的资料查找、访谈调查，地理学科中的地理实践，等等。因此，为落实核心素养，"教—学—评"一致性的实践需要充分关注学科实践。在实践中，"教—学—评"一致性需要关注这三个方面的内容：（1）学科实践不是对以"探究"为主的课堂学习方式的否定,而是根据学科特征对其内涵的深化;(2)学科实践应该贯穿于课堂教学和学习的全过程,根据学科实践进一步细化学科学习进程;(3)学科实践落实情况是评估学生学习的重要构成部分。

其三,在考试评价上,聚焦情境化测评系统开发。考试评价是"教—学—评"一致性中的重要组成部分。一方面,新课标以具有情境性的核心素养为纲,而考试评价的主要参考依据——学业质量是对核心素养的细化与深化。因此,考试评价应该基于情境化的角度来设计。另一方面,新课程背景下,学生完成考试评价任务的过程就是完成一件完整且有挑战性事情的过程,考试评价是整个学习过程的重要组成部分。因此,考试评价需要反映系统性。综上,新课程背景下的考试评价应该关注情境化测评系统的开发,以评价促进学生素养的发展,以评价承载学生素养的发展。并且,情境化测评系统的开发需要在学习单元的视角下将学科知识融入相应的真实情境之中。在实践中,"教—学—评"一致性需要关注这三个方面的内容:运用情境化测评系统收集学生真实的学习过程信息;根据收集的学习信息给予学生学习针对性反馈;依照反馈结果给学生深度学习提供有效的"支架"。

回到本章开头所阐释的学习者中心的课堂实践,"教—学—评"一致性也好,未来的教学改革和更新的课程标准编制也好,均根植于以学生为中心的教学。学习者中心的原则(the learner-centered principles, LCPs,如表 4-7 所示)是美国心理学会基于多年的理论和实践研究提出的,它归纳出对学习者和学习影响最大的因素,在此基础上建构起来了学习中心的 14 条原则[①]。学习中心的原则被整合成四种类型(认知和元认知因素、动机和情感因素、发展和社会性因素以及个体差异因素),这些因素通过各种方式对学习者和学习产生影响。这四个领域的描述可以作为我们教学时的进一步参考。

表 4-7 学习者中心的原则

第一个方面:认知和元认知因素
学习过程的本质:学习是个体自然地追求有意义目标的过程。学习是学习者从个人经验和信息出发来主动地、有目标导向地和自我调节地发现和建构意义的过程。成功的学习者对自己的学习负责任。

---

① American Psychological Association. Learner-centered psychological principles: guidelines for school redesign and reform [M]. Washington DC: American Psychological Association, 1993.

续表

学习过程的目标：成功的学习者试图创造有意义和具有连贯性的知识表征。随着时间的推移，学生能够弥补理解上的缺陷，消除不一致，加深对学科内容的理解，进而将自己的理解精炼为能够实现的长远目标。教育者能够支持学生创造具有个人意义的学习目标，这些个人目标与学生的个人志向、兴趣以及教育目标是一致的。

知识的建构：成功的学习者能够以有意义的方式将新信息和现有的知识联系起来。这种联系将学生的先验知识和理解与那些能够在新任务中运用和容易被迁移到新情境中的新知识进行整合。

策略性思维：成功的学习者能够使用各种思维和推理策略来实现复杂的学习目标和在新情境中使用他们的先验知识。

反省思维：成功的学习者通过选择和管理心理活动来发展高阶思维，这将促进个体创造性和批判性思维的发展。学习者为了处理问题而发展元认知方式。

学习情境：学习受各种因素影响，这包括文化、技术和教学实践。为了提供一个为了学习的育人环境，技术和实践必须适合个体学习者。

第二个方面：动机和情感因素

动机和情感对学习的影响：学习什么和怎么样学习在很大程度上依赖于学习者的动机。而学习动机又会受到学习者个人情感状态、信念、兴趣和目标以及思维习惯的影响。

学习的内部动机：个人自然的创造力和好奇心，可使用的高阶思维以及学习爱好都能够对学习动机产生影响。学习的内部动机能够受到任务的新颖性和难度水平所影响，也会被与兴趣的相关性、现实世界的反应以及所提供的个人的选择和控制所影响。

动机对努力的影响：在获取复杂知识和技能的过程中，如果没有动机的驱使，要学生心甘情愿参与是不可能的。教师可以通过对有目的的学习活动的实践指导、增加学习者对任务的兴趣和在学生个人关系中来促使学生努力。

第三方面：发展和社会因素

发展对学习的影响：个人体验着各种不同的机会和情境，比如心理、智力、情感和社会等。当考虑到学习者的这些个人发展差异时，学习就是最有效的。

社会对学习的影响：社会互动、人际关系以及与其他人的交流都能够影响学习。当学习者有机会参与到互动的和合作的教学情境的时候，学习会被提高。

第四方面：个体差异因素

学习中的个体差异：不同学习者具有不同的学习策略、学习方式、学习能力和学习偏好，这些都是既有经验和遗传的作用。这些差异的等级可接受性和适应性直接与学习成功相关。

学习和多样性：当学习者感知到他们的语言、文化和社会背景被考虑的时候，最有效的学习就发生了。

标准和评价：当学习者面对合适水平的更高目标的挑战，并且有持续的评价对学习者的理解知识和技能提供有价值的反馈时，有效学习就发生了。

综上，基于核心素养的真实情境创设是一项系统工程，需要教师在准备阶段、情境建构阶段和情境应用阶段都做好充分的工作。通过精心策划、设计和实施情境创设活动，教师可以有效激发学生的学习兴趣和探究欲望，培养他们的核心素养和综合能力，为他们的未来发展奠定坚实的基础。

第五章　素养导向的情境教学课例

第一节　初中语文课例——以六上第四单元小说教学为例①

情境—任务教学作为一种重要的教学模式在语文课程中持续推进,在单元视域的统筹之下,实现以教学目标为导向、以学生为主体、以提高核心素养为目标,设计出知识连贯、层层推进、多种水平、真实有趣的任务群教学内容。既能让学生在具体的情境中巩固所学知识,又能培养逻辑思维能力,实现知识内化迁移,达到融会贯通之效。

一、情境创设

（一）教学内容

1. 课标研读

《义务教育语文课程标准(2022 版)》指出,创设情境,应建立语文学习、社会生活和学生经验之间的关联,符合学生认知水平;应整合关键的语文知识和语文能力,体现运用语文解决典型问题的过程和方法。所以,学习情境是否"富有意义",关键在于学生在过程中能否获得解决问题的语文知识与能力。这一切,要建立在教师对单元学习内容的有效分析基础之上。

2. 教材研读

人教版《语文》六上第四单元包含三篇课文:《桥》记述了在面对洪水时,老支书果断指挥,将村民们送上了跨越死亡的生命之桥,表现出一位共产党员的临危不惧、不徇私情。《穷人》记叙了桑娜夫妇主动收养已故邻居西蒙的两个孤儿的故事,真实地反映了沙俄专制制度下贫民的悲惨生活以及穷人淳朴善良的同情心和乐于助人的高尚品质。《金色的鱼钩》塑造了红军长征途中老班长的光辉形象,彰显出其身上的崇高品质。作为一个单元教学所有内容的"行动中枢",单元教学中对于学习内容的分析,承担整个单元教学设计和

① 课例设计者是上海市梅陇中学的李小凤。

课堂教学实施的重任,也成为单元教学所有教学内容和教学手段的规约,有助于课内外阅读在知识体系与方法结构层面进行有效的衔接,便于学生举一反三,不断完善在单元学习中新建立的言语图式,加强知识之间的系统性和联结性,从而更好地提升学生的核心素养。

3. 学情分析

六年级的学生求知欲强,活泼好动、乐于表现、渴望被关注,思维偏重于形象思维,但又缺乏系统性,缺少低阶思维到高阶思维的抓手。而借助情境增加语文课堂的真实性和趣味性,能够在生动的任务情境中将所学知识与能力有效衔接和内化,使学生在情境中专注学习,主动学习。教师在教学设计时就要预估学情,设计情境、体验情境、激发情感。必须要对学生的小说阅读水平、心理特点、课程需求、培养目标有充分的了解,才能设计真实有效的情境,切忌主观随意。

4. 资源分析

在语文教学中搭设情境,为学生呈现趣味性、逼真性、合作性的情境,可以充分调动学生的兴趣,唤醒学生的学习动力。同时,还有利于引导学生思考,以及分析和解决问题能力等核心素养的提升。首先要根据教材内容和学生语文学习的经验,提炼单元主题,设计单元教学方案;接着创设勾连起学生生活经验与语文学习之间的情境,激发其参与语文学习的兴趣;再次,设计有意义的、真实的单元学习任务,使学生在不断完成任务的过程中实现对语言文字的理解与运用,主动地进行自我建构,实现知识迁移;最后,要注意课内课外的双线沟通,语文学科与其他学科的多线并举,促进学生综合素养的提升,并在不断地反思和改进中实现自我成长。教师要将课堂还给学生,为学生创设一种宽松的学习氛围,激发学生的探究欲望,给予学生更多的学习空间,进而有效提升初中生的自主学习能力。

(二)确定目标①

在单元目标的统领下,课时目标是制定情境—问题教学任务的导向。在单元规划之前,教师要先对本单元的目标进行具体的解读,如哪个语文要素需要借助哪几个文本来落实,它们之间的关系是怎样的。语文教材单元导语中有两项明确的内容:一部分揭示了单元的人文主题,另一部分指向本单元的语文要素。单元目标的拟定以单元导语为主,而课时目标要以单元目标为统领。学生有了学习目标的指引,有了明确的单元目标统领下的课时目标意识,才会有主动达到学习目标的策略。

---

① 本章图表多为教学展示实例,学科之间不具连续性,故不编连续图表序号,特此说明。

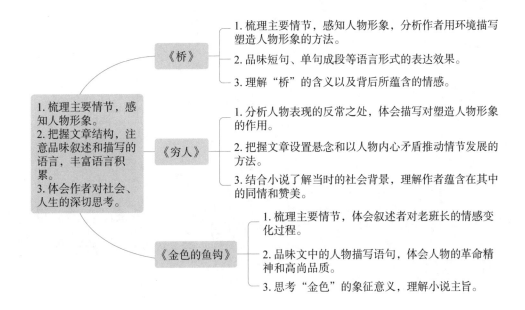

（三）确定评价任务

情境—问题的创设要以任务群的设计和评价为表现形式，每个单元的语文核心知识和关键能力，我们在进行任务规划时必须要将其融入其中。我们不仅要"环顾左右"，关注思考问题、交流平台的要求，找到其与单元语文要素的关联处；还要"勾连上下"，发现每一篇课文在本单元、本册中所处的地位。只有把握好"左右""上下"之间的关联，才能明确课文的教学定位，找到学生语文能力发展的适切点。

由此设计了"寻找最佳表演者"的任务群。笔者设置了这样的情境：滔滔江水，见千年历史；巍巍高山，望多少故事！美好的故事，振奋我们的灵魂；崇高的品质，激励我们的心神。今天，让我们深入故事当中，成为"故事主人公"，再一次感受那份伟大的情怀。请从单元中选取你感触最深的故事，撰写人物信息卡，并和你的小伙伴一起将这个故事表演出来。

这是核心的单元任务要求，即学生在单元情境中核心素养的评价任务，后续又有针对每个子任务的评价量表，两者支撑对学生的单元学习进行评价。

二、情境建构

（一）教学设计

为了更好地完成情境单元教学，需要将上述的任务群分解成若干子任务。

任务一:绘制小说情节图

《桥》

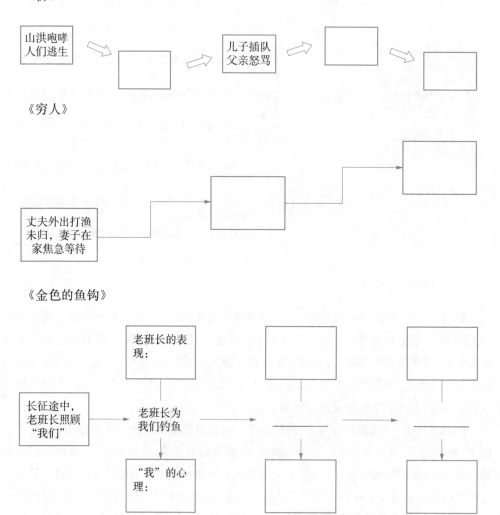

《穷人》

《金色的鱼钩》

绘制小说情节图,用折线来体悟情节的跌宕起伏,用空白方框来总结主要情节内容。学生通过梳理情节,了解故内容,感知人物形象。

任务二:完成人物推荐卡

平凡的人们身上闪烁着多么耀眼的光辉,你一定为之感动,请在三篇文章中选择你最想要推荐给大家认识的一个人物,为他/她撰写人物推荐卡。

人物推荐卡	
姓名和出处	推荐语（80—100字）
外貌和身份	
面临的困境	
人物表现	
人物形象	

此项任务对应的单元目标是：能够理解人物形象，完成任务信息卡，并呈现出表格样例。用表格来梳理人物的基本信息，用"推荐理由"来感知人物形象，体现学生思考。问题情境的搭设正好是促进学生自主思考、使学生从感性认知向理性认知上升的一种有效的方式，引导学生主动思考问题。在这个过程中，要求教师遵循循序渐进的原则，运用简单的问题逐渐向更深层次的问题过渡，使学生徜徉在文本中，能够独立思考、分析并解决问题。

任务三：排演课本剧

正值校园读书节，你们年级想要将本单元的文章改编为剧本，经过小组演绎，再挑选后进行全校演出，请以小组为单位，先改编剧本，再进行班级展演。

1. 改编剧本，编台词；

2. 演绎剧本，创环境；

3. 互评互选，争最优。

此项任务对应的单元目标是：把握文章结构，梳理故事情节，理解小说人物，体会矛盾冲突，感受语言表现力。

排演课本剧，衡量学生对于人物形象的理解和对小说语言的把握。这些任务及相关思考呈现出开放、丰盈的表述方式，促进了学生对文本的理解，甚至能够激发学生对人生和信仰的思考。用它们来架构学习目标与教学内容，还能激发知识间的联系与迁移。在基于核心素养视域开展语文情境教学时，教师应注重合作情境的搭设，引导学生综合分析,并通过扮演角色的方式让学生切实了解文本故事,掌握人物特征,搭建更灵动鲜活的课堂,有效提升学生的理解能力和表达能力。

任务四:创作小小说

子任务 1. 梳理阅读小小说的方法

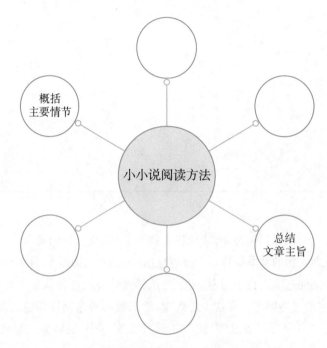

子任务 2. 现需以年级为单位,参加创作小小说的比赛。我们将以小组为单位,运用已经掌握的单元知识塑造角色,结合鱼骨图,设置合适的情景和情节等完成一篇小小说创作。

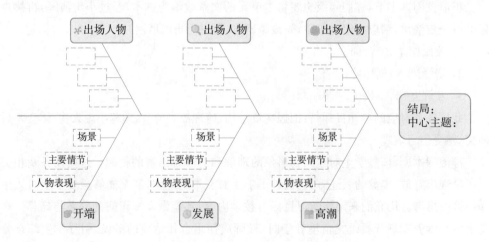

此项任务指向最高级别的"迁移创新",小小说创作,用小说中的某一情节或人物作为支点,来考查学生在本单元的所得,并将所得予以实践,发挥学生的主观能动性和想象力,提升核心素养。

此单元的情境—任务设计,使得单元学习内容之间呈现出明显的逻辑顺序,由浅入深、由表及里。明确了核心任务与单元学习内容之间的关系,并列出学习支架予以指导。任务之间的关联性和系列性构成了任务群,前一个活动是为后一个活动做铺垫,最后再达成更好更高级的语文核心素养的情境—任务教学。

(二) 课堂观察

在这样的情境—任务创设中,学生的参与和评价是不可或缺的组成部分,能够激发学生的积极性和自主性,协同完成任务,增强学习效果,提高学习的质量。教师需要将学生参与和评价融入情境—任务教学体系中,以便实现学生的全面发展。学生的自我评价、小组评价、多维度评价是情境—任务教学体系中课堂观察的重要组成部分,可以为教学调整和改进提供依据。教师针对学生掌握知识和技能的情况进行评价,及时反馈学生的学习成果,以便促进学生素养的进一步发展和教学质量的提高。评价最终目的是促进学生的自我发展,所以不可脱离情境、脱离教学孤立地下定论。学生作为评价的主体,学习的过程是学生主动认知的过程,在认知过程中存在的问题、思考的方式必须通过学生来进行反馈。所以,笔者的评价量表中就有师评、自评、他评等多种评价方式的综合运用。

任务一的评价量表:

小说情节图评价量表

序号	评价条目	评分(优、良、合格)
1	故事情节完整(20)	
2	主要人物突出(20)	
3	文章思路清晰(20)	
4	情感把握准确(20)	
5	语言表达简洁(20)	

对于小说情节的梳理和把握是阅读小说最基本的要求,上述评价量表,考查学生对情节、人物、作者思路等信息的提取和概括,为课堂知识的总结和反馈以及完成接下来的任

务群打下坚实的基础。

任务二的评价量表

人物推荐语评价量表		
序号	评价内容	评分
1	信息准确完整(25)	
2	情感真挚充沛(25)	
3	推荐理由充分(25)	
4	语言流畅得体(25)	

上述评价量表指向单元目标小说人物形象的理解和把握,学生在分析人物面临情形以及人物表现的基础上内化为自己的感受认知,并用笔思考,诉诸笔端,写下人物推荐语。

任务三的评价量表

课本剧评价量表			
评价条目	序号	评价内容	评分
剧本改编	1	正确理解小说主题(10)	
	2	改编忠于小说内容(10)	
	3	对人物形象理解到位(10)	
	4	较好利用补充的舞台说明(10)	
	5	情节紧凑,剧情生动(10)	
舞台表现	1	场景真实,道具合适(10)	
	2	动作熟练,有表现力(10)	
	3	表演自然,感情充沛(10)	
	4	吐字清晰,语速恰当(10)	
	5	与其他角色配合默契(10)	

此评价量表是学生综合能力的观察和反馈,目标指向学生的核心素养,不管是剧本改编还是舞台表现,都是团队项目合作的集中体现,学生在这样的活动中理解文本、掌握知识、提升能力,迁移和转化为自己的舞台表现。除此之外,活动结束之后还可以让参与活动的同学进行分享和采访活动。比如你在课本剧活动的展示过程中,气氛如何?你

的认识随着时间推移,发生了怎样的变化? 你的表现跟预想及排练时有什么出入? 老师、同学如何评价? 班级其他同学在课本剧活动中表现如何? 如果你是观众,你对他们的表现有何感想? 当老师宣布班级评选结果时,你有怎样的情感和表现? 你对剧中人物的认识发生了怎样的变化? 你对课本剧活动有什么新的认识?

任务四的评价量表

创作小小说评价量表

序号	评价内容	自评	他评
1	故事情节紧凑合理(10)		
2	故事框架完整流畅(15)		
3	矛盾冲突引人入胜(15)		
4	故事场景真实可信(15)		
5	人物情感充沛丰满(15)		
6	人物形象独特鲜明(15)		
7	语言表达流畅动人(15)		

该评价量表指向单元目标中对社会和人生的思考,学生将从小说中习得的作者对社会和人生的思考内化为自己的认知和思考,并将这种思考结合自己的人生体验,外化为小小说的创作,这是由低阶思维到高阶思维的转化过程。

总而言之,每一个评价量表,对应的是完成该项情境学习子任务的课堂观察的结果反馈,更有利于学生掌握和了解自己完成情境任务的情况,也有利于教师在这样的情境中不断调整更适合学生的教学方式,为学生单元学习打下坚实的基础。

三、情境应用

(一) 内化迁移

情境—任务教学是一种以情境为核心,以任务群为表现形式,内化迁移,以培养学生创新精神和实践能力为目标的教学方式。语文教学中,情境—任务创设作为情境教学的重要组成部分,要让学生在情境中得到提升,获取更多的知识和技能,并将这种习得的知识转化为学习的技能,从而由单篇到多篇,由单课到单元学习,再由此单元到彼单元迁移,这就是学生学习经历的过程。教师要充分发挥引导作用,帮助学生建立学科认知和增强实践能力,在情境教学中充分发扬学生的主动性和积极性,培养学生的创造力和团队合作意识,促进学生学习兴趣的提高。要树立"单元"意识:碎片化、单线式的知识点已不能满足学生知识图谱的发展,教学需要接受单元视域的引领,逐渐实现从知识到方法、从个体到整体、从随意到系统的变化,完成内化迁移,提升学生的核心素养。

(二) 反思

笔者认为:这样的单元情境任务设计,是基于学生核心素养的设计。在语文课堂进行情境—任务教学更要具有针对性和实效性,有利于强化学生的学科综合能力。就教师而言,要为学生搭设趣味、逼真、贴近学生生活的问题情境及合作情境,要设计连续的、递进的任务群,为语文课堂有效增色赋值,从而完善学生的认知体系,提升学生的核心素养。

就学生而言,在教师的引导下,以自我成长、小组协作、集体成果展示的路径完成情境—任务设计,积极参与,在梳理故事情节、推荐人物、完成课本剧排练,以及最后创作小小说的任务情境中,学生的内化迁移能力、举一反三能力和核心素养都得到了提升。

情境—任务教学使情境创设变成整个学生认知学习中的一环,而不是最终的目标。"情境"始终是为教学而服务的,它是学习者学习经历中有效成长的一部分。所以,情境任务设计可以随着情境的变化不断调整,随着学生的课堂表现、课堂评价收获成长的变化不断调整,是灵活的、流动的可以变化和可以更新的任务情境。

第二节　初中数学课例——以"解直角三角形的应用"单元教学为例[①]

一、情境创设

(一) 教学内容

1. 课标研读

《义务教育数学课程标准(2022 版)》提出"教学活动应注重启发式,激发学生学习兴

———————————

① 课例设计者是上海市梅陇中学的张玲玲。

趣,引发学生积极思考,鼓励学生质疑问题,引导学生在真实情境中发现问题和提出问题,利用观察、猜测、实验、计算、推理、验证、数据分析、直观想象等方法分析问题和解决问题",强调通过创设真实情境和合理设计探究问题促进数学教学活动的开展。同时,指出数学课程的总目标之一为"在探索真实情境所蕴含的关系中,发现问题和提出问题,运用数学和其他学科的知识与方法分析问题和解决问题"。

2. 教材研读

教材的编排与设计蕴含了丰富的数学学科思想,教师需要以教材为基础,设计适合的真实情境,激发学生的学习兴趣,鼓励学生运用所学的知识去分析问题解决问题,提高教学的有效性。

"解直角三角形的应用"是沪教版《数学》九年级第二十五章"锐角的三角比"第二节"解直角三角形"中的应用部分。笔者在学生学习了锐角三角比及解直角三角形后,结合教材重新构思教学内容,创设情境。

3. 学情分析

创设情境要以学生为主,教师在了解学生的总体情况及个体差异后,根据学生的特点,创设适合学生的情境,采用多样的教学方式,来促进学生的学习发展。学生已学习了锐角的三角比,知道相关的概念及其性质,并能够运用锐角三角比解决一些简单的问题,同时掌握了一些解直角三角形的方法。学生对解直角三角形有一定的认知基础,但缺乏在实际的问题中利用解直角三角形来解决问题的经验,所以需要设计他们所熟悉的情境,让学生能够从实际情境中,抽象出数学问题,并分析解决。

(二)规划进程

要具体落实素养导向的单元教学设计,应该根据单元教学目标和课时目标统筹规划教学进程,分两个阶段进行。下面以"锐角的三角比"单元为例加以说明。

第一阶段,从宏观视角划分单元结构,根据单元教学目标规划教学进程,图 1 展示了"锐角的三角比"单元教学进程。

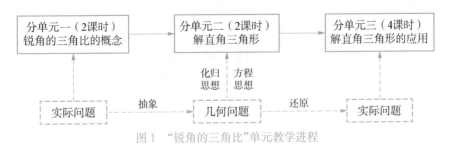

图 1　"锐角的三角比"单元教学进程

第二阶段，从微观视角划分单元教学进程，将单元教学目标细化为课时教学目标，图2展示了"解直角三角形的应用"分单元教学进程。

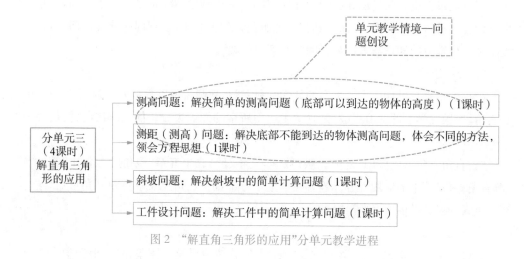

图2 "解直角三角形的应用"分单元教学进程

（三）单元目标

"锐角的三角比"整个单元涉及相关概念、几何应用和实际应用等内容，笔者依据教材等资料结合数学课程的核心素养及相关实践的内容，确定单元目标如下。

单 元 目 标	分单元
经历锐角的三角比概念的形成过程，获得从实际问题中抽象出数学概念的过程体验，理解锐角的三角比的定义，会利用定义求锐角的三角比的值。经历用几何方法探求特殊锐角的三角比的值的过程，掌握特殊锐角的三角比的值。	锐角的三角比的概念
在对"满足什么条件可解直角三角形"的问题分析过程中，体会从一般到特殊的思考方法，会解直角三角形，了解确定一个直角三角形所需条件与解直角三角形所需条件的一致性。	解直角三角形
理解仰角、俯角、坡度、坡角等概念，会运用解直角三角形的知识解决简单的实际问题，在解决实际问题的过程中，感受数学与现实的联系，增强学数学、用数学的意识和能力。	解直角三角形的应用

在单元目标确定后，再细化课时目标，结合教材内容，设计相关的情境问题。在解决

问题的过程中,让学生能够从实际问题中抽象出数学问题,形成解决测高问题的方法与策略,能够选择合理简洁的运算策略解决问题,形成规范化思考问题的品质;能够尝试提出有意义的方法,敢于探索解决实际问题,形成独立思考的科学态度。在"解直角三角形的应用"中相关的核心素养如下:

分单元三	分课时	课时目标	核心素养
解直角三角形的应用	测高问题 测距(测高)问题 斜坡问题 工件设计问题	理解仰角、俯角、坡角、坡度等概念,会用解直角三角形的知识解决有关测高、测距、斜坡、工件设计等简单的实际问题,在解决实际问题的过程中,感受数学与现实的联系,增强数学源于生活、服务于生活的意识以及数学应用能力	抽象能力 运算能力 模型观念 应用意识 创新意识

二、　情境建构

(一)　教学设计

"学生小明想要测量所在教学楼 B 楼的高度,但是由于今年恰逢学校 60 周年,利用假期学校要对教学楼外墙进行修缮,出于安全考虑将教学楼四周保护起来,非工作人员不得进入。你能为他设计一个可行的测量方案吗?"这样一个真实的、发生在学生身边的情境的创设,作为这个分单元"解直角三角形的应用"的情境引入,非常容易激起学生解决问题的兴趣与欲望。

单元教学情境—问题创设的实施片段(见下表)

单元情境—问题创设	引入:为迎接上海市梅陇中学的 60 年校庆活动,暑假期间,学校要对 B 楼外墙进行修缮维护,出于安全考虑,现将 B 楼四周围起来,非工作人员不得进入,小明同学想要测量、计算 B 楼的高度,他向老师借了测角仪与皮尺,你能为他设计一个可行的测量方案吗?

课时 1	运用解直角三角形的知识,解决简单的测高问题,为解决以上问题作好知识铺垫	
	主要过程	设计意图
【活动1】 问题:什么是仰角、俯角?	【理解仰角、俯角的概念】 在测量过程中,常常会遇到仰角和俯角。当我们进行测量时,在视线与水平线所形成的角中,视线在水平线上方的角叫做仰角,视线在水平线下方的角叫做俯角。 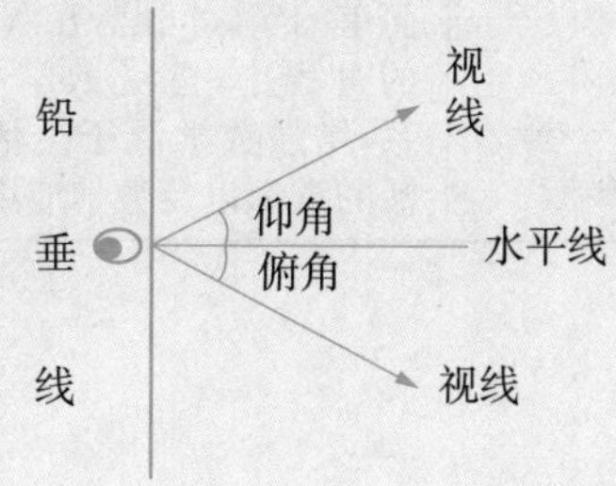 	在有关测量的问题情境中,常用到仰角和俯角,要先让学生明确这两个概念。
【活动2】 问题:如图1,A、B 两幢楼之间的距离 CD 等于40米,现在要测 B 楼的高 BC(BC⊥CD),在 A 楼的地面 D 处,用测角仪测得 B 楼顶端 B 的仰角为52 度,已知测角仪 ED 的高为1.5米,求 B 楼的高度(精确到1米)。 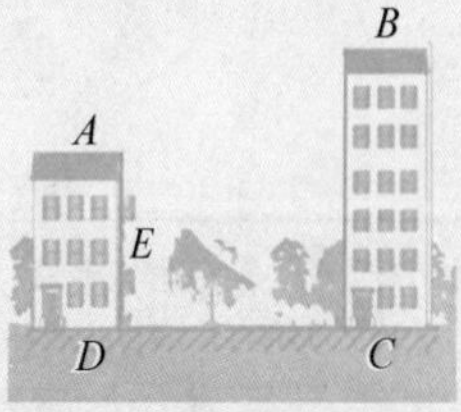 图1	【分析示意图,将实际问题转化为数学问题】 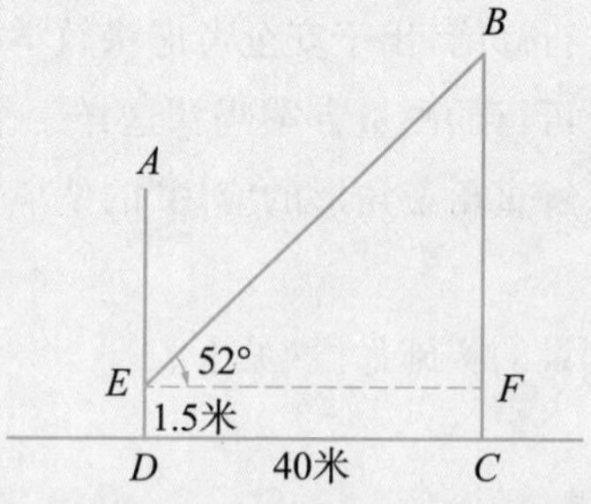 通过添加 CD 的平行线 EF,即边 BC 的垂线,将四边形 EDCB 转为学生熟悉的矩形和直角三角形问题,接下来只需要求解直角三角形 EFB 即可。	本题是测量底部可以到达的物体的高度。 注意向学生说明测角仪的高是指它安放在支架上时相对于地面的高度。

续表

【活动3】	【分析示意图,将实际问题转化为数学问题】	本题也是测量底部可以到达的物体的高度,但是与问题2所用的测量方法不同。
问题:如图2,A、B两幢楼之间的距离CD等于40米,现在要测B楼的高BC(BC⊥CD),所选观察点E在A楼一窗口处,AD∥BC。从E处测得B楼顶端B的仰角为32度,底部C的俯角为25度。求B楼的高度(精确到1米)。	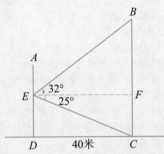	活动2和活动3是实际生活中常见的问题,示意图表明了将实际问题抽象为数学问题的过程。在活动过程中,学生可以感受到数学与生活的紧密联系以及解直角三角形的知识的实用性。另外,还可以体会到不同的情境中采用的不同测量方法,为进行后面单元情境—问题做好学习的铺垫活动。
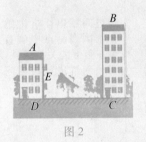图2	通过添加CD的平行线EF,即边BC的垂线,将一个一般的三角形EBC转化为两个直角三角形EFB与EFC,将所要求的一般的三角形EBC的一条边BC的长,转为解两个直角三角形的问题。	
课时2	运用解直角三角形的知识,解决较为复杂的测高问题,体会化归思想和方程思想。	
【活动1】	主要过程	设计意图
上海市梅陇中学有A、B两栋楼,小明同学想要测量、计算B楼的高度,他向老师借了测角仪与皮尺,请你为他设计一个可行的实施方案。	【学生以小组为单位自主讨论,分享方案】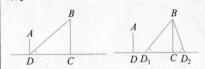	通过一个较为简单的开放情境,让学生自主发现问题并解决问题,培养数学建模思想。
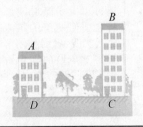	方案一:站在D点测量B点的仰角,测量CD的长度。 推得:射线CD上任意一点均可。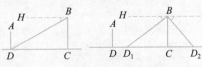	

	方案二:站在 B 点测量 D 点的俯角,测量 CD 的长度。 推得:射线 CD 上任意一点均可。 方案三:站在 A 点测量 C 点、B 点的仰角,测量 CD 的长度。 推得:线段 AD 上任意一点均可。 问题1:在水平方向任意选点,我们只要测量哪个距离就能计算 B 楼的高度? 问题2:在垂直方向任意选点,我们只要测量哪个距离就能计算 B 楼的高度? 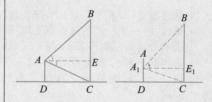	通过问题串让学生感知不同观测点中解直角三角形的关键条件,为顺利解决最终的问题做铺垫。
【活动2】 为迎接上海市梅陇中学的60年校庆活动,暑假期间,学校要对 B 楼外墙进行修缮维护,出于安全考虑,现将 B 楼四周围起来,非工作人员不得进入,小明同学想要测量、计算 B 楼的高度,他向老师借了测角仪与皮尺,你能为他设计一个可行的测量方案吗? 问题1:无法从建筑物底部开始测量,也就是只能从围栏的外围进行测量,那需要几个观测点呢? 问题2:测量过程中需要注意什么?	【学生以小组为单位自主讨论,分享方案】 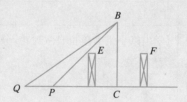 需要从建筑物外围测两次,站在 P 点看 B 点测得的仰角度数,站在 Q 点看 B 点测得的仰角度数,以及测量 Q、P 两点的距离,进而再求出 BC 的长度。在测量过程中需注意的是点 C、P、Q 在一直线上。 不能直接求解某个直角三角形,但是通过两个共直角边的直角三角形建立方程从而获得解。	这个问题比前一个问题难度升级,也是这个单元的情境问题,测量底部不能到达的物体的高度。让学生再次体会在不同情境中,测量物体高度的不同方法,深刻体会数学化归思想,领会方程思想。通过单元—情境问题将之前问题串的结果进行实践,巩固利用解直角三角形的知识解决实际问题的能力,理解数学的本质。

（二）课堂观察

测量建筑物的高度是现实中真实存在的问题,学生首先要"用数学的眼光观察现实世界",将这个真实问题抽象转化为几何图形——求线段 BC 的长度。然后,学生要"用数学的思维思考现实世界",运用所学的锐角三角比相关知识进行分析,通过计算得到 B 楼高度的方法。这样开放式的问题设计,能够在思维深度和广度上,同时激发学生。以下是课堂教学中的一个片段。

教师:在这个问题中,因为无法从建筑物底部开始测量,那么我们可以从哪里测量呢?

学生 A:从围栏外面找一个地点测量,测量 B 的仰角度数。

学生 B:围栏外一个点不行,需要两个地点分别测量 B 的仰角度数。

教师:好,我们从前面的例子中可知需要从两个地点测量,那么只是测量两个仰角度数,可以求出高度吗?

学生 C:不行,还需要一段距离,需要知道 PQ 的距离。

教师:测量过程中,还需要注意什么?

学生 D:点 C、Q、P 要在同一直线上。

教师:好,那么请同学们再动手算一算,按照设计的方案,求出的 B 楼的高度是多少?

学生 E:我们发现已知两个仰角和 PQ 之间的距离,就可以求得 B 楼的高度,我们如果用字母表示,就可以得到求解 B 楼的公式,在实际生活中只需要把数据代入就可以直接得到最后的高度。

在课堂中学生们在表达自己的方案时,也会存在表达不准确的现象,这个时候,老师及时帮助学生纠正,顺着学生的思路,帮助学生更好地梳理自己的语言,帮助学生"用数学的语言表达现实世界"。最后的提炼总结,让学生感受到,原来之前讨论的几种情况,只是特例,学生们豁然开朗:原来还有通法! 我们甚至能用更一般化的字母,表示任意一种情况,这无疑大大提高了学生的学习兴趣,学生在这个过程中,能够对之前的方案进行组合和建构,形成更深层次的理解。

这样的情境创设,以实际问题的解决为导向,学生在学习过程中,数学核心素养在潜移默化地得到了提升,他们的学习行为完全是充满自驱力的、自主的、深度的学习。

三、情境应用

（一）内化迁移

在整个"解直角三角形的应用"单元教学中，为学生创设了适合的单元情境—问题作为引入。在学习的过程中，学生在层层问题的驱动下，不断去深入思考，去解决问题。在解决问题的过程中，虽然他们利用所学知识，只是解决了测高问题，但是只要理解了数学的本质属性，那么"河宽问题""航海问题"等也能解决，学生早已领会了"用数学的思维思考现实世界"。在表达自己的思路时，学生在老师的引导下，语言逐渐规范，逐步学会"用数学的语言表达现实世界"。

在课堂上，学生不再觉得知识点枯燥乏味，因为教师提出的情境，就是他们身边的问题。当别的同学提出了自己的方案时，他们也不甘示弱，哪怕在表达的时候会出现一定的问题，他们也踊跃地表达自己的想法。这样的学习状态，完全是主动学习。教师根据学生在课堂中出现的问题，提出的问题，进一步引导。学生觉得自己的方案得到认可，有了更大的成就感，也就更愿意积极投入课堂，进行深度学习。他们充分感受到了生活中处处充满数学，用数学的思维思考世界，他们的数学学习热情被大大提高了。

（二）反思

通过课程学习，大部分学生对解直角三角形的应用有了一定的兴趣，掌握了从实际情境中抽象出数学内容的方法，并学会如何去分析，解决问题，对测高问题也有了一定的认识，能够解决相关的一些问题，但是也有少部分学生难以准确地分析出解决问题的方法。

如何激发学生的学习兴趣，在学生思考的时候为他们提供支架，并能够提升他们的核心素养，落实他们的深度学习，是我们需要认真思考的。在以下几个方面，我们需要做得更好：教师应该选择贴近学生生活经验、符合学生年龄特点和认知风格的情境素材。例如：在学习圆的周长的时候，鼓励学生测量身边熟悉的圆形物体的周长和直径，体会圆周率的真实存在；组织学生用所学的解直角三角形的知识测量校园的旗杆、教学楼高度等。教师在创设真实情境时，要注重情境的多样化，在教学中让学生接触社会、经济、文化和学科等多个领域的真实情境，培养学生综合运用数学及其他学科的知识与方法发现和解决实际问题的能力，使学生感受数学在现实世界中的广泛应用，体会数学的价值。在创设情境时，要深入挖掘数学的人文价值与育人价值，我们要注重选取中华优秀传统文化中的数学文化素材，帮助学生了解和领悟中华民族独特的数学智慧，增强文化自信和民族自豪感。

第三节　初中英语课例——以牛津上海版"8A Unit 2 Work and Play"听说课为例①

一、情境创设

（一）教学内容

1. 课标研读

《义务教育英语课程标准（2022版）》中初中英语学科教学的开展应该以课程标准为基础，始终围绕核心素养，并通过英语学科的学习，发展语言能力、培养文化意识、提升思维品质、提高学习能力。

初中生纯英语环境学习的机会有限，每个单元的听说课是学生最好的英语输入和输出的环节，因此教师要尽量为学生创造一个自然的语言环境，在自然的语言环境中用英语交流，并且要让学生在一个真实且贴近生活实际的情境中去进行语言知识和技能的应用实践和迁移创新，激发学生的表达欲，从而达到单元教学目标。

2. 教材研读

本单元是上海版牛津《英语》教材八年级第一学期第一模块 My life 中的第二单元，单元主题是 Work and Play，共分为 Reading、Grammar、Listening、Speaking、Writing 和 More practice 六个部分。Reading 部分从学生描述自己一天要做的事入手，再到了解 Windy 的一日生活，其次通过 Listening 了解 Jack 的周末生活，Speaking 部分要求掌握语音语调的规则，Writing 部分则描述了 Megan 的一日生活，最后的 More practice 以 Sandy's blog 中"A day in my life"结束。该单元的话题内容属于"人与自我"范畴下"生活与学习"主题，要求学生学会学习与生活的自我管理，即在学习之余也要有丰富、充实、积极向上的生活。笔者将以该单元第三课时的听说课"Jack's weekends"为例，详述情境—问题在具体课堂中的实施与运用。

本课通过对 Jack 周末生活的描述，学会用一般现在时来描述日常，该话题贴近学生的生活，具有很强的实用性和情境的真实性。

---

① 课例设计者是上海市梅陇中学的卞海梅。

单元语篇内容及其主题和主题意义

语篇	语篇类型	语篇内容	语篇主题	主题意义
A day in the life of ... Whizz-kid Wendy	Reading	Wendy 是一个在校中学生,但却拥有着一个电脑公司,销售自己编写的电脑软件	平衡学校与课余生活,自我管理,自我提升	能够正确表达自己的一日生活,并且能够对比自己与 Wendy 的生活
Jack's weekends	Listening	描述 Jack 的周末生活	平衡学校与课余生活,自我管理,自我提升	能够正确描述 Jack 的周末生活并对 Jack 的周末予以评价
A classmate's daily life	Speaking	运用正确语音语调谈论自己本班同学的一日生活	平衡学校与课余生活,自我管理,自我提升	能够谈论自己的一日生活并能找到学习与课余生活之间的平衡
A day in Megan's life	Writing	以朋友的角度采访,并以报告的形式呈现出 Megan 的一日生活	平衡学校与课余生活,自我管理,自我提升	了解其他人的一日校园生活,丰富自己的课余生活
Sandy's blog：A day in my life	More practice	读博客,了解在马戏团表演的 Sandy 的一日生活	平衡学校与课余生活,自我管理,自我提升	找出自己与 Sandy 生活的不同,尝试更多有意义的事情

3. 学情分析

学生在六七年级的学习中,已经能够简单描述自己的课后生活,并且使用频率副词来表达出自己做某事的频次,进入八年级以后,学生已经具备了一定的语言运用能力,在认知上向理性思维过渡。学生在本单元的学习过程中,熟悉了阅读课时中 Wendy 的日常生活,也能比较熟练地运用一般现在时和频率副词讨论他人的日常生活。学生在七年级也学习了"校园生活"等日常生活的相关话题,因此对于本课时"Jack's weekends"的话题并不陌生。然而,学生的学习迁移能力还不够强,对于运用不同句型的正确语调问答他人的日常生活的能力还需要加强。因此,希望通过本节课的教学,学生能熟练运用正确的语调,联系生活实际,对话并描述他人或自己的日常生活。

4. 资源分析

教师将充分利用各种教学资源,包括教材、教辅资料和网络资源等,为情境的创设提供必要的素材,在授课过程中,教师也将运用幻灯片、学习单和板书等将教学任务清晰化。

(二) 确定目标

本课的学习目标是让学生通过运用听前读图、听中记录、听后总结等学习策略获取关于周末活动的细节信息,掌握疑问句及其回答句的语调规则,在描述日常生活时运用正确的时间顺序,并采访同伴,了解同伴的周末生活。同时,分析并总结出一个健康乐观且能平衡生活与学习的关键,对他人的生活方式给予评价,引导学生能有一个更积极乐观的态度去对待生活。

预期的困难	解决的方法
1. 学生可能会在听听力文本时难以记录所有的细节信息。 2. 学生可能难以立刻对 Jack 和他人周末生活进行评价并提出建议。	1. 引导学生记录关键信息,给学生提供脚手架,并且在黑板上为学生展示第一个听力文本需要记录的细节信息,做好引导。 2. 应用问题链来激发学生思维,使其能从低阶向高阶发展。

(三) 确定评价任务

评价任务是检验教学目标达成情况的重要手段,因此在确定评价任务时,教师应当根据学生预期可达成的成果设计相应的评价标准和评价方式,本课时将使用学习单将学生需要掌握的内容分成不同的板块,并且每个任务的难度梯度逐步上升,同时使用问题链,提出问题让学生不断思考,并且每个问题之间相互关联。

Worksheet

I. Listen and number the pictures below.

II. Listen to the recording of the first picture and take notes of some key information.

```
┌─────────────────────────────────────┐
│              Notes                  │
│                                     │
│  _____  _____  │
│  _____  _____  │
│  _____  _____  │
│  _____  _____  │
└─────────────────────────────────────┘
```

III. Listen and fill in the blanks.

1 What? read _____
   _____
   When? _____
   _____

2 What? _____
   _____ together
   When? _____
   _____

3 What? visit _____
   _____
   When? _____
   _____

4 What? _____
   _____ at a club
   When? _____
   _____

5 What? ride to bakery to
   _____
   When? _____
   _____

6 What? read _____
   with grandparents
   When? _____
   _____

7 What? _____
   _____
   When? _____
   _____

8 What? _____
   _____
   When? _____
   _____

IV. Make a conservation to interview your deskmate, complete the timetable,then make a report.

When	What	Where	With whom	How often

二、 情境建构

(一) 教学设计

Step 1　Lead-in

活动一:看一看本班同学的周末生活照片,说一说他们的周末都做些什么。

Look at the pictures of your classmates' weekend activities and tell what they do at weekends.

开篇巧用情境教学,通过观察同学们周末生活的图片,自然引入本课时的主题,即描述周末生活,并且通过展示的图片,学生会发现每个人的周末生活有相似也有不同,因此,也能去思考自己的周末生活是否丰富有趣,是否有需要改善的地方。

Step 2　Pre-listening

活动二:观察图片中哪一位是 Jack,预测 Jack 周末做些什么并根据图片内容提出更多的问题。

Look at the pictures, can you tell me who is Jack?

教师通过书上的八幅图片创设直观情境,巧用教材留白,图片上的内容与听力材料是密切相关的,学生可通过图片快速了解 Jack 周末大致会做什么,有助于学生进入学习情境,让学生就自己看到的内容进行表述,也能培养学生的读图能力。此外,通过图片的展示,让学生根据自己对 Jack 感兴趣的点提出相应的问题,培养了听前预测的技能,让学生提问题的方式加深了学生对图片的理解,并且让学生有机会主动去思考,在给定的情境之下,提出更多合理的问题,也为后面的听力练习作铺垫。

Step 3   While-listening

活动三:听录音并将学习单的八幅图片进行标号。

教师:Listen to the recording and number the pictures.

使学生能熟悉整个听力文本的内容,在文本提供的情境中将听到的内容进行排序,同时验证预测的内容是否正确;学生在排序的过程中也能抓住关键信息。

活动四:听第一幅图的录音并将关键的信息记下来。

Let's listen to the recording of picture 1 and take notes of some key information about where, what, when, who and how often. When you take notes, you don't need to write down all the words and you can use some symbols. Now, let's check.

活动五:听课本 27 页上"Jack's weekends"八幅图的录音并根据听到的内容填空。

This time, let's listen to the whole recording and fill in the blanks on your worksheet. You can also take notes about how often he does each thing and some other key information in the pictures. Let's listen again to check your notes.

教师在听中环节从图一入手,带着学生一起记笔记,回答问题,从而捕获关键信息。从教师与学生一问一答的方式到学生自己最后进行概括,从教师带领学生听录音记笔记到学生自己听录音记笔记。这不仅能锻炼学生听中记笔记的能力以及提取细节信息的能力,同时也可以培养学生的逻辑思维,如在图四中教师可提问"How often does he play tennis?" "Does he mention it?"学生会根据笔记思考得出"He doesn't mention it."在图五中教师可提问"Why does Jack always buy bread?"学生会回忆文本信息得出"Because they like to have bread for breakfast."在图六中教师可提问"What do you think of his brother? Why do you think so?"学生会根据听到的内容进行思考得出"He is helpful because he helps their parents do the housework with his brother."

Step 4   Post-listening

活动六:根据图片及时间轴描述 Jack 的周末生活,并让学生探讨 Jack 的周末生活如何,表达自己的观点。

运用"情景记忆法",让学生根据图片及时间轴复述 Jack 的周末生活,促使学生用口语进行表达,也有助于锻炼学生的记忆力和语言组织能力,并且让学生对听力文本中 Jack 的周末生活进行思考。其次,使用问题链的方式,追问学生 Jack 的周末生活是否在工作和玩之间达到了平衡,他是否有一个和谐的家庭,如果要使 Jack 的周末生活更丰富,他还可以做哪些事情,从而又回到了单元话题 work and play。这样不仅提高了学生的思考能力,同时也培养了学生知识的迁移能力,让学生有了单元话题的概念。

Step 5　Speaking

活动七:根据图一的问题和回答学习语调规则。

Let's learn the rules of tones according to the picture one. Where do Jack and his brother often go?

此环节用图一所涉及的问答为例,用学生熟悉的文本去引导学生一起归纳总结出疑问句和答句的语调规则,并且将学到的语调规则运用到日常的对话中,促使学生能够在真实情境中进行对话。

活动八:用正确的语音语调读文本中八幅图片对应的对话。

Choose a picture and make a conversation about Jack's weekends with proper tones.

双人对话的形式是对仅复述图片内容的一个提升。这样的方式不仅加强了学生口语表达能力,也加深了对听力文本的理解,并且可以更好地关注对话过程中问答句的语音语调。

活动九:采访一名同学,完成学习单上的表格,并对采访的内容做一个报告,根据checklist 评价其他同学的报告。

We have talked so much about Jack's weekends. This time, how about making a conversation to interview your deskmate and making an oral report about his or her weekends? Before making the report, what should we pay attention to?

从课前导入以观察同学周末生活为引导,简单表述同学的周末的生活,到文中详细了解 Jack 的周末生活,到最后深入采访同学的周末生活,每一个环节都是基于创设的生活情境之下,能够促使学生联系生活实际,从而达到从课堂学习中培养学生的学习能力。学生自己制定 checklist 的规则能够让学生回顾本堂课所学,将课堂所学真正转化为自己的知识,并通过自评互评和师评来检测所学知识的掌握程度。

Step 6　Summary & Assignment

活动十:概括本堂课所学。What have you learned today?

让学生对课堂所学知识进行反思和归纳,培养学生积极主动思考的学习态度,树立正确的学习目标。此外,通过让学生自我总结的方式也再一次升华了情境,由 Jack 联想到自己,我们要在工作和学习中找到一个平衡。

Step 7　Homework

分层作业:

选择 A. a. 用正确语音语调朗读听力文本内容　b. 写一个自己周末生活的报告。

选择 B. a. 用正确语音语调朗读听力文本内容　b. 根据课文 29 页的内容设计一个问卷调查,调查其他同学的周末生活,并将回答进行汇总整理,写成一篇报告的形式。

通过读写相结合的方式帮助学生复盘本节课所学,同时提高了学生语言输出和写作的能力,作业的内容设置也切合了本课时的情境创设,始终围绕周末生活展开,无论是自己的周末生活或是他人的周末生活,作业的分层使学生更有自主选择权。

(二) 课堂观察

观察同学周末生活和叙述自己的周末生活是现实中真实存在的问题,学生首先要听不同人的周末生活,学习常用的表达。然后,学生要观察同学周末生活,运用所学的语言知识进行调查和分析,通过采访同学获取信息。这样开放式的任务设计,能够在思维深度和广度上,同时激发学生的表达。以下是课堂教学中的几个片段。

片段 1:活动五　听课本 27 页上八幅图的录音并根据听到的内容填空。

教师:This time, let's listen to the whole recording and fill in the blanks on your worksheet. You can also take notes about how often he does each thing and some other key information in the pictures. Let's listen again to check your notes.

教师:In picture 2, what do they do together?

学生:They have lunch.

教师:When do they have lunch?

学生:At 12 o'clock.

教师:How often do they have a barbecue?

学生:Sometimes.

教师:Where do they have a barbecue?

学生:In the garden.

教师:Who can describe what they do in picture 2?

学生:At 12 o'clock, they have lunch together. They sometimes have a barbecue in their garden.

教师:Who'd like to describe Jack's weekends from picture 3 to picture 8?

学生 1:In picture 3, they often go out to visit the street market in the afternoon. It's very busy and interesting.

学生 2:In picture 4, he plays tennis in a club later in the afternoon.

学生 3:In picture 5, he always rides to bakery to buy bread before dinner.

学生 4:In picture 6, he usually has dinner with his grandparents in the evening.

学生 5:In picture 7, he washes dishes with his brother after dinner.

学生 6:In picture 8, he always does his homework from 8:00 to 9:00 in the evening.

He goes to bed at 10 p.m.

片段 2：活动八　用正确的语音语调读文本中八幅图片对应的对话。

教师：Choose a picture and make a conversation about Jack's weekends with proper tones.

学生 1：When does Jack have a barbecue? ↘

学生 2：At twelve o'clock. ↘

学生 1：Does Jack have a barbecue with his family? ↗

学生 2：Yes, he does. ↘

学生 1：What do they cook? ↘

学生 2：They cook some sausages and have bread and salad. ↘

学生 1：Do they have a barbecue in the garden? ↗

学生 2：Yes, they do. ↘

学生 1：How often do they have a barbecue? ↘

学生 2：Sometimes. ↘

双人对话不仅加强了学生口语表达能力,也加深了对听力文本的理解,并且可以更好地关注对话过程中问答句的语音语调。

片段 3：活动九　采访一名同学,完成学习单上的表格,并对采访的内容做一个报告,根据 checklist 评价其他同学的报告。

教师：We have talked so much about Jack's weekends. This time, how about making a conversation to interview your deskmate and making an oral report about his or her weekends? Before making the report, what should we pay attention to?

学生 1：We should talk about what he/she does, when he/she does each thing and so on.

学生 2：We should use words like always, sometimes to show the time and use the simple present tense correctly.

教师：Good job. Now you can interview your classmate and complete the table on your worksheet, then make a report.

片段 4：教师总结,学生通过本节课的学习,能够获取并记录 Jack 周末生活的细节,且能用正确的语音语调讨论 Jack 的周末生活,最后采访同学时,能够将同学的周末生活做成一个报告的形式,并使学生对他人生活有所思考,同时激发学生对自己生活的思考,从而能够找到生活与工作中的平衡点。

教师：What do you think of Jack's weekends?

学生：I think he has meaningful weekends because he does a lot of things with his family members and plan his weekends very well.

教师：Yes, he has a harmonious family.

学生：I think he is too busy and he has little time to rest. If I were him, I would feel very tired.

教师：You think of his weekends from your point of view. You have an unique of view. How about your weekends?

学生：I often play basketball with my friends, but most of the time, I have to study and do some exercise to improve myself.

教师：Hope you will have more free time to do the things you like. Any volunteer?

学生：I think Jack is very independent because he can ride to bakery to buy bread by himself. His weekends are also great. He shows a positive attitude to his life.

教师：Nice answer. We can see that Jack is always smiling from these pictures. Obviously, he is happy with his life. Children, do you have different ideas? Do you want to give some suggestions to Jack to help him improve his life?

学生：I'd like to share my opinion. It is a good choice for Jack to go out and chat with his friends. When he is happy, he can share his joy with his friends. When he is sad, his friends will comfort him. I often go out with friends and I will feel relaxed when I chat with my friends.

教师：Good job. I think Jack is willing to take your advice. Jack can do so many things at weekends. We should try our best to balance our work and play like him.

三、情境应用

（一）内化迁移

内化迁移是情境应用的核心，包括新任务单迁移，学习过程和检测与作业等内容，教师可以通过设计新任务单迁移活动，让学生在新的情境中运用所学知识，检验自己的学习效果。在本节课的授课过程中，教师使用了学习单检测学生在学习过程中对于文本知识的掌握程度，在课后作业部分设置了分层作业，让学生选择完成更适合自己的作业。无论是学习过程的作业单还是课后作业单，其目的都是让学生能够检验自己的学习效果。在遇到新的情境后，学生也能快速将自己的所学进行运用。

A：

Requirements：

Make a report on "My weekends". Remember to answer the questions below.

(1) What activities do you do at weekends?

(2) How often do you do them?

(3) When do you do them?

(4) Whom do you do them with?

(5) How to make your weekends better?

Checklist：

Remember to

1. talk about what you do, when you do each thing, etc.

2. use the adverbs or adverbial phrases of frequency to show the time.

3. use the simple present tense correctly.

4. mention the ways to improve your weekends.

B：

Design a questionnaire like that on page 29 and write a report about your classmate's weekends with the title, introduction and timeline.

QUESTIONNAIRE

Questions：   Answers：

_____   _____
_____   _____
_____   _____
_____   _____
_____   _____
_____   _____

（二）反思

总体来说，本节课基本达成了教学目标，教师能够紧扣教学目标设计教学环节，学生也能够通过完成学习单上的任务和 checklist 去检验自己的掌握程度，本节课也还有改进的空间。

从学生角度来看，学生通过本节听说课的学习，从一开始只能简单说说图片中同班同学的周末做了什么到最后能以报告的形式呈现他人的周末生活，学生掌握了正确的语音语调以及恰当的句式表达。学生在课堂上积极踊跃表达自己的观点，并且能就自己和他人的周末生活进行点评并提出建议，最终能够更好地在工作（学习）和生活中找到平衡。在此过程中，学生能够完成学习单，并且在层层递进的问题链中，思维不断地得到提升。

从教师角度来看，情境的创设使学生能更加自然融入课堂学习中，传统课堂往往一上来就是问答，给学生造成了一定压力，但是多媒体的使用，如用视频图片等导入，一下子就抓住了学生的眼球，同时也给他们谈论自己或他人的周末生活提供了一个范本。本堂课的开始由同学的周末生活照导入，让学生不仅能被内容吸引，也为学生提供了一定的表达句式。同时授课时升华了教学情境，即在努力工作或学习之余，也要丰富充实积极向上的生活，紧扣核心素养的要求。英语的学习不光是教授文化知识，更重要的是文化意识的提高，要增强学生跨文化理解能力。中西方学生的周末生活往往不同，因此本节课学习之后学生也应当对中西方学生不同的周末生活有所了解，但是在课堂实施过程中，一开始导入时创设的情境效果很难持续到最后，学生除了原有的听力文本，也很难直观地感受、体会中西方之间的差异，因此教师应当在过程中也巧设情境，如在学生表达对 Jack 周末生活的看法后可以为学生展现中西方学生不同周末生活的视频或图片，让学生畅所欲言，这样学生也能够反思自己的周末生活是否有意思并且需要做出怎样的改变。最后教师应当反思教学情境，结合学生课堂的表现改进情境的创设。同时也应当避免脱离大单元只顾某一课时的简单呈现。上每一课时前应当有大局观，即站在宏观的角度去创设情境，并用情境下的问题链一步步引导学生。

第四节　初中物理课例——以"物态变化"单元为例①

一、情境创设

（一）教学内容

1. 课标研读

《义务教育物理课程标准（2022 版）》将跨学科实践按主题分为三个类别，"物理学与生活""物理学与工程实践""物理学与社会发展"。这种分类方式弱化了传统学科界限，让学生能够在更广阔的视野中探索和学习。同时，该方式淡化了人为划分的学科的融合，如"物理＋数学＋化学""物理＋历史＋艺术"。这一变革旨在引领学生面向真实复杂的情境，培养其在实际生活中解决问题的能力，进而全面提升其核心素养水平。这种与日常生活紧密相连的教学方式，能够极大地激发学生的物理学习兴趣和科学探究欲望。

基于上述分析与思考，笔者从"物理学与生活"这一分类切入，设计了基于"物态变化"单元的跨学科实践教学。该案例以"物质"主题为"主旋律"，核心问题为"炎炎夏日，如何为交警送清凉，暖警心？"在活动中，学生结合物态变化的知识探讨降温的可能途径，结合物理学、数学、地理学、生物学知识设计可能的方案，结合美术知识、劳动技能与工程技能设计与制作产品模型。

在跨学科实践方面，由于新课标的分类具有场景性，笔者选择以"日常生活"为落脚点。"送清凉，暖警心"这个案例希望将物理知识与日常生活结合，让学生在解决实际问题的过程中，调动物理观念、科学思维，展现科学态度与社会责任感。该案例没有将核心问题放置于过于宏大的人类社会的大环境中，也没有将其放置于狭小的家庭环境，而是将教学镜头拉至学生熟悉且能引发他们探索兴趣的"中观"环境，包括了家庭成员、附近的居民、交警等。在这样的环境中，学生能更好地将所学知识迁移到实际生活中，从而加深对物理知识的理解和掌握，全面培养其核心素养。

笔者认为，当亲历探究，成功解决"中观"环境的实际问题之后，在面对更为宏观的或者更为微观的涉及 STSE 的议题时，学生才会更加从容，更加深入、全面地思考与实践。

---

① 课例设计者是上海市梅陇中学的张敏玥。本案例删改自《2023 年普陀区义务教育阶段学科项目化学习教学设计》（张敏玥　二等奖）以及如下论文：张敏玥，刘可可，李晓月，等. 基于"物态变化"内容的跨学科实践教学初探［J］. 理科考试研究，2023，30（02）：44—46.

2. 教材研读

本单元教学设计选自上海教育出版社《物理》八年级第二学期第五章"热与能"第4节"物态变化"。较为特殊的是,本节现为上海市初中生的选学内容,在新教材落实后其教学重要性将大幅度提升。本节主要学习熔化、凝固、气化、液化、升华、凝华等内容。它是学生在科学课程学习"热传递",在本章学习温度、分子动理论、热量、比热容之后,对热现象的再次探索和进一步的认识。学生将知道物态变化与温度有关,了解六种物态变化及其过程中的吸热和放热情况。

3. 学情分析

这一单元的内容与日常生活紧密相连,如冰的融化、水的蒸发等,因此学生在理解时能够找到很多直观的例子。初中生在学习物态变化时,普遍对其中的实验现象表现出较高的兴趣,愿意与老师积极分享与互动。因此,学生在初次接触时往往能够较快地进入学习状态。

然而,也存在一些问题和挑战。随着学习的深入,学生在理解更为抽象的物理概念时可能会遇到障碍。例如,在探讨物态变化过程中吸热与放热的差别时,部分学生的兴趣和积极性可能会逐渐降低。此外,八年级学生的物理实验操作技能尚处于发展阶段,他们可能难以独立设计完整且清晰的实验方案,并对方案进行逐步优化以提高实验效果。因此,他们需要教师搭建脚手架,逐步引导其完成科学探究,否则可能导致学生在学习过程中感到困惑和挫败,从而影响他们对物理学科的兴趣和学习动力。

4. 资源分析

(1)演示实验器材或学生实验器材:水、远红外辐射加热器、铁架台、小试管、粉末状的萘、石蜡、烧瓶、酒精灯、装有碘的封闭式容器、载玻片、酒精、滴管、秒表、托盘天平、纸板、热熔胶枪等。此外,学生可以申请借用 OM 或者 DI 比赛实验器材。

(2)学习活动环境:标准化物理实验室、NOBOOK 物理实验室、社区。

(3)学习资源:教材、网络资源、多媒体课件(如 PPT)。

(二)确定目标

1. 课标要求

"物态变化"这一单元隶属于"物质"主题下"物质的形态和变化"的二级主题。新课标对这部分内容的设计旨在引领学生以物理学的角度去探索和理解物质世界,尤其是身边物质的多样形态及其变化过程,从而帮助学生建立起初步的物质观念;同时,新课标对该部分的设计意在引导学生掌握科学的研究方法,通过实践提升其科学探究的能力,更深入地理解科学、技术、社会和环境之间的相互关系,进而培养学生的辩证唯物主义世界观,使其能够以更全面的视角看待世界。下表 1 为新课标对"物态变化"的内容要求。

表 1　新课标对"物态变化"的内容要求

三级主题序号	内 容 要 求
1.1.1	能描述固态、液态和气态三种物态的基本特征,并列举自然界和日常生活中不同物态的物质及其应用。
1.1.2	了解液体温度计的工作原理,会用常见温度计测量温度。能说出生活环境中常见的温度值,尝试对环境温度问题发表自己的见解。
1.1.3	经历物态变化的实验探究过程,知道物质的熔点、凝固点和沸点,了解物态变化过程中的吸热和放热现象。能运用物态变化知识说明自然界和生活中的有关现象。
1.1.4	能运用物态变化知识,说明自然界中的水循环现象。了解我国和当地的水资源状况,有节约用水和保护环境的意识。

2. 单元学习目标

通过实验观察,帮助学生理解熔化和凝固、汽化和液化,知道升华、凝华,引导学生树立物质观。

观察物态变化现象,提取关键信息,发现并总结内在规律。通过对古人消暑方法的学习,体会物理知识与生产、生活的重要联系,并基于此建立模型,锻炼学生的科学思维。

以水为例,观察与描述自然界中的霜、雪、雨、露、雾等天气现象的过程,通过探究影响蒸发快慢的因素等实验,感受控制变量的科学研究方法。为了解决核心问题,基于观察和实验,提出改进方案,提升学生科学探究的能力。

培养学生的科学探究精神,鼓励其勇于探索未知。引导学生认识到物理学在社会发展中的重要作用,培养其关注社会、服务社会的责任感和使命感。

(三) 确定评价任务

本案例强调物化的结果,学生应在实践过程中撰写调查报告作为过程结果,并以产品模型作为最终结果。考虑到真实问题本身往往具有跨学科的特点,笔者鼓励学生运用各个学科的知识与工具,如几何与成本计算等数学内容,地图等地理工具,从而打破原先"碎片的知识理解,孤立的知识运用"的局面,最终解决真实问题。

下面,逐一阐述对学生调查报告、模型设计、作品汇报的评价方式。

学生的调查报告需符合实际、清晰有逻辑、有数据、有依据。表 2 用于师生评价与生生评价,在评价互动中帮助学生查漏补缺,发现本组的优势与劣势,综合提高科学探究的能力。

表2 调查报告评价表

评分项目	评分标准	得心	总心
内容完整性	• 报告格式规范;包含调查背景、研究目的、研究方法、结果分析及结论等关键部分。	♡ ♡ ♡	
内容逻辑性	• 报告结构清晰,条理分明	♡ ♡ ♡	
数据收集	• 数据收集充分,证据翔实	♡ ♡ ♡	
数据分析	• 分析方法科学,结论合理	♡ ♡ ♡	
物理语言表达	• 语言流畅、表达清晰,物理语言使用规范	♡ ♡ ♡	
团队合作与分工	• 团队成员分工明确 • 团队成员有效沟通,共同完成了任务,并均有所贡献	♡ ♡ ♡	
评分说明	完全符合:♥♥♥;比较符合:♥♥;比较不符合,加油哦:♥		
优点			
建议			

模型检验需要使用控制变量法,需要基于物态变化的知识建构模型。量化的表3可以在探究过程中帮助学生更客观地评价自己的设计,找出设计中的优点和不足,以便进一步改进和完善。同时,也有助于培养学生的团队协作能力和创新精神。

表3 模型设计评价表

评分项目	评分标准	得心	总心
有效性	• 模型能有效解决实际问题 • 方法便捷,操作简单	♡ ♡ ♡	
经济性	• 总价格合理 • 各个组件投入的金额合理	♡ ♡	
舒适性	• 充分考虑到使用者的体验和需求	♡ ♡ ♡	

续表

创新性	• 设计新颖	♡ ♡ ♡	
可持续性	• 使用了环保材料或者能长期稳定使用	♡ ♡ ♡	
团队合作与分工	• 团队成员分工明确 • 团队成员有效沟通,共同完成了任务,并均有所贡献	♡ ♡ ♡	
评分说明	完全符合:♥♥♥;比较符合:♥♥;比较不符合,加油哦:♥		
优点			
建议			

作品汇报是一个全面而详尽的展示过程,它不仅要求学生结合具体数据深入阐述产品的优势及其设计思路的精髓,还要详细描述产品的实际效果和经济成本,以及交警在使用过程中的真实体验和需要注意的事项。在此过程中的交流评价环节,我们采用了多元化的评价方式,包括小组内部的自我评价、各小组之间的相互评价,以及来自教师的点评。最后,教师与学生会针对每组学生的表现和产品特色,颁发具有针对性的奖状,如"最具创意奖""最实用奖""最美观奖"和"最佳用户体验奖"等,以此表彰产品的独特之处。同时,为了肯定每位学生在实践中的独特贡献,还会设立如"最佳调查员""最佳设计师""最佳成本核算员"和"最佳统筹员"等个人奖项。这种多元化的评价方式,旨在全方位地肯定每位同学的积极参与和贡献,充分挖掘并赞赏他们在实践过程中展现的闪光点。这样不仅充分肯定了每位同学的积极参与和努力付出,更有助于激发他们的创造力和团队协作精神。

二、 情境建构

(一) 教学设计

"送清凉,暖警心"的实施过程共包括 5 个环节,兼顾了不同物理基础的学生。其中"资料查阅—设计模型"与"模型制作—检验效果"环节是一个反复循环、螺旋式上升的过程。下面,逐一阐述各个流程的具体内容。

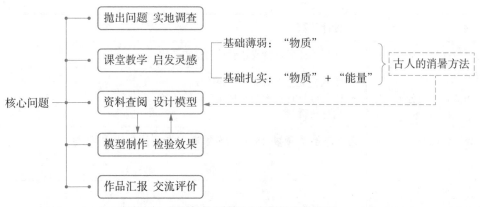

图 1 "送清凉，暖警心"案例的实施流程。

活动1:抛出问题　实地调查

首先,教师在第一课时的课堂上向学生抛出跨学科实践活动的"核心问题",即"炎炎夏日,如何为交警送清凉?"结合学生的物理学科核心素养现状,教师选择性地向他们提供"问题脚手架"。这些指引学生调查的问题可能包括对温度、湿度、已有降温措施的记录,也可能包括对工作区域的拍摄与绘制等(见表4)。随后,教师布置任务,引导学生在课后小组合作,调查学校附近的交警工作地点,并撰写调查报告。

表4 "问题脚手架"示例

序号	问　　题
1	时间段、温度与湿度是什么?
2	已有的降温措施有哪些? 有什么不便之处或者弊端?
3	场地如何?(例如,有无树荫、亭子)
4	如有工作亭,亭子的结构与材料是什么?
5	同一地点,交警的数量是多少? 工作时间段是什么?
6	工作时,工作区域面积是多少?(这可能涉及到成本计算)
7	工作时,交警的工作区域图是什么?(消暑措施不能影响正常工作)

活动2:课堂教学　启发灵感

虽然本案例的核心问题是固定的,但是教师可以针对不同基础的学生,灵活调整教学内容。对于物理基础较为薄弱的学生,可以专注于"物质的形态和变化"的内容,将本案例的核心问题作为"大问题",贯穿于新课教学;对于物理基础较为扎实的学生,可以将本案例作为应用拓展的活动,联系"物质"主题与"能量"主题,将"物质的形态和变化""能量、能量的转化和转移""机械能"与"内能"的内容整合,培养学生综合分析问题的能力。

此外,在"送清凉,暖警心"的教学过程中,教师会在课堂上有意识地向学生介绍古代的消暑方法,内容可能包括战国时期的青铜冰鉴、唐朝的凉棚、唐朝依水而建的含凉殿的"人造水帘"与殿外将"冷气""送入"殿内的"扇车"等。这样的环节意在鼓励学生解释古人消暑方法的物理原理,体会古人智慧的同时,启发学生从中汲取灵感,为后续的模型设计铺垫。

需要强调的是,初中生具有一定的抽象思维与学科知识,但是迁移能力有限。因此,教师在设计演示实验与学生实验时,需要充分考虑学生的实际情况。例如,对于基础薄弱,并且迁移能力较弱的学生,教师需要将演示实验或者学生实验化作学生模型设计的"引子",让学生体验与解释冰块升华吸热与水蒸发吸热(水帘降温)、讨论将上述物理原理运用至现实生活,解决核心问题的可行性。通过这种隐晦的前置解决核心问题的方法,降低本问题的难度,从而循序渐进地提高学生的综合能力。

活动3:资料查阅　设计模型

在"送清凉,暖警心"的实践过程中,教师始终对学生的设计保持开放与包容的态度,鼓励学生查阅资料,发散思维,整理与实践奇思妙想。因此,学生并不需要将设计思路局限于教师介绍的古人消暑方法。特别说明的是,为了缩小完全真实的生活问题与教学内容的差距,本案例要求学生将消暑产品的耗材费用也纳入考虑范围,核算模型的成本。

此外,不可避免的,学生需要不断地"设计模型—测试产品—改进产品"。每位同学都有一本跨学科实践记录本,如果他们获得了教师与家长的帮助,需要换用其他颜色的水笔(而非正常使用的黑色水笔)标注建议,以此来区分本人想法与小组想法,从而更加清晰地呈现探讨与设计的过程。

活动4:模型制作　检验效果

学生制作的模型可能是各式各样的。例如,在小电风扇下面或者前面放置一盆水或者一个冰块,改进亭子顶部材料,在亭子内直接放置冰块等。对于某些制作实际模型较困难的小组,教师会要求他们画出尽量详细的模型设计图纸,标注存在的问题,协助他们"逼近"可实现的产品模型。

检验降温效果的方法是多种多样的。比如,学生可以选择在同样的环境下,用同等规格的冰块表征交警,记录不同冰块融化的时间与周围环境温度随时间的变化。通过这样的记录,比较不同小组产品的消暑效果。

活动5:作品汇报　交流评价

作品汇报作为整个项目流程中不可或缺的关键环节,要求学生必须结合具体数据,全面而深入地阐述产品的设计理念、实施效果、经济成本、用户体验及使用时的关键注意事项等多个方面。这一高度开放性的环节,不仅为学生提供了一个系统性回顾与总结整个项目活动的平台,更在潜移默化中锤炼了他们运用物理语言进行精确表达的能力,同时也提升了他们在团队内部及公众场合的沟通技巧。

在汇报之后的交流评价阶段,我们采纳了多元化的评价机制,涵盖小组内部的自我反思、小组之间的相互评审,以及来自教师的点评。最终,基于上述评价,教师给予学生的奖状兼顾了不同产品的特点,例如"最具创意奖""最实用奖""最美观奖""最佳用户体验奖"等;也兼顾了不同学生的优点,例如"最佳调查员""最佳设计师""最佳成本核算员""最佳统筹员"等。这种融合了多元评价主体,同时兼顾产品特性与个人能力的评价方式,旨在全面认可所有参与者的积极投入,并充分肯定每个人在项目实践过程中所展现出的独特价值与亮点。

(二) 课堂观察

下面以课堂教学中教师引导学生结合所学,设计方案的片段为例。

教师:同学们,经过实地考察研究,各个小组提出了初步方案。比如有同学提出在工作亭上增加隔热材料,还有同学发现市面上有各式各样的降温安全背心。有些同学犯了难,不是所有交警工作的场所都能装空调降温,不知道如何找寻灵感。今天我们就一起聊一聊古代的消暑方法,看看能不能从没有空调和电扇的古代,找寻降温的灵感。

学生 A:老师,我听说过古代有使用冰块来降温的。冰块在融化的过程中会吸收热量,这样周围的空气温度就会降低。不知道警察叔叔的工作场所能不能放冰块,冰块融化成水,我们还需要收集水,否则地很滑。

学生 B:还可以用扇子扇风,凉快一些。空气流动加快可以帮助汗水蒸发。扇子通过增加空气流动来加速汗水的蒸发,汗水蒸发时吸收热量,降低皮肤表面温度,让我们感觉凉快。但是警察叔叔不可能在工作的时候扇扇子。

教师:非常好,两位同学能联系交警工作的实际情况和降温的物理原理进行思考。交警工作场所与古人降温场所或许不同,但是背后的物理原理可以是类似的。

学生 C:那我们能不能用一个箱子放冰块,上面放一个电风扇,这样就能解决冰融化成水的问题,还能吹出凉风。

教师:很好,同学 C 反应速度很快。课后我们可以小组讨论,将模型具体化。

学生 D:我还在历史课上学过战国时期有青铜冰鉴,这是一种古代的冰箱,用来保存冰块,从而降低室内温度。

学生们:哇,好先进!

教师:是的,古代的工匠们非常聪明。再比如唐朝的凉棚,它利用了建筑学的原理,通过设计巧妙的遮阳结构来阻挡阳光,使室内保持凉爽。(图片展示含凉殿及周围降温设备)

学生E:含凉殿的"人造水帘"和"扇车"又是什么呢?水帘是利用水蒸发吸热吗?

教师:没错,蒸发过程中会吸收热量,从而产生降温的效果。而"扇车"则是一种古老的风扇,通过人力或机械力驱动扇叶旋转,产生气流,汗水上方的空气流动速度变快,加快蒸发,吸收热量。这一点和扇扇子的物理原理是类似的。从上面古人消暑的例子中,你们能得到哪些启发呢?

学生F:我的想法是利用拓展课上学到的太阳能板来驱动风扇,这样既环保又能产生风,帮助空气流通。

教师:非常好,学生F考虑到了能源的可持续性和清洁性。太阳能板可以将太阳能转换为电能,用以驱动风扇,这是一种清洁且可再生的能源利用方式。

学生G:老师,我还想到,我们刚刚只考虑了外部环境因素。但是没有考虑警察叔叔的着装。夏天,我穿有的衣服会感到很闷热,有的衣服就会很凉快透气。(其他学生有感而发地鼓掌)

教师:同学E思考很全面,这值得我们学习。了解制服材料的热传导性、透气性以及吸湿排汗性能,对于改善警察在高温环境下的工作条件非常重要。我们可以搜索相关资料,了解目前交警的制服材料,看看是否能进行改进。课后,请各个小组结合今天的交流,头脑风暴,把你们的方案写在记录本上。

三、情境应用

(一) 内化迁移

在本次跨学科实践活动中,学生在以下关键领域实现了知识与技能的提升,这些能力的有效迁移对于解决其他类似现实情境中的问题具有重要意义。

1. 历史与科技的结合:本单元的学习使学生深刻体会到古代工匠的智慧,并初步掌握了如何将古代科技智慧与现代技术相融合,以创造创新解决方案的技巧。例如,学生可以研究古代的"人造水帘"技术,并探索如何利用现代传感器技术和自动控制系统对其进行现代化改造和应用。

2. 跨学科学习:本单元立足于物理学科的同时,促进了学生将物理学与化学、数学、地理学、生物学等其他学科领域的知识进行整合,探索不同学科间的交叉应用,从而培养了学生的综合创新能力。学生在潜移默化中学会了跨学科思维,能够运用多学科知识解决实际情境中的问题。

3. 模型构建与测试:学生通过构建物理模型模拟古代降温方法,并进行实验测试以验证其降温效果。实验数据的收集和分析帮助学生评估模型的性能,并增强了他们对如何通过设计优化来提高模型效率和方案可持续性进行深入思考的动力。

(二) 反思

在整合了跨学科实践的教学单元中,学生通过一系列系统化活动,包括实地调研、模型设计、模型制作、效果验证以及交流评价,不仅应用了学科理论知识、劳动技能和工程技能以助人解决实际问题,而且提高了自身的科学思维能力和科学探究素养。

在常规教学过程中,教师经常面临教学压力,担心教学进度及学生是否能够真正实现"通过实践学习"的目标,以及师生双方是否能够有效应对连续出现的真实问题。其中,最具挑战性的是从零基础开始取得进展。通过精心规划项目流程并在教室内显著位置公示各组进度,可以观察到学生对于探索不常接触的新材料(如 KT 板、PVC 管、木板和纸板等)表现出显著的兴趣。在教师的细致指导下,学生能够熟练使用热熔胶枪、台钳等工具,创造出具有团队特色的模型。值得注意的是,不应过分担心实验器材的短缺。学生们积极地将家中的矿泉水瓶、快递盒、旧吸管、旧衣物等废旧物品进行再利用,并捐赠给物理实验室供其他同学使用。由于个人解决复杂问题的能力有限,学生们在课堂内外都表现出了相互协助和共同努力的意愿,通过查阅资料、咨询教师等手段来共同克服难题。

此外,在教学实施过程中,教师仍面临诸多挑战。在日常教学中,教师倾向于将项目安排在课程的引入阶段作为激发兴趣的"开胃菜",或置于单元教学的尾声作为巩固知识的"甜点",抑或是在教学过程中作为深化理解的"配菜"。然而,项目教学应当是贯穿整个单元教学的核心内容,持续激发学生的好奇心和探究欲。与之相匹配的评价体系应当能够辅助学生识别自身的优势与不足,从而实质性地提升其核心素养,这对教师提出了更高的要求。

第五节　初中化学课例——以"二氧化碳"教学为例①

一、情境创设

（一）教学内容

1. 课标研读

根据《义务教育化学课程标准（2022 版）》，"二氧化碳"隶属于五大学习主题之一"2. 物质的性质与应用"，并且是"2.2 常见的物质"的重要组成部分。本单元的学习可促进学生发展元素观、变化观等化学观念，进一步建构"可持续发展"的跨学科大概念，并引导学生在面对个人生活需要、国家发展、人类发展与低碳要求的两难问题时，发展科学、技术等解决实际问题的能力，形成国际化视野和构建人类命运共同体的意识，强化社会责任，国家认同和国际理解，促进知、情、意、行的统一。

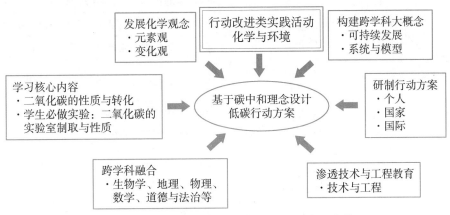

图 1　基于碳中和理念设计低碳行动方案（育人价值）

2. 教材研读

沪教版九年级《化学（上册）》教材编排有四单元，第一单元"化学的魅力"、第二单元"浩瀚的大气"、第三单元"走进溶液世界"、第四单元"燃料及其燃烧"。第一单元走进化学

---

① 课例设计者是上海市梅陇中学的陈欢。

的大门,以后的三个单元,分别围绕着人类发展离不开的三大要素:空气、水、能源。二氧化碳作为一种重要的气体,大量存在于空气中,但其所在位置是第四单元,而非第二单元。第四单元的单元主题围绕"各种类型的能源如何使用,才能让人类可持续发展"展开。因此二氧化碳的学习重心,除了常规的知识点(二氧化碳的物理性质、化学性质和用途)以外,我们还应该补充研究二氧化碳和能源合理使用的关系。

表1 第四单元的单元主题及其细分问题

第四单元主题	基本问题	内容问题	主要知识点
4 燃料及其燃烧	4.1 燃烧与灭火	4.1.1 燃烧的条件	1课时:燃烧定义、燃烧条件、灭火原理、爆炸、缓慢氧化、自燃
		4.1.2 燃料的充分燃烧	0.5课时:燃料的充分燃烧的意义、燃料充分燃烧的方法
	4.2 碳	4.2.1 碳、同素异形体	1课时:金刚石、石墨的物理性质与用途、同素异形体、C_{60}、无定型碳
			1课时:碳的化学性质、氧化还原反应
		4.2.2 二氧化碳、一氧化碳	1课时:二氧化碳的物理性质、化学性质、用途
			1课时:一氧化碳的物理性质、化学性质、用途
		4.2.3 石灰石、钟乳石	1课时:碳酸钙的物理性质、化学性质、用途
	4.3 二氧化碳的实验室制法	4.3.1 二氧化碳的实验室制法	1课时:反应原理、药品选择、发生装置、收集装置、验满方法、检验方法、启普发生器
		4.3.2 二氧化碳的实验室制法(学生实验)	1课时:实验目的、实验用品、实验步骤与现象、实验结论、思考与讨论
	4.4 化学燃料	4.4.1 化石燃料、绿色能源	1课时:化石燃料:煤、石油、天然气;绿色能源:氢能、太阳能、风能等

"二氧化碳"是第四单元第二节"碳"的重要组成部分,从单一物质的知识学习角度需要学习其物理性质、化学性质、用途等,但从构建物质间相互转化的知识体系角度、能源如何合理使用角度多维立体地来看,就有很多真实情境可以补充进来,以促进化学学科核心素养的落实,比如以二氧化碳为载体,渗透绿色化学的理念。

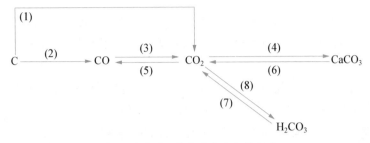

图 2 碳单质及其化合物之间的转化

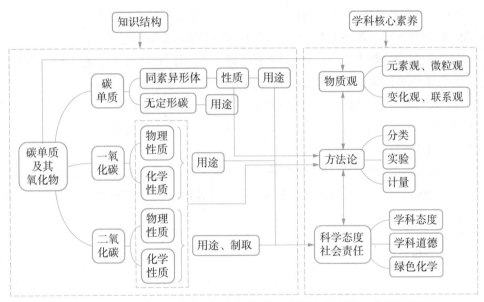

图 3 第四单元"燃料及其燃烧"部分内容的知识结构与学科核心素养间的关系

3. 学情分析

关于二氧化碳这个话题,微观上初中生已经具有一定的经验和体验,比如生活中使用过二氧化碳作为保存生鲜食品的冷冻剂;生命科学课上学习过二氧化碳是植物光合作用的原料;消防演习中看到过二氧化碳灭火器可以用来灭火等。宏观上学生对于国际上常谈的"温室效应",我国提出的"碳达峰"和"碳中和"等战略部署略有耳闻,他们也乐于关注这些社会热点问题,具有比较强的好奇心和探索欲。但是学生们缺乏系统地学习新物质的经验和方法论,也没经历过探究二氧化碳实际应用背后的化学原理的过程。

4. 资源分析

在进行二氧化碳教学时,可以利用多种资源来丰富教学内容,提升学生的学习体验和理解深度。以下是一些可用资源的分析：

实验室设备和化学试剂：实验室设备如二氧化碳气体收集装置、二氧化碳气体发生装置等可以用于进行与二氧化碳性质相关的实验，帮助学生直观地观察和理解二氧化碳的一些性质，如水溶性、密度等。

多媒体教学资源：通过使用多媒体资源如视频、动画等，可以展示二氧化碳的分子结构、化学反应过程等内容，帮助学生更直观地理解二氧化碳的结构与性质。

网络资源：可以引导学生使用互联网资源和数据库进行二氧化碳相关的研究和学习，例如查找关于二氧化碳排放对环境的影响的科学研究，了解二氧化碳减排的措施等。

教科书和参考书籍：教科书和相关参考书籍是教学中不可或缺的资源，提供了系统的知识框架和理论支持，帮助学生建立对二氧化碳相关知识体系的理解。

互动教学工具：利用互动教学工具如希沃白板等，可以设计有趣的互动课堂活动，促进学生参与和合作，加深对二氧化碳知识的理解和应用。

实地考察和案例分析：组织学生进行实地考察，如参观环境监测站、工厂等地方，了解二氧化碳排放的实际情况；同时进行案例分析，探讨二氧化碳排放对环境和社会的影响，培养学生的环境意识和问题解决能力。

综合利用以上各种资源，我们可以设计丰富多样的二氧化碳教学活动，帮助学生全面理解二氧化碳的性质、作用以及对环境的影响，激发他们对环境保护和可持续发展的意识和行动。

(二) 确定目标

在本节课中，学生将通过探究二氧化碳的物理性质、化学性质及应用，了解其在自然界中的影响，以及减缓温室效应的途径和措施，培养实验设计能力和科学探究意识。同时，引导学生树立可持续发展和绿色化学意识，形成正确的价值观和对社会问题的判断力，全面提升科学素养和社会责任感，为未来的学习和生活奠定坚实基础。

(三) 确定评价任务

1. 评价任务一：理解知识

使用多媒体技术和生活经验，梳理二氧化碳的物理性质、化学性质和常见用途。

2. 评价任务二：提出猜想，设计实验方案，分析与讨论

分析文本和视频资料，提出猜想：二氧化碳与自然界变化之间的关系；设计实验方案，讨论其可行性。

3. 评价任务三：发展创新思维和大国思维

对于控制二氧化碳的含量,鼓励学生整合跨学科知识,设计和展示低碳行动方案;学习和讨论国家战略部署、CCUS等先进技术。

二、 情境建构

(一) 教学设计

表 2　重构二氧化碳的教学结构

核心问题	知识进阶	探究活动	真实情境—问题链设计	核心素养
二氧化碳是一种什么样的物质？	二氧化碳的物理性质、化学性质、常见用途。	从生活经验推出二氧化碳的颜色、气味、状态、三态变化等性质。	1. 用心观察一下,围绕着我们的二氧化碳,颜色、气味、状态是什么样的？	能从不同层次认识物质的多样性,形成"性质决定用途"的观念,发展元素观、变化观等化学观念。
		逆向思维推出二氧化碳的三态变化,以及不可燃、不助燃等性质。	2. 生活中,二氧化碳用于冷冻剂、人工降雨、灭火剂等,其分别反映了二氧化碳的哪些性质？	
		实验探究二氧化碳的密度、水溶性、与水反应、与澄清石灰水反应等性质。	3. 探究灭火实验、与水反应实验、与澄清石灰水反应实验。	
二氧化碳的含量对自然界有什么影响？	二氧化碳的溶解性、与水反应、与氢氧化钙反应。	阅读资料,观看视频。	1. 南北极冰川融化、海洋酸化、珊瑚溶解与二氧化碳的排放有什么关系？	具有科学思维和科学探究意识,能对与化学有关的社会热点问题做出正确的价值判断。
		实验探究与讨论。	2. 如何设计简单的实验证明？	
我们应该如何控制二氧化碳的含量？	二氧化碳与含碳物质间的相互转化、二氧化	尝试设计低碳行动方案。	1. 我们可以通过什么途径减缓温室效应？可采取哪些措施？	具有可持续发展意识和绿色化学观念。有跨学科知识的融合意识,

续表

核心问题	知识进阶	探究活动	真实情境—问题链设计	核心素养
	碳的吸收与释放原理。	认识国家战略部署的意义。	2. 国家提出的"双碳"目标意在何为？	渗透生物学、物理学、地理学等学科知识，提高学生多学科视角下解决实际问题的能力。
		观看二氧化碳捕集、利用与封存（CCUS）技术的介绍，讨论和推理不同技术方法的原理。	3. CCUS 是什么？ CCUS 有什么优势？	

（二）课堂观察（片段）

播放视频【南北极冰川融化、海洋酸化、珊瑚溶解】

师：科学家发现这些灾难的元凶是二氧化碳，结合我们对二氧化碳的性质的了解，现在让我们思考片刻，究竟二氧化碳是如何掀起自然界的轩然大波的？

生：二氧化碳是一种温室气体，它能够吸收地球表面释放的热量，从而使地球保持温暖。我们燃烧化石燃料、砍伐森林等活动，释放大量二氧化碳时，会导致大气中二氧化碳含量增加，形成温室效应。温室效应加剧会导致气候变化，这些都会给自然界带来不利影响，比如冰川融化、海平面上升等。因此，二氧化碳的增加是温室效应加剧的主要原因。

师：这位同学认为是二氧化碳的增加形成温室效应，听起来很有道理。那海洋酸化呢？其他同学有什么看法？

生：二氧化碳能溶于水，在海洋里，可以溶解大量的二氧化碳。这些二氧化碳，会与水发生化学反应，生成碳酸，从而增加了海水的酸性，海水 $pH < 7$，就会影响海洋的一些生物，比如珊瑚、贝类等，因为它们身体含有大量碳酸钙会与之发生反应。

师：同学们的这两种猜测，听起来都很合理，如何设计简单的实验来验证我们的猜测呢？给大家 5 分钟时间进行思考实验方案，也可以小组间讨论。

学生讨论，教师巡视。

生：介绍一下我们小组的实验设计方案，集气瓶中分别装满"空气"和"CO_2"，空气是作对照实验，然后置于太阳底下照射 1 小时，最后测量瓶内温度，用于探究 CO_2 与温室效应的关系。

生:我们小组做的是二氧化碳与水发生化学反应,生成碳酸,可以溶解碳酸钙的实验设计方案,两个瓶中各加入一片贝壳,分别装满"空气"和"CO₂",空气是作对照实验,然后加入 50 mL 水,观察贝壳溶解情况,用于探究 CO₂ 与碳酸钙溶解的关系。

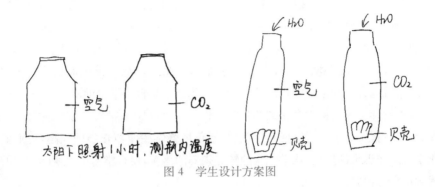

图 4　学生设计方案图

师:各小组有其他不同的实验方案,可以课后找老师交流。化学实验室可以提供基本的物料支持,课后同学们进行实验,完成后整理数据,形成实验报告,我们再进行分享!

三、情境应用

(一) 内化迁移

在探索二氧化碳的性质和影响的过程中,学生不仅仅是在学习关于这种物质的知识,更重要的是内化和迁移这些知识到日常生活和社会责任上。通过实验和讨论,他们开始意识到二氧化碳的排放对环境的影响,从而激发出对可持续发展和环保行动的思考。这种意识的内化和迁移,不仅仅停留在课堂上,更会延伸到他们的行为和价值观中。例如,他们可能会在日常生活中更注重节能减排,选择环保出行方式,甚至积极参与社会环保活动,从而将学到的知识转化为实际行动,为构建更美好的环境贡献自己的力量。这种内化迁移的过程,不仅让学生获得了知识,更重要的是培养了他们的环保意识和社会责任感,使之成为未来可持续发展的倡导者和实践者。

(二) 反思

化学是义务制教育阶段的一门基础性学科,本着为国育人的大格局,紧跟国家需要,因此,"情境—问题"创设原则也是紧扣化学课程标准和国际形势,化学课程标准决定了单元主题内容,而单元主题内容决定了教学中恰当的实际情境—问题,当然这个情境—问题也须贴近学生已有的生活体验。我们可以通过研读相关内容所在的具体课程标准,分析单元主题内容、梳理所在单元的知识点、分析学生学情,从而设计出合适的情境逻辑线,解决真实的问题。学生可以在情境中体验化学知识的产生和发展过程,拓展知识的广度和深度,促进化学思维的形成,提高解决实际问题的综合能力,落实化学学科的核心素养。

在以往的教学中,"二氧化碳的性质"以几个独立的实验进行展开,学生根据实验现象得出二氧化碳的物理性质和化学性质,然后链接中考卷中的相关题目进行练习和巩固。学生往往只关注化学学科知识的本身,而不能顺利地进行实际问题的分析和解决,导致二氧化碳的性质、用途、对环境影响等学习内容独立和割裂开来,不能全面地建构对物质性质和变化的认识,也不利于新课程改革背景下的化学学科核心素养的落实。

因此,本设计尝试重构二氧化碳的教学过程,把二氧化碳的性质、用途、对环境影响等核心知识,联系真实情境进行穿插有机重构,不仅增强学生学习化学的兴趣,更重要的是促进化学观念和思维的形成,化学学科的核心素养的落实,使得学生解决实际问题的综合能力得到更大的提升。

第六节　初中道德与法治课例——以"公平正义的守护"为例[①]

一、情境创设

(一) 教学内容

1. 课标研读

《道德与法治课程标准(2022年版)》指出核心素养是课程育人价值的集中体现。道德与法治课程要培养的核心素养,主要包括政治认同、道德修养、法治观念、健全人格、责任意识。法治观念是初中道德与法治学科五大核心素养之一,是初中道德与法治学科核心素养培育的重要组成部分。在法治观念素养的指导之下,初中生要能够在日常生活中灵活运用已有的法律知识分析、看待问题,指导自身的行为,做出正确的价值判断和价值选择,在纷繁复杂的社会生活中找到正确参与社会生活的道路,更好地满足学生成长的法治素养需求。

[①] 课例设计者是上海市梅陇中学的王潇、邹维;上海市建平中学西校的王静。

2. 教材研读

本单元"崇尚法治精神"是八年级下册这一法治专册的逻辑升华,也是法治教育的落脚点。在前三单元以知识为载体进行渗透教育的基础上,本单元旨在引导学生理解自由平等、公平正义的内涵,形成尊重自由平等、维护公平正义的意识,掌握珍视自由、践行平等、守护公平正义的方法,树立起自由平等、公平正义的法治观念,崇尚法治精神。"自由、平等、公正、法治"是社会主义核心价值观在社会层面上的价值取向。自由是社会主义的价值理想,平等是社会主义制度的基本原则,公正是社会主义的基本价值取向,法治是现代社会治理的基本方式。其中法治是实现自由平等、公平正义的保证,追求自由平等,维护公平正义则是法治的价值追求,体现了法治的基本精神。

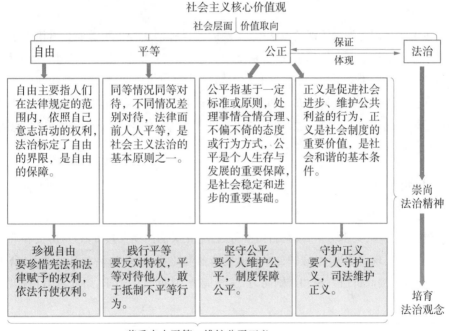

3. 学情分析

八年级的学生初步具备法治意识,思维活跃,有一定分析问题、解决问题的能力,但对于很多事情缺乏深入的辨析能力,容易受情绪和固有思维的影响,对于如何在现实维护公平正义缺少勇气、方法和途径,通过课前调查了解到,不会维权、不敢维权的学生比较多。

教师在课前或课后可以做一些小调研来更深入了解学情。例如,调查发现学生最喜欢通过法律故事和"真实的法律案例"来学习。

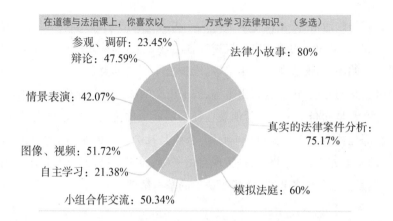

在道德与法治课上，你喜欢以_____方式学习法律知识。（多选）

参观、调研：23.45%
辩论：47.59%
情景表演：42.07%
图像、视频：51.72%
自主学习：21.38%
小组合作交流：50.34%
法律小故事：80%
真实的法律案件分析：75.17%
模拟法庭：60%

这也说明在道德与法治课的教学中，案例的选择和情境加工很重要。道德与法治新课程标准强调了对学习情境的重视，特别是强调创设真实、复杂、内嵌矛盾和冲突的情境。这种情境设计有助于学生更好地理解和应用知识，培养他们的批判性思维和问题解决能力。对学生的法治素养的培育亦是如此，通过对真实法律案例的情境化创编，让学生在其中面对各种挑战和冲突，从而激发他们主动去思考、解决、体悟，在思辨中提升思维能力，厚植法治信仰。

（二）确定目标

【单元教学目标】

通过探究分享、案例分析，理解自由平等、公平正义的内涵及其价值，从历史和现实角度了解和掌握实现自由平等、守护公平正义的方法与途径，理解法治对自由平等、公平正义的保障作用，提高价值判断和辨别能力、实践能力，认同法治追求，崇尚法治精神，培育法治观念。

【单元教学重点】

辩证理解自由平等、公平正义的内涵。

【单元教学难点】

珍视自由、践行平等、守护公平正义。

以"公平正义的守护"一课为例，结合单元目标，进一步确立了以下教学目标：

通过课前关于公平正义的调查问卷结果反馈，感受维护公平正义的必要性；结合议题情境，通过"老人故意推倒摩托车案"以案说法，在分角色讨论和探究中，掌握个人维护公平正义的途径和方法，理解国家法治保障公平正义的要求；通过"十个月艰辛维权值不值"

的价值探讨,理解公平正义对个人和社会的重要意义,坚定法治信仰。

【单元教学思路】

通过"我眼中的平等",聚焦困惑,讨论澄清,准确理解法治视角下平等的内涵;通过角色扮演讨论"能人犯罪能否戴罪立功""就业歧视"等社会真实案例,学会运用法律面前人人平等的理念来解释和处理相关社会案例,了解践行平等的主要措施,增强平等意识,培育法治观念。

通过具体案例的剖析以及分小组探究"那些制度"的价值,理解正义的含义、要求与价值,能把抽象的"正义"具象为具体的行为;通过情境创设与讨论理解正义的守护需要个人守护和司法维护,掌握一些方法和策略,做到见义"智"为,共建共享公平正义的美好社会。

第1课时 自由的真谛与追求 → 第2课时 平等的真谛与追求 → 第3课时 公平正义的价值 → 第4—5课时 公平正义的守护 → 第6课时 作业讲评与展示

围绕议题"何为自由",畅谈对自由的理解,厘清法治与自由的关系;通过"以案说法——我是评论员",选择相关的案例来评析我们应该如何珍视法律范围内的自由,提升依法行使权利的能力。

以教育公平问题为切入点,以陈春秀事件为主线,以真实生活情景为背景层层推进,厘清公平与正义的内涵与价值。同时以案释法帮助学生将法治精神厚植于心,进而树立法治意识、规则意识和维护社会公平正义的价值理念。

针对作业中呈现的典型问题通过示范讲评和点评交流等方式,提升运用本单元所学内容的应用水平;对拓展性的作业课上展示交流,进行师生、生生互评。

(三) 确定评价任务

基础类作业以学生是否能按时完成和及时订正作为观测点;应用类作业考查学生经过单元学习后,是否能综合运用本单元相关内容分析解决实际问题,教师可以从学习态度、作业有效性等角度进行评价。

实践类作业旨在考查学生的综合能力,要求学生综合运用已掌握的课程内容,观察和分析社会现象,尝试解决社会问题,合理交流表达学习成果。此类作业侧重过程性评价,采用教师和学生自评互评相结合的方式进行,并指导学生将活动成果及时记录在《上海市学生成长记录册》的"实践活动"板块。

作业完成后,学生还可对作业参与情况做一个自评,比较、观察自己一学期四个单元的学习情况,在学期末作为日常考核评价中学习表现和学习能力板块的自评依据,填写上海市学生成长记录册中的学期自评。

【作业1】基础类作业(选做)

课时	作　业
第2课时	《练习册》同步练习(P50—52)
第4课时	《练习册》同步练习(P53—55)

【应用类作业】(供第5课时结束后使用)

王某购买了某乐园的年卡,并留存了个人信息。一个月后,年卡入园方式调整为人脸识别,需要王某进行人脸识别激活方可入园。王某认为人脸信息属于高度敏感个人隐私,不同意使用并要求退卡,协商无果后将乐园告上法庭。法院经过审理做出判决,乐园变更入园方式属于违约,需删除王某的一切个人信息,并赔偿其利益损失。专业人士评论,这一案例对同类行为会有一定规范和警示作用。

结合上述材料,请从"崇尚法治精神"角度谈谈王某成功维权对个人和社会有何意义?

【实践类作业】

亲爱的同学们,学校公众号的法治宣传板块要征稿了,现在诚心向你邀约,本次主题和要求如下,期待收到你的作品。

主题:公平正义比太阳还要有光辉——我眼中的公平与正义

具体要求:

1. 设计一段和"公平与正义"有关的引言。

2. 内容:(1)请分享你关注到的与公平正义有关的现象和事例,并匹配相关的图片;

(2)我的评述。

3. 实际行动:

(1)为了公平正义,我想做……

(2)为了公平正义,我能做……

评价要求:

【实践类作业评价】

评价内容	小组评价	教师评价	综合评价
案例合适,分析到位	☆☆☆☆☆	☆☆☆☆☆	☆☆☆☆☆
观点明确,表述清晰	☆☆☆☆☆	☆☆☆☆☆	☆☆☆☆☆
真情实感,理性表达	☆☆☆☆☆	☆☆☆☆☆	☆☆☆☆☆
图文并茂,排版合适	☆☆☆☆☆	☆☆☆☆☆	☆☆☆☆☆
请根据各项表现为相应数的"☆"涂上颜色			

【单元评价】

评价类别	评价内容	自我评价
学习表现	认真思考,积极发言	☆☆☆☆☆
	乐于合作,主动交流	☆☆☆☆☆
	作业按时完成,及时订正	☆☆☆☆☆
学习能力	提取信息,理性表达	☆☆☆☆☆
	主动探究,善于发现、分析和解决问题	☆☆☆☆☆
实践能力	参与社会观察、参观访问等实践活动	☆☆☆☆☆
请根据各项表现为相应数的"☆"涂上颜色		

二、 情境建构

(一) 教学设计

"公平正义的守护"是本单元第八课第 2 课时内容,在第 1 课时理解公平正义的内涵和价值的基础上,进一步探讨如何守护公平正义。

法治教育一般运用一些法律案例,但是有的案例离学生很遥远,很难调动学生的积极性,所以案例的选择和加工很重要。这里运用了"老人故意推倒摩托车案"为例,以案说法,通过分角色小组讨论,引导学生在真实的情境体验、矛盾冲突中发现问题、分析问题、表达观点,体验感悟个人维护公平正义过程中需要有原则、立场、方式、勇气和智慧。

【新课导入】问卷调查反馈	
教师活动	**学生活动**
现场采访,并展示前期问卷调查结果	观看调查结果,结合自身实际谈看法

设计意图:通过课前调查和课上采访充分了解学生生活中碰到的不公平事件的情况和感受,了解学生对维护公平正义的初步看法,感受维护公平正义的必要性从而引出本课总议题。

【子议题一】公平正义需要个人守护	
教师活动	**学生活动**
情境案例: 1. 介绍案例 2. 提供学习单并组织分角色讨论 3. 展示陈先生在老人去世后的做法	1. 了解案例 2. 小组进行分角色讨论:"陈先生还要坚持索赔吗?" 3. 根据角色立场,发表观点

设计意图:通过分角色小组讨论,引导学生在真实的情境体验、矛盾冲突中发现问题、分析问题、表达观点,体验感悟个人维护公平正义过程中需要有原则、立场、方式、勇气和智慧。

【子议题二】公平正义需要法治保障	
教师活动	**学生活动**
1. 继续呈现情境案例 2. 提供学习单并组织模拟判决 3. 课件呈现:二十大报告中的法治金句	1. 思考问题:如果你是法官,接到陈先生的诉状,你会如何判,为什么 2. 交流、分享观点

设计意图:通过换位思考、模拟判决,体会司法公正的重要意义,明确国家通过立法、司法制度来保障公平正义。

【子议题三】公平正义需要共同努力

教师活动	学生活动
1. 案例回顾:陈先生 10 个多月的曲折维权路 2. 播放视频:陈先生不后悔的自述	1. 思考:10 个多月艰辛维权的坚持,陈先生到底值不值得 2. 交流、分享观点

设计意图:通过价值探讨,体悟维护公平正义对个人、社会的重要意义,感悟实现公平正义,是国家、社会和全体公民的共同责任,从而积极维护公平正义,崇尚法治精神,坚定法治信仰。

【课堂小结,布置作业】

教师活动
总结本课
布置作业:构建法治思维实践作业

设计意图:开拓视野,深化对公平正义的理解,培养法治思维。

(二) 课堂观察

教学片段一:

如果你是法官,接到陈先生的诉状,你会如何判,为什么?

生:结合任务单撰写判决书并朗读。

师:大家同意他的判决吗?

生:同意。

师:都一致同意,那法官怎么宣判的呢?

师:你觉得法官判的怎么样? 谈谈你的看法。

生 1:能够伸张公平正义,让坏人得到惩罚;能够起到示范作用,让大家知道以后不能这样做。

师:你说的很有道理,思考的很深刻、很全面。司法是捍卫公平正义的最后一道防线,司法机关必须坚持以事实为依据,以法律为准绳,平等对待当事人。只有这样才能够真正维护公平正义。

生2:做到了依法宣判。

师:是的,我国宪法规定公民有财产权,民法典也规定公民合法的私有财产不受侵犯,这些都是国家从立法角度,通过规定公民的权利义务来实现对公平正义的保障。【板书】法治维护公平正义:立法

师:法院的当庭宣判这就是对公平正义最好的支撑,用司法维护公平正义。【板书】法治维护公平正义:司法

教学片段二:

10个月艰辛维权,陈先生的坚持到底值不值得?

生1:不值得,耗费了大量的时间。

生2:不值得,耗费了精力、情感。

生3:值得,他得到了心目中的公道。

生4:值得,给社会带来好的示范。

师生共识:确实,从陈先生个人的物质角度来说是不值得的,他确实在金钱和时间上吃了亏,但是他为什么不值得还要做呢? 对他个人的精神来说,他获得了自己心目中的公道,这是钱买不来的。

从他人的角度,陈先生用他的亲身经历给我们做出了示范,也给了很多人勇气和信心,假如遇到类似的情况,我相信很多人也会效仿他据理力争、依法维权,同时侵犯别人权益的人,也能因此得到警示,不敢去轻易侵犯别人的合法权益。

从整个社会的角度来看,陈先生的维权成功有利于营造良好的法治氛围,年龄不是违法的理由,特殊情况也不一定能够逃脱法律的制裁。这无不彰显着法治保障公平正义的胜利。

同学们我们再试想一下,如果我们每一个人都能够像陈先生一样,或者支持陈先生,那么是不是后来的更多的陈先生在面临自己权益被侵害的时候就不会遭受那么多损失,就不会有这么多的阻力和困难。

因此,从这个角度来说不仅值得,而且非常值得! 这是陈先生在社交平台的自述:对此不后悔……

三、 情境应用

(一) 内化迁移

本课的情境内化迁移,主要依靠任务驱动,通过任务的牵引促进情境应用。学生在本课学习以后,通过角色模拟,站在不同立场,发表不同的看法,能够深刻理解体悟维护公平

正义需要坚定的立场、原则,以及能够运用合理合法的方式,不仅有勇气对不合理不公平的事情说不,也能够发挥自己的聪明才智去捍卫公平正义;通过模拟判决,在体会法官判案的过程中,理解司法公正的重要意义,明确国家通过立法、司法制度来保障公平正义。通过价值评析,对陈先生 10 个月的曲折维权路,进行价值探讨,体悟维护公平正义对个人、对社会的重要意义,激发正义感,从而积极维护公平正义,崇尚法治精神,坚定法治信仰。对于此类题目就可以做到内化迁移。

迁移题目:

王某购买了某乐园的年卡,并留存了个人信息。一个月后,年卡入园方式调整为人脸识别,需要王某进行人脸识别激活方可入园。王某认为人脸信息属于高度敏感个人隐私,不同意使用并要求退卡,协商无果后将乐园告上法庭。法院经过审理做出判决,乐园变更入园方式属于违约,需删除王某的一切个人信息,并赔偿其利益损失。专业人士评论,这一案例对同类行为会有一定规范和警示作用。

结合上述材料,请从"崇尚法治精神"角度谈谈王某成功维权对个人和社会有何意义?

这道题目是某区二模卷题目,同学们通过本单元的学习,能够在另一个情境任务中,综合运用所学内容评析社会现象,做出正确的价值判断。王某成功维权和本课中的陈先生的维权虽有不同之处,但都彰显了个人守护公平正义的意义,不仅合理维护了自身的合法权益,也推动了社会法治进程。学生可以从中深刻理解公平正义的社会不会自然而然形成,它离不开我们每个人的积极参与和不懈努力。

(二) 反思

真正的法律不是写在条文上面或刻在石柱上面,而是能够深入在人们的心中,对于习近平法治思想进课堂而言,最重要的是能够入脑入心,让学生在学习的过程中真切地感受到法治的价值和力量,从而树立法治信仰,自觉地去践行法治精神,做社会主义法治的忠实崇尚者、自觉遵守者、坚定捍卫者。

因此本课聚焦于公平正义如何守护,开展情境—问题教学,层层递进,通过课前调查问卷、情境讨论探究、价值探讨,引导学生掌握个人维护公平正义的途径和方法,理解国家法治保障公平正义的要求,最终将法治精神、法治信仰厚植学生心田。公平正义的实现需要个人维护、也法治的保障,维护公平正义是社会主义的法治追求。只有每一个人行动起来,自觉尊法、学法、用法、守法,公平正义的法治社会才会形成。

第七节　初中历史课例——以"辽宋夏金元时期：民族关系发展和社会变化"为例①

一、情境创设

（一）教学内容

1. 课标研读

"情境"近年来再次成为教育界的热门词。随着《义务教育历史课程标准（2022 年版）》（以下简称"课标"）的颁布，有关"情境"的研究日益增多。在课标中，"情境"一词出现了 30 余次，分布于各个板块，足以显示重要性。

本文选材为《中国历史（第二册）》的第二单元，"辽宋夏金元时期：民族关系发展和社会变化"，这是关于宋元时期的历史。在课标中，课程内容板块表述完整、宏观，内容要求板块更是对其表述非常详细，围绕着"统一多民族国家的发展与巩固"进而从辽宋夏金元时期的政权并立、民族交融、经济繁荣、科技创新入手，讲述辽宋夏金元时期如何在政权并立中互相效仿，进一步加强学生的国家认同、民族认同、文化认同，认识中华民族多元一体的发展特色。

有关本单元的教学方法，在课标中也有明确提示：

"在教学过程中，教师要通过情境再现、问题引领、故事讲述和多样化的资源运用等方式，激发学生的求知欲，促进学生积极、主动地学习历史。"

课标提出，创设适当的"情境"有助于教学的展开。初中历史需要故事的讲述和多样资源的运用，目的在于激发学生的认知冲突，以便学生积极主动地学习历史。有关"情境"的创设，课标还提出：

"教师以感性的、易于理解的、多种多样的呈现方式开展教学，帮助学生感同身受地创设历史情境。"

历史情境是初中历史教学的必备路径，有助于帮助初中学生了解远在千年之前的历史事件，可以激发学生学习的兴趣，生成家国情怀。因而深入研读课标可以发现，本单元适用于创设单元情境以达成学习目标。

---

① 课例设计者是上海市梅陇中学的张星璐、童徐慧。

2. 教材研读

本文选材为《中国历史(第二册)》的第二单元,"辽宋夏金元时期:民族关系发展和社会变化"。主要涉及的时段是从北宋建立开始,至元朝灭亡结束。这一时期,中国历史上出现了多个民族政权的并存和更迭,民族关系的发展和社会的变化是这一单元的核心内容,教材从政治变革、民族关系、经济发展、社会变化、科技文化、对外交流、历史影响等,力求多角度、全方位地向学生展示两宋在历史长河中的蓝图。

第二单元　辽宋夏金元时期:民族关系发展和社会变化	
第6课　北宋的政治	政治变革
第7课　辽、西夏与北宋的并立	政治变革、民族关系
第8课　金与南宋的对峙	
第9课　宋代经济的发展	经济发展
第10课　蒙古族的兴起与元朝的建立	政治变革
第11课　元朝的统治	政治变革
第12课　宋元时期的都市与文化	社会变化(都市生活、文化)
第13课　宋元时期的科技与中外交通	科技、对外交流、历史影响

本单元共有八课,其数量在初中历史的六本书中都属于占比非常大的一个单元。前三课和第五、第六课讲述政治史,两宋与辽西夏的并立时期,是中国历史上少有的时战时和但和平占据历史发展主流的政权并立时期,随后讲述元朝的建立也预示着中华历史的主流是大一统的巩固与发展。长时间的和平带来的是社会经济的发展。本文以第二单元为背景,重点讲述此时期的社会变化,即都市生活和文化的发展。课标中的表述为:

"两宋时期,社会经济蓬勃发展,城市和国内外贸易空前繁荣。"

与政治经济史不同的是,有关社会变化和文化的描述在课标中寥寥无几,且并未直言,但是运用的"空前"一词极为罕见。"城市变化是社会发生深刻变化的集中表现"[①],虽然讲述的是城市的发展,但是中国城市的发展"受政治的影响最大;军事防御次之;商业和

---

① 朱汉国、何成刚、卢光伟. 戏班课程标准解析与教学指导(2022年版)[M]. 北京:北京师范大学出版社,2022:10,69.

交通等的需要,都只是陪衬的"①。城市是商业发展的载体,城市的发展就是政治、经济的发展。课文以整整五页的内容,揭示了宋元时期社会变化和文化发展的历史地位。

本课凸显历史学科核心素养中的唯物史观、时空观念和家国情感。其中,唯物史观强调经济基础决定上层建筑,经济发展是引发宋元时期社会变化的主要原因。本课的知识点紧扣时代特征,呼应单元主旨政权并立、民族交融。宋词源自创作者生活,当时的时代背景成为了词人的创作灵感,两宋的社会变迁对词人词风的变换产生了重大影响。理解此背景可以帮助学生构筑起两宋时期的基本时空观念。本课内容庞杂且很难有效整合、连接,采用合理的"情境",将细小的知识点放置于大情境下,既能保证课堂趣味性,也能给学生很多自由发挥的空间。

3. 学情分析

本课面向七年级的学生。经过半年的历史学习,七年级的学生基本上掌握了学习历史的方法。通过前面所学,学生已经了解到了繁荣开放隋唐时期,并对宋元时期政治、经济等方面有了初步的认识。但是宋元距今已有千年,七年级的学生对于"社会变化"和"文化"没有很深刻的认知,虽然宋词元曲在语文课上已经透彻分析过,但是对其发生的历史根源却知之甚少。

本单元适合创设历史与现实双重情境,在解读史料的过程中,拉近学生与历史事件的距离,最终使得学生时空观念、唯物史观、史料实证、历史解释和家国情怀这五项核心素养得到巩固与提升。

4. 资源分析

历史"孤证不立",从初中阶段就逐渐培养学生的重要史学素养即"论从史出"。史料实证也是课标提出的初中历史学科的五大核心素养之一。本单元内容庞杂,涉及北宋、南宋及元三个朝代,跨越 9 世纪到 14 世纪,近五百年光阴。著名学者蒋大椿、陈启能在著作《史学理论大辞典》中说道:"(史料)是了解、认识、研究和编纂历史所用的资料,也是人类社会历史发展过程中所遗留下来的痕迹。"②因此面对早已湮没于时间长河的历史,通过史料的阅读和分析可以一窥究竟,充分地运用多种类型的史料以创设情境是本单元教学的重要方法。逯成武老师认为,史料浩如烟海,教师在选择史料需要"符合学生的心理特征、教师要作出一定的辨伪、要引导学生深入探讨不同的人物特征。"③

官方史书具有极大价值。因此在学习本单元时,脱脱所著《宋史》、宋濂所著《元史》都

---

① 陈正祥. 中国文化地理[M]. 上海:生活·读书·新知三联书店,1983.

② 蒋大椿,陈启能. 史学理论大辞典[M]. 合肥:安徽教育出版社,2000.

③ 逯成武. 从统编教材选图的变化看史料实证素养的培育[J]. 历史教学问题,2022(04).

是教师可以参考的重要文献。由解读文献史料,构建问题情境是教师的常见做法。文献史料的选择并不唯一,当时人留下的著作作为原始史料,也是教师重点运用的来源。如本文以第二单元为背景,重点讲述此时期都市生活和文化的发展,不得不提到宋代孟元老的笔记体散记文《东京梦华录》。"该书所记述的内容,从都城的范围到皇宫建筑,从官署的处所到城内的街坊,从饮食起居到岁时节令,从歌舞曲艺到婚丧礼仪,几乎无所不包。我们不仅可以从中了解到当时的民风时尚,同时也能领略到北宋发达的经济和繁华的城市生活。"①通过文字描写,描绘出北宋东京城的繁华景象。

文献史料并不能完全展现历史的真相。本单元尤其注重一些图片史料的选择。与其他朝代不同的是传世名画《清明上河图》的运用。《清明上河图》是北宋张择端所绘汴河两岸风景。解读《清明上河图》不但符合课标要求中的跨学科教学,也可以与文献史料相互印证,例如会运用到的"黑石号"沉船遗址,其中发掘的稻谷、瓷器都是印证宋朝经济发展和海上丝绸之路的原始史料。

总之,教师选择和运用多种史料是研究两宋和元朝历史的重要方法。本单元的社会生活和文化史便可综合运用《东京梦华录》和《清明上河图》,创造合理、合适的情境,有效完成本节课的教学目标。

(二) 确定目标

在准备工作充分完成后,将本单元的内容主旨设定为"辽宋夏金元时期,中国政治上由分裂逐步走向统一,民族融合进一步加强,以汉族为主的两宋政权和蒙古族建立的元朝进一步加强了中央集权,战争一度频繁,但各民族交往交流密切,进一步走向融合。经济上,这一时期是封建经济继续发展的时期,农业、手工业、商业的发展均超过了前代,经济重心完成南移,南宋时南方已成为全国的经济中心。文化上达到高度繁荣,以宋词、元曲为代表,科技处于世界领先地位,活字印刷术的发明、指南针和火药的推广均出现在这一时期。"

根据内容主旨,结合历史课程的核心素养,确定学习目标如下:

核心素养	学 习 目 标
唯物史观	了解宋元时期经济重心南移,感知伴随经济的发展,宋元时期都市生活与科技文化迎来的新气象(经济基础决定上层建筑)。

① 高晓芳.《东京梦华录》生活习俗的特征[J].怀化学院学报,2009,28(12):13—15.

核心素养	学 习 目 标
时空观念	知道两宋时期政权并立的情况与元朝对边疆地区的管理。
史料实证	通过解读多种类型的史料,认识宋元时期重要发明对世界文明发展的贡献。
历史解释	基于史料提取历史信息,把握宋元时期的时代特征。
家国情怀	通过岳飞、文天祥等人的英雄事迹,体会中华民族英勇不屈的精神。

(三) 确定评价任务

基于课标,本单元采取形成性评价,通过学生的课堂参与度和对知识的运用情况确定评价任务。主要如下:学生能够通过基础知识的学习,了解北宋强化中央集权的措施和重文轻武的政策,通过各种不同类型史料的解读,了解辽、宋、西夏的并立,宋金之战后南宋偏安对政治、经济发展的影响,并能够提出自己的解释;通过选择、组织和运用相关材料,对中国古代经济重心逐渐南移的原因和影响提出自己的解释;能够通过地图、平面图的分析,知道蒙古兴起、元朝统一对统一多民族国家发展的重大影响;能够认识宋元时期的城市和商业发展、科技创新、文学艺术成就和对外交流,进而形成广阔的国际视野,增强对中华文化的自信。

二、 情境建构

(一) 教学设计

1. 设计思路

以《中国历史(第二册)》第二单元第 12 课"宋元时期的都市与文化"为例,经过对课标的研读、教材的分析和学情的调查,笔者将本课主旨定为:"宋元时期,社会经济蓬勃发展,民族交融范围进一步扩大,从而引发了一系列新的社会变化,具体表现有都市娱乐的兴起繁荣和文学艺术的硕果累累。这一时期物质与精神成果博采众长、多元一体,丰富了中华文明。"

本课是从都市生活和文化的视角阐述宋元时期的发展,揭示宋元时期的都市生活和文化的发展进步是中华文明的重要组成部分。根据单元目标和单课内容主旨,本课的教学目标设定为:"了解宋元时期的都市生活和文学艺术成就。利用《清明上河图》创设情境,感知宋元时期都市的繁华,理解宋元时期社会变化与时代特征之间的关系;利用两宋时代背景创设情境,鉴赏宋词、元曲,体会艺术作品背后反映的历史信息;品读两宋诗词,感悟作者忧国忧民、立志报国的情感,树立起心系国家的意识与责任;感悟宋元时期的物质与精神成果是在各民族的共同努力下所实现的。"本课教学目标的实现由以下几个环节组成,每个环节都设置了适合的情境:

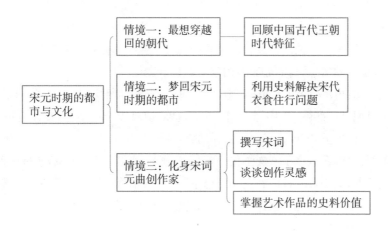

2. 教学过程

教学环节一,导入:出示唐朝《长安城平面图》和北宋《开封城平面图》,对比唐朝的城市和北宋的城市,思考其发展变化。提问:你最想穿越回哪个朝代?

设计意图:此处,笔者已然架构起本课的大情境——"回到"宋元时期。根据唯物史观,时间不可倒流,历史不可虚构,唐和北宋的城市发展是已学内容,此处设置情境抛下问题,吸引学生的兴趣,真实目的是想要学生能够说清楚自己最喜欢的朝代是什么,进而说出缘由,为下面"游览"北宋东京城做准备。

教学环节二:出示《清明上河图》,对其简要介绍,并局部放大,提问:在北宋,百姓吃什么? 去哪吃? 去哪住? 玩什么?

设计意图:"游览"《清明上河图》是学习本课的重要方式。此处为本课的第二个情境设置环节,开封一日游——走进《清明上河图》,佐之以《东京梦华录》,学生首先需要通过解读《清明上河图》中店面招牌上的文字信息,寻找合适的店铺去解决饮食与住宿的问题,从而借鳞次栉比的沿街建设了解开封城的繁荣。接着,学生通过阅读教材绘制大相国寺导览图,知道宋元时期都市娱乐的新场所,了解这一时期丰富的都市生活。最后,由学生代表在毛宁《梦回繁华》语文课文的基础上进行改编,结合《清明上河图》动态视频,带领大家再次一探开封繁华,从而加深对宋元都市情况的认知。

教学环节三:请学生阅读课本,了解当时的主要词人及他们生活的时代。学生活动:

尝试创作宋词。提问:你的创作灵感从何而来? 当你通过诗词记录生活时,你是会采取平铺直叙的方法,还是会将自己的情感融入其中? 你的诗词是否会受到大家的喜爱? 能否流芳百世? 出示元朝著名作曲家有关汉卿的《窦娥冤》(节选),以小组讨论的方式,探究《窦娥冤》背后反映的历史信息。

设计意图:本环节以期通过创设情境,使学生设身处地去思考词人的社会经历与代表作间的关联,感知宋代社会的时代特点对文学发展所产生的影响,明白词风的变化源于社会变迁,从而高度概括出艺术作品背后反映的历史信息;通过品读南宋诗词,感悟作者忧国忧民、立志报国的情感,树立起心系国家的意识与责任。

教学环节四:出示《清明上河图》、地图册,思考:宋元时期社会产生变化的根本原因是什么? 宋朝时期有一部恢宏的历史巨作《资治通鉴》记录了千年历史,却没有记载当朝的事情。那么,在史书里,宋朝是一个什么样的朝代呢?

设计意图:本节课运用了恢宏画作《清明上河图》,创设了多样情境,通过细致的解读,串联都市生活,由吃喝玩乐过渡到文化的记录与传承,在总结课堂的同时,借《资治通鉴》这个尾巴抛砖引玉,留下思考题让学生尝试去更为全面地看待宋朝。

(二) 课堂观察

教学片段 1(环节二):设置情境:开封一日游——走进《清明上河图》,结合《东京梦华录》中的文字记载,以参观游览的方式了解北宋的都市生活。

师:民以食为天,同学们来到北宋,第一件事是要解决吃什么,我们观察《清明上河图》,看看可以去哪里吃东西。

生:正店——孙羊店。

师:所谓的正店是有政府营业执照的正规餐饮店,除此之外,同学们继续观察《清明上河图》,除了去餐馆外,北宋还有其他饮食途径。

生:外卖和路边摊。

师:没错,正店还开设跑腿外卖服务,送餐到家。此外,北宋除了正店还有许多没有营业执照的店,也就是图上的路边摊。解决了吃什么的问题之后,我们就要解放双肩,找个地方落个脚。《清明上河图》中是否有住宿的地方?

生:久住——王员外家。

师:北宋除了饮食行业十分发达,由于人口流动性大,都市极具规模,酒店行业也发展得如火如荼。

师:在解决饮食和住宿问题后,我们就可以开始进行游玩了,北宋时期涌现了许多新的娱乐场所,出示《大相国寺图》,请大家猜猜这是个什么建筑?

生：寺庙。

师：但在北宋时期,大相国寺不仅承担了寺庙的职责,请阅读课本相关史实,说说大相国寺的其他职能,并绘制一张《大相国寺游玩路线图》。

生：大相国寺每月开放 5 次,供"万姓交易"。大门附近卖飞禽走兽,二、三门卖日用杂货,靠近佛殿的地方经营笔墨,两廊卖织绣、珠宝等,殿后交易古玩、字画和书籍。

师：本应是清静的寺庙却也成为了北宋都城的娱乐场所之一,大相国寺的熙熙攘攘侧面印证了北宋都市生活的繁荣。两宋时期,随着经济的发展,各行各业在前朝基础上迅速发展,娱乐场所愈发多样。

学生活动：由学生代表在毛宁《梦回繁华》语文课文的基础上进行改编,结合《清明上河图》动态视频,带领大家再次一探开封繁华。

教学片段 2(环节三)：设置情境：假如你是一位生活在宋朝的词人,会写出怎样的词?

学生活动：创作宋词并分享。

生 1 作品：荣华富贵共享乐,歌舞美酒尽欢畅。春华暖意熏人醉,谁人还记亡国忧!

生 2 作品：山河破碎,金戈铁马,乌江河畔,霸王别姬万古香。后来者,无前人之操!为子者死,孝。为臣者死,忠。一死又何妨? 人生过往如云烟,轰轰烈烈往一场。江山如故,万里萧条,中原大地谁主沉浮? 盼中兴,看君王神武,驾驭英雄。

师：你的创作灵感从何而来?

生：来自时代。

师：通过赏析苏轼、李清照和辛弃疾等词人背后的共同创作背景,我们了解了艺术作品能反映时代特征。

师：写作时你会采取平铺直叙的方法,还是会将自己的情感融入其中?

生：我会把自己的情绪作为创作灵感。

师：通过鉴赏苏轼、李清照和辛弃疾等人的词风,我们了解了艺术作品能反映作者的主观情感和个人认识。词曲是宋元时期人们记录生活、表达情绪的媒介之一。宋词开创了新的艺术形式。

三、情境的应用

(一)内化迁移

1. 历史知识及史学方法的内化迁移

本课刚开始,笔者已然架构起本课的大情境——"回到"宋元时期,其目的在于能够让学生回忆起之前所学朝代的时代特征,学生不是将思维局限在本节课,而是带着已经学过的政治史、经济史、民族关系史等知识，将其作为背景运用在本节课，让本节课处于整个单元的考量之下，是学生吸收内化前面所学应用于本节课的一种单元情境下知识的迁移，历史脉络的演变构成了唯物史观，核心素养中的时空观念也因此得以加强。

因本节课内容丰富，也是整个中国古代史中唯一将都市文化单列一课去讲述的内容，本课最重要的教学方式是"游览"《清明上河图》，为本课的第二个情境设置。解读《清明上河图》中店面招牌上的文字信息，通过《东京梦华录》等史书的记载，印证《清明上河图》中的内容，从衣、食、住、行等角度入手，再拓展到大相国寺、词曲的发展、史书的发展等，学生能够运用多重史料互证去证明并掌握都市文化发展程度和社会发展、时代背景之间的关系，将其放在整个时代发展的角度上考虑，并能够通过学习知道其发展对于后世的影响。这对于学习清朝的经济与文化、近代史的经济与社会变化乃至现代史的科技与文化都有重要的作用，这些历史学习方法、历史知识的运用，体现了学生的知识迁移能力，也促使学生史料实证、历史解释等核心素养的全面提升，促进家国情怀的进一步生成。

2. 历史情境的迁移

在历史学科中，创设多种情境，目的是能够沟通过去与现实，拉近两者之间的关系，调动课堂的氛围，使教学内容更加形象易懂，无论选择怎样的情境，最终仍然是为了课堂教学服务。但是情境需要筛选，尽量要选择贴切的、能对学生有长期影响的情境。

本课选择《清明上河图》，其除绘制了北宋东京城的繁华景象之外，也教会了学生识读名画的方式，学生能够通过识读名画知道艺术史料的局限性。更重要的是，这幅图片非常具有代表性，在大众中知名度很高，如果以不知名的画作进行讲解不一定能够给学生强烈的冲击和认知。但是以此创设情境并讲述艺术史料，能够让学生产生深刻印象，在历史学习上有助于后期在学习清朝《盛世滋生图》、近代《中英南京条约签订》等著名画作时运用本节课所学的分析历史史料的方法。此外，在生活中，学生在相关博物馆参观时，能够直接联想到学习本课时创设的情境，并通过背景讲解、名画分析、史料互证等，在实际文娱生活中运用，学会分析现代背景下的画作。在实际上课和生活中迁移运用到本节课所学习的内容，也是一种情境的内化和迁移，能够全面促进学生核心素养的提升。

（二）反思

本次课堂学生活动丰富，各个部分环环相扣，过渡自然，通过情境教学，学生积极投入课堂，在通过《清明上河图》看宋朝都城这一教学环节，通过细致地描绘《清明上河图》中的细节让学生直观地感受到宋元时期都市的繁华，课堂上学生身临其境，仿佛真的梦回两宋，切身地投入到当时的环境中思考问题。宋词创作部分，融合跨学科教学，将文史内容相结合。通过有趣的创作环节，激发了许多同学的想象力与创造力，涌现了许多让人惊艳的作品,同时,也有效地达成了让学生理解艺术作品能够反映时代特征和作者的主观情感的教学目的。

经过本课的学习,课后也有一些思考:都城的繁荣与全国经济繁荣之间的联系不够突出,北宋都城开封的繁荣不能足以说明北宋整体的繁荣,中间需要补充更多的史料来说明;人口数量与城市发展情况不能划等号,课堂选用一则 12—13 世纪中西人口对比数据,以此得出结论:两宋时期的城市繁荣,其实存在逻辑链的缺失,依旧需要补充史料作为进一步的证据说明该问题;增加板书细节,应当将单元子目和具体史实加入板书之中,都市娱乐处可写:大相国寺、勾栏、瓦子,文学创作可加入:宋词、元曲、《资治通鉴》;在难题部分设置梯度性问答,在讲述艺术作品反映民众心理时,直接询问学生"艺术作品受到欢迎的秘诀是什么",学生反响状况不理想。这是由于此处引出民众心理缺少铺垫,可以以学生们喜欢的电影等艺术作品作为例证,从贴近学生生活的例子入手,让他们意识到贴合他们心理的艺术作品会受到喜爱,进而引出宋词反映了那个时代人们忧国忧民的心情,引发了共鸣,是两宋民族心理的折射。与单课教学目标相比,立足于单元创设情境,能够帮助学生达成积极参与课堂实践和探究知识的目的,从而达到更好的学习效果。

第八节　初中地理课例——以"气温与降水"为例①

一、情境创设

（一）教学内容

1. 课标研读

《义务教育地理课程标准(2022 年版)》指出地理核心素养包括人地协调观、综合思维、区域认知、地理实践力。在认识中国全貌的内容要求中提到,学生要运用地图和相关资料,简要归纳中国地形、气候、河湖等特征;简要分析影响中国气候的主要因素。在《上海市初中地理学科教学基本要求》中对中国气候的学习要求是,学生要理解我国气温和降水的时空分布特点;理解我国干湿地区和温度带的分布特点;运用气候图表资料,归纳我国气候主要特点。通过研读课程标准可知,教学中应注重落实地理核心素养的培

---

① 课例设计者是上海市梅陇中学的韩庆。

养,提高教学效果,促进学生全面发展。学生需要在理解我国气候特点的基础上,知道自然地理要素与人类活动之间的关系,认识因地制宜发展经济的意义。

"情境—问题"教学模式指通过丰富的地理素材,创设与地理教学内容相适应的场景或氛围,调动学生的情感体验,使学生逐步获取知识和提高技能。本文通过创设合适的单元情境,激发学生探究意识,让学生在探究情境问题的过程中掌握教学内容,提升学生地理核心素养。

2. 教材研读

本单元是沪教版七年级地理第一学期第三章"气温与降水",包括"气温分布"、"降水分布"、"气候特点"三部分内容。"气温分布"介绍了我国气温地区差异显著、冬季南北温差大、夏季普遍高温、五个温度带;"降水分布"介绍了我国年降水的分布规律和四类干湿地区;"气候特点"介绍了我国季风气候显著、气候复杂多样、灾害性天气及其影响。教材按照"气温分布""降水分布""气候特点"的顺序循序渐进编排内容,由简单到复杂,对学生运用相关地理图表分析解决地理问题要求较高。气候的教学内容有一定难度,是初中地理学习的重点和难点内容。学生通过掌握我国的气温与降水相关知识,对后面学习国家区域地理做准备。因此,本单元的知识内容既是对前面知识的巩固,又为后面我国人文地理的学习做铺垫,具有承上启下的作用。

3. 学情分析

七年级学生通过世界地理和中国自然地理的学习,初步了解世界气温和降水的分布特点和中国地理概况,具备一定的地理基础知识。同时具备一定的读图能力和分析、解决问题的能力,可以进行合作探究式学习。七年级学生学习兴趣高,课堂参与度较好,但抽象思维还不足,因此教师在教学中可以通过选取合适的主题并设计具有阶梯性的任务,激发学生学习积极性,培养探究意识,提升学生地理核心素养。

4. 资源分析

① 教材内容资源

教材和地图册提供"我国年平均气温的分布"、"我国气候类型"等相关地图,为学生分析图表提供资源。

② 相关情境资源

教师收集与"阳春砂"有关的课外情境资料,让学生更好地进行情境探究。

③ 多媒体教学资源

通过相关视频、PPT动画展示等多媒体教学,让学生更好地进入情境学习,激发学生学习兴趣。

(二) 确定目标

1. 通过从气温上探究阳春砂适合生长的区域,学会阅读等温线图归纳我国气温分布特点,提高综合思维能力。

2. 了解我国温度带的划分及与农业生产的关系。

3. 通过从降水上探究阳春砂适合生长的区域,学会运用中国年降水量图归纳我国降水分布特点,培养区域认知能力。

4. 了解我国干湿区的划分标准及分布范围。

5. 通过探究阳春砂是否适合在上海种植,归纳我国的气候特点,并简要分析影响我国气候的主要因素。

(三) 确定评价任务

依据单元教学目标,设置如下评价任务。

课时	评估内容	核心素养
课时 1 气温分布	1. 知道如何阅读等温线图。 2. 能在"我国年平均气温分布图"中读出乌鲁木齐、拉萨、哈尔滨、广州的年平均气温,并判断哪些城市适合阳春砂的生长。 3. 讨论分析出哈尔滨和广州、乌鲁木齐和拉萨年均温差异的原因。 4. 通过运用"我国年平均气温分布图""中国一月平均气温""中国七月平均气温"等图归纳我国气温分布的特点。 5. 知道我国温度带的划分标准及分布范围。 6. 能判断阳春砂适合生长在我国哪些温度带,并说明原因。	区域认知 综合思维
课时 2 降水分布	1. 能通过阅读"中国年降水量图",读出乌鲁木齐、拉萨、哈尔滨、广州的年降水量,并从降水上来看,判断哪些城市适合阳春砂的生长。 2. 运用"中国年降水量图"归纳总结我国年降水量的空间分布特点是从东南沿海向西北内陆逐步递减。 3. 通过阅读四个城市的降水量柱状图,可以得出不同地区雨季的时间,归纳我国降水量的季节变化特点。 4. 知道我国干湿区的划分标准及分布范围。	区域认知 综合思维
课时 3 气候特点	1. 通过阅读"中国年平均气温分布图"和"上海气温曲线和降水量柱状图",讨论得出上海不适宜种植阳春砂的原因。 2. 运用"我国气候分布图"归纳我国的气候特点,并思考其形成原因。 3. 知道我国多样的气候,使得我国的农作物和动植物资源品种十分丰富。在农业发展中要因地制宜,注重人地和谐发展。	人地协调

二、 情境建构

本文以"气温与降水"单元为例,选取"探究阳春砂适宜生长在哪里"为情境,探讨素养导向下的"情境—问题"在地理单元教学中的应用。情境创设如下:

阳春砂为姜科豆蔻属植物,以其干燥成熟果实入药,具有化湿开胃、温脾止泻、理气安胎之功效,是我国四大南药之一。阳春砂适合生长于22～28℃的环境中;阳春砂喜高湿的环境,适合生长在600～800米适当荫蔽的阔叶常绿林地区,大多栽培或野生于山地阴湿之处。

学生通过阅读材料了解阳春砂生长习性,探究阳春砂适合生长的地区,了解我国气温分布特点、降水分布特点以及气候特点。并通过设计具有阶梯性的任务,将整个单元的主要内容进行串联学习,让学生在探究情境问题的过程中掌握所学内容,培育学生地理学科核心素养。教学设计如下:

(一)教学设计

第一课时"气温的分布"教学设计

教学环节	教师活动	学生活动	设计意图
情境导入	播放视频并介绍阳春砂的生长习性。	了解阳春砂适宜生长的自然环境。	通过创设情境引入新课,激发学生学习兴趣。
气温地区差异	1. 提出问题:从气温上看,阳春砂适合生长在乌鲁木齐、拉萨、哈尔滨或广州吗? 2. 指导学生阅读"我国年平均气温的分布图"。	1. 学会阅读"我国年平均气温分布图"; 2. 能在图中判读出乌鲁木齐、拉萨、哈尔滨、广州的年均温; 3. 小组讨论阳春砂适合在上述哪些城市生长。	指导学生阅读等温线地图,并能从图中获取所需信息。
	提出问题:哈尔滨和广州、拉萨和乌鲁木齐年均温差异的形成原因是什么?	学生通过讨论得出:哈尔滨年均温比广州低,是因为哈尔滨纬度比广州高,纬度越高气温越低。拉萨年均温比同纬度地区低是因为拉萨的海拔高。	通过小组合作培养学生团队协作的能力。 在探究问题中提高区域认知能力。

续表

教学环节	教师活动	学生活动	设计意图
	1. 引导学生读图归纳我国东部和西部的气温分布特点。 2. 引导学生思考我国气温地区差异显著的原因。	归纳出我国东部气温随纬度的升高而降低,西部气温随海拔的升高而降低。知道气温的影响因素有纬度和海拔。 小组讨论知道我国气温地区差异显著的原因是我国南北纬度跨度广,地形复杂多样。	通过读图分析我国气温分布特点,提高学生析图能力。
气温季节差异	1. 呈现情境:阳春砂可短时间适应1~3℃低温,如果温度低于2℃,则会导致春砂仁幼苗死亡。 2. 提出问题:广州的年均温适合阳春砂的生长,冬季阳春砂在广州是否也可以存活?	学生通过阅读我国一月平均气温图读出广州的一月平均气温,判断冬季阳春砂在广州可以存活。	培养学生从资料和地图中提取地理信息的能力。
	引导学生读图归纳我国气温的季节分布特点。	阅读我国一月和七月平均气温度,归纳出我国冬季南北温差大,夏季除青藏高原等部分地区外,大多数地区普遍高温。	提高学生利用地图综合思考解决地理问题的能力。
五个温度带	1. 介绍活动积温。 2. 引导学生了解我国温度带的分布范围。 3. 提出问题:我国哪些温度带可能适合阳春砂生长?	知道我国五个温度带的分布,了解温度带与农业生产息息相关。	通过图片和资料引导学生了解温度带与农业生产的关系。
小结	总结概括我国气温分布特点,提出课后问题:广州的年均温适合阳春砂的生长,降水是否也适合阳春砂生长?	回顾所学内容,思考降水对阳春砂种植的影响。	巩固上课内容,为后面探究我国降水分布特点做铺垫。

(二) 课堂观察

教学时注重突出学生的主体地位,教师通过设置有梯度的、引发学生认知冲突的问题链,让学生自主探究,解决问题。

教学片段:

师:从材料中我们知道阳春砂适合生长于22~28℃的环境中,那么从年平均气温上看,阳春砂适合生长在乌鲁木齐、拉萨、哈尔滨或广州吗? 请同学们阅读"我国年平均气温的分布图",小组讨论回答问题。

学生讨论

师:哪个小组愿意分享一下你们的成果?

生:我们认为阳春砂适合生长在广州,因为广州的年均温是20~24℃,而阳春砂适合生长于22~28℃的环境中。

师:你们是如何从图中读出不同地区的年均气温的?

生:我们通过看图例上不同的颜色对应的气温,然后在图中读出不同城市的气温范围。

师:很好,在阅读地图时,我们要先阅读图名和图例,再从图中读取信息。在这幅"我国年平均气温的分布"图上,我们可以根据不同色块读出某地的平均气温。四个城市中只有广州的年均气温适合阳春砂的生长。

师:哈尔滨的年均气温为什么比广州低?

生:因为广州的纬度比哈尔滨低,所以广州的气温高。

师:可以看出我国东部气温的分布规律是如何的呢? 东部地区气温随着纬度的增高,气温分布有什么变化规律?

生:东部地区气温随着纬度的增高,气温降低。

师:那拉萨的气温为什么比同纬度地区的低?

生:因为拉萨的海拔高。

师:拉萨位于青藏高原上,海拔高,气温低,青藏高原的纬度位置与华北平原和长江中下游平原相当,但由于地势很高,气温比同纬度的东部平原地区低。因此,我们发现我国西部地区,气温随着地势的增高而降低。

师:通过刚才归纳分析,我们知道影响我国气温分布的主要影响因素是纬度和地形,那么我国气温为什么地区差异显著呢? 为什么东部气温主要受纬度影响,西部气温主要受地形影响? 请大家小组讨论。

生:可能因为我国东部地区大部分地区是平原和丘陵,海拔低,西部地区海拔高。

师:这位同学找到了我国东部和西部的地形差异,非常好。正是由于我国南北跨纬度广,以及地形复杂多样,才使得我国气温地区差异显著。

三、情境应用

（一）内化迁移

通过单元"情境—问题"的创设,让学生在探究"阳春砂适合在哪里生长"的过程中阅读相关图表并能归纳总结我国气温分布特点、降水分布特点及气候分布特点,有助于培养学生综合思维和区域认知。通过探究问题了解因地制宜发展农业的思想,有助于学生形成尊重和保护自然、绿色发展等观念,培育学生人地协调观。为了让学生更好地内化所学知识,将知识灵活运用,本单元设置了情境单元作业。作业设计如下:

阅读下列材料,完成问题:

玉米是喜温作物,世界玉米产区多数集中在 7 月份等温线为 21～27℃,无霜期为 120～180 天。玉米的植株高,叶面积大,需水量也较多,生长期在月降水量 100 mm 以上的地区适宜生长。玉米生长期短,从播种到收获需要 100 天左右。东北地区乙醇汽油主要以玉米和玉米秸秆为原料,其中吉林省尤为重视玉米深加工产业的发展。

1. 请阅读"中国一月平均气温""中国七月平均气温""中国年降水量"等相关地图,思考吉林长春是否适合种植玉米。

2. 上海是否适合大规模种植玉米？请作出判断并说明判断理由。

通过创设类似的情境任务,将学生引入到一个新的情境,考查学生阅读等值线地图的能力,及运用所学知识综合分析解决问题的能力。学生探究吉林长春是否适合种植玉米,需要阅读多个地图,如通过"中国一月平均气温"图,读出长春市一月的平均气温;通过"中国七月平均气温"图,读出长春市七月的平均气温;通过"中国年降水量"图,读出长春市的年降水量等综合分析得出结论。吉林长春适合种植玉米,那我们生活的上海地区呢？是否适合大规模种植玉米？这道题比较开放,主要考查学生综合思维能力。学生探究该问题时,不仅需要阅读所学的相关地图,还需要结合日常生活经验,搜索更多的信息,从市场、经济、市民生活习惯等多角度分析问题。这种情境迁移不仅有助于学生巩固所学知识,还有利于激发了学习兴趣,培养学生探究精神,提升地理核心素养。

（二）反思

本单元教学设计以学生活动为主,学生在探究过程中掌握所学内容,学习目标整体达成度较好。首先,以落实"地理核心素养"为核心进行教学设计。情境教学以学生为主体,教师为主导,培养学生地理综合能力。通过设置类似的情境任务,使学生将在单一情境中获得的学习能力能迁移到其他生活情境中,将知识能力进行内化迁移,提升地理核心素养。情境创设的目的在于激发学生学习兴趣，能积极地、愉快地在情境中掌握所学知识。本单元内容较难，传统教学比较枯燥，通过创设符合学生认知又比较有探究价值的情境，能有效调动学生学习积极性，使教学更加高效。本单元是围绕探究"阳春砂适合在哪里生长"进行的，符合学生认知，且将复杂的教学内容简单化。其次，情境创设以课本内容和课程标准为基础，贯穿单元教学始终，使学生获得完整的情境体验。本单元分别从气温、降水量上探究阳春砂适合生长的地区，以及探究"上海是否适合种植阳春砂"，让学生掌握我国气温和降水的相关知识。通过情境教学，使教学内容更加紧密。最后，创设了有梯度、层层递进的问题链，培养学生探究思维。问题链将枯燥难懂的教学内容化繁为简，让学生在情境中解决问题，掌握知识，获得能力。问题的设置符合学生认知水平，通过教师的引导，学生通过自主探究发现问题、解决问题。

当然，本次单元教学也存在不足之处，例如情境的串联方面，可以链接得更流畅自然些；理答方面，需要更及时有效地引导学生探究问题；问题链的创设上还需不断找到学生认知冲突点，进一步提升和改进。

总之，素养导向的单元"情境—问题"教学能更有效地激发学生学习兴趣，有利于提升学生的探究能力和学科素养。教师需要创设一个真实的情境，同时设计符合学生认知水平的问题链，不断启发引导，让学生在逐步自主探究问题的过程中掌握所学内容，有助于培养学生地理学科素养。

第九节　初中生命科学课例——以"庞大的微生物家族——酵母菌"教学为例[①]

一、情境创设

（一）教学内容

1. 课标研读

在《义务教育生物学课程标准（2022年版）》"生物的多样性"的内容中，本节课对应大概念：生物可以分为不同的类群，保护生物的多样性具有重要意义；对应重要概念：微生物

---

① 课例设计者是上海市梅陇中学的申晓彤。

一般是指个体微小、结构简单的生物，主要包括病毒、细菌和真菌；对应次位概念：真菌是单细胞或多细胞生物，有成形的细胞核，有些微生物会使人患病，有些微生物在食品生产、医药工业等方面得到广泛应用。在《义务教育生物学课程标准（2022年版）》"生物与环境"的内容中，本节课对应次位概念：水、温度、空气、光是生物生存的环境条件。

在"生物学与社会·跨学科实践"中，本节课对应大概念：真实情境中的问题解决，通常需要综合运用科学、技术、工程学和数学等学科的概念、方法和思想，设计方案并付诸实施，以寻求科学问题的答案或制造相关产品；对应重要概念：发酵食品制作类跨学科实践活动：发酵食品的制作可以运用传统的发酵技术来完成；发酵食品的改良需要好的创意，运用多学科的知识和方法，从发酵的条件控制、装置的改进、食材的选择等方面不断尝试。同时，课程标准在跨学科实践活动中提供了参考项目，例如：收集当地面包酵母菌种，比较发酵效果。

2. 教材研读

本节课选自上海教育出版社《生命科学》初中第二册（试用本）第四章第三节"微生物"部分，在《上海市初中生命科学学科教学基本要求》中学习水平要求为B级。

"你知道吗"介绍了"胃溃疡与幽门螺杆菌有关吗"内容；在"学习与探究"模块中，"庞大的微生物家族"主要涉及微生物的概念和组成，重点从形态结构、生活方式、繁殖等方面介绍了与人类关系较为密切的真菌、细菌和病毒三类微生物；在"微生物与人类的关系"中分别介绍了对人类有益的微生物、对人类有害的微生物，以及人类对微生物的开发利用三个方面；"拓展视野"模块中安排了"现代发酵工程"的内容，可以作为学生课后进一步拓展的素材。

本课时教材首先呈现三幅插图：显微镜下的酵母菌、酵母菌的结构模式图、酵母菌的出芽生殖模式图，依次介绍了酵母菌的结构特点、营养方式及繁殖方式；紧接着，通过生活情境"橘子皮上的青霉"引出多细胞真菌，介绍其结构特点、营养方式及繁殖方式；然后，归纳总结得出真菌的特点；"思考讨论"部分提出问题，引起学生思考"蘑菇、灵芝也属于微生物吗"，考查学生的知识迁移能力。

微生物是继植物、动物两大类群之后学习的第三大类群。本节内容的学习引导学生由宏观到微观，逐步认识身边的生物类群，理解微生物的多样性以及与人类、自然的关系，为第四节"生物的分类"、第五章"生态系统"等内容的学习奠定知识基础。

3. 学情分析

本节课授课对象为八年级学生，学生已经知道了细胞的基本结构，知道了绿色植物会通过叶绿素进行光合作用，为本节课学习酵母菌的结构以及营养方式奠定知识基础；此外，学生对于面包、馒头等酵母菌发酵过的产品并不陌生，具备一定的生活经验；但是，多数学生不知道酵母菌属于真菌,不了解其结构、营养方式、繁殖方式等,因此需要教师帮助学生厘清思路,进一步科学认识真菌的代表物种之一——酵母菌。

4. 资源分析

(1) 教材内容资源:本节教材详细介绍了酵母菌的基本特性,包括其形态结构、营养方式、繁殖方式、在生物技术和日常生活中的应用(如制作面包、酿酒等)等基础知识。教材配有清晰的插图,以帮助学生更好地认识酵母菌的形态结构。

(2) 实验教学资源:实验室具有相应配套实验资源,支持开展相应实验活动,如观察酵母菌的形态、探究酵母菌发酵条件等实验。

(3) 多媒体教学资源:支持视频导入、动画演示酵母菌的繁殖过程等,以多元化的形式丰富教学手段。

(二) 确定目标

(1) 制作并观察酵母菌临时装片的实验过程,描述酵母菌的基本形态结构,发展结构功能观。

(2) 通过分析酵母菌发酵现象,完善实验设计,说出酵母菌的营养方式,发展物质能量观、科学思维和探究实践能力。

(3) 通过显微观察、动画观看,说出酵母菌在不同的环境中采取不同生殖方式,发展结构功能观。

(4) 通过实例展示,概述酵母菌与人类的关系,懂得科学全面地看待微生物与人类的关系,形成安全驾驶的态度责任。

(三) 确定评价任务

1. 评价任务一:知识理解

使用多媒体技术,完成酵母菌结构图填空。

2. 评价任务二:动手实验与观察

制作临时装片,在显微镜下观察酵母菌结构;设计实验,探究酵母菌发酵条件、发酵产物。

3. 评价任务三:案例分析与讨论

分析并讨论现实生活中的自动酿酒综合征,认识酵母菌与人体健康的关系。

4. 评价任务四:创新思维展示

在丰富的实验基础上,鼓励学生设计实验探究酵母菌发酵过程中是否有能量产生。

二、情境建构

（一）教学设计

1. 设计思路

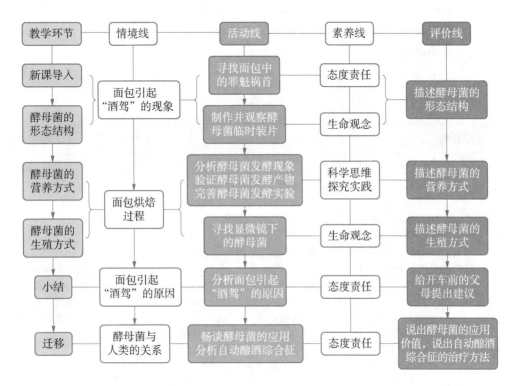

本单元共分为"寻找微生物"、"真菌"、"观察培养青霉和酵母菌"、"细菌和病毒"、"微生物与人类的关系"五个课时,在教学安排上,本设计将"真菌"拆分为"酵母菌"和"青霉菌"两个课时,与之后的实验部分依次对应,使"真菌"的两个课时都具备实验操作环节。

面包是同学们生活中常见的事物,学生有丰富的生活经历,但是学生对"吃面包能引起'酒驾'"是陌生的,这是容易引起学生兴趣的内容。因此本节课选择了该生活情境,使学生认识真菌代表之一——酵母菌的特征,发展结构功能相适应的生命观念及归纳总结的科学思维。

为突破教学重点"酵母菌的形态结构",教师设置多个课堂活动:①通过制作并观察酵母菌临时装片,描述酵母菌的结构特征;②通过观察酵母菌的电镜图片、结构模式图,进一步归纳酵母菌的结构特征。

为突破教学重难点"酵母菌的营养方式",教师设置了酵母菌发酵实验:①通过与人类有氧呼吸类比,了解酵母菌在有氧条件下获取能量的方式;②通过酵母菌的发酵实验,直观感受无氧条件下酵母菌的发酵现象,说出酵母菌在无氧条件下获取能量的方式;③通过现场产物验证操作,说出酵母菌的发酵产物。

为突破教学重点"酵母菌的生殖方式",教师在酵母菌的结构特征、营养方式中进行铺垫:①继续观察显微镜下的酵母菌临时装片,初步认识酵母菌的出芽生殖;②通过酵母菌发酵实验的实验设计完善活动及现象分析,认识酵母菌生存环境适宜的含义,加深对酵母菌生殖方式的理解。

2. 教学过程

教学内容	教师行为	学生行为	设计意图
一、新课导入	【播放视频】 教师播放"吃面包引起'酒驾'"的视频。 【过渡】 教师出示某品牌面包的配料表,说明吃面包引起"酒驾"与酵母有关。 教师提出问题:酵母菌到底有什么特征呢?	观看视频。	观看视频,激发学习兴趣。
二、酵母菌	【结构特征】 1. 回顾洋葱鳞片叶表皮临时装片制作过程,引导学生对实验操作步骤排序,引出酵母菌临时装片制作,教师强调操作要点。 2. 组织学生制作临时装片,并在显微镜下观察酵母菌形态,教师展示高倍镜下酵母菌临时装片,引导学生初步了解酵母菌的形态结构。 3. 绘制显微镜下"大酵母菌"、"小酵母菌"、正在出芽生殖的酵母菌。 4. 出示酵母菌的电镜照片、结构模式图,与动植物细胞对比,找出结构上的异同,强调真菌的独特性。 5. 提示学生"小酵母菌"长大是需要营养物质的,引出酵母菌的营养方式。 【营养方式】 1. 教师提问:酵母菌没有叶绿素,无法进行光合作用,酵母菌的营养方式是什么? 2. 回顾人体的有氧呼吸,引出酵母菌在有氧条件下的产物。	排序。 制作临时装片并在显微镜下观察。 与动植物细胞、细菌进行比较。 回答:异养。	通过图片、实验、视频等多种资源,突破教学重难点。

续表

教学内容	教师行为	学生行为	设计意图
	3. 通过"发面过程"分析,引出无氧条件下酵母菌获取能量的方式。 4. 引导学生观察并描述实验现象,猜测实验产物。 5. 现场实验验证产物。 6. 通过三个问题"本实验中,气体一定是酵母菌产生的吗?本实验中,气体一定是酵母菌分解葡萄糖产生的吗?本实验中,有葡萄糖和酵母菌就一定能产生气体吗",引导学生设置对照组。 7. 引导学生观察并分析对照组实验现象,得出酵母菌产气需要营养物质和水。 8. 小结酵母菌的营养方式,得出发酵的概念。 【生殖方式】 1. 出示酵母菌在显微镜下进行出芽生殖的图片,通过动画观察酵母菌出芽生殖的过程。 2. 引导学生阐述什么是环境适宜。 3. 出示酵母菌孢子繁殖图片,认识酵母菌的孢子繁殖。 4. 回归板书,小结酵母菌的特点。结合营养方式、生殖方式、形态结构,阐述酵母菌为什么叫酵母菌。 5. 引导学生解释酒驾乌龙事件。 【与人类的关系】 1. 举例说明酵母菌的应用。 2. 解释自动酿酒综合征,引导学生结合本节课所学,说出可能的治疗方法。	观察、描述实验现象,猜测实验产物,观看产物的验证。 设计对照实验。 观察并分析对照组实验现象。 合适的温度、一定的营养物质和水分等。 解释酒驾乌龙事件。 抑制酵母菌生长、调整饮食等。	
三、课堂总结	【总结】 总结 【过渡】 面包放置时间太长,发霉了,这种霉又有什么特征呢?我们下节课一起来了解。	总结。	总结本课,引出后续内容。

(二)课堂观察

师:现在每天下午课后服务时间,大家都可以吃点面包补充能量,但是这里却因为吃面包闹出了乌龙!我们一起来看一下。有没有同学知道为什么吃面包竟然被查出了酒驾呢?

生:面包过期了哈哈哈。

师:吃面包竟然被查出了酒驾? 我们回到面包的配料表里找一找这个罪魁祸首。配料表中并没有添加酒精,那么酒精哪里来的呢? 我们看到了一种真菌——酵母。酵母有怎样的特征,使面包含有了酒精呢,我们一起来了解一下吧。

生:打开教材。

……

师:请同学们先在低倍镜下寻找酵母菌,有时间再切换高倍镜观察。给大家两分钟时间,我们一起来分享一下。同学们看到了什么?

生:我看到了一个个小圆点,但是看不清内部结构。

师:同学们的显微镜操作非常到位,但是由于酵母菌实在是太小了,放大 100 倍也很难找到,更不要提观察内部结构了。我这里有一台显微镜,可以放大 400 倍,我们一起来看一下,你又看到了什么?

生:我看到酵母菌是球形的,酵母菌里面有深色的结构。

师:哦,我们发现酵母虽然数量很多,但是彼此之间不依赖,每个细胞都是独立的生命体,所以酵母菌是单细胞真菌,内部有一个着色较深的部位。那么视野中有大小的差异吗?

生:酵母菌有大有小,还有一大一小挨在一起,但是我还是看不到像教材画的那样清晰的结构。

师:我们在光学显微镜下将酵母菌放大了 400 倍,也才能看到有着色比较深的部位,科学家们在透射电镜下放大几万倍去观察酵母菌,可以看到酵母菌内部有着色程度不同的部位,也有一些具有明显边界的部位,这些都是什么结构? 科学家帮我们总结了酵母菌的结构模式图,我们一起来看一下酵母菌的结构模式图吧。

生:翻看教材,完成酵母菌结构填空。

……

师:在显微镜下大家看到了小的酵母菌,它也要长大。同学们长大需要营养物质,酵母菌生长也需要营养物质,但是酵母菌没有叶绿素,不能像植物一样通过光合作用制造有机物。所以酵母菌的营养方式是异养,必须依靠外界现成的有机物来维持生命,比如面包中的淀粉。人也是异养,人类吃掉面包可以获取能量,还记得人是如何从食物中获取能量的吗?

生:食物在体内分解,然后通过呼吸作用获取能量。

师:在氧气的参与下,我们可以把食物分解为二氧化碳和水,酵母菌也是一样的,在氧气的参与下,把葡萄糖分解为二氧化碳、水,以及为生命活动提供能量。那么请大家想一想,我们在用酵母蒸面包的时候,一直是有氧的环境吗? 如果没有氧气的参与,酵母菌还能不能从葡萄糖中获取能量了呢?

生:不全是有氧环境吧,做面包时放酵母菌,应该没有氧气或者氧气浓度很低,我觉得酵母菌应该不能呼吸了。

师:那我们一起来找一下证据吧! 课前,我给大家配备了酵母菌葡萄糖混合溶液,大家也都套上了气球人为制造了无氧环境。请同学们将锥形瓶靠近水槽,轻轻打开气球放气,同学们有没有闻到什么味道呢?

生:老师,像啤酒一样,能喝吗?

师:这位同学的鼻子很灵,确实是酒的味道,啤酒生产确实也是这样的原理,但是实验室的锥形瓶可不是非常干净哦,所以是不能喝的。

生:哈哈哈哈哈哈哈。

师:同学们闻到了有酒精的味道,所以无氧条件下,酵母菌也是可以获得能量的,只不过是把葡萄糖分解为了二氧化碳、酒精,并获得能量。

……

师:除了温度,还有哪些因素会影响酵母菌发酵呢?

生:水/酵母菌的多少/养分……

师:我和大家的想法一样,我也设置了如下对照组,请同学们从抽屉里面拿出来我们的对照组,看看实验现象吧。

……

师:酵母菌异养获得能量,用于各项生命活动,比如繁殖,那么它的繁殖方式是什么呢?

生:出芽生殖!

师:同学们在显微镜下看到了大酵母菌和小酵母菌,我也找到了一大一小挨在一起的酵母菌,这就是酵母菌在进行生殖。我们再对比一下我们最开始看到的酵母菌,同学们注意到数量变化了吗?

生:哇,密集恐惧症啊,比之前多了好多!

师:所以,虽然酵母菌很小,却也是一个个生命哦。

……

三、情境应用

(一) 内化迁移

课程结尾再提酒驾事件,而这次酒驾却不是面包发酵过度引起的,在新的情境中尝试利用所学知识解答疑惑,同时引发学生对自身健康的关注,落实态度责任。

本节课中设置了学生设计实验的活动,突破了酵母菌的营养方式这一难点,但是发酵过程不是简单的产物生成问题,因此设计了课后作业,让学生设计实验检测发酵过程中是否有能量产生,以发展学生的科学思维。

(二)反思

本课通过制作并观察酵母菌临时装片,发展结构功能观;通过分析、完善酵母菌发酵实验,培养科学思维、提升探究实践能力;通过"面包引起'酒驾'"的大情境,落实"拒绝酒驾"的态度责任等。以"面包引起'酒驾'"作为情境主线,提出问题,吸引学生注意力;通过观察酵母菌结构、发酵现象等活动,解答"面包为何引起'酒驾'";再通过知识迁移,了解自动酿酒征患者也会"被酒驾"。将酵母菌的形态结构、营养方式、生殖方式融入大情境中,使学生学习知识的同时,感受到应用知识的快乐。如何在符合逻辑顺序的前提下,让学生在课上直观感受到酵母菌的发酵现象是本节课在不断探讨的问题,因此进行了数次重复实验,为了精准把握酵母菌培养液的配制时间、容器、配制量等。在课前预备铃时间,学生亲手套好常温与冰水气球,讲到发酵时,常温气球鼓起,现象明显。学生设计实验,通过观察课前抽屉中的锥形瓶,验证猜想,圆满处理设计与实验过程的时间落差问题。同时,学生通过分析、完善实验,感受生命科学实验的魅力并发展其科学思维、提升探究实践能力。把课堂还给学生,为实现课堂中学生的主体性,本节课设置真实情境、丰富的学生活动,激发学生学习讨论的热情,使学生积极参与课堂、发现并积极思考问题。

本节课教师在理答过程中急切地想要得到自己想要的答案,忽视了给予学生充足的自主表达时间,或许错过了一些意想不到的回答,不利于学生科学思维的进一步发展。本节课的实验操作具备一定难度,班级人数多,可能对每组学生关注不足,可在课前培训组长,课堂通过评价反馈落实。教学中教师提问问题的设计应当具备有序性、科学性、针对性、启发性等在教学过程中不断生成的,个别问题的设计,应该更贴近学生的认知特点。

第十节　初中科学案例——以"水的净化"单元为例[①]

初中科学课程是一门综合性的课程,包含物理、化学、生物和地理等方面的内容,旨在

---

① 课例设计者是上海市梅陇中学的徐振华、付玉冰。

帮助学生从整体上认识科学的知识、原理和思维,促进学生科学素养和能力,初中教师们也一直致力于通过多种形式的探究活动,提高学生的科学素养和能力。本文以《科学(牛津版)》第六章"水与人类"中的"水的净化"小单元为例,探索基于"情境—问题"的单元教学设计与实施。

一、 情境创设

(一) 教学内容

1. 课标研读

《义务教育课程方案和课程标准(2022 年版)》立足学生核心素养的发展,着重关注学生的科学观念、科学思维、科学探究和态度责任等核心素养的发展,要求学生能够运用所学的知识和方法解决真实情境中的问题。这就要求教师在备课时要充分考虑合适的真实情境,促进学生素养的提高,但是目前的科学教学通常以课时为单位,情境的设置单一且短暂,学生所获取的知识也呈现零碎化的特点,不利于学生素养的提升。

《科学(牛津版)》教材的设计理念关心自然的整体性,体现科学本质;突出科学探究,倡导学习方式的多样化;重视多元评估,体现评价过程和学习过程的统一,具体内容如图1。此教材的编写指导思想主要体现在以下几个方面:以学生为主体,以实验为基础,注重能力的发展,注重知识的应用,符合学生的认知规律。但由于课程标准对教材中的基础知识和基本技能划分成"掌握""理解""知道"和"了解"四个不同层次的要求。所以,教师在教学中有时会不断强调知识点,无法很好地达成"全面提高学生科学素养"的目的。

六年级	七年级
科学入门	身边的溶液
生物的世界	电力与电信
细胞与生殖	健康的身体
物质的粒子模型	感知与协调
能与能源	宇宙与空间探索
水与人类	地球、矿物与材料
空气与生命	海洋与海洋开发

图 1 《科学(牛津版)》教材内容

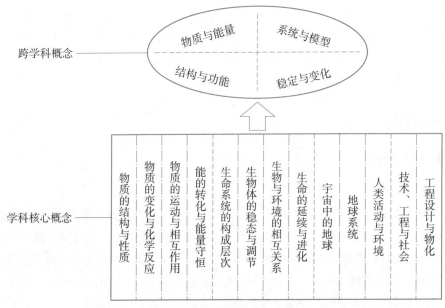

图 2　新课程科学结构与内容

因此，结合新课程理念与原有教材内容，对需要初中科学教学进行整合优化，立足学生核心素养的发展，力求在不改变原有教材内容与结构的前提下融合新课程标准理念，积极创设适合学生发展需求的多样化科学情境，不仅能减轻学生的学习压力，提升学生的学习效率和质量，还能激发学生的学习内驱力。聚焦科学核心概念设计是"双减"背景下教师探索高效教学的一条有效路径。教师积极尝试、大胆探索，为学生科学思维发展、知识应用创造更多的机会，更好地完成科学学科育人功能，让学生更加乐于思考、积极探索，让课堂更加有趣、更加高效。

本案例选自《科学(牛津版)》教材第六章"水与人类"中"水的净化"的内容，结合新课标中"技术、工程与社会"的核心概念：技术与工程的性质和特点，技术与工程对人们生活、生产和社会的影响，科学、技术、工程的相互影响，包括技术、工程与社会等内容有关的创意实践活动，以及利用创意作品进行自主探究，学习内容和活动有助于学生形成物质与能量、结构与功能、系统与模型、稳定与变化等跨学科概念的形成。

2. 教材研读

《义务教育科学课程标准(2022 年版)》在课程实施的"教学建议"部分，提出围绕核心概念组织教学内容，关注知识间的内在关联，促进知识的结构化，改变碎片化、割裂式的教学倾向。

"水的净化"是初中《科学(牛津版)》教学自然单元的"水与人类"的内容。通过对教材中"水与人类"这一单元的分析,这一自然单元在进行教学时,可以细化为"水的净化"及"水的循环"两个小单元。

本单元的核心概念是水的净化,通过观察和实验,认识自然界的水;通过实验和设计制作,知道水的净化方法,了解自来水的生产过程,进而认识到净水对人类十分重要。根据本单元主体,对核心概念进行了如下细分:

核心概念	次要概念	具体概念
天然水可净化成为自来水	天然水中含有杂质	天然水中含有悬浮微粒、可溶性物质和微小生物
	水的净化	去除较大的悬浮微粒时采用沉淀法
		去除较小的悬浮微粒时采用过滤
		去除可溶性物质时采用蒸馏法
		去除微小生物时采用加氯消毒法
	自来水的生产过程	自来水的生产包括沉淀、过滤和加氯消毒等主要步骤

3. 学情分析

学生在小学阶段已经初步知道水相关的简单知识,并在各类宣传报道中知道水的一些用途,但是未思考过自来水的具体来源、水的净化过程和自来水的生产流程。六年级的学生具有强烈的求知欲和探索精神,活泼好动、喜欢动手实践,对科学世界有着很强的好奇心和接受能力,在许多方面都有创新的见解。因此,在单元教学设计中,从贴近学生的真实情境"上海的饮用水来自海上吗"展开,逐步引导学生探究水的净化过程、自来水的生产流程、上海的水源地选择和搭建自来水生产的模拟装置,在情境教学中激发学生的学习兴趣。

(二) 确定目标

本案例结合学校特色的"情境—问题"教学模式,将《科学(牛津版)》六年级第二学期"水和人类"大单元中"天然水中的杂质""水的净化方法"和"自来水的生产"的4课时内容设计为大情境引领的小单元,围绕贴近学生的真实情境"上海的饮用水来自海上吗"展开教学设计。

课时内容	课程目标	适合情境创设	对应核心素养
天然水中的杂质	(1) 观察河水,并结合生活经验,知道天然水中存在杂质。 (2) 通过显微镜观察河水和蒸发实验,认识天然水中含有悬浮颗粒、微生物和已溶解的物质等杂质。	学校旁的朝阳河是否可以作为饮用水?	人类通过科学技术对生活环境的观察。
水的净化1	(1) 通过对池塘水的沉淀,初步学会沉淀的实验技能,了解沉淀的作用。 (2) 在设计过滤装置的过程中,学习过滤的技能和技巧;提高设计、表达和交流能力。	如何通过科学的方法净化朝阳河水质?	初步认识技术与工程对人类生活的促进作用。
水的净化2	(1) 用加氯消毒法除去池塘中的微小生物,知道经过处理后的水可以直接饮用。 (2) 理解蒸馏的原理,认识蒸馏相关的仪器设备。 (3) 通过蒸馏法去除水中的已溶解物质,运用比较法区分过滤、蒸馏的适用范围,培养挖掘事物本质特征的能力。	如何通过科学的方法净化朝阳河水质?	初步认识技术与工程对人类生活的促进作用。
自来水的生产	(1) 知道自来水生成的主要过程及环节作用。 (2) 模拟自来水的生产过程。		

基于教材的概念,本单元的教学目标如下:①了解自然界中水的分布,知道人类可利用的淡水资源是有限的;②知道天然水中存在的杂质,认识沉淀、过滤、加氯、蒸馏等净化水的方法及其作用;③知道自来水生产的主要流程,了解自来水生产过程中的重要环节的作用。

(三) 确定评价任务

评价对教育活动有导向和反馈的作用,教师要遵循过程性与终结性相结合、定量与定性相结合、反思性评价与激励性评价相结合、自我评价与他人评价相结合的原则,对学生学习效果的评价要注重学生的学习结果、学习过程以及在实践作业完成过程中所表现出来的情感和态度的变化,以促进学生科学探究能力、人文情感素养及学科核心素养的发展。科学精准的作业评价结果有利于教师进一步反思完善作业设计、改进教学。

以质性和量化相结合,建立以教学相长为核心的作业评价体系。以学生的发展、教师的提升、学校的变化为评价指标,收集作业的过程性资料,制定综合性的评价量表,实现师生和学校的全方位发展。在作业展示过程中,注重学生作业的过程展示,让学生乐于做作业,成在做作业。

在"双减"背景下,初中科学微趣作业的设计能充分体现其重要的教育价值和育人功能。教师在设计微趣作业前应该准确研判学生内在学习驱动力,认真分析学生的学习特点,充分关注学生差异化的学习需求,寻求作业的"量""质"平衡。在"减量增质"的要求下,应该特别强调要以获得感和成就感激发学生的学习兴趣为作业设计的依据,积极运用多种评价方式,帮助学生在完成作业过程中发展自己的潜能,促进深度学习。教师还应该设计更灵活、开放、个性化的作业,激发学生学习的内在动力,在真实情境中自主探索学科知识,学会应用跨学科知识去认识更为全面的科学。作业的趣味性给学生创设了更为积极的探索环境,在减负的同时提高质量和成效。

作业:

青草沙水库是上海自来水厂的取水处,但水中含有悬浮颗粒、微小生物等杂质,必须经过人工净化才能成为生活和生产用水。下图所示是某自来水厂的生产流程图。

根据上述信息回答下列问题:

(1) 在 C 过程中,一般加入适量的氯气,其作用是_____。

(2) 在 B 过程中,一般除去的杂质主要是_____。

(3) A 过程的作用主要是_____。

本题通过自来水的生产流程图,考核水的净化中不同步骤的具体作用。

二、 情境建构

(一) 教学设计

本节课共有三个活动。

活动一:了解自来水的生产流程。学习了解天然水中的杂质及其净化方法,我们生活中使用的自来水又是如何生产的呢? 学生观看视频,了解自来水的生产流程,并填写学习单上自来水生产的主要流程及环节的作用,同时与天然水的净化方法进行对比,进一步理解自来水的生产环节及其作用。

活动二:模拟自来水的生产。能否在实验室模拟自来水生产呢? 学生观看教师自制教具,对照自来水厂的生产流程,找出教具各部模拟的结构。随后通过阅读材料,确定滤材的排列顺序,并在交流后对所选材料进行修改,随后根据自来水的生产过程,设计搭建并检验"过滤池"过滤效果,通过数据分析自来水厂模拟装置的效果,并进一步思考提高过滤效果的方法。

本活动是本节课学习的重点,也是本章学习的重点。在本单元大情境下,学生了解了生活所用水的来源,为了创造更真实的情境,使用了教师自制的"自来水厂"教具,让学生在情境下,依靠现有经验完成挑战任务,并将所学知识技能迁移到真实情境中,使学生在任务中真切地参与和体验探究、讨论等学习活动,真实地在任务中"做事",促进学生高阶思维的发展。

活动三:上海自来水水源地的变迁。了解了自来水的生产,我们上海使用的自来水又来自哪里呢?学生观看地图,并根据地图找到上海水源地,随后展示上海最早的自来水厂的位置,并能简单分析水源地变迁的原因和变迁后的优势,进一步加强保护水源的意识。

这一部分内容是对本单元内容的升华,进一步加强学科德育,引导学生关注生活,关注社会变迁和技术进步。

(二) 课堂观察

教学片段一:以核心素养为基础　创设有效情境

师:(播放视频后)请同学们根据刚才的视频,小组讨论,并在平板电脑上对自来水的生产过程进行排序,思考在此过程中,使用了哪些净水方法,分别有什么作用。

生:来自江河的天然水,经过沉淀池的沉淀作用,使悬浮微粒凝聚成较大颗粒沉淀下来,再通过过滤池的过滤,除去水中的不溶性杂质,然后经过吸附池的吸附,去除异味和色素,再经过加氯消毒,杀死微小生物,就形成了自来水。

师:同学们已经了解了自来水生产的主要流程及相应的方法,接着我们一起来模拟自来水的生产过程。这是一组模拟生产自来水生产的装置。你能找出他们分别模拟了自来水厂的哪个结构吗?

生:1号是模拟沉淀池,经过沉淀的水进入管道,然后经过 2 号吸附池,后进入 3 号消毒池。

师:请大家认真观察,这个模拟装置与实际生产过程比较,缺少了哪个流程?

生:过滤池。

情境的设置在课堂中非常重要,教师在设置情境时,首先要关注学生的学段、学习能力以及科学观念,情境的创设是为了更好地让学生理解学科的核心观念。"水"在生活中随处可见,学生非常熟悉,这就需要有一个既能引起学生兴趣又有一定挑战性的情境。

学生在生活中都知道日常用水一般为自来水,但未认真思考过自来水的来源和自来水的生产工艺。本课中,先是以生活中饮用的自来水作为情境,以视频展示了自来水在水厂中的生产过程,让学生对自来水的生产有了具体的了解,但是绝大部分学生没有接触过自来水厂,这样的情境对于学生来说过于抽象,因此如何将这一情境更加真实化是我们思考的要点。当学生自己观察和使用教师自制的教具"自来水厂"时是非常兴奋的,同时情境也更加真实。

图 3　教师自制教具　　　　　　　　　图 4　学生课堂使用效果

教学片段二:以任务为导向　促进核心素养落地

师:今天就请同学们作为"小小工程师"帮老师完成"过滤池"的设计。老师寻找了自来水厂常用的三种滤材——花岗岩石子、石英砂、小卵石。请大家边阅读边圈画这些材料的特点,你们会把这些材料分别放在哪一格? 请小组讨论,并在平板电脑上作出选择。

师:哪组愿意分享你们小组的设计? 并说明理由。

生:(小组 1)我们小组是这样思考的,根据资料卡,小卵石它可以拦截水中悬浮物,规格是 4—6 毫米,然后花岗岩石子是 3—5 毫米,石英砂是规格是可以拦截 1—2 毫米的悬浮物,我们是按照可以拦截的悬浮物的直径大小,从大到小来进行排列的。

师:请坐。这组同学非常善于学习,根据资料卡的信息得到了上述的结论。其他小组还有补充吗?

生:(小组 2)我们也是这样排列的。因为如果滤料反过来,石英砂规格较小,把较大或较小的颗粒都过滤掉以后,后面另外两个过滤的材料就没什么必要了,从经济的角度去考虑的话,小卵石—花岗岩—石英砂更经济。

生:(小组 3)我们小组还有补充,如果先用较小的石英砂过滤,很有可能会引起过滤管道的一些堵塞,降低过滤效率。

师:同学们说得很好,确实我们自来水厂也基本上是按照这样的顺序进行排列的。我们已经设计完成了过滤池,接下来我们就要通过实验来检验一下过滤池的效果,并请完成的小组完成小组自评。

这里通过情境让学生了解自来水厂的生产后,以设计"过滤池"为任务,辅助以"阅读卡"作为支架,让学生思考过滤池中滤料的排列,同时通过充分的讨论,促进学生分析、推理等科学思维的发展,落实核心素养。此外,在任务的进展过程中,还基于"赛·课堂"设置了过程性评价的评价量表,学生根据量表进行自我评价,评估完成情况,并可以根据评价进行修改,不同的小组完成方式虽然不同,但是都可以通过这一量表进行过程和成果的评价,部分学有余力的小组可以根据评价及时调整设计和迭代,促进整个小组的思维提升。通过不断对照量表践行"评价—修改—再评价"的工程思维,学生们的整体素养得到极大提升。

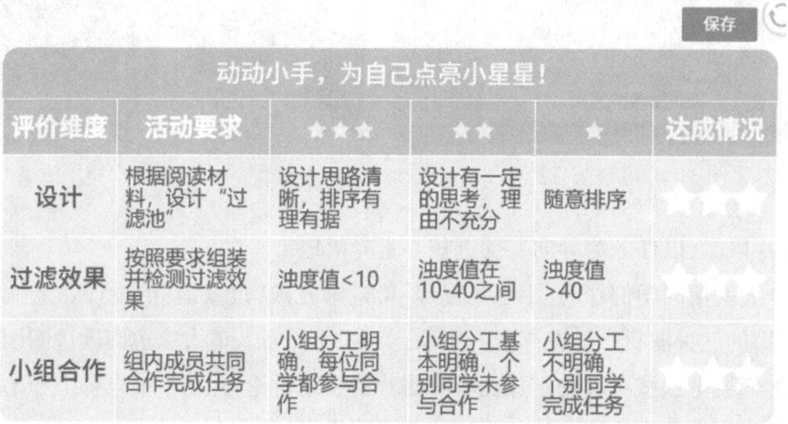

保存

动动小手,为自己点亮小星星!

评价维度	活动要求	★★★	★★	★	达成情况
设计	根据阅读材料,设计"过滤池"	设计思路清晰,排序有理有据	设计有一定的思考,理由不充分	随意排序	★★★
过滤效果	按照要求组装并检测过滤效果	浊度值<10	浊度值在10-40之间	浊度值>40	★★
小组合作	组内成员共同合作完成任务	小组分工明确,每位同学都参与合作	小组分工基本明确,个别同学未参与合作	小组分工不明确,个别同学完成任务	★★

图 5　课堂评价量表

教学片段三:以跨学科引导,促进知识迁移

师:(展示各小组过滤后净化效果)所有的小组都已经完成了检测,你们的过滤池有没有过滤效果?

生:有!

师:(展示柱状图)确实如同学们所说,从结果上看,每个小组的装置都起到了过滤效果,每一组过滤后水的浊度都比对照组小,每组都送一个小星星。

师:但是每组的数据相同吗?

生:不一样。

师:大家一起来看看,第5组和第1组他们两组的过滤装置有什么差别?如果想要达到更好效果的效果,可以做些什么改进?

生:(小组 2)我觉得他们组的差别是过滤材料的高度不一样,多一些过滤材料可以让过滤效果更好。

生:(小组 3)我们觉得可能多过滤几次过滤效果可能更好。

师:同学们已经提出了一些改进方法,除了前面同学们提到的方法,根据刚才自来水厂生产的流程,还可以采取什么方法使自来水浊度进一步降低?

生:(小组 6)我觉得刚才我们小组沉淀池中的水太脏了,如果使用再干净一点的水,可能使用同样的材料,过滤效果也会好很多。

生:(小组 4)我觉得使用的过滤材料也可以再改进,因为我们家使用的过滤水壶效果很好,里面的滤芯材料比这些材料要先进,可能使用一些更新更先进的材料,过滤效果更好。

师:同学们讲得太好了! 我们课后可以继续进行尝试。根据我们对模拟自来水厂的生产过程的分析,你觉得让自来水厂生产的自来水变得更加澄清,可以做些什么?

生:可以改进工艺,或者使用优质的水源。

师:确实,优质的水源也是非常重要的一个因素。那么上海的水源来自哪里呢? 这是1883 年建成的杨树浦水厂,是中国第一座现代化水厂。你能从图中找出它的水源取自哪里吗?

生:黄浦江。

师:这个地方我们在地理中学过,它属于黄浦江的下游。这是现在上海的 4 大水库,你再来仔细观察一下它们的地理位置,水源还是取自黄浦江下游吗?

生:不是的,取自黄浦江上游和长江口。

师:你能说说看,现在从黄浦江上游和长江口取水相比以往的黄浦江下游取水,有什么优势?

生:因为随着工业的开发,黄浦江下游出现了污染,所以我们不能使用这些被污染的长江下游的水,所以向上寻找更加干净没有污染的水源。

生:我觉得除了污染的原因以外,现在人口较多,对水的需求量也大,从水量上看,长江的水比黄浦江的水更多,更充沛,所以会从长江取水。

在日常的教学中,除了本学科的学习,也会涉及跨学科的内容。这里学生在了解自来水的生产后,很自然地想到水源的重要性,结合学生学习的地理知识,进一步探讨上海市的水源地,及上海水源地的变迁原因,进一步体会技术的进步以及对于更干净水源的追求。

三、情境应用

(一) 内化迁移

1. 促进整体知识构建　提高应用能力

基于初中生的特点,学生在生活中都知道日常用水一般为自来水,但未认真思考过自来水来自哪里,自来水的具体生成过程。朝阳河是学校附近的河,学生每天上下学路上都会经过朝阳河,本案例把朝阳河和饮用水联系起来激发学生学习动力。在单元教学设计与实施中,以学生所熟知的朝阳河导入,第一课时探究朝阳河中的杂质,第二、三课时认识如何去除朝阳河中的杂质,第四课时认识自来水的生产过程,用大情境串联 4 个课时,在每一课时中都有贴近生活的小情境,让学生在课堂中探索生活问题,在探究中获取相应知识,并形成单元型知识网络。通过这样的知识搭建,学生对于知识有整体的感知,也能够促进学生在其他的情境进行知识的应用,比如引导学生思考:"在野外如何获得较为干净的饮水?"

2. 强调以驱动问题为引领

以素养为导向的课堂非常重要的一点是激发学生的自主探究意识,让学生能够自然而然地将遇到的困难情境逐渐变成需要学习的知识和技能,进而使用知识和技能解决情境中的问题。

本案例中,每一课时匹配层层递进的单元问题链,通过指向明确的驱动型问题引发学生进行深度思考。本案例总问题为"朝阳河水可以直接饮用吗?"设计递进式问题链"朝阳河水含有哪杂质?""如何将这些杂质去除?""我们饮用的自来水是来自朝阳河吗?""自来水是如何净化的?"引导学生每一节课上紧扣问题、解决问题,进行逻辑性思考,进而完成思维进阶。

学生经历这样的过程,在之后的学习中遇到问题,也能够根据驱动问题思考如何完成驱动任务,需要主动学习哪些内容,促进了学生思维品质的提高。

(二) 反思

在实践的过程中可以看到,本单元的达成效果良好。教师作为主导者,精心设计情境和活动后,能主动地学习、解决问题,知道天然水中杂质的组成、去除方法以及自来水的生产过程,学生能应用知识,创造性、批判性地解决问题,学生在这个过程,提升了科学探究能力、实践创新能力以及团队合作能力等,有效地促进了素养的发展。

当然,在这个过程中还有很多不足有待改进。首先是评价机制,虽然在这个工程中设置了评价机制,但是由于是前期尝试,过程性的评价还不够细致,对于学生的引领作用还有待加强。其次,在过程中使用了教师自制的教具,效果较好,但是由于是教师手工制作,可能每个小组有所差别,在接下来的使用中还可以继续改进,提高教学效率。

第十一节　初中美术课例——以"礼品包装的'型'与'情'"为例①

一、情境创设

（一）教学内容

1. 课标研读

《义务教育艺术课程标准(2022年版)》指出:"在美术教学中,通过综合学习和探究学习,引导学生在具体情境中探究与发现,找到不同知识点之间的联系,发展综合实践能力,创造性地解决问题。"这为教学过程中,如何递进式地培养学生创意实践能力指明了方向——情境教学。一方面,情境教学手段能够有效改变常规教学模式较为枯燥、乏味的状况,使学生在情境中获得更好的学习体验,产生较强的代入感。另一方面,初中阶段更是培养创新意识和艺术文化内涵理解的发展黄金期。因此,结合情境教学,通过巧妙地提问,可以更有效促进学生在核心素养中培养创意实践能力和文化理解力,对美育教育及未来发展具有关键性的作用。

　　笔者将以初中美术"礼品包装的'型'与'情'"单元为例,在师生创设的适合情境中"像艺术家一样地去学习"主动参与、积极探索,达到以"境"入情,由"境"生情的教学效果,初步尝试探索中学生核心素养中"创意实践力"渐进为"文化理解力"的培养。

2. 教材研读

　　本课时教学内容来自少儿版初中美术七年级"为商品设计包装"单元,该单元分为商品包装设计与礼品包装设计。本课时主要围绕礼品包装进行设计。礼品包装寄托着送礼者的深情厚谊,体现了送礼者的想象力和艺术品位,且无须强调商品的内容与品牌,在大多数情况下,包装使礼品变得神秘而不可测,让收礼者感受到出其不意的惊喜。因此,本

---

① 课例设计者是上海市梅陇中学的龚文欣。

课时在学习、归纳礼品包装的基本包裹形式的基础上,围绕"装点'梅'好,喜迎2022"主题,挖掘教材案例与大师作品中的巧思、教师示范作品的设计思路与情感表达,将学生带入真实性情境,进一步了解礼品包装的创意手段,丰富创意思维。学生将思考结果应用到自己的创作中,结合自己的认识水平,发挥创意,以线描淡彩形式初步完成礼品包装造型结构草图,把想法变成真正的作品。

3. 学情分析

《义务教育艺术课程标准(2022年版)》中,依据课程分段设计思路,形成四个学段,分别是:第一学段1—2年级,第二学段3—5年级,第三学段6—7年级,第四学段8—9年级。在第三学段学业目标中明确提出:"能运用传统与现代的工具、材料和媒介,以及习得的美术知识、技能和思维方式,创作平面、立体或动态等表现形式的美术作品,提升创意表达能力。"第三学段七年级第一学期学生在六年级已经学习过"感悟色彩与情感""装饰的秩序之美""我们喜爱卡通""一目了然的信息""简洁热烈的剪纸"等单元在知识与技能方面已经具备一定的造型能力。包装设计是一种学习和综合各种美术知识和技能的活动,所以学生可以将绘画、平面设计、图案、色彩、剪纸和卡通漫画等所学知识和技能结合起来设计创作。在思维方式方面,七年级学生的抽象逻辑思维能力逐渐显现,但由于对美术语言的陌生感,一部分学生思维方式还是以具体形象思维为主导,创意性思维难以发散,归纳提炼与创新能力较薄弱。学生的个体差异较大,其生活经验、礼品基本包装形式知识储备也参差不齐。基于这样的学情特点与学段要求,在本单元教学中,教师发现大部分学生有尝试包装礼品赠送给自己的亲朋好友的生活经验,对于基本的礼品包装形式有一定了解。在上一课时的课后,学生自主尝试体验包裹礼品后,有了参照物,学生对于设计作品也有了初步具象思维。在本课时教学中,学生自主合作探究,基于不同学情尝试合作完成明确而略带挑战性的学习任务,教师以教材案例、大师作品、教师作品等不同案例来启发学生创意思维,帮助学生解决思维障碍,并运用多维度情境教学解决创意难点,学生能够更多地发挥主动性,将包装设计思维内化于心,外化于行。

4. 资源分析

礼品包装设计从构思到草图设计,再到设计落地这一完整的设计过程,需花费较多的课时。因此,通过合作的学习方式,分小组设计资料档案袋,既节省时间,又能促进学生自主合作探究包装设计知识,在讨论制订方案、交流发现问题、改进问题的这一过程中,档案袋又作为评价的一种工具,针对每一设计过程进行评价,既能够展示学生知识技能和态度的成长过程,又能反映出学生为达到完成创作所经历的过程和付出的努力。学生在创作中体验制作过程,像设计师一样去设计,感受成功设计的乐趣;在发现问题与解决问题的过程中,将"无形"化"有形",让创意思维并不局限于意识层面,而是将其付诸实践。

（二）确定目标

笔者确立课程主题为"装点'梅'好，喜迎2022"，主题中包括学习和综合各种美术知识和技能的活动。学生可以将绘画、平面设计、图案、色彩、剪纸和卡通漫画等所学知识和技能结合起来设计创作。整个设计流程包含前期调研、赏析大师作品、创意联想、绘制草图、展示评价等环节，分别与艺术课程核心素养中"审美感知""艺术表现""创意实践""文化理解"一一对应，故确定学习目标如下：

本课时"礼品包装'型'与'情'"学习目标

核心素养	学 习 目 标
审美感知	学习基本包裹形式、教材案例和大师作品，学会欣赏不同风格和形式的包装设计，并从中汲取灵感，理解艺术作品中的结构美和情感美，感受设计与生活的联系。
艺术表现	用线描淡彩形式初步完成礼品包装的创意设计草图，勾勒出礼品包装结构，表现包裹材料质感，传达情感和主题。
创意实践	运用不同创意联想方法，将所学的知识转化为实际的设计作品。尝试不同的构思和表现方式，培养独立思考及创新能力。
文化理解	树立环保意识、了解以人为本的设计理念，能通过礼品包装设计完成对收礼者的情感表达。

（三）确定评价任务

本案例将围绕本课时的基本问题——"如果你是设计师，如何有创意地设计礼品包装"，分解问题链架构，从主题情境、生活情境的创设建构评价任务。那么，作为一名设计师，如何有创意地设计礼品包装呢？第一阶段学生通过学习基础的包裹形式，运用色彩、纹样、材质等元素，初步营造出浓厚的新年氛围。第二阶段引导学生关注优秀的包装作品的设计原理，考虑不同生活情境对设计的影响，并注重创新程度和独特性，以吸引人们的眼球和留下深刻印象。在第二阶段评价中，要求学生结合大师作品和教师作品的灵感，运用创意手段设计出具有创意的主题包装。在礼品赠送过程中，包装的角色至关重要，它不仅保护礼品，还增加其价值，传达出送礼者的用心和创意。因此，第三阶段评价任务要考查学生能否将所学知识技能与创意思维相结合，完成能够表达情感的礼品包装设计方案。最后，第四阶段则要求学生将设计构思转化为实际的设计草图，通过绘图工具或手绘草图将设计概念具体化为可行的设计方案,并不断修改和完善草图,确保最终的设计能够达到预期的效果。通过这一系列评价任务,可以全面评估和改进设计成果,持续提升设计的创意性和以人为本的设计理念。

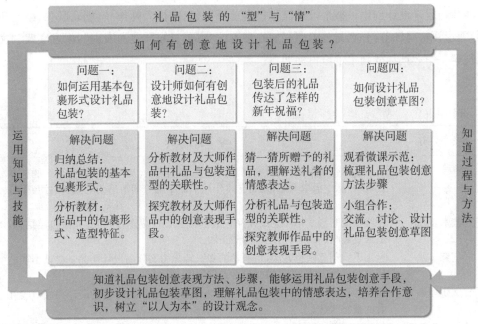

图 1 "礼品包装'型'与'情'"各环节评价任务

二、情境建构

(一) 教学设计

1. 复习回顾

本课时是单元教学的第二课时,出示主题"装点'梅'好,喜迎 2022",在上一课时中,学生已了解礼品包装的基本形式、包裹方法和一般步骤,并在课后尝试了包裹礼品。小组上台以 PPT 形式分享前一课时设计过程,并展示组内初步尝试的包裹方案。根据尝试效果对礼品包装的基本形式进行归纳分类(①闲置包装盒包装;②就型而包),并提出问题:如何在本单元"装点'梅'好,喜迎 2022"主题下,打开创意思维,进一步表情达意地设计礼品包装?引出课题"礼品包装的'型'与'情'"。独立思考是激发学生想象力非常重要的一个环节。给予学生自我探索的空间,让学生在自主尝试体验的过程中任思维驰骋,注入自己主体的

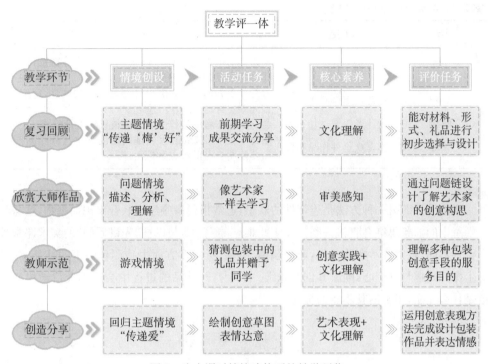

图 2 为本课时情境建构下的教学环节

精神活动。结合学生日常生活,引导其根据生活经验,自主尝试练习,理解礼品包装的基本形式,将传统被动化为主动学习,利于激发学生创意思维。

2. 创意灵感激发

联想设计是较常见,也常用的设计方法,在这一过程中,学生的具象思维和抽象思维均可通过引导培养出来。相似性联想是联想设计的方法之一,在本课中,可以先请学生结合教材内容,欣赏分析教材中"就型而包"礼品包装案例,观察礼品造型、分析包装结构创意,激发学生通过礼品造型进行联想的创意思维。进一步提出,在"就型而包"的形式基础上,是否还有其他的创意设计? 此问题设计为开放性问题,培养"无标准答案"的艺术思维态度,鼓励学生发表不同想法,激发发散性思维、形象思维等创造性思维,帮助学生理解"造型联想"方式的创意手段。学生组内交流、分析"PENTAWARDS""包装奥斯卡"优秀获奖案例礼品包装中的设计巧思。本活动环节的设置,一是欣赏优秀的设计作品,可以形成丰富的记忆表象,这是学生将生活素材变为作品的重要经验;二是巩固前期所学的知识,鼓励学生合理、准确使用美术语言帮助解读作品,拓宽学生创意思维的发展。

方法	问题	具体要求
"PENTAWARDS"大师作品赏析学习建议		
描述	你看到了什么?	描述作品的造型、色彩、材质、包裹形式等特征,以及作品所引发的审美感受。
分析	各要素组合联想。	分析作者如何思考包装设计与礼品的关联性,组织造型元素更好地表达作品主题。
解释	设计者想表达什么?	尝试解读作者通过作品表达的情感和设计思路。
评价	你喜欢这件作品吗?	通过上述鉴赏,从创意表现的角度评价这件作品,并简要阐明自己的观点和理由。

联想设计的另一种方法是连带性的联想,通常指代一些经常联合出现的事物,这与学生创意中的抽象思维有直接关联。基于此难点,接下来,与以往"先讲后画"的美术课堂教学模式不同,教师展示实物范作,通过触摸、嗅觉、听觉多方面去猜测包装下的礼品,激发学生探究兴趣与好奇心,唤醒其创意思维。学生打开礼品的过程中会迫不及待地想要知道是什么礼品,感受出其不意的惊喜。

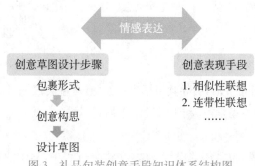

图 3　礼品包装创意手段知识体系结构图

3. 设计草图

经过上一教学环节,学生已经大致有了动手创作的初步设想。而创意手段则服务于美术教学中有目的的创作。在微视频示范中,并不是单一地对如何运用线描淡彩去绘制草图进行演示,而是从最初的确定主题、收集素材制定方案、最后形成草图的整个设计过程进行阐述"何为有目的地进行创作设计"。创意思维的过程也是创造的过程,展示的作品是创造的结果。激发了创意思维后,在作品示范的过程中,提醒学生应具备规则意识,创作的同时也要注意草图的可落地性,而不是一味追求标新立异,与众不同。在进行设计时学生采用小组分工合作形式,组内共同探讨交流设计方案后,善于语言表达的同学负责记录设计过程、阐述设计说明;善于绘画的负责草图的设计,成功的设计离不开团队合作,合作式学习学生能够更真实体会设计师一样的设计过程,感受成功设计的乐趣所在。而微视频的示范将创意手段的表现也更直观地呈现出来,将创意思维可视化地融入作品中去。

4. 展示评价

学生以组为单位派代表上台,从设计构思方案、礼品包装的形式与草图表现技法等方面进行师评与互评。在交流中看到学习中发现问题与解决问题的过程,由反思逐渐形成新的创意思维,促进学生的自我认知发展,提高学习主动性,这无疑对于学生创意思维的形成有着重要的促进作用。在评价的过程中,不但对礼品包装的创意与形式进行肯定,也鼓励学生在档案袋中及时记录不断改进与完善的设计过程和体会,通过展示作品、创作档案袋的交流等多元的评价方式,更易了解不同学生的个性与优点,在后续课时中创意思维的培养,可以根据情况进行个体的沟通,因材施教,深入细致地启发与引导。

分享内容	评价标准	评价效果
设计构思	根据礼品包装创意方法、步骤,能完整记录设计过程,在设计说明中体现创意构思。	★★★★★
包装造型	运用相似性联想、连带性联想等创意表现手段,设计礼品包装造型草图。	★★★★★
包装内涵	将对收礼者的情感表达,有创意地融入礼品包装设计中,并符合审美价值。	★★★★★

图 4　本课时完成作品的评价量规

(二)课堂观察

1. 创设主题情境　以"境"入"情"

问题	你想用怎样的礼品传达新年祝福?
活动	分享上一课时中所选择的礼品,交流分享礼品本身对自己的特殊意义,及对被送礼者表达的情意。

此问题围绕创设的主题情境"装点'梅'好,喜迎 2022",以新年祝福为创作目标设计的主题任务,让主题情境贯穿于整个教学活动,身处情境才能达到真实性的学习效果。

教学片段 1:

教师:在第一课时"多'材'的礼品包装"中,我们在单元学习手册引导下小组合作完成了礼品的选择并寻找了包裹材料,老师看到你们今天带来了各种各样丰富的礼品、包裹材料,让我们请两个小组从礼品的主题、情感表达、材料的色彩、质感等方面来分享你们的成果。

学生 A:我们小组选择了民间玩具。明年是虎年,民间玩具又是我国中华传统艺术的瑰宝,既有新年节日氛围符合主题又富有文化内涵的传承延续。而在包裹材料选择上,我们小虎队选择了身边已有材料丝巾:色彩为红色,丝巾上的图案也有一定装饰效果,可以为我们的后续设计提供思路。

学生 B:我们在材料的选择上是身边已有的材料,同时运用了仿生的花瓣与叶子,在色彩上与礼品的色彩和谐统一,在情感上也希望大家在新的一年里,与荷花一样,出淤泥而不染,濯清涟而不妖,具备君子的美好品质。

教师:通过两组介绍,老师非常高兴地发现,你们对包装材料的选择都巧妙融入了对礼品的造型、色彩、材质的理解。那么,我们确定了礼品、包裹材料,大家是不是非常期待包装我们的礼品? 让我们打开书本 33 页,跟着书本中礼品包装的基本形式和包裹方法、一般步骤,试着包装你们的礼品。

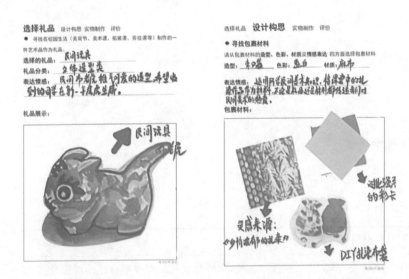

图 5 "装点'梅'好,喜迎 2022"学习任务手册"选择礼品"环节

2. 创设生活情境由"境"生"情"

问题	如果你是设计师,你如何有创意地设计礼品包装?
活动	感受"pentawards"包装设计作品,分析大师的设计巧思。

基于生活情境赋予学生"设计师"身份:"优秀的设计师除了别具一格的创意思维,还需学习优秀同行设计师作品。"结合创意表现手段,小组交流讨论"pentawards"获奖作品中的设计巧思,通过层层递进的学习任务单,用"描述""分析""解释"等方法进行启发与引导,搭建深度学习有效支架。

教学片段 2:

教师:优秀的设计师除了别具一格的创意思维,还需要学习其他优秀设计师的作品,以不断提升自己的设计水平。让我们一同探索"pentawards"获奖作品中的设计巧思。

教师:在上一课时中我们更多关注的是包装造型的基本形式,而这位设计者还进行了联想创意,同为设计师的你,能看到它造型上的精妙之处吗?

学生 A:这件包装仿佛给这瓶酒穿上了服饰,在外部进行了服装设计。

老师:非常好,同学们能解释包装设计师为什么要给瓶身穿上衣服吗? 这和礼品造型本身有什么关联呢?

学生 B:老师,细长的瓶颈仿佛一个人细长的脖子,而由宽到窄的瓶身有如优美的身形。

教师:是的,你们发现了吗,在包装设计时,原来我们可以结合礼品造型,进行"相似性联想"的创意表现手段,这也是优秀包装设计作品中常见的设计巧思之一。

问题	老师包装后的礼品传达了怎样的新年祝福?
活动	猜一猜教师的礼品包装下传递了怎样的情感,并探究礼品包装的创意表现手段。

联想设计的另一种方法是连带性的联想,通常指代一些经常联合出现的事物,这与学生创意中的抽象思维有直接关联,这也是本课时的教学难点。基于此难点,与以往的"先讲后画"的美术课堂教学模式不同,学生通过触摸、嗅觉、听觉多方面去猜测包装里的礼品,激发探究兴趣与好奇心,唤醒其创意思维。在课堂上,学生打开礼品的过程中会迫不

及待地想要知道是什么礼品,感受出其不意的惊喜。此时,将礼品真实地赠送给这名学生,引导学生进入真实性生活情境,学生从收礼者的情感体验去换位思考,加深理解设计中"以人为本"创意实践的内涵价值。在师生共创的"亲手送给同学"生活情境下,学生知道方法赋予礼品包装"型",而创意赋予礼品包装"情","创意实践"升华为"文化理解"。

教学片段3:

教师:经过讨论与交流分享,我们在无形中积累了比较丰富的创意手段。老师也制作了一件礼品包装,想送给我们认真负责的课代表,请你上台。首先,对于这件作品,在色彩、造型、材质上你有怎样的感受?

学生A:在色彩上使用了明度、饱和度较高的糖果色,给人一种温馨温暖的感觉。造型上盒盖采用了仙人掌等热带植物的立体结构,而盒身造型是较为基础的方形包装,材质为瓦楞纸,这也是我们生活中随处可见的包装盒。

教师:你回答得非常好,老师首先将原本普通的包装盒进行彩绘,再将盒身上的平面图案在盒盖上用立体结构再现,这样的设计本身也是创意。那包装里装的到底是什么新年礼物呢?请你运用黑盒实验的方法,猜猜是什么礼品。

学生A:礼品本身材质比较轻,也没有特殊的气味。老师,是文具吗?

教师:我们一起来揭晓答案吧。

学生A:是宠物蛇的黏土玩具!

教师:对,老师知道你家有养宠物蛇,所以亲手制作了蛇形黏土小摆件送给你。蛇,在民间也代表了除旧迎新、驱邪除恶的新年祝愿哦。而外包装正如你所说,运用了糖果色的色彩搭配,蛇是不是也变得可爱起来了。那么,老师设计的礼品包装与礼品有什么关联呢?

学生A:也许,是因为蛇生活在这样的沙漠里!

教师:是的,这是一条响尾蛇,它生活在浩瀚的沙漠里,我们将礼品包装赋予了"情境

图6 "猜一猜"礼品包装中是什么

联想"。这样,包装也升华为了礼品的一部分。

问题	是否还有更多的创意表现手段?
活动	根据教师微课示范,结合礼品包装创意方法、步骤,小组合作完成礼品包装创意草图。

在展评环节中,学生以组为单位派代表上台,从设计构思方案、礼品包装的形式与草图表现技法等角度进行师评与互评。在评价的过程中,不但对礼品包装的创意与形式进行肯定,也鼓励学生在学习手册中及时记录不断改进与完善的设计过程、体会,通过展示作品、创作学习手册的交流,在发现问题与解决问题的过程中将"无形"化"有形",将创意思维从意识层面转化为实践。

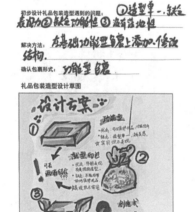 

图 7　学生设计初稿

教学片段 4:

教师:大家对这组创意草图有什么看法? 觉得哪些地方打动了你?

学生 A:我觉得他们运用扎染布料模拟老虎生活环境对包装盒外部进行造型装饰很有创意,特别是那种文化理解的共鸣,让人感受到了浓厚的文化氛围。

教师:非常好,文化内涵是我们中华民族不可或缺的一部分。同学们觉得怎样的文化理解会打动人呢?

学生 B:我觉得传承中华民族文化,不忘初心,是很重要的。就像这组作品选择了民间玩具布老虎为礼品,旨在传递新年祝福,同时传承发展民间美术,这是非常有意义的。

教师:同学们说的我深深赞同,不过我们作为一名"设计师",除了创意外,还需要考虑实际的制作情况。我们在设计时应该注意些什么呢?

学生 C:我觉得设计时应该具备一定的规则,这样看来刚刚的作品可能会太过天马行空,我们也要考虑后续的实物制作。

教师:很好,确实如此。基础的包裹形式也可以有巧思和创意。比如我们可以借鉴古代"包袱"这样的包裹形式,也体现了深刻的文化内涵。大家知道"包袱"这个词的含义吗?它指的是人们将拿出家里珍藏数年最为贵重的东西,所以在新年主题的礼品包装中也能够更合理地进行表情达意。我们在后续的包装设计时要考虑到文化、实际情况以及礼品的特点,这样设计出来的作品才会更加有深度和可落地性。

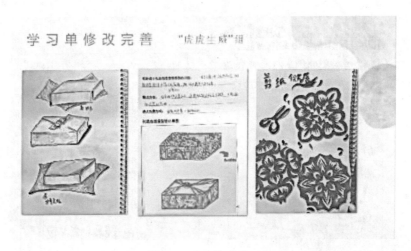

图 8　学生修改稿

课堂的尾声,教师提出开放性问题:"是否还有其他有创意的表现方法?"问题旨在培养"无标准答案"的艺术思维态度,鼓励学生对于创意实践进行深度的思考学习。教师再次展示了一件全新的包装作品,在此包装设计中,运用"动画有你更精彩"单元中所学的"光栅"动画原理,让礼品包装"动态化",通过装饰与造型的巧妙结合,赋予礼品包装"温度",展现礼品包装中的人文情感。

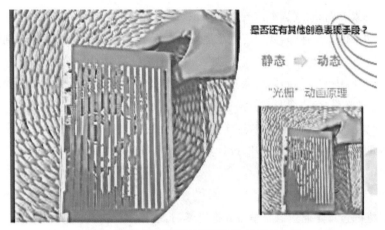

图 9　运用"光栅动画原理"制作的礼品包装

三、情境应用

(一)内化迁移

1. 让生活中的情境问题与课堂内容产生共鸣

优秀的美术课堂能够丰富学生的审美体验和文化内涵,增强学生的民族自豪感和文化自信心。为了在教学中对学生核心素养进行更为有效的培养,教师将学生的生活背景与美术课堂紧密联系起来。教学情境贯穿于整个活动,让学生身处情境中进行真实性学习。"装点'梅'好,喜迎 2022"是本单元的主题,以校园生活为出发点,引导学生进入情境;结合校园特色,学生选择校园生活中制作的艺术品作为礼品赠送给老师同学,并用经过自己设计的包装盒来装点校园一角。由于学情及发展特色的不同,学生在礼品的选择上别出心裁,发挥了自己的无限创意,并作交流展示,给予其他学生灵感,唤醒了创意思维。在新授环节中,教师创设情境:将自己设计包装的礼品当场赠送给课堂中的学生,学生从收礼者的情感体验去换位思考,在理解"以人为本"理念的基础上展开创意设计构思。

由此可见,教育发展的主要目标是促进教学回归生活,想要促进教学效果的提高,美术教师需要对生活当中的"美"进行挖掘,并对学生感知美、发现美、探索美的能力进行培养,在现实生活中找到素材。开展生活化教学,其主要就是挖掘学生身边的美,引导学生对真实生活进行描绘,以此促进学生对美术作品情感的升华,使学生的图像识读能力、审美判断能力、创意实践能力得到显著提升。只有让他们找到生活与美术的共鸣,问题情境的创设才能够更加成功。

学科核心素养倡导"理解本位的学科知识观"。所谓学科理解,即运用学科思维解决真实问题:"如果你是设计师,如何有创意地设计礼品包装?"在面对真实学科问题和日常生活问题时能够"以学科专家的方式去思考"。初中阶段是学生人格形成和价值观确立的关键时期,让生活中的情境问题与课堂内容产生共鸣是培养学生美术核心素养的重要途径。因此,按照核心素养"像专家一样思考"的原则,创设生活情境问题:"像设计师一样设计"生活角色体验。在教学环节中,这既是学生学习设计的过程,这也是美术学科设计类课程研究性的学习方式,让教学中的设计实践与学科核心素养中的"创意实践"相对应,从而使核心素养的培养得以落实。

2. 从生活情境出发创设问题链

创意思维的过程是通过综合学习和探究学习,引导学生在具体情境中探究与发现,找到不同知识点之间的联系,发展综合实践能力,创造性地解决问题。因此,教学实践中教师应设计合理得当的问题,为学生搭建支架,能在具体的情境中去定义问题、解决问题,帮助其了解美术作品中本质的创作语言及艺术内涵。学生对于创作的实践也将变得更有兴趣,继而促进美术素养中创意实践能力的形成。

本课时围绕"如何有创意地设计礼品包装"这一基本问题,通过分解问题链引导学生从观察方法、审美视角、创作方式、情感表达等方面进行分析。在了解基本包裹形式后,结合教材中的案例,探讨如何运用这些形式设计礼品包装。学生观察并分析设计要素,如造型、色彩、材质等,发现可以通过捆扎、拉花等手段完善包裹形式。学生还学习了两种创意手段,并结合微课梳理了创意方法和步骤。方法的学习用于塑造礼品包装的外观,而创意则赋予其情感。教师提出开放性问题:是否还有更多的创意表现手段? 鼓励学生进行深度思考,培养艺术思维态度。

所以,情境中的问题可以是单一的,也可以是多个的,多个的即所谓"问题链"。让问题与问题之间互相联系、互为因果,让学生探索答案的过程像剥洋葱一样,层层递进,逐渐接近课程的核心。问题本身不是目的,启发学生打开思路、引导学生完成教学目标才是关键。因此,从情境出发,设计具有结构意识的问题链显得至关重要。唯有如此,课堂提问才能成为课程教学中的思维催化剂。在新的美术课堂教学方式中,情境与问题链的关系至关重要。情境即生活场景,问题链则是一系列相互联系的问题,二者的有机结合能够构建出丰富而引人深思的学习体验。教师设计问题链,需从学生的生活情境出发,能够将学习与生活有机地结合在一起。通过深入生活情境,问题链引导学生层层深入,如同剥洋葱一般,逐渐接近课程核心。这种关系的设计使得问题不再是孤立的,而是一个逐步展开的故事,增加学生对美术课堂的投入感和参与度。

(二) 反思

综上所述,本课例通过运用"情境—问题"教学模式,学生能够真实性地进行学习。学生像艺术家一样,经历从唤醒、激发、升华到完成自己创意实践的完整的学习过程,利用创意实践能力完成学习活动,提高审美感知和文化理解能力。在情境中体验美、感受美、创造美,提升学生的实践能力等综合能力及美术核心素养。结合新课标的学习任务可以进一步对本课时教学进行反思。在课标中,明确提出了跨学科学习理念,重视学生跨学科迁移、深度学习的能力。在设计时,教师应更敏锐地融合新材料、新技术、新设备、新工艺等新科技成果。教师应与时俱进,一方面提升自我审美感知力,敏锐捕捉现当代具有前瞻性包装设计作品;另一方面则可依据校情及发展特色,结合劳创学科的 3D 打印、激光雕刻等学科技术以及科学创新思维,帮助学生创造性地解决包装的制作问题,发展理解力。

第十二节　初中信息科技课例——以"垃圾分类你我同行"单元为例①

一、情境创设

(一) 教学内容

1. 课标研读

"双新"背景下,各学科均聚焦核心素养开展教学实践,着力培养学生适应未来发展的正确的价值观、必备品格和关键能力。《义务教育信息科技课程标准(2022 年版)》指出,信息科技课程要培养的核心素养包括信息意识、计算思维、数字化学习与创新,以及信息社会责任。在课程理念上,新课标倡导"真实性"学习,鼓励以真实问题或项目驱动,注重创设真实情境,鼓励做中学,凸显学生的主体性。

本单元从属于新课标中第三学段(5—6 年级)中的模块———身边的算法。算法是计算思维的核心要素之一,身边的算法这一模块包含"算法的描述"、"算法的执行"、"算法的效率"三部分内容,本单元系算法的执行。

---

① 课例设计者是上海市梅陇中学的徐芬芬。

算法是解决问题的步骤,人们为解决问题设计算法后,需要使用编程工具来执行算法,在算法执行的过程中不断优化问题解决。因此,算法的执行是解决问题的关键环节,学生需要在执行算法的过程中检验算法的有效性,优化问题解决步骤,提升计算思维。

2. 教材研读

中图版初中《信息科技》教材中有关身边的算法单元为第三单元——少年程序设计师。该单元依托 Scratch 图形化编程软件,通过设计剧本、编写程序、运行程序并优化程序,提升学生编程解决问题和设计作品的能力。教材安排了"月球漫步"、"智能小家电"和"勇闯智慧岛"3 个活动,内容涉及 Scratch 软件的基本操作、三种程序结构在 Scratch 软件中的实现、广播和变量等的设置和使用。因此,教材中少年程序设计师单元主要的内容为算法的描述和执行,让学生在活动中提升计算思维。

3. 学情分析

六年级学生的认知处于由具体运算阶段向形式运算阶段发展的时期。一方面,学生们在学习的过程中,往往展现出对形象思维的较强依赖。他们更倾向于通过直观、生动的事例来理解和掌握知识,而非抽象的文字或概念。这种依赖形象思维的倾向,使学生们对"做中学"的学习形式更加投入,也更容易在动手中发挥学习热情和创造力。另一方面,在形象思维的基础上,学生逐渐开始尝试运用逻辑、分析和推理来探究抽象概念的本质和内在联系,经过引导将复杂的问题拆解成简单的部分,这种转变不仅提升了他们的思维能力,也让学生们逐渐成长为具备独立思考和解决问题能力的探索者。

在前一单元,学生已经了解了程序的三种控制结构,并初步能够通过自然语言或者流程图来描述算法。在实际编程方面,学生对编程语言和模块化编程的实践较少,他们一方面对模块化编程具有很强的学习兴趣,另一方面,他们规划作品和纠错的能力正在发展当中,需要适度的引导和学习支架来帮助学习。

4. 资源分析

本单元可用的资源有中图版初中《信息科技》教材、上海空中课堂教学视频、Scratch 编程软件以及有关的网络资源。在单元实施中,通过借鉴和调整,整合多方资源,聚焦学生算法设计和实现,提升核心素养。

(二) 确定目标

1. 单元相关概念

《义务教育信息科技课程标准(2022 年版)》提出,课程需要依据核心素养和学段目标,围绕数据、算法、网络、信息处理、信息安全和人工智能六条逻辑主线组织课程内容。本单元涉及的主要概念为数据和算法,要求学生了解算法的顺序、选择(分支)和循环三种基本控制结构;能分析简单算法的执行过程和结果;针对简单问题,能尝试设计求解算法,并通过程序进行验证。因此,本单元涉及的相关概念结构如下所示:

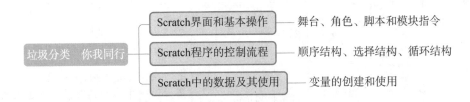

2. 单元目标

本单元学习目标如下:

(1)通过实践,认识 Scratch 的界面,熟练掌握程序的打开、程序的编写和程序的保存。

(2)能用自然语言、流程图等方式描述垃圾分类程序中的算法;能使用顺序、选择(分支)、循环三种控制结构简单描述垃圾分类程序的执行过程。

(3)在垃圾分类程序编写中,熟练操作重复执行指令、"如果那么"指令和具体模块指令实现垃圾分类程序,在编程中测试、验证和优化。

(4)认识程序中数据的输入、处理和输出,能根据程序功能需要正确使用常量和变量。

(5)通过联系实际生活,设计程序作品,培养技术改善生活的责任感。

(6)通过程序分析、实现、测试和纠错,养成科学研究的习惯并提升问题解决能力。

(三) 确定评价任务

结合单元目标的要求和学生的实际生活背景,本单元参考教材对教学主题进行调整,创设垃圾分类的情境,将算法设计和实现融入垃圾分类程序作品的制作过程中。通过本次任务,学生将运用 Scratch 编程工具,经过问题分解、抽象思维、算法设计及自动化解决问题等过程完成一项具有实际意义的项目,从而锻炼和提升其计算思维能力。

单元	课时	任务序号	任务目标	评估证据
垃圾分类 你我同行	第1课时 准备程序	任务1	联系生活,回顾上海垃圾分类知识,融入情境	1. 知道上海垃圾分类包含哪 4 个类别 2. 知道具体的垃圾归属于哪一类别

单元	课时	任务序号	任务目标	评估证据
第1课时 准备程序		任务2	熟悉 Scratch 软件	1. Scratch 的功能 2. Scratch 程序的界面 3. Scratch 的打开、运行和保存
		任务3	设置垃圾分类作品的背景和角色	1. 正确命名的 Scratch 作品 2. 作品中包含合适的背景、4个垃圾桶以及若干不同种类的垃圾角色
第2课时 垃圾分类 判断对错		任务1	描述垃圾分类程序	能通过流程图描述垃圾分类程序中选择结构的判断条件和执行行为
		任务2	实现垃圾分类程序	能根据程序描述,正确使用"如果—那么"积木实现选择结构,从而实现垃圾分类的对错判断
		任务3	优化垃圾分类程序	在程序设计、测试过程中,发现问题、修改程序、优化程序 如:对垃圾角色的判断需要重复执行,垃圾扔对了隐藏后该角色可以停止
第3课时 垃圾分类 评分设计		任务1	使用变量为程序设置计分	1. 能正确新建变量并命名 2. 能为变量设置初值并根据条件重新赋值
		任务2	使用变量为程序设置计时	1. 能正确新建变量并命名 2. 能为变量设置初值并根据条件重新赋值
		任务3	展示与评价	1. 作品完整、运行正确、有内容/技术创新 2. 展示过程中表达生动具体

二、情境构建

(一) 教学设计

本单元基于生活中的情境(垃圾分类),以问题解决为线索开展本课的学习。本课是本单元的第三课,在解释变量的基础上,引导学生建立变量实现垃圾分类程序的计数功能,进而让学生通过讨论、分析和探究,建立新的变量实现程序的计时功能。变量存放的内容是数据,是信息的载体,是计算机识别、存储、加工的对象。变量是数据结构中几乎最小规模的数据项。由于变量的值是可变的,人们根据现实需要,设计算法,处理变量的值,将相关的数据保存下来。本课中,通过使用变量解决关键问题,在形成问题解决方案的过程中学生进行一系列思维活动,提升计算思维。

1. 教学目标

(1) 通过对话,描述变量的基本作用,区分变量名和变量值。

(2) 通过模仿创建变量实现垃圾分类程序的计数功能,通过测试完善变量的初值设置,梳理变量使用的一般步骤。

(3) 通过讨论,分析程序计时功能的实现流程,描述计时变量初值和变化情况,使用变量解决问题。

(4) 认同垃圾分类的必要性,增强保护环境的责任感。

(5) 体会程序设计的快乐,激发学习兴趣,形成应用技术解决现实问题的意识。

2. 教学重点与难点

重点:使用变量实现程序的计数功能。

难点:参照本课中的案例,设计完善垃圾分类小程序。

3. 教学过程

(1) 情境回顾,进入主题。

回顾导入:通过上节课的学习,同学们知道了上海垃圾分类标准,制作了初步的垃圾分类程序,能够正确判断垃圾投放是否正确。在算法设计和实现中,同学们使用了选择结构和循环结构的程序流程。教师呈现本课主题:继续制作、完善垃圾分类程序。

(2) 分析问题,调试程序。

教师呈现垃圾分类程序中涉及的条件判断(选择结构流程图),师生共同梳理执行流程,即:如果垃圾扔到正确的垃圾桶则隐藏。

教师运行范例程序,请同学试玩,学生发现扔香蕉皮的程序异常:香蕉皮扔进正确的垃圾桶后并没有消失。请学生修改完善"香蕉皮"角色的脚本,加深对"垃圾分类"程序中选择结构的实现方法的理解。

【设计意图】通过调试程序,学生回顾选择结构的执行流程,回顾用"如果—那么"指令在 Scratch 中实现选择结构程序,加深对程序中选择结构的理解,同时对本节课内容做好准备。

(3) 变量计数:模仿 + 纠错。

教师引导:目前垃圾分类程序可以正常运行,不过每次垃圾投递正确后,程序并没有给用户反馈(计数),因此完善程序可以从计数功能开始。

新知学习：认识变量，使用变量为程序添加计数的功能，实时统计用户的完成数量。教师通过生活实例（足球比赛中的比分）对变量的作用、变量名和变量值进行说明，演示在Scratch中新建变量的步骤。

学生操作：学生在模仿和纠错中实现程序的计数功能。学生可能出现的问题是变量的初值设置问题，通过自主探究和同伴互助，学生自主解决这一问题。

师生总结：师生共同回顾在计数功能实现过程中变量值的变化情况，梳理变量使用的一般步骤。

【设计意图】本环节从认识变量、区分变量名和变量值、在程序中使用变量展开学习，在理解概念的基础上动手解决问题。

（4）变量计时：分析＋探究。

教师引导：当垃圾全都投递到正确的垃圾箱后，变量完成数量的值均为4，为了区分不同用户的完成水平，还可以为垃圾分类程序添加计时功能。

学生讨论：学生对本课的知识进行迁移和运用，使用变量为程序添加计时功能。学生通过讨论，分析计时功能中变量值的变化情况，根据小组设计的方案应用变量实现计时功能，解决问题。

学生操作：学生新建计时变量，统计用户的完成时间。可能遇到的问题是计时结束问题，当所有垃圾正确投递时，需要停止计时。

【设计意图】在计时功能设计中，先让学生讨论并设计变量名、变量值和变化规则，进一步促进学生自主思考，解决问题。

（5）展示交流，延伸拓展。

学生运行程序，记录小组最佳成绩，并交流编程过程中遇到的问题，以及小组是如何解决的。最后，教师引导学生课后继续优化垃圾分类程序，并提示学生将自己设计的程序分享给家人和朋友，帮助大家了解垃圾分类的知识。

（二）课堂观察

教学片段1.回顾垃圾分类程序

师：大家还记得垃圾分类程序中的垃圾投放流程吗？

生：垃圾如果碰到正确的垃圾箱就隐藏。

师：是的，我们要判断垃圾是不是扔进了正确的垃圾箱。这样的判断用程序的选择结构来实现。（呈现选择结构流程图）具体到某一个垃圾，例如香蕉皮，其对应的选择结构是怎样的？

生：香蕉皮碰到湿垃圾箱就隐藏。

师:是的,利用选择结构进行条件判断,满足条件就执行相应的操作。下面这个程序就是上节课完成的一个垃圾分类程序,请一个同学来试玩体验一下。

生:(上台在教师机垃圾分类程序中投递垃圾,发现香蕉皮投递正确时没有隐藏)

师:怎么样,这个程序遇到什么问题了?

生:香蕉皮投不进湿垃圾箱了。

师:那我们要去检查谁的脚本呢?

生:香蕉皮。

师:大家看看香蕉皮脚本中有什么问题?

生:"如果—那么"指令中没有加积木。

师:应该在"如果碰到湿垃圾箱"积木里增加什么?

生:隐藏积木。

师:请这位同学在"如果—那么"指令里增加隐藏积木,然后运行程序。

生:(添加积木,并运行)

师:问题解决了吗?

生:解决了!

师:是啊,选择结构中,条件满足后执行对应的操作,如果漏写了,操作就不起作用了。同学们要学会到选择结构中核对判断条件和对应操作。

总结:舞台中有四个垃圾箱,地面有四个垃圾角色,根据垃圾分类的规则,每个垃圾被拖动到正确的垃圾箱时投递成功,以上功能主要通过"如果—那么"程序指令实现,以香蕉皮角色为例,香蕉皮属于湿垃圾,其程序脚本如图1所示。通过纠错活动激活学生上节课学习的选择结构,熟悉垃圾分类程序中的投递规则,为完善垃圾分类程序做好准备。

图1

教学片段 2. 认识变量

师：为了实现计分功能，需要在程序中使用变量来实现。什么是变量呢？变量是指可以变化的量。一个变量就像一个盒子，一个盒子可以用来做什么？

生：装东西。

师：是的，变量可以装各种数据。每个变量都有一个变量名，对应也有一个值。生活中也常常有类似使用变量来记录数据的情况，请观看此处的比赛视频，想一想视频中有几个变量，变量名和变量值分别是什么？

生：2 个变量，变量名是挪威队和中国队。挪威队的值是 0，中国队的值从 0 变成了 1。

师：是的，挪威队和中国队就是在 Scratch 中创建的两个变量。

总结：通过将变量比喻成生活中装东西的盒子，帮助学生建立变量能存储数据的认识；通过足球赛视频中的得分情况帮助学生理解变量名和变量值的含义，以及帮助学生认识到变量的值是可以变化的。

教学片段 3. 创建变量，完成计分功能

师：（演示创建变量的方法）现在变量"完成数量"的值是 0，运行程序后它的值会不会变化呢？（运行演示）

生：不会变化。

师：观察积木，哪一个积木能让变量的值变化呢？

生：将变量的值增加 1。

师：什么时候将变量的值增加 1 呢？

生：香蕉皮扔对了的时候。

师：（呈现选择结构流程图）是的，对于香蕉皮而言，它的程序流程图是这样的，我们把"将变量的值增加 1"放在哪里呢？

生：放在"碰到湿垃圾箱"里面。

师：是的，如果香蕉皮碰到湿垃圾箱，则将变量的值增加 1。香蕉皮扔对了，变量完成数量的值增加 1，那别的垃圾扔对了，变量值要不要增加 1？

生：要。

师：一共要设置几次"变量的值增加 1"这一操作？

生：4 次。

师：请大家完成变量完成数量的设置。

生：（操作）

师：我们来欣赏同学的作品。

生：（演示作品）

师：投递完所有垃圾，完成数量变成了 4，当我们再次运行程序的时候，变量完成数量的值怎么样？

生：还是 4。

师：这样合理吗？应该怎么办？

生：应该在程序开始的时候将完成数量设为 0。

师：是的，我们把完成数量设为 0 积木放在程序刚开始的时候。因此，有关变量"完成数量"，它的初值是 0，每当垃圾正确投递时，它的值增加 1。

总结：通过演示、提问、流程图的方式，让学生了解变量的建立，思考变量值的变化条件，在此基础上进行编程验证。根据需求，学生操作变量为垃圾分类程序设计计数功能，将实现计数功能的变量取名为"完成数量"。在编程实现上，先新建变量，输入名称"完成数量"，在每个垃圾角色中添加指令，使得每个垃圾角色碰到正确的垃圾箱时，变量"完成数量"的值增加 1。"完成数量"的值如下表所示，程序中该变量的显示如图 2 所示。

变量名	完成数量
初始值	0
变化规则	每个垃圾投递正确时，变量值 + 1

图 2

部分同学会在初次编程中忽略变量初值的设置，不过在测试时，当学生初次运行程序且投递完所有垃圾后，变量的值从 0 增加到 4。再次运行程序时，"完成数量"的值仍然为 4，此时学生会发现并关注变量初始值的问题，进而在程序开始时将"完成数量"的值设置为 0。

教学片段 4. 创建变量，完成计时功能

师：计分功能完成后，每当用户完成所有垃圾投递，变量"完成数量"的值是多少？

生：是 4。

师:完成数量都是4,那如何区分不同用户的答题水平呢? 虽然完成数量都是4,但是每个用户完成的什么会不同?

生:时间不同。

师:是啊,可以再新建一个变量,统计用户的完成时间,请大家讨论一下新变量"时间"的变量名、变量初值和变化条件是什么?

生:(讨论)

师:请小组代表交流。

生:我们设置变量名是完成时间,变量初值是0,变化条件是每隔1秒增加1。

师:是的。什么时候将变量设为0呢?

生:程序刚开始的时候。

师:是的,那每隔1秒增加1用什么积木实现呢?

生:等待1秒和将变量的值增加1。

师:是的,这个操作要不停地进行,所以还要加上什么积木?

生:重复执行。

师:请大家新建变量,实现计时功能。

生:(操作)

师:请一位学生演示作品。

生:(运行程序)

师:请大家观察,当所有垃圾投递完成后,变量完成时间怎么样?

生:完成时间还在增加。

师:可这时时间还需要增加吗?

生:不需要了。

师:如何让变量完成时间停下来?

生:当完成数量等于4时,完成时间就可以停下来了,因为这时候所有垃圾都已经投放完成了。

师:是的,我们如何在 Scratch 程序中设置呢?

生:在重复执行积木中加入条件判断,如果完成数量等于4了,就停止程序。

师:是的,这种做法比较直接,同时,我们也可以把重复执行积木换成重复执行直到积木。

总结:变量完成时间的设置可参考生活中的计时经验,其初值和变化规则如下表所示。

变量名	完成时间
初始值	0
变化规则	每隔 1 秒,变量值＋1,直到游戏结束

图 3

学生经过讨论形成变量名、变量初值和变量值的变化设置,从具体到抽象,再到程序实现。变量完成时间的实现积木如图 3 所示。新建变量,输入名称"时间",先将其初始值设置为 0,然后让变量等待一秒后增加 1,并且重复执行。

此时变量"时间"相当于一个秒表,随着时间的增加,变量"时间"会一直增加下去。但垃圾分类程序不需要"时间"一直增加下去,而是在所有垃圾投递完成("完成数量"＝4)时停止,从而记录用户完成垃圾投递的时间,以显示其答题水平。此时,学生需要修改图 3 中的重复执行指令,一种做法是设置重复执行指令的结束条件,当"完成数量＝4"时,结束循环(图 4),另一种做法是在重复执行指令中对变量"完成数量"的值进行判断,当"完成数量＝4"时,停止脚本运行(图 5)。

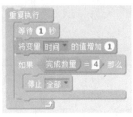

图 4   图 5

三、情境应用

(一)内化迁移

1. 迁移任务 1——统计答错次数

在垃圾分类程序中,新建变量显示用户答错的次数,用户每答错一次,答错次数变量的值增加 1。请注意变量的初值设置。用户"答错次数"的变量实现和课堂中"完成次数"变量的实现方式类似,用于巩固学生对变量的建立、初值设置以及通过程序对变量重新赋值等方面的学习。

2. 迁移任务 2——增加角色并编程

在垃圾分类程序中,新增 2 个不同种类的垃圾角色,通过复制、粘贴、修改程序的方法,为新增的角色添加积木,使垃圾分类程序的功能正常运行(碰到正确的垃圾箱就隐藏)。通过对变量的操作,使得新的垃圾角色投递正确时,变量"完成次数"的值增加 1。该任务要求学生对新角色编程,从单元学习角度和动手实践方面促进学生对单元知识技能的应用。

3. 迁移任务 3——制定评级规则

根据完成次数、答错次数、完成时间变量的值为用户评定星级(一颗星/两颗星/三颗星等),将评级条件填在表格中,例如:用户 3 秒内完成且全对得三颗星,5 秒内完成且错 1 次以内得两颗星,5 秒以上完成或者错 2 次及以上得一颗星。本任务让学生自主制定算法,既是对变量和程序控制结构的学习迁移,又让学生在算法制定中启发思维,反思所设计算法的可行性和严谨性。

条件	星级
	☆
	☆☆
	☆☆☆

4. 更多情境下的迁移

经历垃圾分类程序计数功能和计时功能的实现,学生认识到程序的执行会涉及到数据,而变量可用来存储数据,在程序执行时变量中的数据可以根据条件不断变化。变量的赋值可以出现在顺序、分支和循环的程序结构中,从而达到预期的程序功能。程序离不开数据和算法,数据作为信息处理的重要对象,在更多任务中反复出现,例如:自动出题程序中的加数与和、在线气象站模块中的气温、自动驾驶中小车的进行距离等等,学生在相关任务中能从数据的角度分析程序和信息系统。

（二）反思

数据与算法是信息科技学科的核心概念，也是计算思维培养的基础。数据是信息的载体，是计算工具识别、存储、加工的对象。算法是解决问题的步骤，从程序结构来看，通过顺序执行、条件分支和循环三种结构可基本完成算法的流程，实现复杂问题条理化和简单化。"垃圾分类　你我同行"一课的主题与时事结合，充分激发学生学习兴趣，将德育渗透于无形。学生在垃圾分类背景知识的基础上活学活用，设计完善垃圾分类程序。教学中为学生搭建支架，任务设计由易到难，沿着"变量概念讲解→模仿变量计数→使用变量计时"的学习主线，引导学生从模仿到创造，不断解决问题。

从学生达成情况看，学生整体能够熟知垃圾分类的规则，知道某一具体垃圾归属于哪一类。因此，在本单元情境下，学生能根据垃圾分类的规则描述算法，即：如果香蕉碰到湿垃圾箱就隐藏，如果香蕉碰到湿垃圾箱则将变量"完成次数"的值增加 1。由算法描述到算法实现的实际编程过程中，学生整体能顺利掌握新建变量的方法。大多学生在第一次编程时没有注意到变量初值设置，在运行测试的过程中部分同学发现了这一问题并予以解决。在计时功能实现中，变量"时间"的停止条件对学生而言有一定难度，需要学生联想到要根据"完成数量"的值来设置时间变量停止增加，因此学生需要一定的时间、空间和提示来解决该问题。

学生的学习是主动构建的过程，单元情境为学生的构建起到了良好的促进作用。单元情境中解决问题的过程是学生学习的过程。解决问题的方法是不唯一的，例如实现计时功能中，可以以 1 秒为间隔单位，也可以以 0.1 秒为间隔单位。因此，在后续创设单元情境和设计学生活动的课程中，教师需要充分考虑同一问题的不同解决方式，要和学生共同学习，允许学生根据自己设计的方案解决问题，甚至分析出某种实现方式的优缺点。随着学生操作能力和思维能力的不断提升，教学中可以给学生更开放的空间，让学生在更大程度上提出方案、实现方案、解决问题。同时，目前班级学生规模较大，学生学习水平差异不可避免，在学习活动设计中，需要进一步体现学习共同体同伴的力量，尽可能让所有学生在课堂上学有所获、学有所思、学有所成。

第十三节　初中体育课例——以七年级足球单元教学为例[①]

一、情境创设

（一）教学内容

1. 课标研读

《义务教育体育与健康课程标准（2022 年版）》（以下简称"新课标"）中明确指出，要"改进课堂教学方式方法，促进学生主动学练——创设多种复杂的运动情境"。初中体育学科将学生的核心素养培育作为教育的根本目的。本单元教学依据新课标足球专项运动技能水平四（六七年级）内容，在此基础上创设大单元教学情境，在实践中探索体育学科核心素养的培育效果。根据新课标将"足球专项技能水平四"内容按核心素养三个维度进一步梳理，设计大单元学习内容，内容选取的原则主要有两点：①是否符合课标规定内容；②是否可以涵盖核心素养三个维度的培育。如表 1 所示：

表 1　依据课程标准的足球水平四核心素养培育点及学业要求

年级	提升运动能力的培育点	促进健康行为的培育点	形成体育品德的培育点
六—七年级（水平四）	1. 足球技战术水平：运用脚背正面与脚外侧行进间运球，运球突破，移动中脚内侧传接地面球，二人之间的传接配合，脚背正面与外侧传球，脚弓与脚背正面、脚背内侧射门技术，运球射门、接球射门等组合技术，一对一进攻与二对一进攻战术、防守技术与二人之间的协作防守等。	1. 提供成就感的获得机会，如让学生体验射进球门、运球过人等，培养足球运动的兴趣，养成主动参与和自觉锻炼的习惯。 2. 在比赛中遭受挫折时学会如何进行情绪调控。 3. 在运动中学会主动与同伴沟通、交流，增强社交能力。	1. 提供比赛机会，教会学生足球比赛礼仪、如何尊重裁判、尊重对手、公平竞争。 2. 在比赛中教会学生如何在场上进行沟通、失利时如何相互鼓励，体现出团队精神。

[①] 课例设计者是上海市梅陇中学的侯佳男。

续表

年级	提升运动能力的培育点	促进健康行为的培育点	形成体育品德的培育点
	2. 体能:运球过障碍的灵敏与协调性,通过固定区域的1分钟持续运球,20米往返跑,十字变向跑,快速直线运球等。		
学业要求	掌握所学球类运动项目主要基本动作技术和组合动作技术,并运用所学技战术参与班级内的教学比赛;体能水平进一步提高;能描述所学球类运动项目的基本动作技术要领和基本规则;每学期观看不少于8次所学球类项目的比赛,并能简要评述。	运用所学球类运动项目积极参与体育锻炼,在学练和比赛中与同伴交流合作,能调控情绪,能够运用预防运动损伤的简单方法。	在球类运动项目的学练和比赛中自尊自信,能正确看待运动中的正常碰撞与摔倒,关注同伴,遵守规则,尊重对手,履行自己的职责。

2. 教材研读

本单元教学设计的参考教材主要来源于三个方面:①《义务教育体育与健康课程标准(2022年版)》中"专项运动能力—足球—水平四"规定内容;②参考《九年义务教育课本——体育与健身》(上海教育出版社)"七年级教材—基本内容Ⅰ—足球"部分;③根据执教者本人的大学本科足球专业课程学习经验及足球专业教练员培训课程内容(执教者具备中国足协D级教练员等教练员资质)。教材资源经过整理如表2所示:

表2　足球教材内容

课标足球水平四规定内容	《体育与健身》七年级教材	足球专业及教练员培训内容
1. 基础知识与基本技能:学练掷界外球,运用脚背正面与脚外侧行进间运球,运球突破,移动中脚内侧传接地面球,二人之间的传接配合,脚背正面与外侧传球,脚弓与脚背正面、脚背内侧射门技术。 2. 技战术运用:运球射门、接球射门	1. 运球:变速运球突破,运球假动作突破,快速拉扣拨球突破;运球突破组合练习。 2. 传接球:脚背内侧传球,脚内侧接空中球,脚底接反弹球。	1. 中国足协D级教练员培训内容: (1) 球感 (2) 运球/带球跑 (3) 短传 (4) 射门 (5) 1V1攻防

续表

课标足球水平四规定内容	《体育与健身》七年级教材	足球专业及教练员培训内容
等组合技术，一对一进攻与二对一进攻战术、防守技术与二人之间的协作防守等。 3. 体能：运球过障碍的灵敏与协调性，通过固定区域的1分钟持续运球等。 4. 展示或比赛：运用所学球类运动项目的技战术参与班级内教学比赛。 5. 规则与裁判法：基本规则及判罚动作，并能承担班级内比赛部分裁判工作。 6. 观赏与评价：学习如何观赏足球赛，每学期不少于8次观赛等。	3. 射门：脚背内侧射门。	(6) 小场地比赛 (7) 足球嘉年华 2. 英足总FA一级教练员培训内容： (1) Warm ups (2) Passing (3) Receiving (4) Run with the ball (5) Attack&Defence (6) Possession (7) Finishing (8) Turning

经过综合对比与整理，主要选取新课标中足球专项运动水平四内容与足球专业教练员培训内容为依据，这样选择是因为其内容覆盖面较全，可以涵盖足球基本技术、战术及比赛。同时，依据上述"课标研读"部分对落实核心素养三维度的内容加以整合，设计了本单元18课时的教学内容，以"两人配合的运控、传接、射门组合技术及基本战术运用"为主题的单元学习内容结构呈现出来，如图1所示。

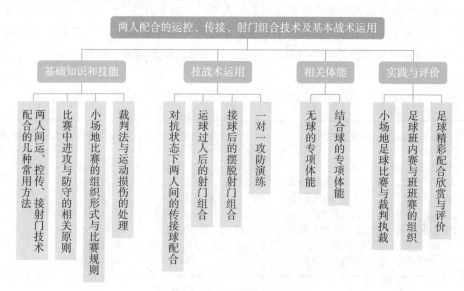

图1　单元学习内容结构

以 18 课时大单元结构为整体构思,以问题为学习目标导向,围绕单元教学的重难点,设计 1—3 级目录,即大单元问题—中单元问题—前后相关联的课时关键问题的结构。在此大单元中,共包含了三个中单元,其中每一个中单元包括 6 个课时。以中单元 2 的问题链设计为例,如图 2 所示:

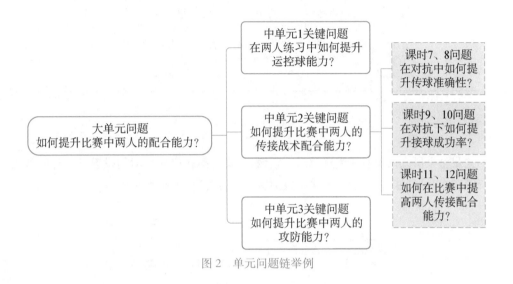

图 2 单元问题链举例

3. 学情分析

教学对象为七年级 1 班和 4 班学生,在后续的"情境创设"教学实验中,将这两个班级分为实验班与对照班。从认知能力(水平)和身心特点两个维度对教学对象进行分析,如表 3 所示:

表 3 教学对象分析

教学对象	认知能力(水平)	身心特点
七年级学生	七年级学生在小学阶段已经接触过足球运动,对简单的足球游戏或者球性球感有一定的学习体验,但大部分同学还没有掌握较为扎实的足球技术,无论是单一技术还是组合技术,掌握情况并不扎实,对足球比赛的了解程度、足球相关知识与历史文化的掌握较为薄弱。但也有少部分学	七年级学生正处于青春发育期,男生敢于尝试且好奇心强,但容易急躁,缺乏耐心,容易忽视团结协作在体育教学中的重要性。身体发育处在敏感期,有一定的上下肢力量,但核心力量较弱,爆发力水平一般。髋、膝、踝关节力量较弱。女

续表

教学对象	认知能力(水平)	身心特点
	生已经具备了较好的球性、掌握了一些基本技术和积累了一些足球比赛的经验,教学过程中可以将这些学生利用起来,给他们一定的角色协助课堂管理,发挥小队长的带头作用,也可以做教师的小组助教,有利于合作学练、技术示范等学习环节的顺利进行。	生性格内向,对学习目标的专注力不够强,懂得听从老师安排,课堂纪律较好,但有时候缺乏学练的主动性,上下肢力量都较弱,有一小部分同学不爱动,没有坚持运动的决心。

4. 资源分析

立足整个研究视角对所需资源进行归纳,主要包括在单元情境创设教学设计时所需的资源和在开展"情境—问题"教学实践中所需各类资源,如图 3 所示:

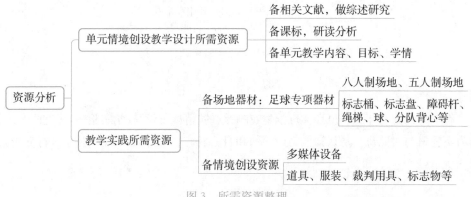

图 3　所需资源整理

(二) 确定目标

单元教学目标紧密围绕体育学科核心素养三个维度设置,并制定了相应的评价方式。在三维目标确定的基础上,以单元大问题引领单元大情境目标的创设。

(1) 运动能力维度目标:掌握并运用足球运动技能,发展专项体能,提高足球运动能力。通过足球项目的学习,学生能享受足球运动的乐趣,掌握足球专项体能练习方法,能在学练足球技战术的基础上参与展示或比赛,掌握足球项目的基础知识和基本原理,了解足球比赛的规则,提高在比赛中分析问题与解决问题的能力。

（2）健康行为维度目标：学会足球运动安全知识与比赛情绪调节，形成健康行为习惯。理解足球运动对健康的促进作用，能将健康与安全知识运用日常生活中并主动参与校内外足球活动。在比赛中遭遇挫折时会及时调整情绪并能安慰与鼓励队友，通过足球运动提升交往与合作能力。

（3）体育品德维度目标：通过足球比赛学会规则与尊重，养成良好体育品德。遵守足球比赛的规则，学会尊重裁判与对手，表现出公平竞争意识。在足球比赛中养成如自信自强、团结友爱、团队精神、永不言弃等良好体育品德。

（三）确定评价任务

评价指标的选择是围绕核心素养三个维度确定的。"运动能力"维度评价指标是围绕单元学习内容"两人配合的运控、传接与射门组合技术"设计的"两人 30 米二过一传接球与射门技术组合测试"，测试方法是被测者 A 从起点线出发，运球至第一个障碍物前，传球给队友 B，接到球的队友 B 控球至第二个障碍物前再次传给 A，由 A 继续运球至第三个障碍物前传球给 B，由 B 完成射门。起点线距离第一个障碍物 6 米，每个障碍物间距 8 米，最后一个障碍物距离球门 8 米，测试场地总长度为 30 米。采用教师技评的方式打分，总分 10 分。场地布置见图 4。"健康行为"维度评价指标采用季浏主编的《体育心理学测量与评价》中的"体育学习兴趣量表"中的"运动参与程度"和"对体育的关注度"两个维度进行评价[1]；"体育品德"维度评价指标选择是依据姜勇和潘旭设计的"中小学生体育道德评价指标模型"，评价指标量表见表 4[2]。

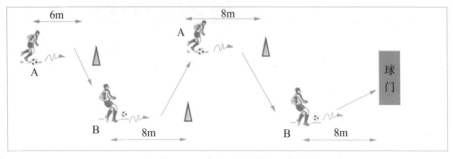

图 4　30 米二过一传接球与射门组合技术测试

---

[1] 季浏.体育心理学测量与评价[M].北京:高等教育出版社,2006.

[2] 姜勇,潘旭.基于核心素养的中小学生体育道德评价指标模型构建[J].南京体育学院学报,2021,20(05):60—68,2.

表4　中小学生体育道德评价量表

一级指标	二级指标	三级指标
体育道德	遵守规则 0.365	在体育运动中可以运用比赛规则和知识(Z1)
		具备遵守运动规则的能力(Z2)
		在日常过程中能够体现体育运动品质(Z3)
		形成遵守运动规则的意志(Z4)
		在实际生活中表现出遵守规则意识(Z5)
	诚信自律 0.301	认识到自己所承担的运动角色(C1)
		能够胜任不同的运动角色(C2)
		尊重体育运动中的同伴和对手(C3)
		具有诚信无欺的运动意志(C4)
		能够在体育运动中自律自制(C5)
	公平正义 0.334	理解并掌握公平公正的知识(G1)
		合理维护自己的运动权益(G2)
		能够正确处理运动中的冲突(G3)
		具有公平竞争的体育品质(G4)
		能够正确地对待比赛和结果(G5)

二、情境建构

(一) 教学设计

以大单元中的第7课时"二过一进攻及小场地比赛"教学设计为例,在同一主题的课时计划中,"情境—问题"课时计划与传统课时计划在"学习活动"设计上的不同之处进行对比。为了减少外在因素对实验的干扰,采用"情境—问题"创设教学的实验班与采用传统教学方式的对照班在进度与内容上都是一致的,且都由同一人执教。如表5所示:

表5　"情境—问题"课时计划与传统课时计划的对比——以第7课时为例

教学主题：二过一进攻及小场地比赛——第7课时					
"情境—问题"教学设计			传统教学设计		
课序	课的内容	情境创设学习活动	课序	课的内容	传统学习活动
一、开始部分	1 课堂常规	**情境导入**：学生观赏视频，教师提出问题："如何像球星一样完成精彩的二过一传接配合？"	一、开始部分	1 课堂常规	学生了解本节课的学习目标及学习重难点。
二、准备部分	1 专项步伐练习	**创设赛前情境**，由小队长带领队员积极练习。	二、准备部分	1 专项步伐练习	各小组自主练习、合作学习。
	2 有球热身：两人一组传接球	**游戏情境创设**"球星大比拼"：假设你是你所喜爱的球队中的一员，将与你的对手展开一场传准大比拼，在规定的时间内得分多者获胜，输的球员要通过立卧撑变成"球门"，获胜方可以将球传向球门，体验乐趣。		2 有球热身：两人一组传接球	学生两人一组，传球距离由近及远，从原地传接球到行进间传接球。
三、基本部分	1 三人一组迎面跑动传接球	**情境创设**：通过播放比赛现场音乐营造积极主动的学练氛围。	三、基本部分	1 三人一组迎面跑动传接球	学生根据规定的练习方法合作学练。
	2 一抢二（弱防守）	**游戏情境创设**"遛猴"：根据游戏规则自主学练。		2 一抢二（弱防守）	学生三人一组合作学练，防守队员注意采用弱对抗。
	3 二对一进攻	**实战情境创设**：现场观众、啦啦队等营造比赛氛围。		3 二对一进攻	三人一组配合练习，一定时间后攻防角色互换。
	4 三对三比赛	**比赛情境创设**：裁判员、记录员、啦啦队员的角色扮演。		4 三对三比赛	学生分小组比赛，根据教师提示注意练习重点。
	5 体能练习：核心力量	通过创设"体能小教练"**角色扮演**分小组积极练习。		5 体能练习：核心力量	根据教师要求集体学练。

课序	课的内容	情境创设学习活动	课序	课的内容	传统学习活动
四、结束部分	1 放松拉伸 2 小结	小队集会,各自总结本节课的收获与不足,商量制定课后活动内容。	四、结束部分	1 放松拉伸 2 小结	师生共同总结学习效果,知晓家庭作业内容。

(二) 课堂观察

教学片段 1。

师:同学们,今天我们来学习足球二过一进攻配合,大家看过足球比赛中精彩的两人配合吗? 说来听听。好的,下面请大家看一看老师为同学们准备的精彩二过一配合视频吧。

生:太好啦。这是巴塞罗那足球队,梅西和伊涅斯塔的二过一配合,我之前有看过的。他们可是控球高手,巴萨的传控足球踢的,那叫一个赏心悦目。

师:这位同学真是太棒啦,看来他是一位巴萨球迷,知道的可真不少呢。下面,就让我们像球星那样,进行二过一配合的练习吧……

教学片段 2。

师:同学们,刚才大家两人合作进行了二过一配合的学练,下面,大家想不想在实战当中检验一下自己的球技呢?

生:太好啦,我早就迫不及待地想大秀一下我的球技了!

师:好的,同学们,接下来就是我们班级的"路人王 2V1"的比赛了,首先欢迎大家来到路人王的比赛现场,在接下来的对抗中,选手们将会分成若干小组,抽签来进行 2V1 的对抗赛,在规定的时间内,看看哪一小组得分最多,那么他们将会成为本次比赛的冠军。下面,请裁判员各就各位,请保障员迅速布置场地,啦啦队员准备好了吗,请将你们热情的加油呐喊声释放出来吧,为我们的运动员们加油打气啦!

生 1:我们小组准备好了,某某同学,待会儿在比赛的时候,你要看我的站位,及时把球传给我,我有机会第一时间射门得分,记住啊!

生 2:我知道的,我会先吸引防守过来,等他快要靠近的时候,我及时分球给你,你拿到球以后调整一下,迅速射门,一定要果断啊!

教学片段 3。

师:同学们,刚才的"路人王"比赛非常的精彩,大家意犹未尽,下节课老师会继续安排第二轮的比拼,下面要进行的是"体能加油站"啦,请各小组长带领成员们迅速就位,开始增强体能的练习吧。

生 1：好的，皇马队小组集合，大家快跟我一起布置训练场地，我们小组今天要完成的是足球专项步伐练习，拿两副绳梯过来……

生 2：国足预备队集合，我们今天完成 20 米运球折返跑的练习，大家每人去拿一个球，然后快速到达起点，10 秒之后练习开始，快，动起来……

师：老师来看看哪一小组练习的热情最高，非常棒，大家都在努力给自己的体能"加油"呢！某某同学，注意身体重心要再压低，好的，同学们加油！……

三、情境应用

（一）内化迁移

通过足球二过一配合内容的学习，学生掌握了二过一配合知识结构与动作要领，体验了在足球比赛中此项技术的运用。初中体育多样化学习要求学生进行多种运动项目的学练，学生运动能力的提升，很大程度上体现在能够对不同项目之间技能的变通与迁移能力。比如学会了足球的二过一技能，同样能够在篮球比赛中完成两人之间传切配合、在飞盘运动中能够完成两人行进间传接盘技能等，这些动作配合的理念是相通的。再比如学会了足球的边路突破下底传中战术，在篮球比赛中能够很快地理解边路运球突破后底线分球到中间区域，从而在实战中运用提升，这就是不同运动项目之间的技能迁移能力。

（二）情境迁移

初中七年级足球项目"情境—问题"教学实践的经验总结，对初中其他学段足球项目教学实践有积极的借鉴意义。随着研究的进一步深入，为初中学段其他球类项目采用"情境—问题"实践研究奠定了基础，提供了理论与实践参考。在情境迁移的过程中，需要紧密结合所学运动项目的特点，与实际生活联系紧密，创造学生熟悉的运动体验与认知。需要注意的是不能为了创设情境而生搬硬套，为情境而情境是不可取的，也尽量不要在课的当中突然加入某一情境，建议是"一境到底"，学生始终围绕某一情境展开学练活动，从头到尾"浸入式"体验运动乐趣。情境创设体验不应只是在校内的体育课堂上，可以利用学生的校外课余时间，可以保障项目（任务）进行得更加完整与流畅。比如在课外充分发挥小组合作的优势，在角色分配单中明确不同角色的任务，可以让队长组织成员利用周末时间进行技战术的研讨，以线上线下相结合的方式开展活动。教师也可通过手机社交软件发布小组课外任务，如探究某一竞赛的编排、组织，保证课外情境的延续性。

(三) 反思

初中体育教学中的"情境—问题"创设首先是要结合教学内容,确定教学内容之后,才会设计出在何种情境下进行教学实践,而内容的选取就是依据课程标准。"情境—问题"创设的方式基本上都是先由一个问题引出,如"假设你在观赏一场足球比赛,应该以怎样的方式给你支持的球队加油呢?"这一问题的提出实际上就是创设了一个观赛的情境,在这一过程中培养学生"文明观赛"的体育品格。单元问题链确立之后,相应的情境创设就有了根据,好比是树枝与树叶的关系,问题链是树枝,情境创设是树叶,树叶长在树枝上,共同生长出一幅生动的图画。

教师在创设情境之前,应对此运动项目十分熟悉,根据项目特点创设相应情境,满足学生实际需求。在设计情境时根据运动项目的比赛实际,而不是只专注于技术类教学的情境创设,更多地培养了学生的社会性需求,为学生今后能够自主的参与比赛社交、自行组织编排比赛打下基础,比如创设"循环赛""班班联赛"等形式的情境。

本课的单元课时规划有待完善。如比赛与创编课时数偏少,在单元设计的 18 课时安排上,可以从第 14—18 课时安排班级比赛,给予学生更多地组织、编排比赛的机会,更全面系统地体验足球运动,增加自主活动的时间。其次,单元情境创设的课内外连续性有待加强。单元学习活动的"情境—问题"创设不应只是停留在课堂上,课外也要引导学生在生活化、日常化的情境中培养知识与技能的运用能力,在今后的教学中,教师可通过体育作业的布置加强引导。在单元教学中,虽然用到了如 IPAD、多媒体大屏等信息技术辅助学练赛环节,但在最后的班级比赛与创编环节,信息技术辅助太少,可以利用摄像机、运动手环手表等技术参与课堂活动,为学生提供更多的信息反馈,从而获得更好的学习体验。

第十四节　初中劳动课程课例——以"弄堂玩具设计师"为例[①]

一、情境创设

(一) 教学内容

1. 课标研读

近几年中共中央、国务院、教育部发布了一系列关于劳动教育的文件:《关于全面加强

[①] 课例设计者是上海市梅陇中学的杨思齐。

新时代大中小学劳动教育的意见》《大中小学劳动教育指导纲要（试行）》都对学校开展劳动教育作出了明确的规定和要求。《义务教育劳动课程标准（2022 年版）》明确了劳动学科核心素养的概念，即"学生在学习与劳动实践过程中逐步形成的适应个人终身发展和社会发展需要的正确价值观、必备品格和关键能力，是劳动课程育人价值的集中体现，主要包括劳动观念、劳动能力、劳动习惯和品质、劳动精神。"同时，提出劳动课程的总目标之一为"能够综合运用多学科知识和多方面经验解决劳动中出现的问题，发展创造性劳动的能力"，这无疑指明了劳动课程的范式走向——"情境—问题"驱动能动学习。

这种基于情境的教学，需要学生融合多学科的知识展开深入持续的学习，在沉浸式体验中形成对核心知识和学习历程的深刻理解，并能够在新情境中进行迁移，但大多数教师难以运用这种学习模式进行有效教学。为此，本文以学校七年级劳动课程开展的"弄堂玩具设计师"项目为例——从"情境—问题"驱动能动学习的方向进行表述，各方面环环相扣，依次推进，有效培养和提升学生的核心素养。

2. 教材研读

教材作为教学的主要载体，蕴含了丰富的劳动学科教育内容和设计思路。教师需要基于教材，以教材知识点和教学方法为纲领去激发学生的学习兴趣和实践能力。并且通过灵活运用教材，结合学生的实际情境去设计生动、具有挑战性的教学活动，提高教学的针对性和有效性。

"弄堂玩具设计师"项目是根据上教版《劳动技术》六年级第五章"缝制成型"，七年级第一章"木料的拼接和粘结"、第二章"木料的锯、刨和组装成型"、第四章"金属丝成型"内容整合设计而成。笔者在保证教学目标达成的条件下，结合学生调查中常提及的游戏形式，开发了"毛毽子""丢沙包""抽陀螺""滚轮子"四种活动，从可行性和趣味性上切实保障学生的参与度。结合玩具调查数据结果与教学基本要求，系统梳理"弄堂玩具设计师"项目知识结构，重新构思教学内容、设计教学载体。

3. 学情分析

学情分析是情境教学的重要基础。通过对学生学习背景、兴趣爱好和实践经验的调查，教师能够更好地了解每个学生的个体差异和学习需求。并根据学生的特点采用多样化的教学方法和手段，灵活调整教学策略，以促进每个学生的全面发展。"弄堂玩具设计师"案例中的"滚轮子"玩具适用于九年制义务教育上教版《劳动技术》教材七年级第三章"金属丝成型"单元学习之后。学生已学习过金属丝弯折、下料和连接等相关学科概念和基础知识，具备一定的劳动实践操作和探究能力。同时，各年级学生普遍认为六至八年级都适合进行"弄堂玩具设计师"学习，并且课程涉及的任务群均与 2022 年版课标中六至八年级任务适切，因此，综合判断整体项目较适合在初中学段开设，且全市各区均可实施。

在进行教学前,笔者对本校学生进行抽样调研:被调研的 583 名学生来自七年级 12 个班级,对应的有效问卷 535 份。从调研结果看,87%的学生接触过上海弄堂玩具(见图 1);对弄堂玩具的评价普遍认为优点在于"可玩性强""能跟朋友一起玩""锻炼身体"(见图 2),制作过程中能培养自己的动手能力、团队精神、流程意识。学生对课程背景具备一定认知基础,并有兴趣深入思考实践,课程具有可行性。

4. 资源分析

课例在开展劳动教育方面,根据不同年龄学生实际情况,设计了课内外各项劳动项目,采用灵活多样的形式,激发学生劳动的内在需求和动力。例如把劳动特色课程放入校本课程,并依托校外资源、家校一体帮助更好地指导劳动。同时,组织劳动课备课组长、劳动课教师、劳动指导教师、专用教室管理员和其他相关人员进行劳动课程设计、课程实施、课程管理及课程评价,确保教学活动的顺利进行和教学目标的实现。设立完备的劳动课程保障团队确保劳动课程实施方案的制定和完善,并且协调组织各类活动和资源,为学生提供丰富的劳动教育体验和实践机会,培养他们的核心素养和实践能力,提高他们的综合素质和社会责任感。

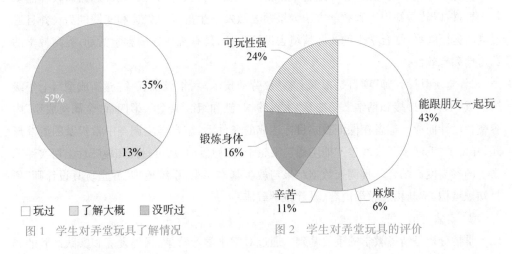

图 1　学生对弄堂玩具了解情况　　　图 2　学生对弄堂玩具的评价

(二) 确定目标

据此,笔者确立课程主题为"弄堂玩具设计师",主题下包括多项学生力所能及的活动。课程整体内容较为综合,包含布艺、木工、金属丝成型等多类工艺形式的各类玩具,每个玩具同样包含独立的前期调研、作品制作、玩家反馈、户外游戏等环节。在本文做论述的"弄堂玩具设计师——滚轮制作"课程中,结合劳动课程的核心素养和具体实践的相关内容,确定学习目标如下(见表 1)。

表1 课程学习目标

核 心 素 养	学 习 目 标
劳动观念	了解不同职业劳动者的辛苦与快乐,感受手工匠人在玩具发展演变过程中的探索之路。
劳动习惯和品质	1. 在设计和制作玩具的过程中,自觉养成统筹规划的习惯。 2. 勇于解决滚轮制作中的挑战性问题,形成勇于探索、敢于挑战的劳动品质。
劳动能力	1. 观察滚轮的结构组成,选择合适的材料完成作品。 2. 掌握作品中金属丝成型一般工艺流程。
劳动精神	感受弄堂玩具蕴藏的丰富文化内涵,在对作品不断完善的过程中弘扬追求卓越、精益求精的大国工匠精神。

在情境创设阶段,学生通过前期调查,了解不同弄堂玩具的基本结构和游玩方法,感受海派文化,激发对本土文化的热爱之情;在设计手册撰写中,形成统筹规划的流程意识;在技法探究与关键技术学习的过程中,养成安全、科学、规范使用工具的良好习惯;在玩具制作的过程中,能正确使用劳动工具,采用实用、牢固、巧妙的成型和连接方法完成玩具造型,确保玩法顺畅,提升实践操作能力;在玩具试玩体验中养成团结协作的伙伴精神,理解劳动对个人及团队的意义;根据用户反馈修改玩具,体验精益求精的工匠精神,并在最后成果展示中学会倾听和点评。劳动场域为教室、校园内操场、家庭、社区,项目主要流程与核心素养关联情况(见表2),表中圆圈涂黑代表强关联,圆圈未涂黑代表弱关联。

表2 核心素养关联表

活动内容	劳动观念	劳动能力	劳动习惯和品质	劳动精神
1. 前期资料调查	●	○	●	○
2. 梳理资料,撰写设计手册	●	●	●	○
3. 技法探究,关键技术学习	○	●	○	○
4. 玩具制作	○	●	○	
5. 分组试玩挑战	●	●	●	○

活动内容	劳动观念	劳动能力	劳动习惯和品质	劳动精神
6. 反馈修改	○	●	○	○
7. 展示交流	●	●	●	●

(三) 确定评价任务

1. 前置项目评价设计，明确任务设立方向

在课程学习过程中，"评价"一词贯穿教学始终，学生以解决问题为终极目标，不断达成各个环节的阶段性挑战。因此，评价设计前置于教学过程。课程初期，在学生明确活动任务之后，要初步制定关于成果与实践的评价要求，让学生了解学习的重点。教师需要收集学生的表现，并对照每阶段的评价标准检测学生核心素养发展水平与预期目标是否一致，还存在哪些差距，进而调整教学；同时及时反馈学生的学习情况，让学生看到自己的表现水平，明确努力的方向。

2. 多维劳动评价体系，共促劳动深化教育

基于"弄堂玩具设计师"课程的综合性、实践性、创造性特点，笔者采用过程性评价兼总结性评价结合的形式，将对学生核心素养四维度提升的评价贯穿于教学活动始终，让"教—学—评"有机衔接。两种评价均采用分项等级的表格式，设置优秀、良好、合格、待改进4个级别，评价主体包括学生、同伴、目标用户和教师。其中，过程性评价设有分工合作、设计过程、动手制作、优化改进等6个类别，而总结性评价则从玩具展示、玩具质量、创新性、批判性4个类别评估作品的效果，每一个层面都通过评价措施来肯定学生的劳动体验，促进学生的想象力和积极性。学生在劳动过程中逐步形成适应个人终身发展和社会发展需要的正确价值观、必备品格和关键能力，体现劳动课程育人价值，真正实现素养发展。

二、情境建构

(一) 教学设计

"弄堂玩具设计师"课例以"如何继承和发扬海派文化"为本质问题，创设了"怎样为家人设计一款有趣的弄堂玩具"这一真实的驱动性问题。学生在解决问题的过程中探索制作的可行性及材料多样性，自主设计规划制作流程，从而促进核心素养的培育(见表3)。

表3　教学设计方案

主题	弄堂玩具设计师
任务情境	滚轮子、丢沙包、翻花绳……老上海居民的游戏花样可真多！作为设计师，请大家基于目标用户需求参与弄堂玩具的设计与制作，在过程中切实体验作品的诞生之路。
学习方式	项目化学习、自主学习、探究式学习。
任务驱动	1. 了解上海弄堂的历史文化、玩具特征、市场趋势。 2. 基于用户需求制作滚铁环玩具，掌握金属丝成型的一般工艺流程。

结合上述设计方案，"弄堂玩具设计师"项目根据上教版《劳动技术》六年级第五章"缝制成型"、七年级第一章"木料的拼接和粘结"、第二章"木料的锯、刨和组装成型"、第四章"金属丝成型"内容，以大单元形式整合设计。结合玩具调查数据结果与教学基本要求，系统梳理"弄堂玩具设计师"项目知识结构，重新构思教学内容、设计教学载体（见图3）。

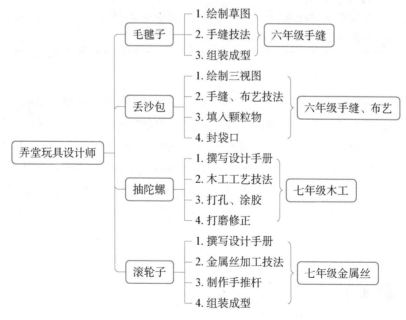

图3　"弄堂玩具设计师"项目知识结构图

以"弄堂玩具设计师——滚轮制作"课例为例,笔者结合课程学科核心概念、劳动核心素养、项目工程实践和跨学科概念四个维度的教学目标设计了以下流程,包括从提出问题到最后修改迭代九个重要劳动探究环节(见表4)。

表4　教学活动流程表

	学科概念	工程实践	跨学科概念
提出问题	根据创设情境,解决真实问题	如何利用金属丝制作滚轮玩具	
调查研究	了解不同因素对作品成型的影响	滚轮玩具材质、造型、玩法分析	材料特性
构思方案	根据任务情境,设计项目方案	资料收集,数据归纳	
设计制图	绘制草图表达设计想法	产品工程制图	数学绘图
制作模型	具备完成一定劳动任务所需的设计能力、操作能力及团队合作能力	运用金属丝加工方式,制作滚轮模型	
方案选择	优选符合用户群、可操作性强的方案	决策方案能力	
技能实践	安全规范地使用工具,选用合适的材料、工艺制作作品	尖嘴钳的使用,金属丝的弯折、下料、截断、连接	
试玩反馈	作品能否实现功能、解决问题	产品质量评析	实操技巧
修改迭代	精益求精、追求卓越的工匠精神	产品修正反馈	

同时,"弄堂玩具设计师"项目在技术学习与工具使用的知识构建上呈阶梯式成长。活动一"毛毽子"中学习手缝技法的使用;活动二"丢沙包"中学习三视图绘制、手缝布艺技法这两项基本技能,掌握立体作品造型概念;活动三"抽陀螺"中增加木工加工技法及砂纸打磨、手拧钻钻孔技法;活动四"滚轮子"中学习金属丝成型技法。四个活动从布艺加工、木工加工到金属丝加工,从草图绘制到设计手册规划,学生需要不断运用旧知识结合新知识完成作品。在单元的末尾,设计了"滚轮子"这个技术要求较高的玩具制作用于检验整个课程的学习情况(见图4)。学习难度层层递进,知识技能环环相扣,循序渐进地掌握操作技能,有助于学生进行能力迁移。

(二)课堂观察

在教学过程中,教师将通过课堂观察和学生反馈,及时发现问题和困难,调整教学策略,确保教学效果和学习质量。以下为模型制作部分和成果展示部分的精彩片段。

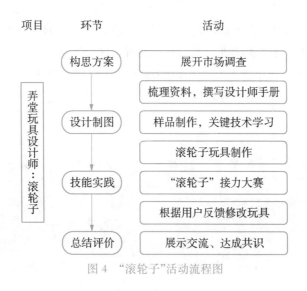

图4　"滚轮子"活动流程图

教学片段1：

师：在"滚轮子"活动中，我会给出滚轮成型的大致方案（见表5），然后留出一些空间让你们实际制作时去思考问题。比如，问题一：尺规无法画出更大尺寸的轮廓，实际图纸无法产出，你们觉得这个问题应该怎么解决呢？

表5　成型方案选择

技法	靠模成型法	工具成型法
利	圆径光滑、工艺美观	数据不易失真、工作进程快
弊	较难寻找符合设计尺寸模具	滚轮容易凹凸不平
方案	绘制目标数据设计图，依据设计图工具成型	

生：我们可以尝试用其他方法画出更大尺寸的轮廓。比如，可以取一段细线固定在瓦楞纸板上，然后用铅笔固定在细线的另一端，这样徒手画圆就能得出预期设计的等比图纸了。

师：很好，你们的想法很有创意。那接下来是问题二：更粗直径的金属丝可能无法截断，需要进行材料实验，你们有什么想法吗？

生：我们可以用不同的方法来尝试截断直径更粗的金属丝，比如利用尖嘴钳，看看哪种方法更有效。

师：对，尝试不同的方法是很重要的。最后一个问题是：普通连接方式可能无法承受实际金属丝的弹性造成脱落，你们觉得应该如何解决这个问题呢？

生：我们可以去调研市场上的一些连接方式（见图5），看看哪种方式更适合我们的需求（见表6）。比如，热缩管连接方式可能比较可靠。

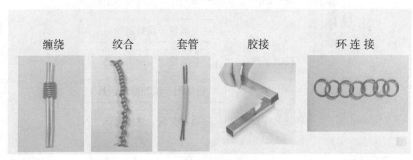

图5　不同金属丝连接方式

表6　材料实验记录表

金属丝材料	弹性	硬度	易弯折	套管材料	牢固度
钢丝	强	强	弱	橡胶套管	弱
铁丝	中	中	中	热缩套管	中
铝丝	弱	弱	强	金属套管	中

优选方案：综合以上因素，钢丝、铁丝用尖嘴钳较难截断，可取约4毫米直径铝丝进行制作，同直径铁丝成备选方案；普通橡胶套管容易脱落，金属套管尺寸容易受限，故伸缩性较强的热缩套管成为首选。

师：很好，你们提出的解决方法都很有前瞻性。通过对这些问题的探索，你们能够更好地理解并解决实际制作中可能遇到的困难，提升自己解决问题的能力。

学生置身情境并自主探究：针对不同金属丝连接方式，取多种连接媒材进行产品模型实验。在实践中，部分同学首先考虑自体连接，即采用缠绕连接处或绞合两段金属丝组成圆等形式，但考虑到浪费耗材和滚动不畅等因素都没有成功；在多次实验后，基于玩具功能与实际条件，学生发现套管连接可行性较高——金属丝可成功连接并在课桌上灵活滚动（见图6）。

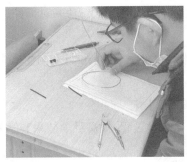

图6　"滚轮子"学生活动实践图

教学片段2：

师：在对滚铁环模型的实际滚动测试中，你们有没有注意到不同视角下产品造型的差异对模型的影响呢？

生：是的，我们发现在不同视角下，模型的造型会影响滚动的效果。比如，如果模型的造型不够流畅或有凸起的部分，可能会导致滚动时的阻力增加，影响滚动的距离和速度。

师：那你们是如何针对这些问题进行调整的呢？

生：我们首先寻找了模型造型的薄弱处，然后进行整体造型调整。随后，通过多种视角的慢镜头运动轨迹观察，我们总结了成功滚动的造型变因，并根据测试结果进行了调整和优化。例如滚轮的主视图外轮廓圆顺度和水平面平整度都将影响整体造型在实际滚动时的表现。

师：那接下来呢？你们如何评估作品的质量和性能呢？

生：我们对已调整完毕的滚轮模型进行了斜坡实验（见图7），观察其运动轨迹是否能到达目的地。通过轨道测试，我们能够更全面地评估模型的质量和性能，并及时优化调整。

师：非常好，你们通过实践和测试的方式对模型进行了全面的评估和调整。接下来，我们要对这次的经验进行总结和拓展。有哪些小组能够分享一下成功滚动的经验吗？

图7　"滚轮子"斜坡实验

生：我们小组成功滚动的经验是通过不断调整造型，保证模型表面光滑，减少阻力，从而达到更远、更笔直的滚动效果。

师：很好，这是一个很好的经验总结。接下来，你们有什么想法来对部件进行更个性化的定制呢？

生：我们可以填写用户身体数据表，根据用户的实际需求来设计和制作个性化的滚轮模型。

师：非常棒，这样我们能更好地满足用户的需求！

通过课堂观察和及时反馈，教师能不断优化教学过程，提高教学效果和学习质量，确保每个学生都能够获得充分的学习收获和成长。

三、情境应用

（一）内化迁移

学科概念的内化迁移是指学生将已经学到的知识、技能或概念，应用到新的情境中，并在这个新情境中进行运用和检验。在本课例前期，学生已学习了金属丝部分加工技法，而如何让学生将已习得的金属丝成型技法运用于新的玩具滚铁环作品中去实践呢？

课程学习中，教师结合前阶段已学成型技法，针对"下料""弯折"和"连接"提出针对性问题（见图8）。学生结合上一阶段已习得的金属丝成型技法，思考其如何投射于实际金属丝作品中，解决实际问题。

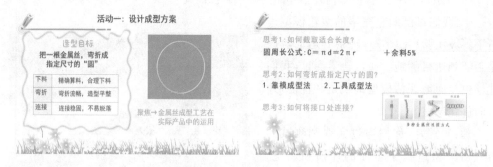

图8 金属丝成型技法知识迁移

"如何截取适合长度？"——在学习了金属丝加工技法后，学生应该能够有效地截取适合长度的金属丝。教师可以引导学生回顾已学的下料技巧，例如使用尖嘴钳精确测量和剪断金属丝，确保长度符合设计要求。

"如何弯折成指定尺寸的圆？"——在制作滚铁环模型时，正确的弯折技巧至关重要。

教师可以提醒学生回顾弯折技法,例如利用合适的工具和技巧将金属丝弯折成指定尺寸的圆形,确保滚铁环的造型流畅和圆滑。

"如何将接口处连接?"——连接金属丝的接口是模型制作中的关键步骤之一。教师可以引导学生回顾已学的连接技巧,例如使用适当的连接方式(如扭曲、焊接或热缩管),确保接口处连接稳固,不易脱落,并最终在专业教室、学校操场、社区等不同场域内达成成果展示(见图9、10)。

图 9　学生在操场测试

图 10　家庭、社区成员对玩具的体验

通过决策在实践中发生的真实问题,教师可以帮助学生巩固和运用已学的金属丝成型技法,并指导他们在实践中解决问题,提高制作模型的效率和质量。同时也有助于激发学生的学习兴趣,促进他们对课程内容的深入理解和内化迁移

(二) 反思

通过课程学习,整体教学效果对照课程目标达成度较为理想。学生较熟练地掌握了

下料、弯折和连接等金属丝成型技巧在实际产品中的使用,能够发挥自己的智慧去设计和制作特定金属丝作品,但也有少部分同学难以对作品做到精细化加工,无法对作品进行有效性评价和改进。

学生经历课程教学后在劳动素养和学科能力上都有了较大提升,同时也抱有一些缺憾,仍有继续改进的空间:虽然在实践中大部分同学都能成功制作出滚铁环玩具,但部分玩具在实际滚动时还不够流畅,连接处存在一些稳固性问题,没有细化加工。这需要教师在未来的课程设计和实施中,更注重细节化指导以及教学分层,帮助每一位学生更好掌握成型技巧及解决实际问题的能力。而在玩具的用户评测环节,部分同学的作品无法通过评价达成作品的有效性改进。这也需要设计指向性更明确的评价模块帮助学生聚焦产品问题,更多关注用户反馈和实际需求,以确保课程设计更贴近学生学情和实际应用情境,从而达到更加理想的学习效果。

第十五节　初中艺术·音乐课例——以"日晖映照蕴新意"为例[①]

一、情境创设

(一)教学内容

1. 课标研读

艺术教育是美育的重要组成部分,其核心在于弘扬真善美,塑造美好心灵。义务教育艺术课程包括音乐、美术、舞蹈、戏剧、影视等,是对学生进行审美教育、情操教育、心灵教育,培养想象力和创新思维等,具有审美性、情感性、实践性、创造性、人文性等特点。

艺术教学要坚持以美育人、重视艺术体验、突出课程综合,培养学生的审美感知、艺术表现、创意实践、文化理解等核心素养。教师要深入理解艺术课程的性质、理念、目标、内容、学业质量,充分考虑学生的身心发展、个性特点和学习经验,设计并实施教学。《义务教育艺术课程标准(2022版)》提倡为学生营造开放的学习情境,引导学生亲近自然、感受

[①] 课例设计者是上海市梅陇中学的汤健哲。

生活,全身心地参与其中,焕发积极情绪,获得审美直觉和美感体验;指导学生通过欣赏艺术作品感知世界,体验情感,实现与艺术形象的共情;鼓励学生在情境中感知形象,迸发创意,运用艺术语言和方式表现自然美、社会美与科技美,体验创造的喜悦和自我实现的愉悦,提升实践能力、创造能力和审美能力。

2. 教材研读

本单元的教学内容选自九年义务课本《艺术》八年级第一学期(试用本)第二篇"自然——哺育艺术的乳汁"的第五单元"光影变幻的艺术写照",对《日出》《太阳之下》《戈壁日出》《晨景》《我的太阳》《东方红》《北方森林》《日出印象》等作品进行赏析,体验现代诗、中国民族舞、音乐电视、印象派油画等艺术形式中的日出之美,理解自然是创造艺术的养料、自然美赋予艺术家以创作的灵感,广袤的大自然处处隐藏着美的韵律,湖光云影、山光水色,通过艺术家的描绘,如梦如幻、虚实相间,更显秀丽动人,美轮美奂。

本教学案例选自这一单元第二课时"日晖映照蕴新意",课时教学的主素材是舞蹈作品《东方红》。舞蹈素材来自东北秧歌和陕北秧歌,舞蹈音乐来自钢琴协奏曲《黄河》第四乐章,艺术家对民间秧歌和民歌《东方红》进行了舞台化、国际化的再创作,在"动与静""力与美"的对比中,表现出对光明、幸福的向往。

3. 学情分析

这一届八年级学生在六年级第一学期期末,线上学习了音虫软件创作音乐的方法,在七年级第一学期参与了"国风音乐作品创作"的项目化学习,在以往音乐和艺术课学习中有过多次小组合作的经历。因而,他们有一定的音乐创作基础,同时具备较强的小组合作能力。所授班级中,男同学已进入变声期的为86.8%;学过乐器的学生占43.9%,学习经历在5年以上的占30.6%;学过舞蹈(包括参与过校园啦啦操比赛)的学生占34.7%;参加过合唱团的学生占16.3%。在调查学生对中国民间舞的了解度和喜爱度的过程中了解到,学生对于中国民间舞的了解途径大多源于课堂和电视大型晚会节目,愿意主动了解的占39.8%。对于"亲身体验民间舞蹈"22.4%的学生是愿意的。对于钢琴协奏曲《黄河》的了解度,没有学生听过完整作品,但有54.1%的学生听过音乐片段。结合学情调查访谈,在提问"什么方式可以使你愿意在课堂中参与舞蹈体验"时,大部分学生表示,集体学习一些典型的舞蹈动作,他们会更大胆地尝试。

学生对综合性的舞台节目编排和舞美设计普遍缺乏经历和经验。结合学生的个人意愿和能力,他们自发加入了不同的团队组别,包括编导组、舞蹈组、灯光组、布景组、道具组、服装组,为第二课时的学习任务做好前期准备。

4. 资源分析

资源类型	资源目标	资源名称	资源用途
教材资源	欣赏舞蹈艺术对于日出的表现与情感。 感受艺术与太阳的关联。	舞蹈作品《东方红》	学习单元核心内容 课外自主欣赏
补充资源	欣赏不同艺术表现形式对于日出的表现与情感。 感受艺术与舞台呈现的关联。	第19届亚运会开幕式 第19届亚运会闭幕式 第22届中国上海国际艺术节展览与演出	拓展与感受 自主选择课外赏析
环境资源	联系生活，开展特定主题的艺术创作，并与同学们交流分享。	专用教室 网络平台 图书馆	用于查找材料，欣赏及制作艺术实践作品。

（二）确定目标

本节课通过赏析舞蹈作品《东方红》，感受艺术作品中所表现的太阳的外在形式和内在寓意；感受自然之美、艺术之美，从而更热爱自然、更热爱艺术。在观赏、聆听、模仿、分析、讨论、体验、编创等活动中了解舞蹈肢体动作、舞蹈表现形式、音乐等与作品主题情境呈现的关联，了解灯光、布景等舞美设计对艺术作品呈现的作用，感受作品中"太阳"的深层含义。学习模仿《东方红》中对"太阳"的表现，结合教师示范微视频，与同伴合作参与完善单元活动校庆"童心向阳"主题艺术作品之舞蹈呈现设计的构思及创作，在小组活动中体会艺术与自然的密切关系，能运用不同的手段和形式进行艺术构思与创作，并能在同伴合作中相互理解和包容，分享艺术经验和艺术感受。

（三）确定评价任务

1. 评价任务一：作品展示

各小组分享第一课时的校庆"童心向阳"主题音乐创作，结合互评表评价标准对其他小组作品进行评价。

2. 评价任务二：作品欣赏与分析

通过欣赏感知、了解《东方红》中"太阳"的表现形式，理解不同片段"太阳"的特征及其深层含义。

3. 评价任务三：创作与交流

以票选出的"童心向阳"最受欢迎主题音乐为舞蹈音乐，团队各组分别完成舞蹈、布景、灯光、道具、服装、编导的设计。团队各组交流初步设计构思；进一步探讨各舞台元素之间融合的方式；各小组结合互评表评价标准对其他小组作品进行评价。

二、 情境建构

（一）教学设计

1. 设计思路

本单元运用的主要教学策略是任务驱动策略。教材中的单元综合活动主题为"以太阳光影之舞为题制作音乐电视，表现日出自然景观及其人文寓意"。活动过程为：编制脚本方案、编辑音乐素材、捕捉光影瞬间、合成音乐电视。本着优化艺术学习任务的目的，遵从单元内容结构化呈现，教师设计的单元综合活动主题为：校庆"童心向阳"主题艺术创作。

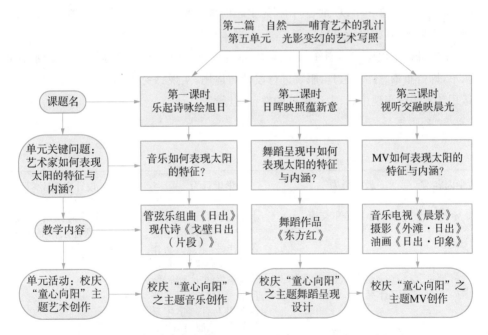

本课时的教学重点为欣赏舞蹈作品《东方红》，感受《东方红》丰富的表现力、独特的艺术特征、深厚的情感。为突破教学重点，围绕课时关键问题"舞蹈呈现中如何表现太阳的特征与内涵"，引导学生从审美视角、创作方式、情感表达等方面来分析问题，问题设置的深度层层递进，实现师生课堂互动的同时，提高学生的高阶思维能力。

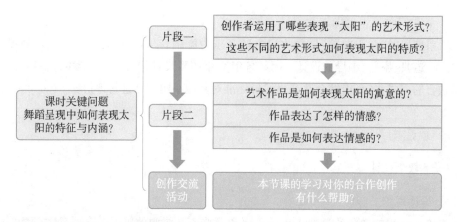

本课时的教学难点是学习艺术家的创作方式，合作完成校庆"童心向阳"之主题舞蹈呈现设计。教师引导学生在舞蹈作品《东方红》中欣赏，分析和总结艺术家表现太阳的方式。在自发加入的团队组别内讨论课时问题链中的最后问题："本节课的学习对你的合作创作有什么帮助？"思考：A."童心向阳"中的"阳"可以有怎样更深层次的含义？B.你会如何为校庆联欢会编排一个以"童心向阳"为主题的舞蹈呈现？同时，结合教师编创的微视频示范进行拓展，寻找设计灵感。

学生在舞蹈呈现设计的创作与实践中，结合课堂学习体会和学习单，对舞蹈肢体动作、队形、舞台布景、灯光、道具、服装进行设计与运用，实现感受艺术与文化、表达艺术见解、运用艺术手段表现生活、表达情感的教育目标。

2. 教学过程

教学内容	教师行为	学生行为	设计意图
一、导入环节	1. 组织小组分享交流 2. 确定最受欢迎主题音乐作品	1. 小组交流自己设计的"童心向阳"校庆主题音乐作品，重点分析作品的创作亮点与特色。 2. 其他小组给出评价，结合第1课时小组互评表组组互评。学生票选出最受欢迎主题音乐作品，作为这一课时小组活动任务——校庆"童心向阳"之主题舞蹈呈现设计的音乐素材。	链接第一课时校庆"童心向阳"主题音乐作品创作活动情境

教学内容	教师行为	学生行为	设计意图
二、欣赏与体验——《东方红》	片段一： 1. 播放片段一视频 【关键设问】： 创作者运用了哪些表现"太阳"的艺术形式？ 2. 示范歌唱，钢琴伴奏 提出问题：歌曲表达了怎样的情感？ 3. 再次播放片段一视频 【关键设问】： A. 这样的呈现和民歌的歌唱有了怎样的变化？ B. 如何唱出它情感的层层递进，唱出《东方红》的美？	1. 欣赏视频，思考并回答问题。 2. 歌唱体验陕北民歌《东方红》，思考并回答问题。 3. 用"啦"为舞蹈作品《东方红》伴唱，思考并回答问题。	感受音乐、布景、舞蹈肢体动作、舞者的表情与作品主题情境呈现的联系，同时为校庆"童心向阳"之主题舞蹈呈现设计的布景组、舞蹈组提供思路和灵感。
	片段二： 1. 播放片段二视频 【关键设问】： A. 除了舞蹈的肢体动作、舞者的表情、音乐以及舞台布景，艺术作品呈现中还运用了什么方式表现"太阳"？ B. 表达了怎样的情感和含义？	1. 欣赏视频，思考并回答问题。	1. 引导学生用更为综合性的角度观赏舞台艺术，感受不同舞台元素与作品主题情境的联系，以及在艺术作品舞台呈现中的作用，同时为校庆"童心向阳"之主题舞蹈呈现设计的灯光组、舞蹈组、道具组提供思路和灵感。
	2. 再次观赏视频，请学生捕捉一至两个典型动作 提问：舞蹈动作具有怎样的特点？	2. 模仿一至两个典型动作，并回答问题。	2. 体会动作的特点，感受其对中国民间舞蹈陕北秧歌和东北秧歌元素的融入。
	3. 【关键设问】： 女舞者和男舞者的动作分别表现了"太阳"怎样的精神品质呢？	3. 生生互动，学习典型舞蹈动作，并回答问题。	3. 实现生生互动，结合活动体验感受舞蹈作品《东方红》中太阳的深层含义。
	4. 钢琴伴奏 提问：除了舞蹈的肢体动作，舞者的力量感、坚定感还通过什么传递出来？	4. 跟随伴奏，加入典型舞蹈动作体验。 回答问题：道具——红绸加入道具体验。	4. 实现师生互动，感受道具在舞蹈呈现中的动感与美感。

续表

教学内容	教师行为	学生行为	设计意图
三、学生创作与交流活动	1. 播放教师示范微视频《东方红》	1. 观看视频。	1. 结合教师编创的微视频示范进行拓展，为校庆"童心向阳"之主题舞蹈呈现设计的编导组提供思路和灵感。
	2. 组织小组活动 提出问题： A. "童心向阳"中的"阳"可以有怎样更深层次的含义呢？ B. 如果为校庆联欢会编排一个以"童心向阳"为主题的舞蹈节目，你会如何设计它的舞台呈现呢？ 巡视指导	2. 小组讨论，以票选出的最受欢迎主题音乐作为舞蹈音乐，结合学习单为校庆"童心向阳"主题设计舞蹈呈现。	2. 学生角色由舞蹈作品《东方红》欣赏者、体验者、教学者转换为校庆"童心向阳"之主题舞蹈呈现的设计者。结合课堂学习体会和学习单，对主题舞蹈肢体动作、队形、舞台灯光、布景、道具、服装进行设计与运用。
	3. 组织小组交流	3. 小组交流设计初稿，结合第2课时小组互评表进行互评。	
四、课堂总结	1. 总结 2. 拓展 课后鉴赏资源： 1.《花山》片段 2. 第19届亚运会开幕式 3. 第19届亚运会闭幕式 4. 第22届中国上海国际艺术节展览与演出	总结。	总结本课内容，拓展学生视野，去关注舞台呈现的多元性、创新性。

校庆"童心向阳"主题音乐作品创作——小组互评表（第1课时）

班级：　　　　　评价组别：　　　　　被评价组别：

过程内容	表现水平	优秀	良好	中等	一般
第1课时	作品呈现	完整呈现且有配器	完整呈现	较为完整呈现	呈现不完整
	音乐风格	非常契合主题	契合主题	较契合主题	没有契合主题
	音乐旋律	很有创意 个性之处	有创意	较有创意	没有创意

校庆"童心向阳"主题舞台呈现设计——小组互评表（第2课时）

班级：　　　　　　评价组别：　　　　　　被评价组别：

过程内容　　表现水平		优秀	良好	中等	一般
第2课时	与主题、音乐的关联性	完美融合	有关联	较有关联	没有关联
	完整性	非常完整	完整	基本完整	不完整
	创意性	非常有创意	有创意	较有创意	没有创意

校庆"童心向阳"主题设计舞蹈呈现设计部分初稿示例：

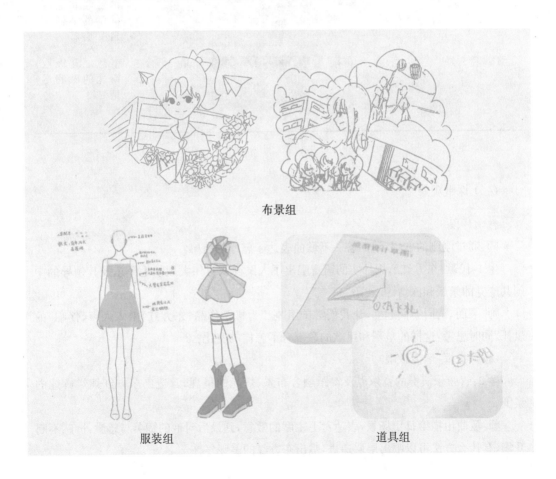

布景组

服装组　　　　　　　　　　道具组

舞蹈组：
校庆"童心向阳"主题之主舞台呈现设计——舞蹈组

舞蹈风格

舞蹈典型动作设计	队形设计	表演形式设计	呈现效果	与音乐的结合对应的片段	与主题的结合表现"童心向阳"怎样的内涵
动作1	舞台左侧	单人舞		前奏部分	阳光下梦想之花含苞待放
动作2		三人舞		第二部分	同学们在校园的温暖和老师同学的关怀里自由飞翔
动作3		群舞		第三部分	梦想之花汲取阳光的滋润尽情绽放

（二）课堂观察

教学片段1

师：通过刚刚的歌唱，请回答一下歌曲表达了怎样的情感？

生1：民歌《东方红》，用朴实的语言唱出了人民群众对伟大领袖毛泽东及其领导的中国共产党的崇敬和深情。

师：下面，请同学们起立，让我们尝试用"啦"为舞蹈作品《东方红》融入人声（伴唱）的烘托，同时思考：这样的呈现和民歌的歌唱有了怎样的变化？

（教师指挥、学生歌唱）

生2：管弦乐演奏的音乐以及舞蹈融合布景、灯光的呈现，营造出东方红灿烂辉煌的氛围。

师：歌曲由描绘日出场景，表达对毛主席的敬意，到最后对他的赞美与感激，情感不断升华，有什么方法可以唱出层层递进，唱出东方红的美呢？

生3：力度的变化，速度的变化，"啦"的发音位置每一句结尾时值要唱满。

师：一个"啦"可以包含超越歌词本身的深情，请同学们调整歌唱表情和状态，加入艺术处理，结合舞蹈舞台的氛围，共同歌颂东方红的灿烂与辉煌。

（播放舞蹈作品《东方红》片段一视频，教师指挥、学生歌唱）

教学片段2

师：请同学们再次观看这一片段，模仿一到两个典型动作，同时思考：这个舞蹈动作具有怎样的特点呢？

（观赏舞蹈作品《东方红》片段二视频）

师：请一位同学上台分享模仿到的女舞者的典型动作。

生4：（模仿女舞者典型动作）

师：请学生回答舞蹈动作有怎样的特点呢？

生5：这段舞蹈的动作设计结合了喜庆、爽快、俏美的东北秧歌动作。

师：请生4示范，其他同学学习动作。

生4：先学习一下其中运用的东北秧歌标志性动作。

（一边做动作示范，一边口述动作要领，教师和其他学生跟随练习）

腿部动作：双脚保持八字步站立，膝盖微屈。先慢动作练习一遍：第一拍左脚着地，第二拍右脚向前，第三拍左脚着地，第四拍右脚向后，脚步始终保持八字步。下面，我们一起中速两个八拍练习一遍。一二三四五六七八、二二三四五六七八。

手部动作：双臂于身体两侧45度，手心向下，大臂不动，摆动小臂。慢动作先来一遍：第一拍右臂向左迅速移至胸前，第二拍两臂同时向右，交替进行下去。中速两个八拍练习一遍。一二三四五六七八、二二三四五六七八。

注意身体前倾，加上腿部动作中速练习一遍，两个八拍。一二三四五六七八、二二三四五六七八。

师：注意面部表情管理，目光坚定看向正前方，原速巩固一遍。（教师弹奏伴奏，学生跟随伴奏练习）

师：再请一位同学上台分享一下模仿到的男舞者的典型动作

生6：（模仿男舞者典型动作）

师：请学生回答一下舞蹈动作有怎样的特点呢？

生7：男舞者的动作结合了豪放、粗犷的陕北秧歌。

师：请生6示范，其他同学学习动作。

生6：接下来，我们一起学习一下其中运用到的陕北秧歌动作。

（一边做动作示范，一边口述动作要领，教师和其他学生跟随练习）

腿部动作：双脚保持大八字站立。慢动作：一、二拍重心在左脚，身体向左侧前倾；三四拍重心移至右脚，身体向右侧前倾；原速两个八拍练习。一二三四五六七八、二二三四五六七八。

腿部动作加入手部动作：双手握拳，自然垂于两侧。慢动作：第一拍双手向左上方举起，找一找向高处伸展的感觉，第二拍收回，第三拍向右上方举起，第四拍收回。最后，我们原速两个八拍练习一下。一二三四五六七八、二二三四五六七八。

师：请生4、生6共同领舞，请同学们跟随老师的钢琴伴奏，完整体验民间舞蹈元素的融合，同时思考：女舞者和男舞者的动作分别表现了"太阳"怎样的精神品质呢？注意第一个动作四个八拍，第二个动作三个八拍，随后两拍做减慢的延伸，前面有一个八拍的准备。

生7：女群舞上躯前倾却目光坚定地看向前方，脚步轻巧却稳定，动作整齐划一，像是太阳内敛与沉淀。

生8：男舞者动作豪放粗犷，富有张力，像是太阳的挥洒与外放。阳光由微弱至辉煌，像是共产党带领人民群众一步步从黑暗走向光明的历程。

三、情境应用

（一）内化迁移

1. 链接校园生活策略

链接校园生活的情境，使用真实发生在学生身边，与学生学习、同学交往、活动等校园生活密切相关的素材，有利于学生积极参与到校园学习活动中，增进生生、师生的良好关系，增强对校园生活的热爱。本课时所在单元中，笔者以校庆"童心向阳"为主题创设了单元综合活动，艺术教学的单元情境创设还可以与春秋游、美育节、校庆、爱心义卖、新年音乐会、运动会、学农等校园活动相链接。

2. 链接社会生活策略

链接社会生活的情境，使用近期发生的社会热点问题等素材，有利于发展学生科学态度与社会责任的素养。本课时在课后鉴赏资源中链接了第 19 届亚运会开幕式、闭幕式以及第 22 届中国上海国际艺术节展览与演出视频，学生在欣赏中可以了解艺术作品舞台呈现的丰富性、多元性、创新性。

冬奥会、亚运会、央视春节联欢晚会等大型活动是社会大众共同关注的热点，因而开幕式、闭幕式、晚会中的精彩演出可以作为教学拓展素材融入到艺术教学中。结合优秀的舞台节目呈现，学生拓宽了视野，并会思考如何将所观、所学、所感融入到真实情境中。

（二）反思

课堂欣赏的视频素材是经过前期对整部舞蹈作品《东方红》分析后截取的两个经典片段，学生在有限的课堂时间里，可以观赏到作品中最为精华的部分。在欣赏过程中，能够用更为综合性的角度观赏舞台艺术，感受不同舞台元素与作品主题情境呈现的联系，以及在艺术作品舞台呈现中的作用，潜移默化中学习艺术家的创作方式，为自己的设计与创作积累经验。

学生在整节艺术课中以多重角色身临情境，切身体会了角色由舞蹈作品《东方红》欣赏者、体验者、教学者,到校庆"童心向阳"主题舞蹈呈现的设计者的转变,参与度较高。单元综合性活动链接校园情境能够激发学生的学习兴趣,逐渐深入到创作中来。学生在舞蹈呈现设计的创作与实践中,结合课堂学习体会和学习单,对舞蹈肢体动作、队形,舞台布景、灯光、道具、服装进行设计与运用,实现感受艺术与文化、表达艺术见解、运用艺术手段表现生活表达情感的教育目标。

第六章　素养导向的情境作业设计

第一节 初中语文学科作业设计——以七年级上册第六单元为例①

　　语文素养是初中生必须具备的重要素质,是中学语文教学的基本任务。本文以部编版《语文》七年级上册第六单元为例,以学生核心素养发展为出发点,以培养学生语文素养为落脚点,精心设计真实情境下的单元作业,构建了提升学生的语文素养和综合能力的有效教学模式。

一、作业设计背景

（一）教学内容

　　1. 课标研读。在教学中应结合学生的实际情况,以解决学生生活中的实际问题为驱动力,通过设置真实的生活情境来进一步明确作业内容,为学生设置相关的情境活动,并进一步设计具体的作业内容。

　　2. 教材研读。部编初中语文教材七年级上册第六单元选编的文章,文学样式丰富,意蕴丰厚。《小圣施威降大圣》通过丰富的想象力描绘了孙悟空与二郎神斗智斗勇的精彩场面,情节跌宕起伏,引人入胜。童话《皇帝的新装》借新装展开想象,揭露社会虚伪风气,具有现实意义。神话《女娲造人》根据相关文献记载,借助想象扩写成人类起源的故事。《寓言四则》(《赫耳墨斯和雕像者》《蚊子和狮子》《穿井得一人》《杞人忧天》)故事短小,寓意丰富,引人深思。学习这些自然恰切、通俗易懂、合情合理的想象故事,可激发学生的阅读兴趣,培养学生的联想、想象能力,形成正确价值观。

---

① 作业设计者为上海市梅陇中学的李坤。

信息	学科	年级	学期	教材版本	单元名称
	语文	七	上	部编版	第六单元
课时信息	序号	课时名称			对应教材内容
	1	小圣施威降大圣			P132—P135
	2	皇帝的新装			P136—P141
	3	女娲造人			P142—P145
	4	寓言四则			P146—P149
	5	阅读综合实践			P150
	6	发挥联想和想象			P151—P153
		《西游记》整体书阅读			P154

3. 学情分析。七年级学生正是身心快速发展,世界观、人生观、价值观逐步形成的重要时期。其一,七年级的学生已经熟悉了初中生活,与老师、同学之间的情谊比较深厚,校园生活更加丰富多彩;其二,大部分学生在学校组织的各种阅读活动中积累了相当多的阅读素材;其三,很多学生在生活实践和阅读实践中有写作的冲动,但写了之后由于缺少读者,就放弃了写作的欲望,失去了很好的写作实践的机会。因此,从学生的主体发展看,七年级的语文活动就是进一步地巩固其阅读兴趣,展示其阅读成果,也就是促成阅读、思考、表达,再阅读、再思考、再表达的良性循环。

4. 资源分析。学生通过课外读物、网络资源、家庭文化等,掌握了丰富的关于寓言、童话、神话方面的知识和材料,从而形成了基本类似的思维方式和学习感受。与此同时,我们可以向学生提供同类题材、或同一本书、或同一个作者的相关资料,从而向学生提供了一个有利于学习和理解的知识资源集群。

（二）作业目标

我们根据学生已掌握的知识与能力,结合学生的真实学情,基于教材和课标制定了单元教学目标。

1. 语言素养

（1）了解想象与联想,并对文本进行正确的分析。

（2）通过创作活动将阅读总结出的想象联想要素进行迁移运用。

（3）能正确、流畅地表达,敢于提问,敢于发言。

（4）理解文本的思想内容和文章的思路,提高文字敏感度和对文本理解的深度,体会其情感。

（5）能够联系生活实际思考，培养高尚情操，初步形成正确的审美观、价值观，激发向往真善美的情感。

2. 培养学生自主、合作、探究的能力，促进学生创新能力的提升，培养创新精神。

3. 通过参与班刊的编辑和制作，锻炼学生的组织、协作和创新能力。

二、单元作业设计实例

根据第六单元作业目标，我们确定了"创建班刊"这样的一种语文活动形式。它与校刊不同，它不以选优为目的，而是适合每个学生参与，适合不同层次的学生在参与中学习与提高。写作能力不强的学生可以先着眼于阅读积累，可以推荐好的文章；而写作能力强的学生可以自觉地将自己的观察、阅读、思考所得形成文字，在班刊这块试验田里进行尝试。

作业内容如下：

多彩班刊，张开想象的翅膀。

【真实情境】

想象是人类与生俱来的一种能力。乘着想象的翅膀，我们可以超越自身局限，体验更广大的世界。你所在的上海市梅陇中学七年级 2 班拟出一期以"想象的力量"为主题的班刊，让每位同学拥有一份属于自己的文学记忆。

你将参与班刊的设计和组稿，希望你在任务单的指引下，顺利完成。假设你是班上的编辑，计划出版一份班刊。你会如何设计这份刊物？

任务一　打开心灵　想象启航

1. 你需要确立班刊中的几大板块，以下合适放在班刊中的板块是_____，请在横线上填上合适的字母。

A. 班级新闻　B. 互动栏目：你说我猜　C. 寓言、神话故事改写、撰写

D. 优秀想象类诗作选登　E. 名著阅读读书展示

F. _____（我来补充）

答案：本题为开放性题目

【设计意图】班刊的板块的确定是制作班刊的起点，也是班刊内容的灵魂。确定主题时，要紧密结合班级文化、校园生活、时事热点等元素，使班刊具有时效性和可读性。主题要具有吸引力，能够激发同学们的阅读兴趣。

2. 本单元我们学习了联想和想象，现在考考大家，用你们的火眼金睛分辨出下面诗

句哪些运用了联想,哪些运用了想象,在横线上填写相应的字母:

    A. 忽如一夜春风来,千树万树梨花开。

    B. 飞流直下三千尺,疑是银河落九天。

    C. 遥知兄弟登高处,遍插茱萸少一人。

    D. 此夜曲中闻折柳,何人不起故园情。

    E. 浮云游子意,落日故人情。

    F. 何当共剪西窗烛,却话巴山夜雨时。

运用想象的诗句_____。

运用联想的诗句_____。

答案解析:A. 忽如一夜春风来,千树万树梨花开。——这句诗运用了想象。诗人通过将雪花比喻为春风带来的梨花盛开,创造出一个美丽而富有生机的画面,但这一画面并非实际存在,而是诗人脑海中的构想。

B. 飞流直下三千尺,疑是银河落九天。——这句诗同样运用了想象。诗人以夸张的笔法形容瀑布的高度,将其与天上的银河相提并论,表达了瀑布的雄伟壮观,但这一景象并非现实,而是诗人的想象。

C. 遥知兄弟登高处,遍插茱萸少一人。——这句诗运用的是联想。诗人通过想象自己在远方兄弟的位置,看到他们登高插茱萸的场景,从而联想到自己因不在场而感到遗憾。这种情感上的联系是通过联想实现的。

D. 此夜曲中闻折柳,何人不起故园情。——这句诗运用的是联想。诗人听到曲中的折柳之声,便联想到了远方的故乡和故人的情感,这种由声音到情感的转变是通过联想实现的。

E. 浮云游子意,落日故人情。——这句诗运用的也是联想。诗人将游子的情感比作浮云,将落日与故人的情感相联系,通过联想表达出游子对故乡和故人的深深眷恋。

F. 何当共剪西窗烛,却话巴山夜雨时。——这句诗主要运用的是想象。诗人想象着未来某个时刻与友人相聚,共剪西窗烛,谈论起巴山夜雨时的情景。这种对未来的美好设想是基于诗人的想象。

综上所述:

想象:A、B、F   联想:C、D、E

【设计意图】通过让学生分析诗句中哪些运用了联想,哪些运用了想象,可以帮助学生更好地理解和掌握这两种写作手法,提升他们的文学鉴赏能力和创作能力。同时,这也能够检验学生对这些诗句的理解和解读深度,看他们是否能够准确地区分并理解这两种不同的修辞手法在诗句中的具体应用。

3. 牛刀小试，请你综合运用联想和想象，试着补写完这首诗。

作业本

作业本很大，

大到可以装下这世间无数的奥秘。

作业本很小，小到装不下一个知识点。

作业本很＿＿＿＿＿＿，＿＿＿＿＿＿＿＿＿＿＿＿＿＿＿。

答案示例：

作业本很薄，薄到似乎一触即破，却又承载着无数智慧的重量。

作业本很新，新得如同一张白纸，等待着我们去书写人生的篇章。

作业本很旧，旧到每一页都充满了岁月的痕迹，见证了我们成长的点点滴滴。

【设计意图】这道题的设计意图在于通过"作业本"的象征意义，引导学生进行联想和想象。"作业本"作为学生时代的重要物品，既承载了学习的艰辛，也记录了成长的点滴，同时锻炼了学生的写作能力。

任务二　展开想象　创作文稿

1. "看图落笔"：请同学仔细看图，发挥想象和联想，用文字作一首小诗，50 字以内。

＿＿＿＿＿＿＿＿＿＿＿＿＿＿＿＿＿＿＿

＿＿＿＿＿＿＿＿＿＿＿＿＿＿＿＿＿＿＿

＿＿＿＿＿＿＿＿＿＿＿＿＿＿＿＿＿＿＿

参考答案示例：蜂针细密如发丝，刺痛却似烈火燎。虽痛却非恶意至，自卫本能展英豪。花间穿梭勤采蜜，微小身躯力量高。

2. "看文猜人"：请用三句话描写班级一位同学或老师，运用人物描写，让你的同学猜猜看，他是否能说正确。

＿＿＿＿＿＿＿＿＿＿＿＿＿＿＿＿＿＿＿＿＿＿＿＿＿＿＿＿＿＿＿＿＿＿＿

答案：本题为开放性题目

【设计意图】激发学生的创造力和想象力。诗歌作为一种特殊的文学形式，要求作者用精炼的语言表达丰富的情感和深邃的思考，这需要学生充分发挥自己的想象力和创造力。

任务三　穿越时空　编制梦幻

1. 故事接龙

活动规则:故事开了个头,同学们依次续写,直到写出一个完整的故事。写完后由一个同学朗读,其他同学修改,最后定稿。要运用以下词语:

我　蒙娜丽莎　自行车　讲台　宇宙　数学公式　皮蛋瘦肉粥

故事的开头是:

一场大雪后,我怀着期待走出家门。于是……

2. 故事改编

(1)请展开想象,改写故事《赫耳墨斯和雕像者》和《蚊子与狮子》,赋予其新的寓意,也可以挑战用文言文写作。

(2)把以前学过的寓言选一篇重新设计情节,赋予其新的寓意,改写成一篇新的寓言。

两题任选一题,寓言结尾要附上寓意。

本故事的寓意:_____

答案:本题为开放性题目。

【设计意图】唤起学生的写作兴趣,提升学生的语言表达和写作能力,还可以帮助学生锤炼语言,提高表达能力。通过写作寓言故事,学生可以更深入地观察生活、感受世界,从而对生活有更深刻的理解和感悟。

任务四　汇总整合　设计班刊

综合以上三个任务,以小组为单位搜集材料,以班级为单位汇总,将所创作的故事、诗歌等文学内容整合,设计一期以"想象的力量"为主题的班刊,来展现班级文化的多样性和同学们丰富多彩的青春生活。

任务五　设计班刊　多彩生活

1. 作为班刊的主要负责人,以下项目的顺序被打乱,请你进行排序:

项目	主 要 内 容
排版与设计	1. 排版:采用简洁明了的排版风格,使整体版面美观、大方。 2. 设计:加入符合主题的元素,如班级标志、特色图案等,使班刊具有辨识度。
印刷与分发	1. 印刷:选择合适的印刷方式,确保质量和成本可控。 2. 分发:将班刊分发给每位同学,并鼓励他们带回家与家长分享。
栏目规划	1. 班级新闻:选取近期的班级活动、重要事件、荣誉等。 2. 互动栏目:鼓励同学们积极投稿,描写班级一位同学或老师等。

续表

项目	主 要 内 容
征稿 编辑	3. 优秀诗文选登：挑选出同学们的优秀诗歌和短文作品，展示他们的创意和才华。 明确征稿要求（如字数、格式等）。 对收到的稿件进行筛选、编辑，确保内容质量。

以上正确顺序是：

答案示例：栏目规划、征稿、排版与设计、编辑、印刷与分发

2. 完成班刊的编排

确定任务：封面插图设计、栏目规划、素材整理等。分派小组：图画组、文字组、设计组、综合组等。

你是哪组成员？你的任务是什么？你完成得怎么样？

【设计意图】班刊可以刊登同学们的优秀作品，如作文、诗歌、绘画等，为同学们提供一个展示才华的平台。同时，通过参与班刊的编辑和制作，同学们还能锻炼自己的组织、协作和创新能力。结合本单元的主题，学生发挥了想象与联想，增强了对语文的兴趣。通过精心设计的班刊，可以培养同学们的审美能力和文化素养。

第二节　初中数学学科作业设计——以九年级下册第二十八单元"基本的统计量"为例[①]

一、作业设计背景

1. 教学内容（分析）

本章的主要内容分为三部分：首先让学生体会抽样的必要性，以及样本的代表性和样本容量的重要性；然后通过具体实例让学生了解简单随机抽样的方法，并体会用样本平均数、样本方差推断总体平均数和总体方差的合理性；最后，在已有知识的基础上，围绕若干

---

① 作业设计者为上海市梅陇中学的郑杨。

具体问题进一步经历收集、整理、描述和分析数据的过程,体会统计在决策中的作用,并进一步体会数据分析这一核心观念。

2. 单元作业设计目标

(1) 知道普查和抽样调查的区别,感受抽样调查的必要性和科学性。

(2) 体会选取有代表性的样本对正确估计总体是十分重要的。

(3) 会用简单随机抽样选取样本,知道当样本容量足够大时,可以用样本的平均数、方差来估计总体的平均数、方差。

(4) 能够设计频数分布表,制作频数分布直方图与散点图。

(5) 会根据具体问题的需要从媒体中获取数据,能够对数据的来源、处理数据的方法,以及由此得到的结果进行合理的质疑。

(6) 通过调查对做决策的各个环节的分析,进一步掌握设计调查方案(确定调查问题、调查对象、调查方法等)以及整理、分析调查数据的方法。

二、单元作业设计实例

【第 1 课时】

Z1001:甲收集了小组 6 位同学的身高(单位:cm)分别为:166,169,174,169,174,174;小组同学根据这组数据,分别提出了计算平均身高的方法:

(1) 甲计算出平均身高为_____cm;

(2) 乙观察到这组数据有重复出现:1 个 166,2 个 169 和 3 个 174,由此计算平均身高可列式为:_____;

(3) 丙发现这组数据在常数 160 附近波动;于是以每个数据与这个常数作差,得到一组新数据为:_____,新数据的平均数为_____,从而得平均身高为_____cm;

(4) 丁同学选取常数 170,于是以每个数据与这个常数作差,从而得到一组新数据为:_____,新数据的平均数为_____,从而得平均身高为_____cm;

(5) 观察丙和丁的计算结果,你得到的结论是_____。

答案:

(1) 171;

(2) $\dfrac{166+2\times169+3\times174}{6}$;

(3) 6,9,14,9,14,14;11;171;

(4) $-4,-1,4,-1,4,4;1;171$;

（5）评价建议：

● 计算平均数时，可选取一个常数，以每个数据与这个常数作差，计算新数据的平均数会更方便，可评价为合格。

● 虽然选取的常数不同，得到的新数据的平均数不相等，但是最终算出的平均身高是相等的，可评价为良好。

● 选取的常数虽然不同，但是最终的平均数不变，并且选取越接近于数据平均数的常数，计算会更优化，可评价为优秀。

设计意图：常见的平均数有关的练习一般都是某一个平均数计算公式的考查，而对于三个平均数计算公式之间的区别与联系考察比较少见，导致学生对平均数的理解不够全面和透彻。鉴于此，我们创编了 Z1001。第(1)题不限方法，只要计算平均数即可；第(2)题引导学生观察数据，利用加权平均数公式可以优化计算，第(3)和(4)题对平均数计算公式②分步呈现，让学生自然发现公式的实用性；第(5)题的开放性设计，体现学生学习的主体性，通过实际模拟练习，学生给出的结论呈现多样性。本题组涉及的四个小题目虽然是常见的考查形式，但是把它们放在一起构成题组，在对比中让学生感受"重理解、巧计算、突出本质"的设计理念，在计算平均数时学会选择和优化，进一步发展数据处理能力。

【第 2 课时】

Z2007：某校英语节的小报评比，由各年级每班各派一名学生代表担任评委，给小报打分，八年级两个班所得成绩如下：

甲班：8,7,7,4,8,7,8,10,8；

乙班：7,8,8,10,7,7,7,7,8。

（1）请你计算乙班的平均数、截尾平均数，并确定中位数、众数（其中平均数和截尾平均数结果保留两位小数）；

（2）已知甲班成绩的平均数为 7.44 分，截尾平均数为 7.57 分，中位数为 8 分，众数为 8 分，如果你是评委，通过这些数据，你来判断甲、乙两班哪个获胜？你采用的方法是什么？

答案：

（1）乙班的平均数为 7.67；乙班的截尾平均数为 7.43；乙班的中位数为 7；乙的众数为 7。

（2）本题为开放性问题，一方面，有异常值，可以看截尾平均数，甲班的平均分是 7.57，乙班的平均分是 7.43，所以甲班取得优胜；另一方面，可以考虑用中位数和众数来衡量，甲班的中位数是 8，众数也是 8，乙班的中位数是 7，众数也是 7，所以甲班取得优胜。

评价建议：

● 如果学生仅观察到异常值用截尾平均数，那么评价为合格。

● 如果学生能够观察到中位数、众数，那么评价为良好。

● 如果学生能够将平均数、截尾平均数、中位数、众数结合起来，那么评价为优秀。

设计说明：一组数据的平均水平通常可以用平均数来衡量，而中位数和众数描述了一组数据的集中趋势，它们从不同侧面反映了这组数据的平均水平，所以平均数、中位数、众数都是表示一组数据平均水平的量，但它们的侧重点不同。第(2)问的答案是不唯一的，旨在考查学生会根据实际问题来选择合适的表示平均水平的量来表述一组数据的总体特征。本题的情境与学校生活密切联系，让学生体会到数学来源于生活并应用于生活。

【第3课时】

Z3005：甲、乙两人在相同条件下各射靶10次，每次射靶的成绩情况图1所示。

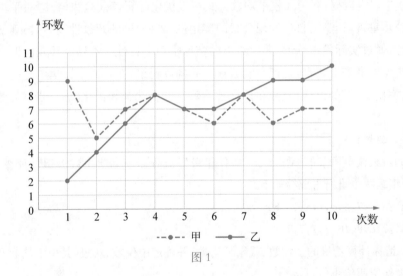

图1

(1) 通过观察与计算图1可得，甲、乙两人10次射靶成绩的方差大小关系是：$s_{甲}^2$＿＿＿＿＿＿＿$s_{乙}^2$(填"＞"或"＜")，通过计算可得乙的平均数为7，方差为5.4，请你计算甲的平均数与方差；

(2) 分别求出甲、乙两人的射靶成绩的中位数，命中9环及9环以上的次数；

(3) 根据以上信息，如果你是教练，会选哪一位选手参加比赛，请简要说说理由。

答案：

(1) ＜；7，1.2；

(2) 甲：中位数是7，命中9环及以上次数是1；乙：中位数是7.5，命中9环及以上次

数是3;

(3)（略）。评价建议:

● 如果仅从一个方面考虑,可以评价为合格,并启发学生可以多角度思考。

● 如果从两个角度考虑,可评价为良好,对学生予以肯定。

● 如果能够从三个或者更多角度考虑,可评为优秀,给予表扬。

设计说明:本题是关于平均数、方差和中位数以及结合图形的较为综合的实际应用问题。首先,考查学生从图形中获取信息的能力,体会"形"与"数"结合的思想。其次,通过层层引导计算有关的统计量来决策实际问题,让学生体验用有关统计知识解释实际问题并作出判断。

设计意图:以往对方差的考查往往停留在直接应用或套用公式计算,对方差概念的形成鲜有涉及。基于此,我们创编了这个题组。第(1)题计算比较方差大小,让这组数据中的每个数与平均数做差后取平方,构造一组新的数据,再取新数据的平均数,并指出这个平均数就是原数据的方差。这样,将方差的计算分步呈现,用以帮助学生更好地理解方差概念的形成过程,让学生切实地感受到方差其实也是一个平均数,这有利于方差计算公式理解和灵活运用。第(2)题求中位数,为第(3)题开放讨论提供角度。

【第 4 课时】

Z4003(4 人合作作业):图 2 是 2020 年 3 月 18 日和 4 月 18 日的 24 小时整点温度的折线图。

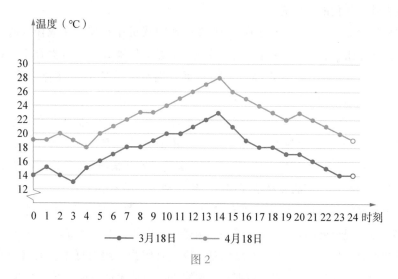

图 2

(1) 观察这张图,你认为这两日气温相对稳定的是_____;

（2）我们可以用_____或_____反映一组数据波动的大小，请小组合作，通过计算来说明（1）中你们的判断是否正确，为什么；

（3）分别求出这两天中 24 个整点温度的中位数（要求写出过程）；

（4）对比（3）中的这两组数据，反思（2）中的计算，说一说在数据处理方面本题对你有什么启示。

答案：

（1）答案不唯一，填写 3 月 18 日、4 月 18 日或者两者相同皆正确；

（2）方差，标准差；

计算得 3 月 18 日的温度的方差和 4 月 18 日温度的方差相等，均为 8.7。所以这两日的温度的波动幅度相同；

（3）分别将 3 月 18 日和 4 月 18 日整点温度从小到大排列。可得：3 月 18 日 24 个温度的中位数为 17.5，4 月 18 日 24 个温度的中位数为 22.5；

（4）本题采用等第评价和描述性评价相结合的形式。

等第评价建议：

● 回答出方差和标准差相等的为合格。

● 能答出两组数据从小到大排列后第一组数据的每个数加上 5 后与第二组数据相同，所以它们的平均数相差 5，方差和标准差不变的为良好。

● 除了分析出以上的结论外，还说到数据分析中对数据分布情况的处理也是很重要的策略或者计算优化的为优秀。

描述性评价建议：小组分工明确并积极督促小组成员相互配合完成任务的小组可在合作方面给予小组组长表扬，准确从表中读取数据或能够准确地把数据有序排列的成员可在学习习惯认真方面给予肯定，能够第一时间发现两组数据之间"整体平移"关系的在数据分析探索方面给予表扬。

设计意图：数据"整体平移"的探究和运用的考查往往是直接考查，即使创设情境也多是数学情境，规律发现的比较明显，导致学生对数据分析的理解就比较浮于表面。鉴于此，我们结合两天的 24 小时整点的气温变化情况这一实际情境，创编了这个题目。第（1）题先从感观上判断其气温的波动情况；第（2）题再通过计算得以验证，进一步理解用方差来表示一组数据的波动情况的合理性和科学性；第（3）题通过求中位数，让学生对数据进行整理；第（4）题提出问题，引导学生观察两组排序之后的数据的特征，让学生感受到数据处理中对数据分布情况的处理的重要性，帮助学生理解当一组数据中各数增加或减少相同的数后得到的一组新数据，原组数据和新组数据的波动大小一样，并能把此认识由感性认识上升到理性认识。

【第5课时】

Z5005：七(2)班 36 名学生在该解方程大赛中的成绩分布直方图如图 3 所示，请你通过合理的方法比较两个班级学生成绩的分布情况，并简要说明。

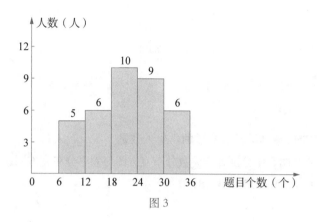

图 3

答案：评价建议：只要能够考虑到百分率的都为合格；如果能够再结合人数考虑的可评为良好；如果不仅考虑了这两方面，又能够有新的评测点，并且言之合理可评为优秀。

设计说明：本题实际是 Z5004 的延续，它们处于同一个大的情境，也可以作为一个题组。仅借助频数分布直方图虽然不能够得出每个数据的精确值，但是可以得出这组数据的整体分布情况，从而了解一组数据总体的大致情况。通过从分布情况上来比较两组数据，让学生进一步理解频数分布直方图在数据分析中的意义，同时也让学生体会到一组数据的整体的分布并非由其中某一个数据决定的，而是从一种整体视角来分析的。同时由于两个班级的参赛总人数的不同，也让学生感受到仅仅考虑频数是不科学的，促使学生进一步思考，为下节课的频率分布直方图的出现作铺垫。

【第6课时】

简答题：

Z6001：某校对七年级学生进行了一次数学测验(得分均为整数分，满分为 100 分)，其中七(1)班学生的数学成绩平均分为 81 分，成绩分布如图 4、图 5 所示(图示不完整)：

(1) 七(1)班"50.5—60.5"分数段的组频率是_____，"90.5—100.5"分数段的组频率是_____；

(2) 七(1)班参加这次数学测验的人数是_____人；

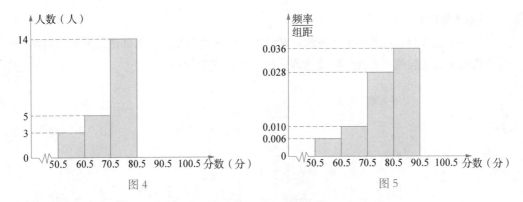

图 4　　　　　　　　　　　　图 5

(3) 七(1)班"80.5—90.5"分数段的学生人数是_____人;

(4) 试在图 4 与图 5 中分别补全频数分布直方图与频率分布直方图。

答案:(1)0.06,0.2;(2)50;(3)18;

(4)

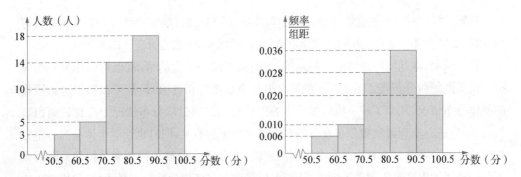

　　Z6002:七(2)班学生的数学成绩分布图由于被墨水污染,已经无法辨认。热心的小明决定帮助老师重新整理数据。其中原始数据如下:

　　81,80,74,82,87,92,70,70,93,88,76,52,85,86,79,79,71,77,63,81,96,95,99,87,

73,97,89,64,74,84,68,83,80,70,78,98,72,92,94,75。

(1) 填写下表

组别	分组	频数	频率
1	50.5—60.5		
2	60.5—70.5		

续表

组别	分组	频数	频率
3	70.5—80.5		
4	80.5—90.5		
5	90.5—100.5		

(2) 如果要把这些数据绘制成频率分布直方图,那么:

第 1 小组所对应的小长方形的宽是_____;

第 2 小组所对应的小长方形的面积是_____;

第 3 小组所对应的纵轴读数是_____。

(3) 根据你填写的表格的信息绘制七(2)班学生数学成绩频率分布直方图。

答案:(1)

组别	分组	频数	频率
1	50.5—60.5	1	0.025
2	60.5—70.5	6	0.15
3	70.5—80.5	13	0.325
4	80.5—90.5	11	0.275
5	90.5—100.5	9	0.225

(2) 10;0.15;0.0325。

(3)

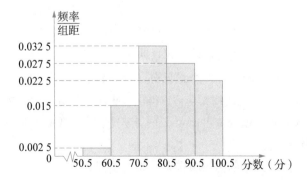

Z6003：根据所学知识，结合 Z6001，Z6002，回答下列问题：

（1）如果定义"90.5—100.5"分数段为优秀，那么我们可知：七（1）班数学成绩优秀人数为 10 人，七（2）班数学成绩优秀人数为 9 人。是否能说明七（1）班优秀率更高？为什么？

（2）你觉得哪个班数学成绩更优秀？试说明理由。

答案：

（1）不能。因为虽然从人数上来看，七（1）班"90.5—100.5"分数段的人数多于七（2）班的人数，但是借助频率分布直方图我们能发现：七（2）班"90.5—100.5"分数段的频率大于七（1）班的频率。由此可见，七（2）班学生的数学成绩优秀率高于七（1）班的优秀率。

（2）评价建议：

- 能从一个角度分析，可评价为合格；
- 能从两个角度分析，可评价为良好；
- 能从三个及以上角度分析，可评价为优秀。

参考 1：七（1）班学生数学成绩大于 80 分的频率为 0.56，而七（2）班学生数学成绩大于 80 分的频率为 0.5。由此可见，如果把"80.5—100.5"定义为优良成绩，那么七（1）班学生的数学成绩优良率高于七（2）班的优良率。

参考 2：通过计算可得七（2）班的平均分为 80.85 分，而七（1）班的平均分为 81 分，所以七（1）班学生数学成绩优于七（2）班学生数学成绩。

类似地，也可从合格率等角度考虑。

【第 7 课时】

第一部分：品味

Z7001：中央广播电视总台 2019 主持人大赛是中央广播电视总台成立后推出的第一个电视大赛，旨在为优秀主持人搭建一个顶级的展示平台，为中国广播电视事业输送全媒体、全球化、复合型主持人才，注重考查选手的综合素养。

为了让比赛更加的公平公正，每组比赛有 6 名成员参加，由抽签确定出场顺序。比赛内容分为两个环节：第一个环节是 3 分钟自我展示，第二个环节是 90 秒即兴考核。两个环节结束，由专业评审团和在线大众评审团这两个评审团分别打分。专业评审团：由 17 位专业评审去掉一个最高分，去掉一个最低分，得出截尾平均分作为专业评审团的平均分；在线大众评审团：由 400 位在线大众评审得出评审团平均分。然后按照专业评审团分值占比 60%，在线大众评审团分值占比 40% 的计算方式，得出参赛选手的最终得分。根据最终得分，前 3 名晋级。

例如：新闻类某选手 A 抽的出场顺序为 2，得分情况如下：

17 位专业评审打分分别是：

99.0，93.5，99.0，98.0，97.0，96.5，98.5，96.5，98.0，98.0，98.5，94.5，93.5，98.0，96.5，98.0，96.0。

在线大众评审团平均分：96.9 分。

根据以上信息，回答下列问题：

（1）选手 A 的专业评审团平均分是多少？

（2）求出选手 A 本次的最终得分。（结果保留 1 位小数）

（3）对于某一位选手，如果专业评审团打分的方差小于 2，我们可以认为这个分值可以体现这位选手的专业水准，那么试判断选手 A 的专业评审团的打分是否可以体现他的专业水准。

答案：

（1）97.1 分；

（2）$97.1 \times 60\% + 96.9 \times 40\% = 97.02 \approx 97.0$（分）；

（3）$s_A^2 = \dfrac{50}{17} > 2$。

所以，选手 A 的专业评审团的打分不可以体现他的专业水准。

第二部分：借鉴（小组合作完成）

Z7002：学校文艺社计划在 9 月份推出一档全校性质的文艺比赛，欲在主持人大赛、诗词大赛、舞台剧大赛这三种主题中挑选一种，整个赛程要求公平公正，如果你是这次活动的主策划，请写出你的策划方案。

提示：策划方案主要考察以下三个环节：（要求每个环节都要用到所学的统计知识）

（1）确定最受欢迎的主题；

（2）制定公平公正的评分规则；

（3）除了从最终得分上评出一二三等奖外，如果还想从不同的角度设置其他的奖项，你会设计一个什么奖？试说明该奖项的获奖标准。

答案：本题可采用小组评分，建议等第评分，具体如下：

● 能完成策划方案，并且每个环节都用到了统计的知识，可评为合格。

● 能完成策划方案，并且每个环节都选择了合适的调查方法，能够体现统计的思想方法，但分析的过程中存在瑕疵，可评为良好。

● 能完成策划方案，并且每个环节调查方法合理，能够使用统计的思想方法进行分析、研究和处理调查的数据，可评为优秀。

设计意图：在整个方案的设计中，学生如果有自己独特的见解和新颖的设计的方法，只要言之有理且运用了统计的知识,可在该环节给出描述性的评语。

设计意图:在一个实际情境中给出一些数据,然后设置几个具体的统计方面的问题,这是常见的统计实例的课后作业(除实践型作业外)形式,这种形式对于具体的某一个统计知识或技能的考查比较好,但是不能够让学生系统地、整体地体会统计的思想。

鉴于此,我们创编了该题组,共两部分。题中涉及的数据都是原始数据,计算较烦琐,在此安排了使用计算器计算一组数据的平均数的操作活动。

Z7001,通过"品味"的真实生活情境,让独立学生运用统计知识完成数据处理,巩固知识的同时,培养学生处理实际数据的能力,从中积累的经验为"借鉴"做准备。

Z7002,"借鉴"是设计策划方案,综合能力要求较高,实际可以作为一个长作业的策划环节的一个子作业,需要小组讨论商定方案,既要明确分工,又要相互支持,因此设计为小组合作型作业。通过"借鉴"感受统计知识在现实生活中的应用和在决策中的重要作用,增强统计意识,获得参与统计活动的体验和经验,因此我们理应关注"借鉴"的育人价值。

为了完成"借鉴"的各个环节,学生们必须明白自己需要达成目标,为了这些目标需要收集哪些数据、如何收集数据、收集到的数据如何分析才能够达到自己的目的。本题虽然没有提供具体的数据让学生来分析,但是从头至尾每一个决策都与数据息息相关,能够让学生深刻地体会到"没有调查没有发言权","用数据说话",逐步形成客观、理性地分析问题的价值观。

在创新上,我们首先在题目名称上进行了创新,结合题目设置的目的分别命名为"品味"和"借鉴";其次,在题目的安排上不仅有统计实例的分析,还有统计思想的运用;然后在完成形式上独立完成与小组合作相结合;最后我们在评价上也采用了多维评价。

学生作业反馈环节(1)看似很简单实则不然。学生都能够想到制作调查问卷和确定调查的对象,在确定调查对象时,学生的思路是开阔的,有的采取普查的方式,有的采用学生随机样本的形式,有的也想到了用学生随机样本和教师随机样本相结合的形式,还有的学生还想到了在调查问卷的同时增加了权重,例如老师的每票相等于学生 3 票,甚至还有的学生结合实际生活中票数过半才有效的习惯,设置了当所有的选项票数没有过半时选择较高票数的两个重新调查。无论采用何种方法,学生们都能够想到他们所确定的随机样本是有效的,调查的结果也是可靠的,并且也有自己小组的特色。

在环节(2)中,大部分同学都参照"品味"中给出的评分规则,制定了小组自己的评分规则,也有个别小组在原来的评分规则上进行了创新,例如一个小组评分由专业教师50%、非教师观众20%、学生观众30%三部分构成,有的小队还增加了教师评委团和学生代表评委团的人数组成,好友的小队考虑到了现在手机的普遍使用性,设置了场外投票的分值，无论怎样，学生在过程中体验，在参与中思考，让整个评分规则不断地体现自己心目中的公平公正。

环节(3)中学生们设计了专业技术最高奖、最受观众欢迎奖、人气奖、实力奖、鼓励奖、创新奖等各种各样的奖项，有同学还考虑到把每个参赛选手的节目发布到网上，根据一周之后的网上的打分情况来确定最受欢迎奖，等等，这些都借助统计分析给出了相应的评奖依据。

通过学生的作业反馈可以看出，他们在遇到问题时能够想到收集、整理、描述数据和在同样的数据中结合不同的问题情境选择合适的方法进行分析，说明学生已经具备了数据分析的意识，并能够运用于实践。

第三节　初中英语学科作业设计——以八年级下册"Module 3 Unit 6 Travel"为例[①]

一、作业设计背景

新时代背景下，学校教育正面临着发展学生核心素养、落实立德树人根本任务的重大挑战。英语学科核心素养涵盖了语言能力、文化意识、思维品质和学习能力四个方面，重要的是在教学中体现英语学习活动观。英语学习活动观是指在主题意义引领下，通过学习理解、应用实践、迁移创新等一系列活动，帮助学生运用听、说、读、看、写等语言技能和多种学习策略，发展语言能力、培养文化意识、提升思维品质、提高学习能力，落实英语学科核心素养。语言能力是核心素养培养的基础要素，语言学习需要置身于主题情境之中，学生在体验和交流中使用、感知并习得语言，最后完成对语言的理解和表达。因此，重视情境的运用和创设能为学生语言能力发展提供一个良好的环境。

为了有效落实上述英语学习活动观，情境问题的创设则是重要的催化剂，它能激发学生兴趣，使学生以更饱满的状态投入学习，积极主动思考探索，开展有效学习，提升核心素养。

（一）教学内容分析

《英语》(牛津上海版)八年级第二学期"Module 3 Leisure time"中"Unit 6 Travel"这个

---

① 作业设计者为上海市梅陇中学的刘艳，沈燕，得到周暘芩的指导。

单元的话题是旅游,属于人与社会范畴下"trips and journeys"内容的展开。

本单元一共包括八个课时,其中阅读两课时,语法两课时,听力一课时,口语一课时,写作一课时以及补充阅读一课时。主阅读是一篇介绍法国旅游景点和饮食文化的报纸文章;语法部分着重介绍了定冠词 the 和连词 and, but, so 的用法;听力部分是一则关于法国著名地标埃菲尔铁塔的广播;口语部分包含问路和指路的交际用语,以及关于一个假期计划的讨论;写作部分要求学生写一封给朋友的明信片;补充阅读则介绍了意大利的著名旅游景点——比萨斜塔。文章介绍了比萨斜塔的建筑年份、高度、台阶数及其倾斜的过程和原因。

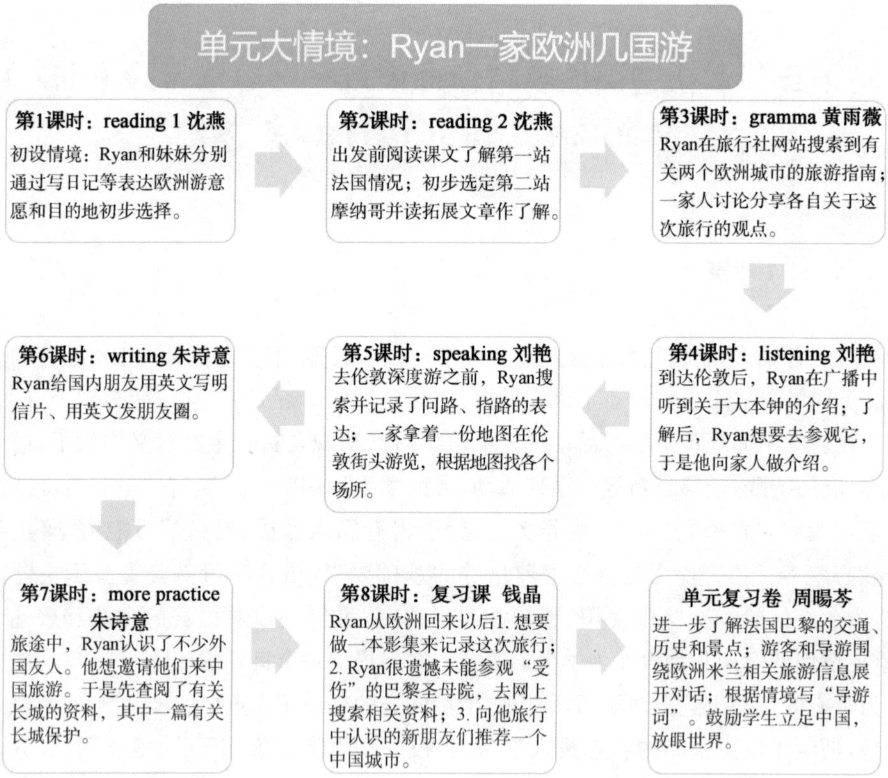

单元大情境:Ryan一家欧洲几国游

第1课时:reading 1 沈燕
初设情境:Ryan和妹妹分别通过写日记等表达欧洲游意愿和目的地初步选择。

第2课时:reading 2 沈燕
出发前阅读课文了解第一站法国情况;初步选定第二站摩纳哥并读拓展文章作了解。

第3课时:gramma 黄雨薇
Ryan在旅行社网站搜索到有关两个欧洲城市的旅游指南;一家人讨论分享各自关于这次旅行的观点。

第6课时:writing 朱诗意
Ryan给国内朋友用英文写明信片、用英文发朋友圈。

第5课时:speaking 刘艳
去伦敦深度游之前,Ryan搜索并记录了问路、指路的表达;一家拿着一份地图在伦敦街头游览,根据地图找各个场所。

第4课时:listening 刘艳
到达伦敦后,Ryan在广播中听到关于大本钟的介绍;了解后,Ryan想要去参观它,于是他向家人做介绍。

第7课时:more practice 朱诗意
旅途中,Ryan认识了不少外国友人。他想邀请他们来中国旅游。于是他先查阅了有关长城的资料,其中一篇有关长城保护。

第8课时:复习课 钱晶
Ryan从欧洲回来以后1.想要做一本影集来记录这次旅行;2.Ryan很遗憾未能参观"受伤"的巴黎圣母院,去网上搜索相关资料;3.向他旅行中认识的新朋友们推荐一个中国城市。

单元复习卷 周暘芩
进一步了解法国巴黎的交通、历史和景点;游客和导游围绕欧洲米兰相关旅游信息展开对话;根据情境写"导游词"。鼓励学生立足中国,放眼世界。

图 1 单元作业中情境创设的路径

整个单元以"旅游"为核心话题,要求学生把握"名胜古迹"介绍类的说明文信息框架与句型特征,培养文化保护与传承意识,以及运用旅游过程中的问路和指路交际用语,熟悉旅游明信片的表达,模仿范例介绍城市并书写旅游经历。

（二）单元作业目标

序号	单元作业目标
1	巩固单元话题相关的词汇和表达。
2	在情境中掌握冠词 a/an/the 和零冠词的用法；运用并列连词 and，but，so 连接句子。
3	通过阅读有关旅游话题的篇章以及收听相关景点的介绍，把握主旨大意和主要结构，获取细节信息，运用图示梳理文本框架和信息。
4	掌握与问路和指路相关的常用表达，并在语境中用恰当的语调表达感情；运用本单元所学语言知识，谈论假期旅行计划并说明理由。
5	阅读"名胜古迹"介绍类的说明文，把握信息框架与句型特征，培养文化保护与传承意识。
6	运用本单元所学语言知识，巩固旅游明信片的表达，模仿范例介绍城市并书写旅游经历。

二、 单元作业设计实例

作业情境化设计的关键点在于将各类作业的设计依托于某一特定的情境之中。情境的设置可以是主题式的，也可以是任务式的。两种类型的情境都可结合单元主题设置，如：我们设计的 8B M3U6 Travel 单元主题是旅游。依据旅游这个主题，我们以 Ryan 一家欧洲游的情境开展整体设计。同时结合教材中提及的国家，我们设计了 Ryan 一家的游览路线图，以中国为起点，途经法国——英国——瑞士，并最终回到中国。

同时，结合该单元每课时内容，在旅途过程中创设了与主题相关的不同的任务式情境：从出发前 Ryan 搜索旅游网站（见图 2），到旅途中 Ryan 写明信片（见图 3）、发朋友圈（见图 4），到旅行结束后 Ryan 制作旅游影集等，让学生在真实语境中操练和运用单元所学。

在作业中，我们可以利用子话题进行情境创设来延展课堂内容，增强学生举一反三的意识。比如，U6 Travel 的主阅读 France is calling 中，只提到了法国的两个著名地标：埃菲尔铁塔和凯旋门，并未涉及其他的标志性建筑。于是，我们在该单元的复习课作业中创设了旅行结束后，Ryan 很遗憾未能去巴黎圣母院参观，因此他去网上搜索了与巴黎圣母院相关资料这样一个情境（见图 5）。通过呈现一篇巴黎圣母院的阅读文本，增强了学生对法国著名景点的了解，拓宽了学生的视野。另外，本单元教材中的 More practice 只是列举了我国的名胜古迹长城的一些基本信息要求学生来描述长城，这里所涉及到的信息

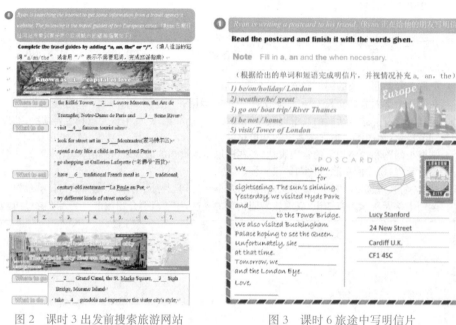

图 2　课时 3 出发前搜索旅游网站　　　　图 3　课时 6 旅途中写明信片

图 4　课时 6 旅途中发朋友圈(软件模拟制作)

量完全不够,所以在第 7 课时的作业中创设了 Ryan 想要邀请旅途中遇见的外国人来中国并向他们介绍长城这样一个情境(见图 6),两篇阅读文本涉及长城的简介以及长城的保护相关内容,拓展了学生的语料素材,丰富了学生的文化储备。

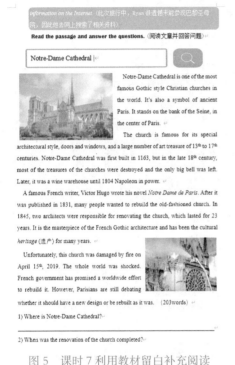

图 5　课时 7 利用教材留白补充阅读

① *During the trip, Ryan met a lot of local people. To invite them to visit China, Ryan searched for some information about the Great Wall.* (旅途中，Ryan 遇到了不少当地人，他想邀请他们来中国旅游，于是查阅了有关长城的资料。)

Read the article and finish the tasks.
（阅读有关长城的文章，完成以下任务）

The Great Wall of China, known as ① one of the seven great wonders of the world, ② runs across north China like a huge dragon. ③ It is over 6000 kilometers in length and is 25 feet high in average. ④ The ancient people started to build the wall in the 7th Century BC with earth, brick and stone. In 221BC, the Kingdom of Qin united the different parts of China into one empire(帝国). ⑤ To keep the enemy out of his empire, Emperor Qin Shi Huang had all the walls joined up. Thus, the first "Wan Li Chang Cheng" was formed. ⑥ Since then, it has often been added to, rebuilt and repaired, especially during the Ming Dynasty (1368—1644).

Task 1: **Read the underlined sentences, and conclude the information each sentence contains about the Great Wall.** (快速阅读文本，根据划线句子，归纳信息)

①: the honor the building gained
②: the l_____ of the building
③: the l_____ and the h_____ of the building
④: the m_____ of the building and the years s_____
⑤: the p_____ of the building and the years j_____
⑥: the years rebuilt and repaired

图 6　课时 8 利用教材留白补充阅读

　　结合时事热点创设情境是此次单元作业设计中的特色之一。本单元主题是旅游,学生们特别渴望有亲身经历,因此,在 reading 第一课时作业中,我们设计了要求学生以单词的适当形式完成一篇 Ryan 对未来旅游期许的日记(见图 7),让学生感同身受,使得作业与学生真实生活息息相关,提高他们完成作业的兴趣。

　　在 U6 Travel 这一单元中,学生学习了问路和指路的常用表达句型:Can you tell me the way to . . . ? Take the first turning on the right 等。针对这个课时,我们设计了对话类的作业,以 Ryan 一家在伦敦街头观光,向路人询问去博物馆路线为情境(见图 8)。学生在完成这些语言任务时,将所学语言贯穿运用,通过语言交际,在帮助学生复习单元核心句型的同时,也能锻炼学生的语言能力,在真实自然的情境中提升语言综合表达能力。

③ **Complete Ryan's diary with the correct words from task 2.** (用练习 2 的单词的适当形式完成 Ryan 的日记)

Friday, 8 April

We haven't traveled 2)_____ for three years. I expect to visit several European counties with my family. The first <u>destination</u> can be France where there are many <u>world-famous</u> 3)_____ like the Eiffel Tower and many tourist 4)_____ like EuroDisney. The convenient transportation will 5)_____ us to go on to visit another country in a day, so I'd like to read more about the European countries nearby.

图 7　课时 1 旅游期许日记

③ *Ryan's family is sightseeing on the street of London now. They are reading part of the map of this city.* (Ryan 一家拿着一份地图在伦敦街头游览)

Complete the following tasks based on the following map. (根据所给地图，完成以下任务)

Task 2: *Ryan's family wants to go to the museum to enjoy some famous paintings and then goes to the restaurant, but they can't find the way. Ryan is looking for help now. Suppose you are a native of London.* (你是一名伦敦人，Ryan 一家想去博物馆和饭店，他们来找你问路)

Dra **Please help Ryan and complete the dialogue.** (请你帮助 Ryan 一家人到达 museum 和 restaurant 这两个地方，并完成对话，以下句型可供参考)

Ryan: _____, I am new here. Can you tell me _____?
You: Sure. First, you can...Then you...
Ryan: Can you also _____ in Maple Street?
You: _____

References:

Aspects (方面)	Suggested Sentence Patterns:
Asking for directions	How do I get to··· Can you tell me the way to··· Where is···
Giving directions	Take the first/second/···turning on the right/left Walk to··· go across··· You will see···in front of you/ on your right/across···on your left It is on the corner of··· and··· It is between the··· and the ···· It's next to/opposite the··· Go straight on

图 8　课时 5 伦敦街头问路

文化意识的培养不能只通过说教和贴标签的形式完成。对于英语教学来说，践行英语学习活动观，顺应学生的兴趣和需求来创设情境，使学习活动情境化，是有效培养学生文化意识的重要策略。在单元作业设计中，我们让学生围绕单元话题，运用篇章结构、语法知识和话题词汇完成一次明信片的写作任务(见图 9)。

III. Suppose you were Dannel. You are visiting a city in China. Write a postcard to your best friend.（假设你是 Dannel，你来到中国的一所城市参观，请给你的好友写封明信片）

图 9 课时 6 给好友写明信片

通过本单元的学习和作业巩固，学生们了解明信片虽然起源于外国，但现在在全世界广泛使用。明信片的正面通常是精美的图片，背面是寄信人写下的相对简短的内容，因此，在旅途中购买一张当地的明信片写下自己的旅游经历和体会，真正起到了传递信息、交流思想、联络感情的作用。并且精美的图片也让人能够欣赏与收藏。

在本单元 reading 第二课时作业中，我们设计了一个有关法国的思维导图。主要从 capital，special attraction for children，visiting the UK from France，Central France，French，A leader in art and culture 等六个方面给学生呈现了法国的方方面面，这既要求学生具备一定的整合归纳能力，也对学生的逻辑判断能力提出了一定的要求。此外，我们还引导学生在有关法国的思维导图的基础上，根据文本完成有关摩纳哥的思维导图（见图 10）。我们给出部分提示，帮助学生逐层搭建框架，通过梳理有关摩纳哥的思维导图，更进一步培养学生的归纳梳理和逻辑推理能力。

为了检测情境作业设计的效果，笔者对自己任教的两个班级做了测试，一个为控制班，完成传统的抄写背默作为家庭作业，另一个为实验班，完成以上有情境的单元作业。调查发现，学生明显对情境作业更感兴趣，认为可以综合应用听、说、读、写各种实践活动，能更好地培养核心素养。从单元写作和课堂综合口语实践活动反馈看，实验班学生的确表现更佳。

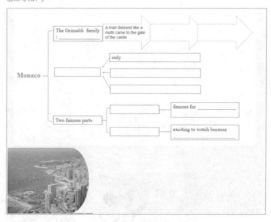

Task 2: **Read the passage again and draw a mind map about Monaco like the above mind map.** （再读文章，参考任务1的思维导图，完成以下介绍摩纳哥的思维导图。）

图 10　课时 2 补充阅读，完成思维导图

第四节　初中物理学科作业设计——以八年级"光"单元为例①

一、作业设计背景

（一）教学内容（分析）

"光"这一单元属于初中物理八年级上册的内容，对应新课标中的内容要求是：探究并了解光的反射定律；通过实验，了解光的折射现象及特点；探究并了解平面镜成像时像与物的关系；知道平面镜成像的特点及应用；通过实验，了解白光的组成和不同色光混合的现象。

在数学基础方面，学生已经理解光学概念必备的几何和代数知识，例如：探究平面镜成像特点需要掌握的垂直关系、定义光速概念、用到的科学记数法等。在认知基础方面，光学现象在学生的生活中随处可见，但学生对这些光学现象的认识是浅显的，对其内涵和

---

① 作业设计者为上海市梅陇中学王赟乐。

外延缺乏深入考虑。因此,作业设计可依托生活中常见的光学现象,帮助处于形式运算阶段的初中生搭建感性认识与理性认识之间的思维阶梯。

汽车作为现代社会中必要的一部分,每天都会遇到各种汽车,作为司机和路人,是否知道哪些区域是汽车的盲区,在开车和过马路的时候,我们应该怎样保护自己和他人的安全?

对于初二刚接触物理的学生,在学习了"光"单元后,利用他们学到的光学知识去解决实际问题,让他们了解到,学好物理,除了为了考试,它还是一门非常"实用"的学科。

(二) 单元作业设计目标

1. 以光学单元中光的直线传播、光的反射、光的折射等知识为载体,在解释现象的过程中,重点发展物理学科核心素养中的物理观念,帮助学生形成运动与相互作用的观念。

2. 以多数学生经历与真实感受、生活中随处可见的现象作为情境,引导学生将光学知识与其关联,经历模型建构的过程。

3. 依据课标的学业质量标准"在熟悉的情境中,会用所学模型分析常见的实际问题",并根据初中生"由感性认识向理性认识过渡"的认知特点,引导学生从生活现象入手分析物理问题,由表及里。

4. 在学习了光的直线传播、光的反射折射后,直观感受、探究一辆车中所蕴藏的光的原理。

5. 通过对于汽车盲区的研究,加强交通安全的意识。

二、单元作业设计实例

作业 1:寻找后视镜中的"盲区"(开放性作业)

活动一

寻找后视镜中的盲区

学生坐在车内司机位置,把两边的后视镜调节到合适的位置,其他同学在车周围各个位置左右移动,记录看不见同学的各个位置,并在地面做好标记。

将地面的标记与后视镜的位置用直线连起来,测量后视镜盲区的角度。利用光的反射定律,画出盲区的示意图。

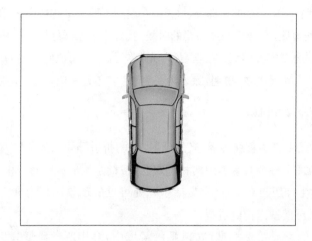

活动二

寻找驾驶中的盲区

引导学生思考:除了后视镜的盲区,在司机驾驶过程中,汽车前方位置是否也有盲区?

活动三

如何减少盲区

1. 有些车的后视镜分为两块区域,内侧是一块平面镜,外侧是一块凸面镜,寻找这些后视镜的盲区范围。

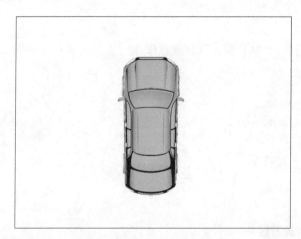

2. 有些车有电子辅助设备帮助观察,寻找这些情况下的盲区范围。

3. 在没有这些辅助方式的情况下,如何调节后视镜的角度,减小盲区的范围?

作业成果为探究报告。

● 实践步骤：

作业评价要求：

运用汽车的场景模拟，在汽车周围放置一些标志物，利用学生在探究过程中寻找到的方法，实际比较作为驾驶员观察的盲区是否有所减小。同时小组之间交换方法，比较彼此方法是否易操作。

标志物所在位置	本组观察测试结果 （填写标志物的序号）			其他组观察测试结果 （填写标志物的序号）		
	完整观察	部分观察	未观察	完整观察	部分观察	未观察
车辆前方						
车辆左侧						
车辆右侧						
车辆后方						

作业设计意图：

本活动通过设计方案，学生之间协同合作，利用车辆实际观察与测量盲区的范围，加强学生利用已有知识进行情境化应用的能力，在解决问题的过程中，不仅获得知识，还能感受到知识的社会性、情境性，提高了迁移运用的能力。

同时从已有问题出发寻找并解决开放性问题,例如:如何调整后视镜才能使盲区范围最小。

八年级的学生刚开始接触物理,在学习了物理课本中关于光学的内容后,利用课本中已有的知识,结合自己平时熟悉的事物——汽车,去完成一项科学的探究,在增强学生对于科学兴趣的同时,还能帮助学生更好地掌握物理学科中所学到的知识。

作业 2:补充拓展——生活中特殊的镜子——球面镜

生活中的凸面镜和凹面镜

1. 两千多年前,我国古代劳动人民在制造镜面较小的铜镜的时候,有意把镜面造得凸一些,以便能照出人的整个面庞。两千多年前的古人,能够根据镜子的大小来决定镜子的曲度,这说明他们已经懂得凸面镜成像的原理。

2. 刮脸用的是什么镜

在商店里有一种两面都能照人的圆镜,售货员叫它"刮脸镜",它的一面是平面镜,而另一面则是一个凹面镜。

利用刮脸镜可以做这样一个实验:把凹面镜放在桌子上,面对着窗户,在镜子的斜前方放一张大卡片。调节这张卡片和镜子之间的相对位置,你能在卡片上看到那扇窗户的清晰的像。但是,这个像是倒过来的。为了证明这一点,你可以在窗台上放一件东西,在卡片上找到它成的像,就可以发现,它是倒的。

小制作 自制哈哈镜

把光亮的金属勺子竖直放在玩具鸭子的面前,让玩具鸭子对着勺子的凹面,再把玩具鸭子对着勺子的凸面,你就能看到哈哈镜的效果了。

作业 3:

1. 平静的湖边,有时会在水中看到树的倒影和天空中的云,看到的倒影和云是由于光的_____所成的树和云的_____像。

2. 平面镜成的是_____的像,像和物体到平面镜的距离_____,像和物体的大小_____,像和物体的连线与镜面_____,像和物体对镜面来说是_____的。

3. 一个身高 1.7 米的同学站在离竖直放置的平面镜前 2 米，则镜子中的像高_____米，人离开像的距离是_____米。他向镜前进 0.5 米，像离镜子_____米，像的大小将_____（选填"变大""变小"或"不变"）。

4. 从竖直放置的平面镜中看到一个钟的指针位置如图 1 所示，则此时的实际时刻为_____。

5. 将一根直棒置于平面镜前，棒与镜中的像夹角为 90°，则棒与平面镜的夹角为_____。

6. 池中水深为 2 米，月球到地球的距离为 3.8×10^5 千米，月球在池中的像到水面的距离为_____。

图 1

7. 加菲猫在平面镜前欣赏自己的全身像，如图 2 所示。此时他所看到的全身像，应是（　　）

图 2　　A.　　　　B.　　　　C.　　　　D.

8. 下列各实例中，不是利用平面镜成像的是（　　）

A. 舞蹈演员利用平面镜矫正自己的姿势

B. 室内装修常利用平面镜扩大视野空间

C. 夜间行驶时，车内的灯必须关闭

D. 牙医借助平面镜看清牙齿背面

9. 根据平面镜成像特点，在图 3 中画出物体 AB 在平面镜 MN 中所成的像 $A'B'$。

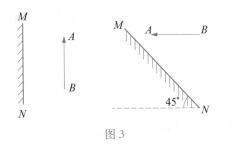　　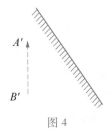

图 3　　　　　　　　　图 4

10. 在图 4 中，已画出了物体 AB 的像 $A'B'$。根据平面镜成像的特点，画出物

体 *AB*。

11. 在探究"平面镜成像的特点"实验中：

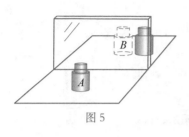

图 5

(1) 在桌上竖直放置一块_____作为平面镜,这样做的目的是既能看到发光体的像,又能_____
____。

(2) 如图 5 所示,实验时在玻璃板前放置发光的物体 *A*,移动玻璃板后不发光的物体 *B*,并调节物体 *B* 的高度,直到从玻璃板前不同位置看去,玻璃板后的物体 *B* 好像_____,则物体 *B* 所在的位置就是_____的位置。在纸上记下 *A*、*B* 位置。

(3) 分别测量 *B* 与 *A* 的高度并进行比较,可以得到初步结论:像和物体大小_____(选填"相同"或"不同")。

(4) 移动 *A* 的位置,重新实验。分别测出 *A*、*B* 到玻璃板的距离,如表所示。由表中的数据可归纳出的实验结论为:_____。

实验序号	A 到玻璃板的距离(厘米)	B 到玻璃板的距离(厘米)
1	8	8
2	10	10
3	12	12

(5) 移去物体 *B*,并在其位置上放一光屏,观察光屏上_____看到发光体 *A* 的像(选填"能"或"不能")。

★12. 检查视力时,眼睛与视力表应相距 5 米远,医生让受试者通过平面镜来看身后的视力表,若视力表距平面镜 3 米,则人离平面镜的距离应该是(　　)

A. 1 米　　　　　　B. 2 米　　　　　　C. 3 米　　　　　　D. 4 米

★13. 如图 6 所示,有一个玻璃面的柜子,现要求不打开柜子就能用刻度尺测出它的深度。请你试一试,并说出你的方法。

★★14. 如图 7 所示,自行车的尾灯设计得非常巧妙。当后面的光线从任何方向照射尾灯时,它都能把光线"反向射回"。请上网搜寻相关的资料,说明其中的道理。

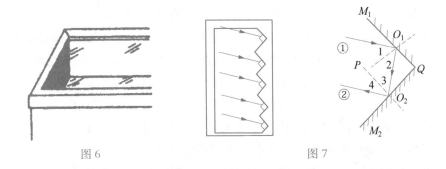

图 6　　　　　　　　　　图 7

作业答案：

1. 光的反射,虚。2. 虚,相等,相等,垂直,对称。3. 1.7,4,1.5,不变。4. 1∶30。5. 45°。6. 3.8×10⁵ 千米。7. C。8. C。9. 略。10. 略。

11.（1）玻璃板,确定像的位置;（2）在发光似的,像;（3）相同;（4）像和物到平面镜的距离相等;（5）不能。

★12. B。

★13. 将刻度尺竖直放在玻璃面上,观察玻璃柜子的底部在刻度尺所成为的像上对应的刻度,即玻璃柜的深度。

★★14. 略。

第五节　初中化学学科作业设计——以九年级下册第五单元"初识酸和碱"为例①

一、作业设计背景

（一）教学内容（分析）

本单元有关酸和碱的内容,是中学化学的重要知识。教材包括两部分内容,第一部分从生活和实验中常见的酸和碱出发,介绍了几种常见酸和碱的性质和用途,并说明酸和碱

① 作业设计者为上海市梅陇中学的王佳。

各自有其相似性质的原因。第二部分在此基础上，进一步加入了酸和碱之间发生的反应——中和反应、中和反应在生活中的应用，以及溶液的酸碱性等。

酸和碱是身边的两类常见的化学物质，是支撑和构建初中化学知识结构的重要组成部分。通过实验探究了解酸和碱的物理和化学性质，体会实验探究和模型构建是化学科学研究的基本方法。揭示宏观现象背后的微观本质，是化学学习的重要思维模式。酸碱化学共性的本质原因及中和反应的实质，是本单元的难点。通过自制指示剂并检验生活中物质的酸碱性，以及测生活中物质的酸碱度等实践性活动，巩固知识又提高兴趣，同时也体现了"从生活走向化学，又从化学走向社会"的课程理念。

本单元在内容安排上，应注意联系学生的实际，选择学生日常生活或平时实验中常见的物质，通过实验来说明酸和碱的性质和用途。同时，还需注意通过探究、讨论、调查与研究等方式，培养学生的创新精神和实践能力，训练学生掌握科学探究的方法。

前几单元中学生所学的化学用语、物质组成与结构、物质分类、物质的性质与变化、溶液等知识为本单元学习奠定了基础，所以本单元是前几个单元学习的继续和总结。同时通过本单元的学习可以进一步帮助学生更好地理解和学习第六单元"金属"的知识，使学生对所学的无机物有一个比较完整的认识。因此本单元的重点是常见酸和碱的主要性质、用酸碱指示剂和 pH 试纸检测溶液的酸碱性、中和反应及其应用。

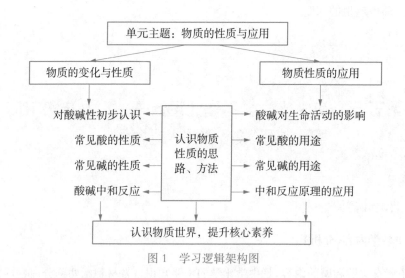

图 1　学习逻辑架构图

（二）单元作业目标

单元作业在教育过程中起着至关重要的作用，它不仅能有效地实现核心素养的教育目标,更能促进学生核心素养的发展。在单元作业的设计中,知识内容的整体性和联系性是其核心要求。为了达到这一要求,单元作业设计应当紧密围绕单元教学目标,根据学业要求和内容要求来确定评价目标和具体要求。

课程标准(学业要求)	单元学习目标	评价目标及要求
1.能依据物质的组成对物质进行分类 2.能通过实验说明酸和碱的主要性质,并能用化学方程式表示 3.能运用研究物质性质的一般思想和方法,根据中和反应,初步预测酸和碱的主要性质,设计实验方案,分析、解释有关的实验现象,进行证据推理得出合理的结论 4.能基于真实问题情境根据常见酸、碱物质的性质,初步分析解决相关的综合问题	1.能依据物质的类别列举一些常见的酸、碱物质 2.以常见酸和碱为例,通过实验探究认识酸、碱的主要性质和用途 3.知道从酸和碱的组成变化和用途等视角认识酸、碱的性质 4.了解通过酸、碱的共性和差异性,认识酸的性质和碱的性质的方法 5.学习从物质变化、能量变化、反应现象、反应类型等视角认识中和反应,并初步形成中和反应的结构化认识	1.能依据物质的组成对物质进行分类,并能识别酸和碱 2.能根据酸、碱的类别列举一些常见的酸、碱物质 3.能通过实验说明酸和碱的主要性质,并用化学方程式表示 4.能举例说明物质性质的广泛应用及性质与用途的关系 5.能应用研究物质性质的一般思路与方法,从物质类别的视角,依据中和反应等,初步预测常见的酸和碱的主要性质,设计实验方案,分析、解释有关的实验现象,进行证据推理,得出合理的结论 6.能基于真实问题情境,依据常见酸和碱的性质初步分析和解决相关的综合问题 7.根据酸和碱的性质、用途,对酸、碱的实际应用进行初步分析评价,讨论环境保护、合理使用化学品等社会性问题,积极参与相关的综合实践活动

图 2 "酸和碱"评价目标及要求

按照新课标的要求,在对学生进行评价时要注重日常的、全面客观的、综合的评价,为衡量学习目标的达成效果,教师要科学地制定评价目标,促进"教—学—评"一体化的实现,在评价过程中要多做过程性评价,及时分析学生课上的学习状态,在活动中的表现,做出公正客观的判断。教师在评价时可以采用评语、划分等级等形式,有针对性地提出帮助学生提升的建议,充分发挥评价的激励与促进学生发展作用。

二、单元作业设计实例

1. 生活实际相联结，兴趣学习两激发

以课程标准为航标，夯实教材知识点为基石，我们以酸与碱在日常生活中的应用为实例，引导学生深入探索常见酸、碱的核心特性及其广泛用途，旨在强化并巩固他们的基础知识体系。

【基础提升题】

梅陇中学有一间阳光房，经测定土壤呈酸性，则该阳光房最不适合种植的农作物是（　　）。（括号中为农作物适宜的土壤 pH）

A. 大豆(pH:6.0—7.0)　　　　　B. 玉米(pH:7.0—8.1)

C. 马铃薯(pH:4.8—5.5)　　　　D. 茶叶(pH:4.0—6.5)

【设计意图】本题旨在让学生掌握并理解 pH 的概念。通过模拟阳光房内土壤酸碱度的实际情境，学生不仅能认识到不同农作物对土壤酸碱度的独特需求，进而深入理解酸性与碱性物质在农业生产实践中的具体应用，还能有效地激发他们对化学学科的学习兴趣。这一过程中，学生将锻炼独立思考的能力，形成扎实的化学观念，真正做到将所学知识应用于解决实际问题，实现从理论到实践的跨越，同时体验到学习的乐趣和成就感。

答案：B

2. 注重实践活动，启迪思维发展

基础性作业在知识的巩固、深度的拓展以及思维的训练上扮演着不可或缺的角色。然而，在培养学生的创新精神和实践能力方面，其局限性也逐渐凸显。为了突破这一局限，我们提出了基于生活中真实问题的实践类活动作业设计。这一设计旨在更加有效地激发学生的求知欲望，点燃他们内心的学习热情。

通过参与这些实践活动，学生们将有机会在真实的情境中运用所学的化学知识，锻炼他们解决问题的能力，从而进一步弥补现有作业体系中对于实践应用能力培养的不足。这样的做法不仅有助于学生的全面发展，更能为他们未来的学习和生活奠定坚实的基础。

【实践拓展题】

抗酸剂是一种弱碱性物质，能中和过量的胃酸（主要成分为盐酸），减弱或减少胃酸对胃和十二指肠溃疡表面的腐蚀和刺激作用，有利于溃疡表面的愈合，同时也能缓解幽门痉挛引起的疼痛。氢氧化铝、氧化镁、碳酸钙等常用的抗酸剂，可直接中和胃酸，并有更好的止痛效果。但单一的铝、钙盐抗酸剂，连续服用会引起便秘，镁盐会引起腹泻。

（1）氢氧化铝、氧化镁能做抗酸剂的原理是什么？（用化学方程式表示）

_____

（2）某同学从家里带来了一瓶标签受到腐蚀的钙片，如何检验这瓶钙片的主要成分？请提出假设，设计实验方案进行探究。

提出假设：_____

实验用品：_____

实验内容：

实验步骤	实验现象	实验结论

（3）目前市场上治疗胃酸过多的抗酸剂有很多。请查阅资料，找出各种抗酸剂中的有效成分并写出使用建议。

	药品名称	有效成分	不良反应	使用建议
1	氢氧化镁	氢氧化镁	1. 可致轻泻 2. 肾功能不全患者服用本品可引起高镁血症，可静脉注射钙盐对抗	抗酸作用缓慢而持久，不产生二氧化碳。与胃酸作用生成氯化镁，刺激肠道蠕动，而且具有轻泻作用，因此适用于伴有便秘的胃酸过多症状
2	胃舒平			
...				

【设计意图】本题旨在引领学生将课堂所学知识融入日常生活实践之中，使他们能够亲身体验科学探究的历程，从中领悟并掌握科学探索的方法论，从而夯实化学核心素养的培养。实践型作业的形式丰富多样，包括但不限于亲自动手操作的实践项目、深入文献的查阅分析、实际问题的解决方案设计以及社会现象的调查研究等。在本题中，我们以生活中普遍存在的健康问题——抗酸剂的合理应用作为切入点，鼓励学生通过实践探究来解决问题。这一过程中，学生不仅能加深对化学知识与人类生活息息相关的理解，更能在解决问题的同时，强化自身的规则意识和自律精神，形成积极的学习习惯，并培养对社会的责任感与担当。

答案：（1）$Al(OH)_3 + 3HCl \!=\!=\! AlCl_3 + 3H_2O$　　$MgO + 2HCl \!=\!=\! MgCl_2 + H_2O$

（2）（略，合理即可） （3）（略，合理即可）

3. 构建开放问题，提升综合素养

教师应紧密结合学生的学习基础，精准把握课程中的重难点，致力于全面发展和提升学生的化学学科素养。在作业设计上，教师应合理设置开放性问题与选做题，以提升作业的灵活性和个性化，从而满足不同学生的学习需求。

通过此类作业，学生应能够熟练运用常见酸、碱的主要性质，去分析、解释生活中的一些简单化学现象和事实。同时，教师还应引导学生对如酸雨防治等社会性议题进行深入思考和热烈讨论，鼓励学生从多个维度审视问题，提出切实可行的解决方案，以此培养学生的社会责任感和批判性思维能力。

【探究创新题】

某校"酸雨"测量小组的同学，取刚降落的雨水的水样，用 pH 探头（测 pH 的仪器）每隔一段时间测一次 pH，其数据如下：

测定时间	3:10	3:15	3:20	3:25	3:30	3:35	3:40
pH	4.95	4.95	4.94	4.88	4.86	4.85	4.84

（1）根据所学知识，推测"正常雨水"的 pH_____7（填"<""="或"="）的原因是_____。

（2）根据以上数据，判断所降雨水是否为"酸雨"。_____。

（3）经调查，这一地区有一个硫酸厂（生产过程中产生 SO_2）和一个电镀厂，这些厂使用的燃料主要是煤。试分析造成这一地区"酸雨"的主要原因是_____。

（4）你认为可以采取哪些有效措施减少这一地区的"酸雨"？_____
_____；_____（至少答出两条）。

【设计意图】在以学生小组活动为载体的情境中，我们探讨了酸雨的产生根源、其主要危害、防治措施以及对环境保护的深远影响，不仅提升了学生的化学知识应用能力，更在解题过程中，引导学生深入理解酸雨的危害性，并探讨有效的防治措施。这一过程中，学生的科学态度与责任意识得到培养，使他们形成保护环境、倡导低碳出行的积极态度与生活习惯。同时，通过增强学生的绿色化学观念，我们力求实现化学学科在育人方面的全面目标。此外，作业中的最后一问设计为开放性问题，这不仅增加了作业的灵活性，还鼓励学生从日常生活中获取信息，提升他们提炼信息的能力。这种设计旨在增强学生的跨学科意识，鼓励他们关注身边的化学现象，并从多角度、多层次进行思考，以此促进核心素养的融合发展。

答案：（1）< 空气中含有的 CO_2 能和水反应生成碳酸，碳酸显酸性

（2）是酸雨

（3）硫酸厂产生的 SO_2 和煤燃烧生成的 SO_2 溶于水形成酸雨

（4）（略，合理即可）

4. 设计课后实验，激活知识内涵

为提升作业的趣味性与学习的灵活性，教师可充分利用资源，开发学习素材，合理设计课后实验，培育学生以实验为主的科学探究能力，通过科普阅读、网络查询等方式获取知识、加工信息，实现"学有所用"。在此基础上，融入多元活动评价体系，帮助学生进行实验反思与自主评价。

【课后实验题】自制酸碱指示剂

阅读材料：许多植物的花、果、茎、叶中都含有色素，主要是花青素。花青素在不同的酸碱环境中，能呈现出不同的颜色，因此，可用来做酸碱指示剂。

实验目的：学习利用植物花叶自制酸碱指示剂。

实验步骤：

（1）取适量植物在研钵中捣烂，然后加入 5 ml 酒精溶液，搅拌，使其充分接触 2—5 分钟。

（2）用多层纱布过滤，得到含植物色素的酒精溶液。将滤液装在试剂瓶中，并放在桌上备用。

（3）记录试剂瓶中装有的滤液（自制酸碱指示剂）的颜色。

（4）取出 6 支试管，分别加入 2—3 ml 稀盐酸，白醋，稀氢氧化钠溶液，澄清石灰水，氯化钠溶液，蒸馏水，然后分别滴入 2—3 滴含植物色素的酒精溶液，振荡后放置在试管架上，数秒钟后观察现象并记录。

（5）用其他自备植物花、叶等代替之前的，重做上述实验，得到自制指示剂 2。观察现象并记录。

实验要求：小组同学根据实际情况自己动手操作实验并拍摄、记录实验现象，得出实验结论，并规范撰写实验报告。

【设计意图】通过课后的小组实验环节，学生不仅能够锻炼动手实践能力，更能充分激发对化学学习的浓厚兴趣。在自制酸碱指示剂的过程中，学生得以复习并深入思考指示剂变色的基本原理，这一过程强调了"做中学""用中学"和"创中学"的学习理念。本题通过考查学生动手实验能力与观察、表述、准确记录实验现象的能力，力求发展学生的科学实验素养和实践能力。在此基础上，我们对学生提出了撰写化学实验报告的高标准要求，鼓励他们使用科学的语言、规范的形式来表达实验结果，从而增强学生的学习自主性，为其未来发展奠定坚实基础。最后，通过小组自评与互评，实现学生提升自我、促进自我发展，提高学生化学学科核心素养的最终目标。

第六节　初中道德与法治学科作业设计：以七年级第二单元"做情绪情感的主人"为例①

《义务教育道德与法治课程标准（2022 年版）》中明确指出"作业是学习评价的重要手段"，作业作为评价的主要环节在充分发挥评价的诊断、激励和改善功能，促进学生发展中起重要作用。"单元作业"是单元教学中不可或缺的一环，是达成单元教学目标的重要手段。要提高单元作业设计的有效性，凸显学生学习为中心，必须立足核心素养，整体规划单元教学，创设真实情境，巧妙利用技术赋能。本文以初中道德与法治七年级第二单元"做情绪情感的主人"为例，探索以学习为中心的单元作业情境设计与实施路径。

一、单元作业设计背景

（一）教学内容

根据《义务教育道德与法治课程标准（2022 年版）》要求，本单元所依据的课程标准相应部分是"生命安全与健康教育"。具体对应的核心素养有：①道德修养，个人品德。践行以爱国奉献、明礼遵规、勤劳善良、宽厚正直、自强自律为主要内容的道德要求，在日常生活中养成诚实守信团结友爱、热爱劳动等个人美德和优良品行。②健全人格，自尊自信。正确认识自己，珍爱生命，能够自我调节和管理情绪，具备乐观开朗、坚韧弘毅、自立自强的健康心理素质。③理性平和。开放包容，理性表达意见，树立正确的合作与竞争观念，能够换位思考，学会处理与家庭、他人、集体和社会的关系。④积极向上。有效学习，能够主动适应社会环境，确立符合国家需要和自身实际的健康生活目标，热爱生活，积极进取，具有适应变化、不怕挫折、坚韧不拔的意志品质。⑤友爱互助。真诚、友善，拥有同理心，相互支持，相互帮助，具有互助精神。⑥责任意识，主人翁意识。对自己负责，关心集体，关心社会，关心国家，维护祖国统一和国家安全，具备国家利益高于一切的观念。⑦担当精神。具有为人民服务的奉献精神，积极参与志愿者活动、社区服务活动，热爱自然，践行绿色生活方式。

本单元接续青春生命成长的主题，聚焦学生在身心发展关键期的情绪特点与广泛意

---

① 作业设计者为上海市梅陇中学的郭莉。

义上的情感生活,通过"情绪—情感—情操"这条线索,引导学生养成良好品德,形成健康的心理和价值观。本单元具体阐释了复杂多样的情绪丰富了我们的生活,同时又影响着我们的观念和行动。在人际交往中,我们要了解自身的情绪,学会以恰当的方式表达情绪,学会情绪调节的方法、合理地调节情绪。情感是人最基本的精神需求,让我们的内心世界更加丰富。在情感体验中,我们除了被动接受,还可以主动影响他人,在情感的积极表达、回应与共鸣中,传递情感的正能量。

(二) 学情分析

1. 从学生的认知特点来看

初中阶段是一个人形成正确人生观、价值观的重要时期。学生的心理发展还处于半幼稚、半成熟时期,自身的认知水平有限,分辨能力、理解能力以及自控能力不足,缺乏正确的分析和理解问题的能力。情感与思维从儿童期的自我中心解脱出来,把别人作为情感对象,自己的情绪表现也把别人当作参照系。情绪、情感的敏感性较强,容易激动,遇到困难时甚至产生强烈的反抗情绪。

2. 从学生的认知基础来看

本册教材的第一单元已初步涉及情绪调节的知识,学生通过相关知识的学习,知道伴随着青春期的生理发育,认知能力得到发展,自我意识不断增强,情感世界也愈加丰富,这些变化让学生感到新奇,同时也带给他们矛盾和困惑。学生面对反抗与依赖、闭锁与开放、勇敢与怯懦的矛盾心理,情绪上也会出现波动,有时相当激烈、粗暴甚至失控,平常小事在他们那里也可能引起很强烈的反应。因此,学会必要时调节情绪、转化体验,有助于学生移情倾向和能力的提升,在情感的氛围中发育、生长出具有更高社会性的情感,产生发乎自然、情出于心的认同。

(三) 单元作业目标

能结合具体情境说明、解释、阐明青春期的情绪特点,阐释情绪的作用,梳理影响情绪的因素,激发正面的情绪感受。

能运用"情绪的管理"的相关知识,对具体情境中的行为、现象、观点等进行辨析,并能结合实际提出解决问题方案、思路,认同情绪的重要性,阐释调节情绪的方法,在帮助他人改善情绪过程中,感悟友善、和谐、文明等是社会主义核心价值观的体现。

能通过体验、感悟、解释、说明具体社会现象、观点,加深对情感的认知,阐明情绪与情感的联系与区别,学会创造正面的情感体验。结合社会发展和个人生活实际,体悟个人情感世界,在具体情境中,选择积极传递情感正能量,感受生活中的美好情感。

二、单元作业设计实例

召集令:如何设计"解忧杂货铺"线上心灵驿站主题展览,邀请你一起来规划设计。

子问题1:情绪、情感的特点和作用分别有哪些?

子问题2:情绪和情感之间的关系是怎样的?

子问题3:青春期情绪的特点和表达。

子问题4:情绪调节的方法和情感转化的途径有哪些?

子问题5:如何面对"我"的情绪情感问题?

子问题1和2对应第一展区:了解情绪、情感;子问题3和4对应第二展区:调节情绪、情感的方法;子问题5对应第三展区:走进我的情绪、情感。

第一展区:了解情绪、情感

1. 下列属于中学生的情绪特点的是(　　　)

A. 情绪丰富而强烈　　　　　　　B. 情绪起伏变化较小

C. 情绪表现很稳定　　　　　　　D. 情绪经常比较高涨

答案:A

2. 在一次单元英语考试中,平时总考不及格的小李竟然考了95分。小李听到同学们的议论后,伤心地大哭了一场,然后更加努力地学习,并不断收获好成绩,从而向同学们证明了自己的实力。可见,情绪_____。

答案示例:

情绪的作用非常神奇,影响着我们的观念和行动。小李化解了自己的悲伤的情绪,让它激励自己克服困难、努力向上。

评价说明:

等级水平	等级描述
水平3	能结合材料,从"情绪的作用"和"情绪的管理"两个角度表达观点并阐释理由,体现出健全人格的核心素养。语言准确,阐释全面,逻辑严谨。
水平2	能结合材料,从"情绪的作用"或"情绪的管理"角度表达观点并阐释理由,体现出健全人格的核心素养。语言准确,阐释全面,逻辑一致。
水平1	能结合材料表达观点,但没有运用学科内容阐释理由。

第二展区：调节情绪、情感的方法

1. 请根据青春期情绪的特点，在文本框内上传对应的图片或文字。

 A 上传图片 输入文字	 B 上传图片 输入文字	 C 上传图片 输入文字	D 上传图片 输入文字 情绪闭锁、细腻

答案示例：

A. 情绪反应强烈、情绪的表现性

B. 情绪波动与固执

C. 情绪的闭锁性

D. （上传图片）

2. 学校开展"解忧杂货铺"线上心灵驿站主题展览，要求同学们相互关心，及时发现班级同学出现的情绪、情感问题，并给予帮助，共同营造和谐集体。

活动中，小敏发现，期中考试后，小张与同学的关系变差了，一言不合就发脾气。有一次，小敏向小张请教一道数学题，没想到他就大吼起来："凭什么我要帮你？你这次考试都已经考得比我好了，我再帮你，你不就会一直比我好了吗？走开！"弄得小敏不知所措，只好讪讪走开……小敏看到小张的变化，心里很难过，想给他提建议，帮助他做一些改变。如果你是小敏，你会给小张提些什么建议？请结合案例，综合运用所学内容，在第二展区中写出一条建议并说明理由。

要求：

1. 针对问题提出建议，建议须有合理化的方法、策略等；

2. 结合所学内容说明理由。

答案示例：

建议：针对小张经常埋怨同学、动不动就发脾气等负面情绪问题，我建议小张学会合理调节情绪，比如：向老师或好朋友敞开心扉进行交流，帮助自己充分分析生气的原因，并请教避免情绪失控的一些方法等；或适当转移关注点，通过参加体育活动、读小说、画画等，放松和缓解压力，排解负面情绪；又或者给自己写一封信，写出发脾气、生气的感受等，减轻压力、缓解紧张感。

理由:学会合理地调节情绪,使情绪在生理活动、主观体验、外显表情上发生一定的变化,有助于我们更好地适应环境,成为情绪的主人,保持积极的心态和乐观的心境,享受喜悦和快乐,让自己的生活更美好。所以,小张通过与老师、朋友交谈,转移关注点等,合理地调节情绪,能放松、缓解压力,形成积极的心态,更好地投入学习生活之中。

评价说明:

等级水平	等 级 描 述
水平4	能结合材料,从"情绪表达"和"情绪管理"两个角度提出具体建议,建议操作可行,体现健全人格,语言准确,阐释全面,逻辑严谨。
水平3	能结合材料,从"情绪表达"和"情绪管理"两个角度提出具体建议,能体现健全人格,语言较准确,逻辑较严谨。
水平2	能结合材料,从"情绪表达"或"情绪管理"角度提出具体建议,建议操作可行,体现健全人格,语言准确,阐释全面,逻辑严谨。
水平1	能结合材料提出建议,但没有运用学科内容阐释理由。

第三展区:走进我的情绪、情感

色彩可以影响人的感觉器官、刺激人的神经,进而影响人的情绪。请尝试通过用不同的色彩来表达不同的情绪感受。

活动要求:

1. 以小组为单位,搜集相关资料,了解色彩与情绪之间的联系。

2. 绘制情绪调色板。如:选择一段时期内或一些情境下的情绪体验,用色彩表现出来。

情绪调色板实践类作业记录单

活动小组成员		活动时间		活动地点	
情绪体验的时段					
情绪体验					
情绪色彩					
色彩与情绪之间的联系					
活动收获或感想					

【作业说明】

➤ 作业完成时间约为 2—3 周,以小组形式完成,每组 4—5 人;

➤ 本作业涉及的调查方法可采用访谈法、实地观察法、文献查找法等,各小组可以根据实际需要选择;

➤ 注意调查过程中资料的搜集和保存;

➤ 完成调查后,每组形成一份调查报告,并绘制成情绪调色板,上传至第三展区对应位置。

评价说明:

学生根据活动实际情况,按要求真实记录。

等级水平	等 级 描 述
水平 3	积极参与探究体验,科学合理设计探究步骤,体悟个人情绪变化,理解认同情绪管理的重要性,积极调节个人情绪。内容全面、翔实具体,逻辑严谨。
水平 2	参与探究体验,独立设计探究步骤,体悟个人情绪变化,理解认同情绪管理的重要性,积极调节个人情绪。内容全面、翔实具体,逻辑一致。
水平 1	未完整作答或与活动内容无关,仅堆砌相关知识。

3. 请你整理第五课"品出情感的韵味"的学习内容,结合本课的学习活动经历,设计一份思维导图。(选做)

评价说明:学生根据活动实际情况,按要求真实记录。

等级水平	等 级 描 述
水平 3	积极完成拓展空间,科学合理设计思维导图,理解认同情感的重要性,内容全面、翔实具体,逻辑严谨。
水平 2	参与探究体验,独立设计思维导图,理解认同情感的重要性,内容全面、翔实具体,逻辑一致。
水平 1	未完整作答或与学习主题无关,逻辑性不强。

一、作业设计背景

《义务教育历史课程标准（2022 年版）》明确指出："核心素养是学生通过课程学习逐步形成的正确价值观、必备品格和关键能力，是课程育人价值的集中体现。通过核心素养的培育，落实立德树人根本任务。"核心素养与情境有密切的关系，核心素养的"核心"是思维，学生的思考需要情境。因此，培养学生的历史思维必须基于历史情境。学生只有具备在真实情境中解决复杂问题的品格和能力，才能具备核心素养。

因此，教师在设计学习任务时，应确保这些任务能够在真实情境中展开，从而引导学生在完成任务的过程中，运用他们已有的知识储备，结合对材料的深入解析，自主找寻解决问题的方法和路径。通过这种方式，学生能够更深刻地理解学科的本质和原理，进而提升他们的核心素养。我校历史备课组的老师们在教学以及作业设计中尝试整合单元教学内容，创设聚焦问题、任务驱动、与单元内容契合的情境，将其作为培养学生核心素养的重要载体。

创设历史情境可以从社会生活方面着手。从现实中寻找历史资源创设情境，真正地拉近历史和现实之间的距离，从而帮助学生认识到生活中历史无处不在，学好历史有助于分析历史与现实的关联与区别，并解决生活中与历史相关的问题。这也体现出历史学科是一门经世致用的学科，是提升学生综合素养不可或缺的"实用"学科。

教育部组织编写的《中国历史》第三册第八单元"近代经济、社会生活与教育文化事业的发展"内容主要围绕近代中国的经济、社会生活、教育文化事业等方面发生的巨大变化展开，基于课程标准、单元内容主旨和学生的学情，该单元作业目标设置如下：①能够从示意图、文献史料中了解近代中国经济、社会、文化等方面的变化与发展，从中认识历史发展的大趋势，形成社会进步观和与时俱进的态度。（史料实证、历史解释）②通过分析影响近代中国经济、政治、文化等方面变化的历史因素，认识不同史事之间的因果联系。（唯物史

① 作业设计者为上海市梅陇中学的关凌夏，刘梦图。

观、时空观念、历史解释）③能够结合具体史事，表达自己对历史的看法，形成历史观点。（史料实证、历史解释）④从历史的角度感悟新民主主义革命胜利的艰辛，理解我国保护优秀历史建筑的现实意义。（家国情怀）⑤能够综合运用所学，从现实问题中探寻历史问题，完成一份实践作业。（史料实证、历史解释、家国情怀）

二、 单元作业设计实例

刘老师经过对单元教学内容细致地梳理后发现，课文中与上海有关的内容占据了相当多的篇幅。上海是近代中国社会转型的代表。近代上海的经济、社会生活、教育文化事业的变化与发展，留下了许多历史遗产，有的历史遗产经过修缮与保护，延续至今；有的历史遗产几经变迁，以全新的面貌出现在世人眼前。这些历史遗产是创设历史情境的优质本地资源。刘老师由此创设以下单元情境：上海有丰富的历史文化遗产。来一场说走就走的"CityWalk"，通过实地走访这些历史文化遗产，了解近代上海经济、社会、文化等方面的变化，探寻其原因，感知中国近代的历史变迁。

课时作业1：基于单元情境，选取学生熟悉的苏州河沿岸的工业文明遗产作为课时作业情境。

案例1：《苏河记忆》（第一课时作业）

时期	发展概况
一战期间	庞大的家族企业
九一八事变后	面粉市场被日本侵占，企业陷入困境
日本全面侵华	企业遭受重创
解放战争期间	再次陷入生存危机

材料一：苏州河沿岸工业分布图（局部）
　　　　——上海市普陀区档案局（全称）

材料二：荣氏兄弟企业发展概况
　　——整理自《中国历史》第三册

1. 根据材料一,苏州河边的工业分布有何特点?(3分)

2. 日本能够在上海开设工厂的历史原因是什么?(1分)

3. 根据材料二,结合所学,影响荣氏兄弟企业发展的历史因素有哪些?(2分)

材料三:
……2004年有关部门明确,地块上(天安千树商场)的福新面粉厂旧址和阜丰机器面粉厂旧址属于上海市第三批优秀历史建筑,后来这个地块还被列入第一批中国工业遗产保护名录。……这意味着,地块里的老建筑非但不能拆除、还要修旧如旧,且新建筑必须给老建筑让出空间。

——《快看!普陀新晋网红打卡地的前世与今生!》

4. 如今,苏州河沿岸的工业区早已废弃或转移,苏州河沿岸正被逐步打造成宜居的生活休闲带。根据材料三,结合所学,说说我们为什么要保护苏州河沿岸的工业遗产?(3分)

设计意图:在本题中,刘老师颇具慧眼地聚焦在普陀区的历史资源,这是学生家门口的历史遗存,这样的情境让学生颇感亲近,瞬间拉近了书本与生活、历史与现实的距离,激发了学史兴趣。此外本题主要聚焦单元中的"经济"主题,问题的设置遵循由"是什么"(第1题)到"为什么"(第2、3、4题)的思路由浅入深地递进式提问,题目启发学生回忆晚清《马关条约》规定日本可以在中国的通商口岸开设工厂。再引导学生分析民国时期国内政治局势、国际形势、战争对民族资本主义发展产生的影响。整道问题最后落脚于引导学生思考保护历史遗产的历史意义——纪念近代中国经济的发展,纪念中国近现代民族工业的摇篮;以及现实意义——保存历史文化遗产,促进历史研究、传承红色记忆、弘扬爱国精神等。该作业设计很好地帮助学生建立起了纵向贯通的时空观念。

参考答案:

1. 分布密集;以纺织业、纱厂等轻工业为主;日资企业多。(一点2分,两点3分)

2. 《马关条约》规定日本可以在中国的通商口岸开设工厂。(1分)

3. 国内政治局势、国际形势、战争等。(一点1分,共2分)

4. 从历史意义与现实意义两个维度回答。(一点2分,两点3分)

历史意义:纪念近代中国经济的发展;纪念中国近现代民族工业的摇篮。

现实意义:保存历史文化遗产,促进历史研究;传承红色记忆;弘扬爱国精神等。(一点2分,两点3分)

课时作业2:基于单元情境,选取《申报》原报社大楼作为课时作业情境。

案例 2:《申报》面面观(第二课时作业)

材料一:

A. 1905 年《申报》刊载《商部奏改南洋公学为
上海高等实业学堂折》

B. 《申报》报道上海工界和商界、学界 一致行动

C. 版面标题"……
闸北我孤军仍
死守四行仓库"

D. 《申报》刊载
的大生纱厂
筹备情况的
告白

E. 版面标题"中华民国临时大总统孙文今日履任"

1. 按时间排序(4 分)

2. 材料 A 从侧面反映了中国近代哪方面的变化与发展? (1 分)

3. 材料二为 1935 年 5 月《申报》关于抗日题材电影《风云儿女》的广告,你能从中提

取哪些历史信息？（2分）

材料二：

电话九五五〇〇

今天日夜开映：（日戏）二时半 五时半（夜戏）九时一刻

疆场效命，舍身为国，志士血完成了民族魂！

片中……电通歌唱队合唱之「义勇军进行曲」已由百代公司灌成唱片出售

4. 大众传媒深刻影响着人们的日常生活。

示例：抗日战争爆发后，《申报》心系祖国安危，旗帜鲜明地反对不抵抗政策，大量篇幅正面报道中国军队奋起抗战的英勇行为，积极开展募捐宣传，成为中国抗日战争的舆论前线，对广大民众产生了深刻的影响。

根据示例，请你对材料B进行解读。（2分）

材料三：《申报》原报社大楼外景和内景

5. 1994年，申报馆列入上海市第二批优秀历史建筑。综合本题内容，结合所学，谈谈你对《申报》历史发展轨迹的认识。（6分）

设计意图：本题聚焦于单元内容中的"文化"主题，以上海出版业的代表成果《申报》作为出发点创设情境,再次激发了学生对历史的归属感和对家乡的自豪感。第 1 小题是基础知识的复现;第 3 小题以上海为代表,以报刊为史料揭示了当时中国已经有电话、电影院、唱片,反映西方事物不断传入,改变了人们的社会生活;第 4 小题又从《申报》不起眼的广告栏管窥社会生活和大众心理,帮助学生认识到特定历史时期的思想文化是一定时期的社会政治经济的反映。第 5 小题是基于前面几道小题的综合设问,学生需根据对材料的分析理解,对几道小题的通盘考虑归纳出主要观点:《申报》见证了近代中国的社会发展与历史变迁。其内容涵盖政治、经济、文化等多个方面,同时报道内容也一定程度上影响着人们的思考与生活,对中国近代史产生一定的影响。上海市政府将其列入优秀历史建筑,反映了新闻传媒行业的价值。此题使学生由《申报》回望整个单元,从政治、经济、文化、生活等视角综合思考中国近代历史,有效地训练了学生的历史解释与评价的素养。

参考答案:

1. DAEBC

2. 教育

3. 当时中国已经有电话、电影院、唱片,反映西方事物不断传入,改变了人们的社会生活;广告在宣传抗日题材电影和歌曲,文艺作品反映当时的时代背景,抗日成为当时公众关注的话题。(一定时期的思想文化是一定时期的社会政治经济的反映)

4. 五四运动爆发之后,《申报》报道上海工人、商人和学生的斗争,对五四运动扩大到全国产生了不可估量的作用。

5. 主要观点:《申报》见证了近代中国的社会发展与历史变迁。其内容涵盖政治、经济、文化等多个方面,同时报道内容也一定程度上影响着人们的思考与生活,对中国近代史产生一定的影响。上海市政府将其列入优秀历史建筑,反映了新闻传媒行业的价值。

评价建议:

不能综合运用本题信息(0—1 分)

能运用部分本题信息(1—3 分)

能运用部分本题信息,且有历史观点(3—4 分)

能综合运用本题信息,且有历史观点,认识全面、深刻(5—6 分)

案例 3:"深入城市纹理,观历史变迁"(单元综合类作业)

大任务:设计一份上海"CityWalk"打卡地图。

要求:从上海各区中,分别选择能反映近代中国经济、社会生活、教育文化事业的变化与发展老建筑或历史遗存,并拍摄一张打卡照片,撰写相应的介绍词。子任务有四个,第一,学生分成若干小组,各小组查阅资料,整理近代上海经济、社会生活、教育文化的典型建筑或历史遗存,按经济、文化等类别进行归类。第二,各小组介绍本小组所选择的,最具代表性的、最有价值的老建筑或历史遗存。随后各小组公开投票,列出入围打卡的名单。第三,查阅上海地图,根据入围打卡的名单,安排合理的交通出行路线及出行方式。第四,实地考察,取景拍照,撰写介绍词,绘制"CityWalk"打卡地图。

设计意图:该题目具有跨学科综合学习的特点,创设了学生合作探究的情境。当下研学热潮方兴未艾,学生在真实情境中整合历史信息、选择打卡目的地、撰写介绍词,结合所学解决了真实问题,拓展了知识视野,加深了对教材的理解,增添了对家乡的了解和热爱,真正体现了历史学科的育人价值。

第七章　素养导向的情境教学：历程审视与策略探寻

作为全书的最后部分,本章呈现一个情境教学的学校个案探索样本。世界在变,教育必须随之改变。但课堂不变,教师教不会变。教师教不变,学生怎么变?"课堂转型"始终应是学校改革的核心,它承载着课程"核心素养"目标达成的核心任务,牵制唯分数"应试教育"的功利态势,营造学生树精神、有思想、善思考、会做事、好习惯的教育生态。课堂,作为教育的主阵地,其转型并非一蹴而就的易事,要求我们不仅要拥有创新的理念和策略,更要有对实践的深入洞察和不断反思的精神。在"课堂转型"中,我们始终致力以下探索:构建从"行为主义学习"走向"建构主义学习",从"知识本位"走向"素养本位",从"老师的课堂"走向"学生的课堂",从"以教为主"走向"以学为主",以及从"被动学习"走向"能动学习"的教学生态。过程中既见证了无数激动人心的创新与成效,也遭遇过不少牵动心扉的挑战与困惑。我们也逐渐确立并重点关注推进指向素养的情境教学的实践研究。作为本书的最后一个章节,我们特意将目光投回情境教学校本实践发展历程,希望以审慎的目光审视我们走过的路,发现问题,并探寻一些解决之道。

第一节　情境教学的校本回溯及发展轨迹

上海市梅陇中学是一所历史悠久、教育底蕴深厚的公办初级中学。学校始建于 1964 年,伴随中华人民共和国的第一个工人新村(曹杨新村)应运而生,1997 年至 2007 年曾经短暂民办转制实验,2007 年恢复公办,2020 年成立普陀区梅陇教育集团,牵头各成员校积极探索实践紧密型学区集团办学。秉承"乐学·厚德　自主·通识"的办学理念,学校树立"适合教育"鲜明特色,打造"全面质量"教育品牌。学校全面落实立德树人根本任务,深入实践主体性德育模式,发扬梅陇三宝——"军训、卫生、广播操"德育传统,创新开发梅陇"四史"大课堂等校本德育课程群,抓实"班级学习共同体"建设,精心培育"梅之君品"新时代少年。此外,学校积极打造"体育、艺术多样化""科技赋能劳动"特色品牌,促进每一位学生学以成人、人生出彩。学校肩负转型发展重任,积极探索教育综合改革路径,全面开启"人的现代化"教育实践。聚焦"单元教学设计",提升学生"学会学习"能力;立足"情境—问题"教学模式,攻坚"学为中心"的教学方式转变;创新"建构班级学习共同体",促进学生主体主动发展。学校坚持"提升教师,奠基学生"发展战略,打造"守正'梅之君品'、锤炼'梅之傲骨'、绽放'梅之风采'"人才培养体系,建设"五支过硬队伍",形成"优质必优教、优教要优师、名校有名师"的发展优势。梅陇中学不断探索全面发展高质量特色,矢志办好人民满意的教育,校友风采遍及各所上海市实验性示范性高中及国内外知名高校,活跃在社会各行各业。多年来,学校连续五届获评上海市文明校园(单位),先后荣获"上海市五一劳动奖状""上海市工人先锋号""上海市共青团号",首批"上海市依法治校示范校""上海市新优质学校""上海市教师专业化发展学校""上海市安全文明校园""上海市平安示范单位""上海市花园单位""上海市体教结合先进单位""国际生态学校""全国国防教育特色学校"等百余项国家、市、区级荣誉。在现任校长卫洪光的带领下,学校的教育教学质量始终保持在区内一流水平。学校毕业生遍布各所上海市实验性示范性高中及国内外知名高校,活跃在社会各行各业。梅陇中学以其卓越的教育质量和鲜明的办学特色赢得了家长的认可和广泛的社会赞誉,学校不仅成为普陀区乃至上海市的优质教育资源之一,更为教育事业的发展做出了积极贡献。

  梅陇中学的教学改革经过多年的探索,始终围绕着课程建设展开。第一阶段,学校在上海市二期课改的推动下,积极探索并实施了情境教学模式,取得了一些成效。初期,学校通过调适科学探究活动量与课堂教学时间的关系,设计符合学生身心规律的活动单,有效激发了学生的探究兴趣和合作意识。例如,在语文组和数学组的展示课中,教师利用信息技术播放课本剧表演片,展示学生绘制的课本插图、配乐朗诵等,使课堂更加生动有趣。第二阶段,在绿色评价理念的指导下,学校进一步推进了"情境—问题"教学模式,旨在培养学生的高阶思维能力和问题解决能力。该模式通过创设情境、提出问题、解决问题和评价反思四个环节,形成了相对稳定、循环、开放的课堂教学模式。通过跨学科融合展示活动,如"遇见项目化 预见新学习"学术节,展示了学生在项目化学习中的成果。这些项目涵盖了历史、文化、艺术、科技等多学科领域,以生动直观的方式展现了上海的独特魅力,同时也培养了学生的探究能力、表达能力和团队协作能力。学校还关注了人文类学科与自然科学类学科的差异性,在实践中形成了"梅陇村情境模拟"等适切的教学方式,让学生在模拟情境中体验、建构认知。第三阶段,学校注重情境创设与核心素养的关联,深化了对单元情境的研究,致力于形成具有推广价值的单元情境设置策略。结合核心素养目标,学校还着力打造以"正面成长"为核心理念的德育课程群,形成了以班会课、心理健康、生涯教育为代表的校本德育课程体系,以及通过整合各类节日和主题教育,形成"创全"课程。通过多年的教学改革实践,梅陇中学在提升学生核心素养、促进学生全面发展方面取得了一些经验。学生不仅在学业上取得了进步,还在合作交流、实践应用等方面得到了全面发展。

一、上海市二期课改：情境教学的初启

1. 课改春风下教师观念的悄然转变

上海自 1998 年以来，在总结一期课改的成就与不足基础之上，积极开展第二期课程教材改革，以"学生的发展为本"作为根本教育理念，以创新精神、实践能力培养为重点，构建新的学力观，在课程目标、课程结构、课程评价及学科体系等诸方面取得了重大的突破①。课改的推进让每一位教育工作者在课堂教学中提升研究能力。大家坚信，每一间课堂都是实验室，每一名教师都是教学研究者和课改实践者②。

上海第二期课改在课程理念上实现了突破性变革，即树立起课程是为学生提供学习经历并获得学习经验的观念。它关注学生体验、感悟和实践过程，通过学习情境的创设、实践环节的开发和学习渠道的拓展，丰富学生的经历和经验，改变学生的学习方式，实现知识传承、能力发展、态度与价值观形成的统一。学校许多学科教师在投身课改，研究学生和研究教学，结合当时推进开展的"三段两反思"课例研究等，充分意识到在课改实践中研究真实问题的价值。情境教学也逐渐被更多的老师所关注，并催生了一些学科教学模式的实践探索。

2. 初期情境教学的探索实例与成效初显

学校科学学科教师当时开展了"情景—问题—探究"教学模式的实践探究，从二期课改科学课程标准中强调突出科学探究的学科特点角度，开展了关联生活实际以及问题解决的探究式教学，并围绕"情景—问题—探究"教学模式梳理了一些策略。

（1）情景阶段。创设一个好情景是成功运用"情景—问题—探究"教学模式的基础。在情景的应用创设中，教师一定要分析情景中新知识与学生已有知识和经验的相关程度，充分考虑到学生的知识水平和心理承受能力，合理设置情景与发现问题之间的梯度，让学生"跳一跳，达得到"，使他们体验过程，体验成功，用成功推动探究。同时教师要学会用最精炼的语言，为学生在情景中创设一个认识上的困难情境，使学生产生一种想解决这一困难的要求，从而能认真思考，主动提出要研究的问题。

（2）问题阶段。问题阶段关键要形成有探究价值的问题。教师通过引导学生回顾已

---

① 蔡忠平. 以学生的发展为本全面推进素质教育——上海市中小学第二期课程教材改革综述[J]. 集美大学学报（教育科学版），2002(03)：81—84.

② 尹后庆，等. 上海"二期课改"为学生的终身发展奠基[J]. 基础教育课程，2011(Z1)：17—19.

有的知识,使学生先解答完简单的问题,留下有探究价值的问题,确保探究的明确,有效。除了在情景阶段提到的教师要学会用精炼的语言来引导学生进行主动的、基于情景的提问外,对于已有知识的呈现教师也要舍得放手,最好学生能主动地顺着思维滑梯滑出来,减少教师"满堂灌"现象。

(3)探究阶段。要注意调适好科学探究活动量与科学探究所需时间及课堂教学时间的关系。设计符合学生身心规律的活动单有助于学生更好地探究,有利于激发学生的提问、争论、乐于与他人合作等意识。探究活动前要结合活动单强调并重视对记录方法的及时指导。探究活动中,要及时通过巡视发现学生各小组存在的问题,并及时指导学生结合活动单"科学要诀"一栏解决问题,并提示学生及时记录数据。而探究活动后,要及时引导各小组进行实验数据分析,根据实验结果验证实验假设,并注重引导开展小组交流共同得出最终的实验结论。

科学学科"情景—问题—探究"教学模式,创设了一个宽松、和谐、活泼的课堂氛围,创建与科学探究既"形似"又"神同"的探究教学,有效达到教学相长。尽管当时用了"情景"一词,但是"情景激发问题""情景贯穿始终"等意识及实践,也显示了这是学科一种比较容易关注、可操作性比较强的情境教学初级样态。尤其是在初中科学学科教材活动化特色鲜明的基础上,教学中也开展了一些活动卡的开发和实践应用,在今天看来也是学历案的起步阶段。

如图7-1,在"血液循环"一课教学中,在教材图文基础上,教师开发了配套的可动手操作的阅读任务卡和操作卡,配合开展循环递进的教学活动,即学生进行阅读——操作、再阅读——思考答题、再阅读——再操作等循序渐进的学习环节,开展"动中学"的引导探究教学。实际教学时,在创设情境阶段,通过播放人体血液循环的最初发现过程的视频,把抽象的血液循环概念转化为形象的生命现象。在学生的想象、猜测及谜底揭晓中,学生的兴趣被充分调动,愿意更积极主动去探究血液循环途径、物质和气体的运输过程。在探究阶段,学生进行源于教材内容的阅读活动以及基于阅读的动手操作活动。为了突出"血液循环的途径"和"血液中气体的传递过程"这两个教学重点,教师把教材中综合笼统的图文的内容设计成"认识人体的血液循环的途径"和"认识人体血液循环的作用"两个循序递进的教学环节。学生小组在教师的适当引导下,利用活动卡、操作卡开展阅读图文资料阅读后的动脑思考和动手操作,先后完成"观察人体的血液循环途径"和"观察血液循环中物质和气体的变化和传递过程"两个活动。期间学生分别在两个操作卡中用铅笔绘制出血液流动的途径,再在操作卡上血液循环途径中用红色记号笔涂描出含氧量高的血液,用蓝色记号笔涂描出含氧量低的血液。由此知道血液循环的途径和作用,认识到消化器官、循环器官、呼吸器官在物质转化、能量传递中的联系,并初步体验到血液循环的意义。为了突破"用顺序观察法了解血液循环的途径"这一难点，教师设计开发了"体循环"和"肺循环"既可分离、又可整合的血液循环纸质学具，并开展学生小组"体循环"途径的自主探究。评价阶段，完成血液循环的文字表达式，再次播放视频，请学生利用血液循环知识给录像进行配音讲解。

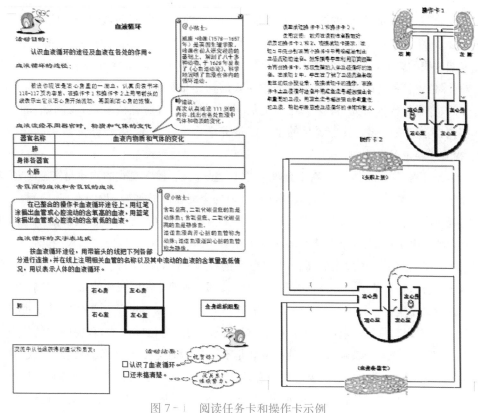

图 7-1　阅读任务卡和操作卡示例

二、绿色评价指标：情境教学的深化

1. "情境—问题"教学模式的诞生背景

为贯彻落实国家和上海教育改革精神，进一步提升义务教育教学质量，上海于 2011 年开始推行绿色评价理念，并实施《上海市中小学学业质量绿色指标（试行）》。绿色评价理念的核心是"立足过程，促进发展"，这样的评价导向，必然要求课堂教学模式转变，以适应上海市基础教育内涵发展和减负增效的需要。后续两次对于我校开展的绿色指标检测得出我校学生当时学习负担较重、高阶思维能力处于中位,学习中学生思维能力的收获要少于知识接受,教师在传授知识中,对思维能力的点拨还处于相对弱势状态。课堂教学的模式主要以教师的提问为主,即教师设置问题向学生提问,以此来完成教学目标。这种模式较为传统也比较好实施,对学生的思维能力有一定的锻炼,但是不能够充分地提升学生的高阶思维能力。

结合"绿色评价理念"的核心内容、"绿色指标"数据显示的问题,以及中国学生能力的培养要求,学校经过分析,确立了通过开展"情境—问题"教学模式的探索,以此来培养学生问题解决的能力,并锻炼学生的高阶思维。2014年申报上海市教育科学研究项目——"体现绿色评价理念的'情境—问题'教学模式的构建与实施"并得到课题立项。推进"情境—问题"教学模式研究,旨在引导学生从问题意识入手,通过情境,引发问题,通过合作探究自主解决问题。其主要目的是为了培养学生主动质疑、合作学习解决问题的能力,提升学生的高阶思维能力。

学校开展了关于"体现绿色评价理念的'情境—问题'教学模式的构建与实施研究"教师和学生问卷调查。通过对全体在岗在编教师的全覆盖问卷调查,我们发现:(1)教师自己主观认为对教学模式、教学策略和教学方法能清晰辨析,但一些问卷数据结果显示,事实上教师对教学模式、教学策略和教学方法并不十分确定。(2)老师对"情境"和"情景"的概念区分能力并不如预想中的高。(3)各学科的教师都认同在学科教学中采用"情境—问题"教学模式,其中英语、生命科学、科学、政治、历史、地理等学科获得的认同度比较高,提示可以尝试在这些学科中首先开展实践研究。(4)大部分的教师认为学生能够发现一定的问题,但发现有价值问题的比例却很低,提出问题的能力比较一般,解决问题的能力稍强。(5)不同年龄段的教师偏向使用的方式是不同的。无人选择"老师直接提出问题并讲解问题"选项,可以看出实施新课程对教师理念的提升产生了积极影响。教龄在3年以下的青年教师偏向于"老师直接提出问题,组织学生讨论、解决问题",且教学方式比较单一;教龄在3—5年的教师会更多地尝试多种方法;更高教龄的教师,会更加倾向于激发学生的学习自主性,在教师的指导下发现问题并有目的地解决问题。(6)大部分教师对于绿色评价是比较了解的,愿意在课堂的方方面面应用绿色评价。(7)对于绿色评价在"情境—问题"教学模式中的应用,教师更注重在"反馈""引入""新授"这些环节予以落实。学生问卷结果显示:(1)学生的压力来源不唯一,其中作业是他们主要的学习压力来源。(2)大部分学生认为自己能够发现问题,但在真实的课堂中却很少有学生愿意主动提问。其主要原因是有些问题表达不出来,没有时间、没有留意身边的细节,思维被束缚、没有深入思考以及不善于发现问题等。(3)大部分同学通过查阅资料自己解决或者与同学讨论解决问题。(4)学生感觉教师最常采用的教学方式是直接提问,组织学生讨论,虽然有一些老师会引导学生提问，但解决问题还是以老师组织为主，完全将课堂交给学生的老师数量比较少。(5)学生更喜欢自己发现问题，由老师组织或者自己来解决问题。以上师生调研所获得的部分结果，为学校开展体现绿色评价理念的"情境—问题"教学模式研究提供了实际需求和现实意义的支持，同时也为这项研究找到了一些突破口。

2. 该模式的核心要义与学科应用

体现绿色评价理念的"情境—问题"教学模式是建立在教育学、心理学的基础上，在绿色理念"立足教学过程，促进学生高阶思维的发展"的指导下，以学科基本知识和教学基本思想为目标，形成的相对稳定的、循环的、开放的课堂教学模式。具体是指学生在教师的引导下，从熟悉或感兴趣的学科情境中，通过主动探究后提出问题，采用多种途径解决问题，最终获取学科知识、技能技巧和思想方法的学习活动，其最终目的是培养学生的高阶思维能力。通过探究，学校确定的体现绿色评价理念的"情境—问题"基本教学模如下：

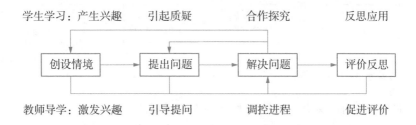

图中创设情境是基础，该情境的创设除了引起学生的学习兴趣之外，更主要是要引起学生的质疑，从而为提出问题打下基础。提出问题是核心，学生高阶思维的发展就在一次次的提问中得到发展，是什么？为什么？怎么办？一系列的问题引导学生去探索。解决问题是目标，通过学生的自主学习，同伴之间的合作学习来自我解疑释疑。评价反思是归宿，多元的评价方式使每一个学生都能在课堂中获得成就感，学习成绩不再是衡量学生的唯一标准，每个学生都能得到思维上的发展。以上四个环节密切联系，相互依存，相互制约。同时，根据不同学科性质以及不同课型，这一基本模式还可能形成不同的循环圈。比如在一个大的基础情境下，学生反复提问并解决；或者在不同情境中，学生分别提出不同的问题并解决。但不论采取何种循环路径，该模式实施的目的都是为了提升学生的高阶思维能力，培养学生主动质疑、合作学习、解决问题的能力。

学校在研究中，也进一步关注到体现绿色评价理念的"情境—问题"教学模式的文理差异。该模式一般实施策略，首先充分关注人文类学科与自然科学类学科的差异性，这是模式实施的前提。人文学科所追求的并不是经验的实证性，而是对于人类历史、文化、行为等的认识、理解和反思。研究的目的主要并不是解决对事实的认识问题，而主要是对意义的理解或解释,其目标是对人的生存根据及其状况的追寻和解释,最终一方面为人们构建一个意义世界而安顿心灵,另一方面则指导建立起合理的,特别是合乎人性的社会秩序以安排人们的生活。对人文学科的学习者来说,首先面临的是人文精神和人文知识感受与传承的问题;其次是个性化的情感体验的问题。人文学科的学习实际上可以说是心灵间的对话——与古人、与他人乃至与自我的对话,这种对话借助于文本、记忆、想象等可以超越时间和空间的限制,延伸学习者的精神世界,并激发出思想、价值、情感、境界等方面的巨大的创造力,形成新的价值理念和思想观点。因此,在体现绿色评价理念的"情境—问题"教学模式中,人文学科的学习应当着眼于情感的感受和体验。因此,在基本模式的基础上,根据文科特色设计了如下的教学模式:

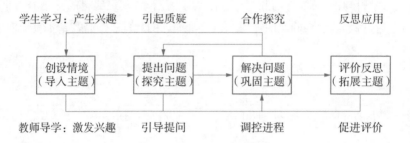

自然科学类学科的特点在于系统性、质疑性和应用性。系统性指自然科学学科的内容不是孤立的,而是一个整体,彼此间是相互联结、可以沟通的,一个问题的提出、解决,所牵涉到的问题,可能有许多个环节,问题的解决所经历的思维过程,往往是几个过程、阶段或几个方面。质疑性指自然科学学科中,为了解决某一问题的思维所经历的步骤一般分为发现问题、认识问题、提出问题、解决问题、得到结论。在学习过程中,要引导学生对已有知识、结论、方法进行反思,让学生自己通过观察、分析、归纳、类比、联想等思维方式,主动去发现问题、提出问题并解决问题,这是质疑性的典型表现。应用性指自然科学学科研究的问题不仅仅是单一的,它往往可以打破原有问题的界限,经过学习者的思维,在其他范畴内用以解决新的问题。因此,在体现绿色评价理念的"情境—问题"教学模式中,自然科学学科的学习应着眼于探究知识本源,激发思辨,以及鼓励应用,由此设计的理科的教学模式:

体现绿色评价理念的"情境—问题"基本教学模式在学校的推广实现了学科全覆盖,各个学科结合自己的学科特色进行了应用。语文学科在设置情境上根据不同的文体特色,找寻设置情境的方法比如记叙文利用语言巧设情境;说明文利用图画再现事物,创设情境;议论文利用故事资料等创设情境;文言文让学生充当角色设置情境。在引导学生提问时也找到了方法,如启发式提问、逆问式提问、比较式提问、变换式提问。数学学科在情

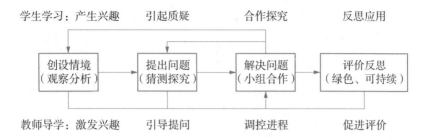

境设置时创设实验操作情境、实际问题情境、问题讨论情境、温故知新情境等,在引导学生提问时运用抛砖引玉法、以问引问法、两项类比法等。英语学科强调情境的设置要有时效性、真实性和实用性,借助图片创设情境,使问题简单化;立足现实生活,使问题真实化;用真实的场景或物体,使问题实效化;创设故事情境,使问题生动化;借助媒体资源,使问题直观化;安排表演情境,使问题鲜活化。在引导学生提问时,首先考虑学生的心理,鼓励学生主动提问,然后通过教师辅助解答疑问,组织小组合作进行探究,实施评价提高课堂效率,环环相扣,紧密结合,取得了良好的效果。物理学科打破原有的课程设置,根据专题进行该模式的探究,将知识与能力相结合,知识与实践相结合。化学学科抓住情境设置的特点:情境紧贴教学内容、情境追溯化学发展史、情境引出有效问题,利用联想类比法,创设丰富情境;利用逆向思维法,创设科学情境;利用多媒体,创设生动情境;利用调查与研究,创设实践情境;利用化学实验,创设真实情境,在"情境—问题"教学中鼓励学生自主提出问题并通过各种方法自主解决问题,求得真知。我们还结合学校实际借鉴推进了一些创新活动,如图7-2借鉴云谷学校三分钟计时案例策略,开展了"情境—问题"教学模式应用三分钟讲演计时案例开发,以提升教师的实践反思、教研交流能力。

体现绿色评价理念的"情境—问题"基本教学模式同时也在学校拓展型课程中得以推广应用。例如,"校园可持续发展行动"校本拓展型课程,就是以"解决校园实际问题为中心、行动为基础可持续发展"为原则这一教学理念基础上开发设计的。该课程整体教学策略为以"情境—问题—活动—经验"为主线开展教学,为学生搭建了从发现问题到解决问题的平台,引导学生开展自主探究与合作学习,切实培养创新精神,提高实践能力。该课程实施过程中,逐渐形成了一种比较适切的教学方式的共识,即尝试采用"梅陇村情境模拟—问题挖掘—村长知识讲座—村民活动研讨"的情境模拟教学方式开展教学,将小教室"迁"入到"梅陇村"社会主义新农村,教师扮演村长角色,引导村民(学生)关注发展问题,并采用讲座形式宣讲概念和知识点,然后以组织研讨会或者招标会等模拟情景组织活动,充分引导学生在自主、合作活动中体验,建构认知、发展技能和方法、丰富情感体验。该课程还不断探索了如何在情境模拟中,更好地开展交流和评价以让学生学习更入境,并通过

面向真实情境　提升核心素养

PPT	三分钟计时讲演稿
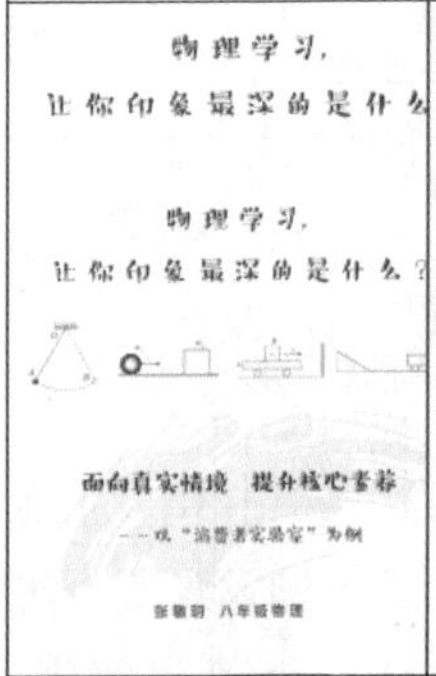	大家好，我是张敏玥。 物理学习，让你印象最深的是什么？ 2年前，我和导师邀请双一流大学的大一与大二非物理系的学生，回答了这样一个问题。 答案最多的是，滚来滚去的小球，万年不变的小车。 好可惜，走出中学的大门，物理不是有趣的、好玩的、有用的。 在我们看来，真实情境教学是可以涵养学科智慧的，可以提升同学们核心素养水平的。 基于这样的认识，我给同学们设计了消费者实验室。
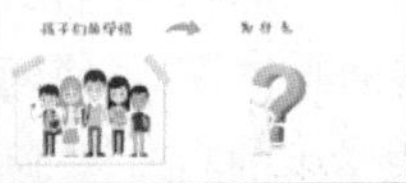	首先，我会介绍学情，也就是我为什么这么设计消费者实验室。然后，介绍我的案例内容。
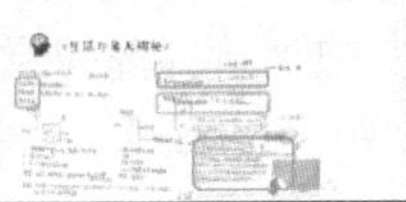	除了学校练习情况，我通过两个小活动，加深了对学生素养水平的了解。 第一个是生活万象大揭秘，要求学生选取生活中一个感兴趣的问题，写一份研究计划。
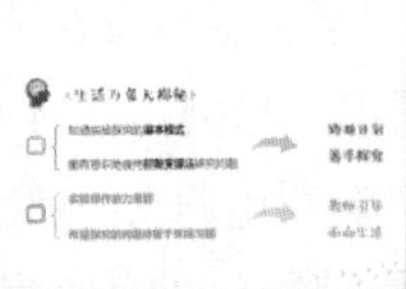	通过这个活动，我发现学生已经知道了实验探究的基本模式，能有意识的使用控制变量法研究问题。 因此，他们有能力跨越计划这一层面，进行实验探究。 同时，我发现同学们实验能力比较薄弱，普遍不清楚怎么检验实验效果。不仅如此，同学们的问题往往停留于常规习题。
	因此需要我搭建脚手架，引导学生面向生活，解决真实情境中有趣的问题。
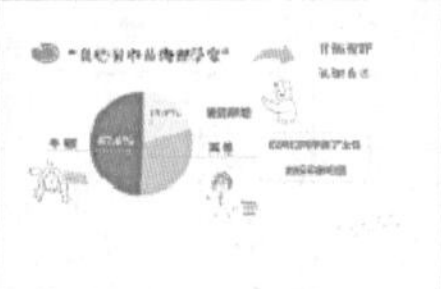	第二个小活动是画一画我心目中的物理学家。占比最多的是牛顿、爱因斯坦。 只有两位同学画了女性。此外，部分同学对物理学家刻板印象明显。绘画不仅反映了孩子们心中的物理学家形象，更反映了孩子们的自我效能感，我，有多大可能性学好物理。
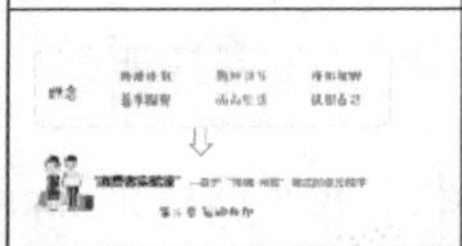	因此，我希望能通过真实情境教学，帮助同学们开拓视野，认识自己的潜能。 在上述理念下，我设计了名为“消费者实验室”的单元任务，贯穿教学始终。
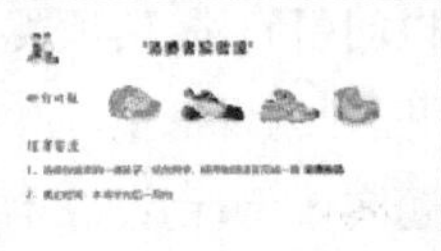	我试图带领同学们将眼光投射到身边、脚下。引导他们选择一种他最感兴趣的运动鞋，例如，钉鞋、攀岩鞋等。 结合课堂所学，完成一篇调查报告，并在本章学完后一周内提交。
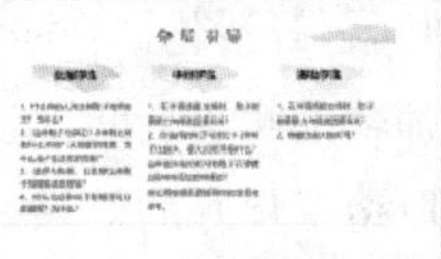	由于同学们物理水平差异很大，因此，我进行了任务分层。 水平较高的同学完成开放性最大，要求最高，脚手架最少的任务。基础学生的任务简洁明确，贴合教材，又直面生活。
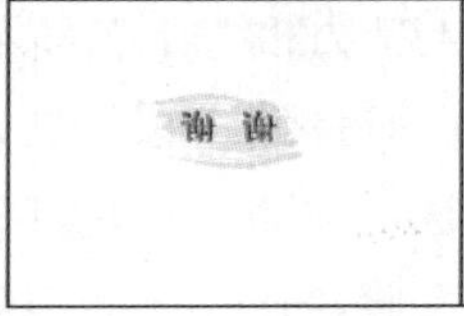	以上是我的教学案例，恳请大家批评指正。

图 7－2　三分钟演讲示例

创设“开设不同活动任务学习去达成同一教学目标”的合作学习来实现这一目标。如图7－3，在执教生态旅游一课中，教师创设了“梅陇村”生态旅游建设情境，设计并相继推进了活动一“梅陇村生态旅游建设项目设计”、活动二“梅陇村生态旅游建设项目招标会”以及活动三“梅陇村生态旅游方法指南发布会”。为了让教学活动更真实，开展活动一时，教师将学生分为三个大组(每个大组包含两个小组)，分别完成三个相互关联的不同任务，即对于“梅陇村”进行生态旅游开发设计、设计开发“梅陇村”生态旅游项目评价表以及设计“梅陇村”生态旅游方法指南，并为不同任务设计了相应的学习单。这样，同一个时间，每组分别开展相应的活动，学生都需要先了解生态旅游的特点，再进行相关设计，也就是都是指向同一个学习目标。随后，在开展活动二时，先由“梅陇村”生态旅游开发设计两个小组介绍方案，再由“梅陇村”生态旅游项目评价表设计小组，结合评价表对两个小组进行评审点评，“梅陇村”生态旅游方法指南设计小组则在这一过程中作为“村民”旁听，不断汲取交流中的经验完善自己的设计。最后，开展活动三，由“梅陇村”生态旅游方法指南设计小组发布完善生态旅游方法指南，而其他两个大组的学生就作为"游客"来听取。整节课，学生经历的三个活动，都是基于真实情境的模拟活动，持续强化了对生态旅游的认识，不断加深对可持续发展的理解。

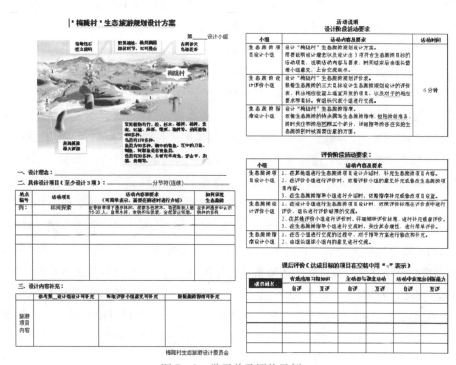

图 7-3　学习单及评价示例

三、 2022 版义务教育课程方案：情境教学的新航

1. 素养导向赋予情境教学的全新使命

基础教育新课程教学改革强调要以培养学生核心素养为出发点和落脚点，以培育学生生存和发展的关键能力与必备品格为终极目标。《义务教育课程方案（2022 年版）》中明确指出要培养学生发现问题、提出问题、分析问题、解决问题的能力，并多次提到"情境"关键词，倡导加强情境创设。教育部义务教育课程修订指导组成员杨向东教授指出"新课标要求我们改变过去直接在课堂上讲解和操练知识点的做法，强调在真实情境下创设任务，让学生在解决真实任务的过程中，获得对事物的认识、形成和发展概念，以培养学生的

核心素养。'核心素养'体现为在新的动态情境中迁移和使用知识与技能解决复杂问题的能力,这种能力的发展由经验驱动,受情境影响"。因此,要想达到新课标的要求、落实核心素养,教师在制定教学设计时必须依托真实生活中的各种复杂的、典型的情境来创设恰当的情境,让学生在复杂程度不同的典型情境中实现情境性知识到原理知识的生成和运用,在分析问题、解决问题的过程中提高自身的核心素养。

2. 新方案引领下的机遇剖析与挑战跟进

新一轮课程改革的理念和要求,让学校既看到了十年坚持"情境—问题"教学模式的价值意义,也意识到必须重新审视思考如何进一步开展"情境—问题"教学模式的新探索。在"体现绿色评价理念的'情境—问题'教学模式实践研究"课题研究的引领下,十年来我们不断加深对"情境—问题"教学模式的新探索的理解。我们把"情境—问题"教学模式定为教学改革总的方法论。它遵循人类认知世界的路径,揭示了人类学习求知的本源,并经过科学理论探索与实践验证,旨在主导认知规律守正,促成真实学习发生,形成深度学习过程。我们也强调依托"情境—问题"教学模式建立起"学为中心"教学内核。"教学合一",即在真实"情境"中激发学生主动探求问题、解决问题,主动进行有意义的建构学习,形成学生主体与教师主导的应有地位。同时我们也看到"情境—问题"教改方法具有普适性、科学性与局限性。普适性在于教学活动程序体现了"人类获取信息的过程是感知、注意、记忆、理解、问题解决的信息交换过程",科学性在于具有认知发展的基本规律,而局限性在于体现认知发展的特殊规律。2023 年学校被评为上海市提升中小学(幼儿园)课程领导力行动研究项目(第四轮)种子校,在申报自选项目时,我们对标 2022 版课程方案以及学科课程标准等,反思"体现绿色评价理念的'情境—问题'教学模式实践研究"课题研究成果,进一步意识到此前的研究并未将情境与核心素养建立联系,未找到从情境创设到核心素养落实的路径。为什么创设情境,如何创设情境,创设什么情境,都是值得我们细化的问题。结合学校单元教学研究基础,我们希望能在持续性、滚动式研究的基础上进一步深化对教学情境的研究,由此学校申报立项了"素养本位的单元情境的设置与实施研究"项目。我们认为新课程标准的基本理念对教学方式与学习方式的转变有着指引作用,新课标倡导把学科逻辑与实践逻辑、理论知识跟生活关切结合起来,而创设单元情境正是恰到好处的"桥梁"。希望通过研究形成具有一定推广价值的具有方法论意义的单元情境设置的实施策略和路径,结合新课标的背景,进行新的内涵和外延界定,进行模式的再总结深化和提炼,从理论到实践,再从实践到理论,通过"特殊"到"一般"的概括提炼,形成素养本位的单元情境总的方法论,希望与时俱进地丰富义务教育阶段单元情境教学理论。

随着学习研究的不断深入,在专业指导引领下,我们进一步加深了对新课程实践中推进情境教学的理解和认识，由此确立并逐渐聚焦到指向素养的情境教学的探索，开启了本书前几章所展示的理论和实践相结合的研究实践。同时通过跨学科主题学习、项目化学习的实践探索来探寻并加深对大情境、真实情境创设的理解。例如，学校数学组老师在九年级"制作校园立体模型"学科项目化学习设计中，聚焦"校园"开展，旨在引领学生创设数学与校园生活的联系。学生作为立体模型的制作者，在对校园的方方面面都非常了解的基础上，动手测量，收集并整理数据，按照一定比例微缩绘制校园内的建筑、植物、景观等物体平面展开图，制作立体模型并展示讲解；学生自主选择某一参照物进行定位，运用地图三要素（比例尺、图例、指向标），结合平面直角坐标系和美术知识绘制校园平面地图。在此过程中，发展学生数学抽象、几何直观、空间观念和数据处理等关键能力；培养合作交流、实践应用、协调管理等共通性素养；形成尊重他人、热爱集体、勇于创新的良好品质；同时进一步加深学生对学校的认识，激发学生对学校的归属感和集体荣誉感。该项目学习设计案例获得了区一等奖。又如学校历史组老师在七年级"辽宋夏金元时期：民族关系发展和社会变化"这一单元设计学历案时，进行了学情分析：学生已经有了学习经济史与社会文化史的基础，初步具备了从典籍、图像等材料中获取历史信息的能力，能够依据简短的史料进行文本解读与历史解释，但是涉及需要观察与分析的经济数据，以及从文学与绘画作品等资料中提取历史信息，并在分析与归纳的基础上形成历史解释，这个对于抽象思维未完全形成的七年级学生有一定的难度。基于这样的学情，教师设置了"宋元历史与现代生活"的大单元情境，在这个情境中学生需要联系日常生活，了解宋元时期的经济、都市生活等历史史实。在大情境下，每个课时设置相配合的小情境，如探究衣食住行方面宋朝对现代生活的影响；小情境下设置若干探究问题及相应的评价标准，探索指向素养的情境教学。再如，学校科学教师积极将大单元、大情境、大任务的理念延续到单元作业中，以七年级"健康的身体"主题单元为例，开展了初中科学单元作业系统的构建实践。构建的单元作业系统包括单元内容学习意向调查、单元分课时练习、单元知识互联网、单元综合测试、与科学家同行、单元作业评价等六要素。其中，在单元分课时练习设计中创编设计了"科学小博士""科学情报局""爱因斯坦工作室""健康天使会所"等多元智能作业题，有机嵌入真实情境；另外，在"与科学家同行"部分（如图 7-4），则是围绕单元的核心能力、重要技能或者思维等，通过营造生活化情境，设计"小龙减肥记"探究实践作业，将科学知识、技能、能力以及态度、价值观等整体融入其中，贯穿于整个探究过程，这样单元情境的迁移应用得以进一步强化，有利于激发学生探究的兴趣，进一步提升学生分析和解决问题的能力。

《小龙减肥记》

在我国，青少年的肥胖正在成为一个越来越严重的问题，其中最突出的表现在惊人的增长速度上。官方组织的体质监测结果显示，中国青少年的肥胖率现在平均每5年就增长一倍，中国青少年肥胖的总量和比例虽然没有达到发达国家水平，但是增长速度却远远高于后者，并且随着经济的发展和富裕人群的增加，这个速度还有可能继续加快。控制体重和减肥已成为人们的热门话题。

小龙是一名六年级中学生，也面临着肥胖的困扰。他身高160厘米，体重有80千克，给日常生活、学习等带来许多不便，于是小龙下决心开始减肥。可是有一天小龙进了医院，以下是他与医生的一段对话：

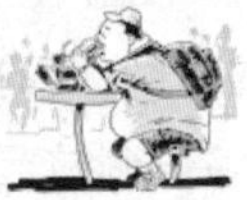

小龙：医生，我肚子很疼。

医生：肚子疼。你中午吃什么了？

小龙：就吃了几个桔子

医生：空腹吃桔子？你没有吃午饭？

小龙：是的。我太胖了，所以最近我在节食减肥。米饭吃了会发胖，所以饿了我就吃水果，而且水果营养价值也很好。

医生：你这个想法不对。减肥是要控制饮食，但是不能饭也不吃，就吃水果。空腹时吃桔子，会刺激胃粘膜，导致胃酸增加。你现在是不是觉得胃泛酸啊？

小龙：是的。

医生：现在我给你开点药治肚子疼。不过以后一定要按时吃饭，不要盲目节食减肥。减肥也要注意营养均衡，你还可以多运动。

……

1、科学探究活动课上，小龙把以上的遭遇告诉了你，并痛斥“胃酸”的不是。你在本单元中学习了解了消化系统的内容，请你和六年级的小龙一起做个胃酸作用的探究实验，为胃酸解除“罪名”。（40分）

（1）实验室老师知道你们想做这个实验，为你们准备了以下实验器材：

蛋白质溶液、含有胃蛋白酶的溶液、蒸馏水、10%的氢氧化钠溶液、烧杯、试管、试管夹、滴管、量筒、酒精灯、火柴、恒温箱、标签纸

仔细检查以上的实验器材，你发觉老师漏拿了两种试剂，请你在以下空格中列出它们的名称及实验中的用途，并请老师补上。（8分）

试剂①：答案：3%的盐酸。　作用：胃酸主要成分是盐酸，模拟胃酸。

试剂②：答案：3%的硫酸铜。　作用：检验蛋白质所需要的试剂之一。

（2）请你在以下的横线上写出你设计的“探究胃酸的作用”的实验方案，并在下面的方框内画出相应的实验装置图。（12分）

（评价提示：能设计控制变量的对照实验）

（3）根据你的实验方案进行实验探究，并在以下的方框中用最合适的方法呈现记录的实验现象：（8分）（评价提示：能用表格式等合适的形式记录实验结果）

（4）根据实验现象得到什么结论（6分）：

（答案参考：胃酸是分解蛋白质的条件）

（5）根据所得的实验结论，你将怎样向小龙解释，为“胃酸”解除“罪名”呢？请你在以下横线上写出你的解释。（6分）

（评价参考：结合实验结论进行合理的解释）

2、你为“胃酸”解除了罪名，小龙觉得你就是个科学小博士。他向你透露了个秘密：“别人都说运动有益健康，可以减肥，可是我到网上一查，看到几则学生参加跑步突然心脏猝死的新闻，我就很害怕，所以不敢进行运动减肥。你说运动到底是有益于健康，还是有害于健康？”请你查找资料，写一篇关于“运动与健康”的小论文，鼓励小龙通过合适的运动来减肥。（60分）

（评价要求：能够比较全面地阐述运动与健康的关系，并能够引用一些事例来阐述论点）

图7-4　科学探究任务单示例

第二节　指向素养的情境教学的问题剖析及解决策略

一、系统化落地的问题剖析及解决策略

1. 问题剖析

回首情境教学校本实践发展的历程，从二期课改学科特点激发的教师点状的探索到重点项目引领的全学科推进体现绿色评价理念的“情境—问题”教学模式构建与应用的面上推进，从重点关注高阶思维提升到关注核心素养全面发展，最终开展了“指向素养的情境创设与教—学—评一致体系”的构建和实施，这是学校课堂转型逐渐厘清并聚焦立足素养为本、强调学为中心开展情境教学的过程。在不断完善并推进指向素养的情境教学中，学校遴选的各学科骨干教师们做了很多的探索，努力开展从单课情境到单元情境的思考，从大情境、大单元、大任务、大问题的角度思考“情境创设”，理解“情境准备”“情境建构”以及“情境应用”，理解真实情境的特点，开展了一系列指向素养的情境教学设计、作业设计，并在教学中加以积极实施与改进，归纳梳理撰写形成了一些典型的案例。但是我们在实

践以及对实践的反思中,普遍也意识到,老师们目前的思考和实践还是相对比较局限,侧重开展的都是老师们认为情境比较鲜明、比较容易创设真实情境的教材中的小单元、微单元或者大任务、大概念、大问题比较突显的专题类单元;同时对于一些真实情境的识别或者真实情境创设的适切性、科学性还是没有很好地把握;此外,虽然目前案例中,老师们在同伴和专家指导下,对于"情境创设"过程中的"情境准备""情境建构"以及"情境应用"的理解逐渐明晰,但是到了新的单元实践中个人对此的理解把握又会举棋不定。由此,在《义务教育课程方案(2022年版)》基础上,当2024学年起义务教育阶段各学科新教材逐步推行后,学校需要进一步加强系统化设计与实施,在编制和实施学校课程实施方案,把国家课程方案以及课程标准这一"育人蓝图"有效转化成学校"育人施工图"基础上,还需要教研组、备课组以及教师开展学期学科课程纲要编制与实施,推进指向素养的单元教学,以进一步深化指向素养的情境教学实践研究。

　　2. 解决策略

　　细致分析"素养导向的情境创设与教—学—评一致体系"框架图(图7-5),不难发现要系统有效实现指向素养的情境创设,无论是按照学期或者模块编制学期课程纲要,还是设计和实施单元或者课时学历案,开展教—学—评一致性评价等,都需要教师具备良好的关键能力,特别是课程领导力、单元教学能力和情境创设能力等。这些能力的提升,不仅有助于教师更好地引导学生学习,还能有效推动指向素养的情境教学系统化落地。课程领导力是教师整体把握教学方向、制定教学策略的关键。一个具有强大课程领导力的教师,能够根据学生的实际情况和学科特点,制定出符合学生发展需求的课程体系。这不仅有利于培养学生的综合素养,还能为情境教学的系统化落地提供有力保障。单元教学能力是教师将知识系统化、结构化的重要能力。通过单元教学,教师能够帮助学生建立知识之间的联系,形成完整的知识体系。在情境教学中,这种能力有助于教师将真实情境与学科知识相结合,使学生在解决实际问题的过程中,深入理解并掌握知识。情境创设能力是实施情境教学的关键。一个善于创设情境的教师,能够根据学生的兴趣和需求,设计出富有挑战性和趣味性的教学情境。这样的情境能够激发学生的学习兴趣,提高他们的学习动力,使他们在轻松愉快的氛围中,实现知识的内化和素养的提升。

　　借鉴华东师范大学课程与教学研究所研制的国家课程改革政策落实图谱以及"如何编制学校课程实施方案""如何编制学期学科课程纲要""如何编制单元/课时学历案""如何用大单元实现育人"等国家课程如何校本化实施支架等系列研究成果,学校近年来努力以市领导力课程、区推广课题、城乡合作互助项目等各级项目、课题研究为引领,教研训一体抓实"国家课程方案—市课程实施办法—学校课程实施方案—学期课程纲要—课堂教学改革"校本研训,聚焦课程突破核心问题,重构课程校本体系,基于大单元、大观念教学

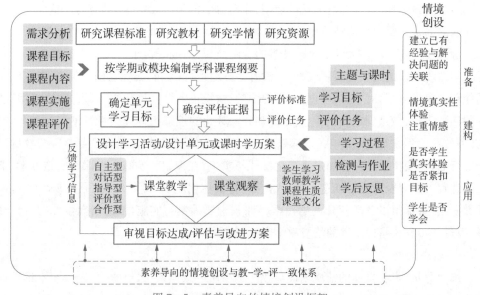

图 7-5　素养导向的情境创设框架

视域,深化情境教学、单元教学、单元作业、单元学历案、"教—学—评"一致性等研究,促进教师关键能力提升,不断强化系统化思维,夯实指向素养的情境教学落地。这一探索实践过程中,学校也收获了一些阶段性的成果和成效。比如,在市区组织的单元作业设计案例评选中,相继有学校自行组织的数学学科团队、学校教师领衔的科学学科团队以及学校英语、道法教师参与区团队获得市单元作业设计一等奖等。学校还推进了一些创新活动,例如借鉴云谷学校三分钟计时案例策略,开展了"情境—问题"教学模式应用三分钟讲演计时案例开发,以提升教师的实践反思、教研交流能力。学校还开发应用适合学校课堂教学改革的听评课记录表(如图 7-6)以提升教师的课堂观察及诊断能力。学校持续推进教师关键能力提升行动,虽然有些过程还比较草根,但是适应当时当下所需,即时开展针对性的校本研修,始终引领教师发展关键能力,并在后续专业引领中持续改进,从 0 到 1.0版,从 1.0 到 2.0 版,从单课到单元,从独立到系统,学校坚持夯实基础,以持续促成指向素养的情境教学系统化落地。

二、 普遍性推广的问题剖析与解决策略

1. 问题剖析

反思情境教学以及单元教学校本实践发展的历程,可以想象指向素养的情境教学要

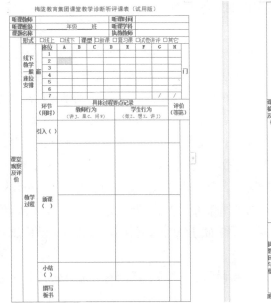

图 7-6 听评课记录表示例

从点状的试点突破到面上的普遍推广是一场持久战。2022 年版义务教育课程方案和课程标准将核心素养落实在我国义务教育课程中，让核心素养培育从一种教育理念转化为国家的课程政策文本，通过义务教育课程体系的综合作用，实现学生的全面发展[1]。新课程方案和课程标准，把核心素养的目标要求深化细化落实到每一门课程的内容结构、教学方法、学习方式、评价考试方式中去，是当前培育学生核心素养、提升义务教育质量的最佳工具、最好抓手[2]。可见，每门课程都可以承载学生发展核心素养的培养，并且每门课程都有其可以重点承载的学生发展核心素养要点。关注学生核心素养发展的所有课程内容改革问题，包括突出与学生经验及社会实践的联系、强调课程内容的结构化和综合化、重视学科实践等，都要通过有助于落实核心素养培养的教学过程来实施，所以课堂是培养核心素养的主阵地，教师是培养核心素养的实践者。让素养落地不只是作为口号，让每一位教师无论是备课、上课还是评价都目中有人，把素养真正落实到每一节课的每一个活动上去，落实到学生发展上去，学校需要建立良好的校本研修机制，引领每一位教师克服畏难情绪，迎难而上，从而在现实基础上学习把握住新课程标准的基本精神，把新课标的理想

---

① 杨兰，周增为. 义务教育阶段学生核心素养培育及教师应对[J]. 基础教育课程，2022(19)：4—11.

② 褚宏启. 以核心素养为导向持续提升义务教育质量[EB/OL]. https://mp.weixin.qq.com/s/AFgI_UZem4gGJcABLqRtJw.

主义要求与实际工作对接起来,在实践中不断一步步向前行动。

2. 解决策略

学校一贯确立"一体两翼"教师专业发展模式为落实"提升教师,奠基学生"发展主要战略的有力保障,以教学为主体,科研、师训为两翼,借助校本研修路径,由师训办牵头组织,政教处、教务处、科研室共同设计校本研修课程,将科研室负责推进的学校科研课题项目研究、教务处组织开展的有效教学研究和政教处推进的德育工作创新等有机整合,全面促进教师专业发展。除日常岗位实践与学习,学校专设见习教师、青年教师、骨干教师、跨学科团队等学习共同体,配套专家评价点拨团队、学科专业指导团队、德育指导实践团队,推进专项研修。在专业力量引领下,教学管理条线、学科组主动与市区学科教研员加强联系、德育管理条线、年级组主动与区德育处加强联系,积极融合工作立项目、建团队、重实效,以团队研修为载体,引领教师自觉参与、承担教育教学改革重任,过程中不断构建一些适切有用的校本研修机制模式等。

早在 2009 年,学校申报立项了区级重点课题——"基于课例的教师有效教学行为研究",希望在二期课改实施过程中,引领教师关注学习教师教学行为理论基础上,反思自身的教学行为,并引导教师立足课堂教学实践开展教学行为改进研究,通过研究课例、开展课例研究、撰写课例等过程,进一步改进和优化教学行为,提升教学有效性,促进自身专业发展。课题组成员从理论研究开始,辐射并带动各学科教师学习教学行为理论,反思教学行为,立足教学实践,通过课例研究及撰写课例等进一步改进、优化教学行为。各学科以各级各类比赛课、研讨课、展示课、示范课等为契机,组成学科共同体,在理论学习的引导下,历经了"基于课例的教学行为反思→基于课例的教学行为改进→基于课例的教学行为优化"三个研究阶段,整个研究过程形成了全员、整合、支撑、评价、反馈等特点,并收获了研究成果,包括在编制并实施较为专业课堂教学有效性的调查基础上,构建并推进了基于课例的教学行为改进路径,改进及优化了教师的一些教学行为。同时过程中,结合研究需要以及实践体验开发并实施了一些针对性的课堂观察表,概括为:(1)多数教师能胜任的是开发和使用比常规听课记录专业一些的观察表,这适合他们的最近发展区。(2)使用专业的观察量表时,要注意:①观察点的分工要合理。每个人承担的观察点过多可能会出现观察不全面、记录不到位,甚至手忙脚乱,无所适从等问题,尤其是重要的观察点。不过,如果几个观察点相对比较容易判断、记录且联系性强,则最好将这几个观察点合并起来进行观察表设计和观察记录。②各观察任务之间的关系要厘清。一个研究主题下可能有多个观察点,如果几个观察点观察任务分工给一个人,建议各观察点相互之间要尽可能匹配;如果各观察点的观察任务分工给不同的人,各人的观察记录一般不强调相互严格匹配。(3)开发观察量表时,要根据指标的特性区分设计。例如,对于上好一节课来说,提问、讲述这样的教学行为更应该关注改进的是设计的问题类型、难度、具体讲述内容精炼性、语言逻辑性等，这些指标应该要重点、细致地观察，而对于一些提问、讲述基本功，则可以通过一节课或者一个环节整体进行评价记录。这些成果也为学校持续推进课堂教学转型、促进教师专业发展，提升教育教学有效性打下了扎实的基础。

新一轮课程改革启动后，学校以"双新背景下的学科育人改革"为主题，持续推进专家引领的系列化主题教研活动。2021年围绕"对标'双减'提品质，先探'双新'促素养"和"探索平台功能，赋能线上教学"、2022年围绕"高质量作业设计与实施"和"聚焦核心素养，驱动提质增效"、2023年围绕"双新视域下基于学业质量标准的评价研究"等开展系列化主题教研活动。首先，通过采取专家引领、名师建项、团队培育的方式，打造教师专业成长优秀团队。学校长期聘请十余名特级教师、校长以及退休教研员等学科顾问支撑学科教研活动，让教师在专业成长上少走弯路，加快教师成长。其次，推进教研组细化研修主题，结合教工大会业务学习、两长会交流研讨、教研备课组主题研讨、研究课、区级教研展示、专题项目研究等，推进系列研修走深走实。

坚持以"合作创新，互助成长"为理念，学校结合前期的探索实践，将结合主题教研，进一步推进应用并不断完善一种有效的融合研修模式——需求驱动的自行车登高研修模式，以更好地实现负责人与研修成员间的紧密型共成长，与时俱进适应新时代义务教育教师素养发展的要求，以高质量推进指向素养情境创设的普遍性推广。

如图7-7所示，自行车登高研修模式具体结构由自行车车身和登高路程两部分组成。①自行车车身说明。该结构的构建主要借鉴了"自行车模型"的构建思想。所谓的"自行车模型"是大多数世界级企业普遍接受的一种标准运营模式[①]，通过类比自行车结构、骑自行车的过程和结果，"自行车模型"可以衡量企业运营水平的领导能力、战略规划、顾客和市场重点、信息及其分析、人力资源、流程管理和运营业绩这七类指标及其关系等。本研修模式的自行车车身结构中，车座、车把和脚踏形成领导力系统，部门或者项目负责人和主修成员（团队成员轮流成为主修学员）形成研修领导力，通过共同研判需求驱动研修，进一步确定研修目标和任务，共同操控车把来把控方向，踩动脚踏来调配进程；后轮是需求源和助动力系统，由研修团队其他成员组成，既是团队持续开展各项研修任务主要需求源泉，也是团队研修品质提升的强大人力资源库；前轮是效应器系统，致力于打造核心素养为本的"双新"课堂，是研修任务的焦点载体；而车架等则是信息链系统，代表着将各系统信息整合、分析和传递。②登高路程说明。整体路程an是一条斜向上延伸的曲折进程，由诸如ab、bc、cd……这些阶段进程构成，它既可以代表团队建立之初的一个发展规划

---

① 姜汝祥."自行车模型"与"运营标杆"[J]. 中国电力企业管理，2003(02)：14—17.

图,即领衔人与团队成员绘制的一个包含专业发展需求和成果成效愿景预设的研修路线图,也可以代表团队从运行开始到运行结束,领衔人和团队成员实际主要开展的研修缩影图。团队研修强调增值成长,因此整体路程 an 和每阶段研修路程都应设计成并运行出向上倾斜的角度,要尽可能避免出现如图中进程 cd、gh 这样方向向下倾斜的情况,尤其是如 gh 这种进程向下倾斜较大,可能会出现的研修目标偏离素养本位、研修活动停滞过久等问题,假如此时不能快速调整方向或者加大力度重启,很可能导致团队研修引领价值失效或者个别学员就此脱离研修等问题。团队研修强调增值成长,因此整体研修路程 an 和每阶段研修活动路程一般都倾向于设计成并运行出能适切达成的向上倾斜的角度。

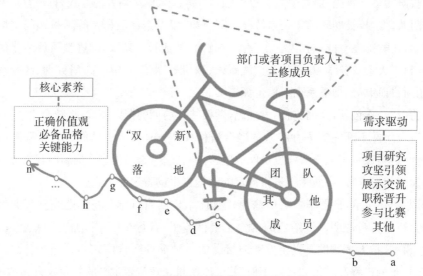

图 7-7　需求驱动的自行车登高研修模式

自行车登高研修模式的应用推进,可以采用"六需"驱动研修、"三全"保障成长、"双新"落地课堂等策略。①"六需"驱动研修。自行车登高研修模式的研修需求可归类为项目研究、攻坚引领、展示交流、职称晋升、参与比赛以及其他,都是团队研修的有力驱动源。具体来说,前三类多为团队整体研修需求,其中项目研究是团队研修重点内容,帮助成员达成认同研修目标基础上,分工明确各自任务;新课程落地中,"双新"落地、技术转型等有很多需要团队攻坚引领的任务;展示交流是项目管理的方式,也是评估检验研修成果成效、完善研修方案等重要途径。第四、五类主要是成员个体专业发展需求,其中职称晋升是成员参与研修的重要专业发展需求,而在各项专业能力评优中收获奖项也是教师收获专业成长、登上市区等平台的重要途径。可见自行车登高研修模式可以把团队整体研修与成员个体专业发展有机结合。②"三全"保障成长。自行车登高研修模式设计了每项研修任务的领导力系统由负责人和研修任务需求成员组成,结合需求分析、统筹规划和阶段调整等确保每一名成员至少能主修一个研修任务,即针对个性化需求,通过紧密型互动、深度式对话、个性化指导,采用"负责人引领式拉 + 主修学员需求式推"方式,来协调操控车把把准研修方向,负责人和成员协作发力踩动脚踏,通过车架信息传递,引领并驱动其他成员参与基于个人需求及项目研究分工任务的研修活动,由此组建起研修共同体,共同驱动前轮滚动,开展核心素养本位的"双新"课堂研修活动。负责人引领下,所有成员通过轮流主修和始终参与研修,实现紧密的全员、全程共成长,以及经历基于各方面需求驱动研修的全面共成长。③"双新"落地课堂。自行车登高研修模式的前轮致力于打造"双新"课堂,发展学生核心素养。学生核心素养包括正确价值观、必备品格和关键能力,每门学科的课程标准中都提炼了相应方面的核心素养发展要求,注重综合性、实践性,突出育人导向,强化实施指导,对教师在核心素养的理解、课程内容的组织、课堂教学的实施等方面提出了新要求。自行车登高研修模式,抓住了课堂教学是教师专业成长的主阵地这一核心,把研修载体最后聚焦或者关联到课堂教学,注重引领教师以新课程标准来指导日常教学,树立用教材、新课标教的观念,以课例研究为载体,把前沿的教育理论转化为教学行为,内化为教学策略和方法,促进专业成长,来探索"研—训—教"一体化。

三、 创新性实践的问题剖析与解决策略

1. 问题剖析

2022 年版义务教育课程方案和各学科课程标准,更加强调素养导向,强调项目式教学、跨学科主体学习、综合实践能力等育人理念。在课堂转型的过程中,我们必须坚守素养本位的理念,将培养学生的核心素养作为教学的根本目标,不仅要关注知识的传授,更要注重培养学生的思维能力、创新能力、批判性思维等核心素养,为学生的终身发展奠定坚实的基础。我们需要坚持以学生为中心现代教育理念的核心,将学生的学习需求和发展作为教学的出发点和落脚点,激发学生的学习兴趣和动力,引导他们主动思考、积极探索、深入实践,这就需要我们在充分认识情境教学的基础上,创新性地去构建以学生为主体的课程、课堂,关注教—学—评一体化,引入新技术、新工具,创新教学方式和方法,实现教学的个性化、差异化,让每个学生都能得到充分的关注和发展。2022 年版义务教育课程方案中,课程比例的规定中明确:劳动、综合实践活动、地方课程、校本课程占课时的比例是"14％—18％"。当 2024 学年起义务教育阶段各学科新教材逐步推行后,学校必须思考并实践高质量落实国家课程校本化实践,同时统整规划实施,利用好这"14％—18％"课时的课程和活动。由此,在进一步指向素养的情境教学的实践研究中,我们需要将思路进

一步拓展,结合学校实际情况、学生发展需求以及资源保障支持,思考如何进一步加强校本综合学习课程的创新探索。

2. 解决策略

2022 年版义务教育课程方案强调加强课程综合,注重关联。要加强课程内容与学生经验、社会生活的联系,强化学科内知识整合,统筹设计综合课程和跨学科主题学习。加强综合课程建设,完善综合课程科目设置,注重培养学生在真实情境中综合运用知识解决问题的能力。开展跨学科主题教学,强化课程协同育人功能。强调变革育人方式,突出实践。要加强课程与生产劳动、社会实践的结合,充分发挥实践的独特育人功能。突出学科思想方法和探究方式的学习,加强知行合一、学思结合,倡导做中学、用中学、创中学。优化综合实践活动实施方式与路径,推进工程与技术实践。积极探索新技术背景下学习环境与方式的变革。教育部办公厅印发的《基础教育课程教学改革深化行动方案》提出了推进数字化赋能教学质量提升。充分利用数字化赋能基础教育,推动数字化在拓展教学时空、共享优质资源、优化课程内容与教学过程、优化学生学习方式、精准开展教学评价等方面广泛应用,促进教学更好地适应知识创新、素养形成发展等新要求,构建数字化背景下的新型教与学模式,助力提高教学效率和质量。

如图 7 - 8,落实 2022 年版义务教育课程方案,学校在市区相关文件指导下,编制了学校课程实施方案,形成了学校课程架构。学校课程包括国家课程、地方课程和校本课程三类,以国家课程为主体,奠定共同基础;以地方课程和校本课程为拓展补充,兼顾差异。在开齐开足国家课程以及地方课程基础上,结合培养目标以及学生之间的差异和个性发展需要,学校建构以班团队活动、生命教育心理健康以及"梅之君品"课程构成的校本课程。学校校本课程与国家课程中劳动、综合实践课程以及国家课程各学科跨学科主题学习、地方课程等统筹统整,原则上保障各门课程用不少于 10％ 的课时设计跨学科主题学习,采用集中安排＋分散安排进行。同时,针对国家课程中每学期开展学科项目化学习的课时不低于 5％(其余约 5％ 课时可开展主题化等综合性教学活动),地方课程和校本课程中的项目化学习课时比例不低于 5％,与跨学科主题学习整合实施。学校打造"项目化学习"品牌,重点落实两类课程即"STEAM"(集科学、技术、工程、艺术及数学多领域融合)的科技创新启迪教育及"NCI"(National Culture Identity,集历史、地理、社会、国际、语文多领域融合)的民族文化认同教育。学校教师、学科组团队以及跨学科团队等开展了多样化的建设活动,探索校本跨学科主题学习、综合实践活动的有机整合,打造数字化赋能的综合学习课程,拓展指向素养的情境教学的创新性实践。尤其是学校科学组近五年来持之以恒开展校本探索与实践历程,齐心协力积极通过学习、实践、反思,与时俱进转变教学理念,躬身实践推进科学教学变革,推进校内外资源联动的联合性、体系化、学习空间建设,从尝试开展"火星植物大棚"项目化学习,到探索"火星诺亚方舟"校本系列项目化学习,再到持续推进并打造数字化赋能的 PB＋(取梅花"plum blossom"首字母)综合学习等课程,抓住科学教育实验教学这一重点,在基于学生核心素养发展的基础上,已经历数字化实验尝鲜应用——线上线下融合实验创新探索——数字化赋能实验尝试的持续迭代。去年学校对温室大棚进行升级改造,利用太阳能供能、雨水收集装置、沉淀池、自动灌溉水培装置,实现能量的高效转化,能源的循环利用;通过传感器收集,实现数字的集成化、智能化。由此出发,学校科学团队又进一步规划推进了迈向打造数智化赋能科学实验课程的实践探索,希望为有机融通课程目标与教学过程创造一种更有效的潜在可能,进一步将知识、技能、素养与日常社会生活实践有机联系起来,使课堂教学进一步增强情境性、生活性,从而更好地促进学生形成解决现实问题、参与社会实践的素养。

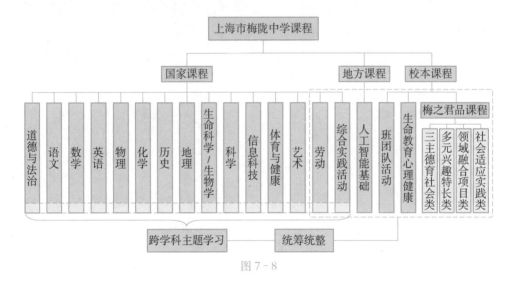

图 7-8

课堂转型不仅仅是一个简单的教育变革过程,它更是对教育理念、教学方法和学生学习方式的全面革新。我们深知,每一个课堂都是独特的,每一个教师和学生都是独一无二的。因此,课堂转型中指向素养的情境教学的实践需要因地制宜、因人而异。我们希望通过本章的反思,能够激发更多的教育工作者深入思考课堂转型中指向素养的情境教学的真正意义和价值,从而共同推动教育的进步和发展。

让我们携手并进,以更加开放的心态和更加坚定的步伐,在新课程落地学校以及新教材落地课堂中,继续迎接课堂转型带来的挑战和机遇。